ARTHUR SCHNITZLER

JUGEND IN WIEN

EINE AUTOBIOGRAPHIE

Herausgegeben von
Therese Nickl und Heinrich Schnitzler

Mit einem Nachwort von
Friedrich Torberg

S. FISCHER

Die Fotos stellte freundlicherweise
Professor Heinrich Schnitzler
aus seinem Privatarchiv zur Verfügung

© 1968 by Verlag Fritz Molden, Wien–München–Zürich
Alle Rechte vorbehalten durch
S. Fischer Verlag GmbH, Frankfurt am Main
Druck und Bindung: Clausen & Bosse, Leck
Printed in Germany 1984
ISBN 3-10-073542-0

INHALT

VORBEMERKUNG DER HERAUSGEBER

In den ausführlichen »Bestimmungen über meinen schriftlichen Nachlaß«, datiert vom 16. August 1918, die den Hauptteil seines Testaments bilden, verfügte Arthur Schnitzler, daß seine Autobiographie, »soweit sie vollendet ist«, nach seinem Tode »baldigst« abgeschrieben werden solle. Tatsächlich ließ Arthur Schnitzler aber die Abschrift noch zu seinen Lebzeiten vornehmen. Das so entstandene Exemplar, von ihm selbst durchgesehen und verschiedentlich korrigiert, liegt dieser Veröffentlichung zugrunde. Es handelt sich also um einen authentischen, vom Autor gebilligten Text.

Außer dieser Abschrift befinden sich im Nachlaß das handgeschriebene Original sowie ein Exemplar des ersten Diktats mit zahlreichen eigenhändigen Zusätzen und Korrekturen. Auf einem gleichfalls im Nachlaß vorhandenen Blatt notierte Arthur Schnitzler die sowohl auf die erste Niederschrift wie auch auf das Diktat der einzelnen Kapitel bezüglichen Daten. Sie ergeben, daß die Autobiographie am 25. Mai 1915 begonnen, während der folgenden Jahre weitergeführt und am 14. August 1918 zunächst abgeschlossen wurde. Das Diktat wurde am 30. Oktober 1918 in Angriff genommen und am 28. Januar 1920 beendet.

Die Absicht, eine Selbstbiographie zu schreiben, bestand allerdings schon viel früher, wie die im Anhang der vorliegenden Ausgabe abgedruckten Autobiographischen Notizen bezeugen. Sie fanden sich in einer Mappe mit der Aufschrift »Autobiographisches Allerlei«. Die frühesten dieser Notizen stammen aus dem Jahre 1901. Im Nachlaß befindet sich ferner ein Blatt, datiert vom 25. Juli 1915 – also zwei Monate nach dem Beginn der ersten Niederschrift –, mit einem Plan der Autobiographie in sieben Büchern, die weiter führen sollten als das vorliegende Fragment, nämlich bis zum Jahre 1900. Abgesehen von den wenigen auf spätere Jahre bezüglichen Notizen existieren jedoch keinerlei Ansätze oder Entwürfe zu einer Fortsetzung des hier veröffentlichten Manuskripts.

Die Autobiographie sollte den Titel »Leben und Nachklang – Werk und Widerhall« führen. Diesen Titel trägt sowohl die handschriftliche Fassung wie auch das spätere Diktat. Da das hier veröffentlichte Fragment nur bis zum Jahre 1889 führt, also zu einer Zeit endet, da Arthur Schnitzler kaum begonnen hatte, als Autor in Erscheinung zu treten, und man daher noch nicht von einem »Werk« und noch weniger von dessen »Widerhall« sprechen kann, mußte dieser Titel durch einen anderen ersetzt werden. Abgesehen von der Hinzufügung dieses Titels, »Jugend in Wien«, wurde am Originaltext nichts geändert, noch wurden an irgendeiner Stelle Kürzungen vorgenommen. Die einzigen Zusätze, zu denen sich die Herausgeber entschlossen, bestehen erstens in der detaillierten Inhaltsübersicht am Schluß (die auf einem gleichfalls im Nachlaß befindlichen Entwurf Arthur Schnitzlers beruht), zweitens in der Datierung des jeweiligen Zeitabschnittes am Beginn jedes Buches. Falsche Schreibungen von Namen wurden stillschweigend berichtigt. Namen, die nur durch Initialen bezeichnet waren, wurden ausgeschrieben, wo immer sie mit Bestimmtheit – häufig unter Zuhilfenahme anderer autobiographischer Aufzeichnungen des Autors, vor allem seiner Tagebücher – festgestellt werden konnten. Die Orthographie wurde, mit wenigen für Arthur Schnitzler charakteristischen Ausnahmen, der modernen Schreibweise angepaßt.

Einige Abschnitte aus dem Fragment wurden in der »Neuen Zürcher Zeitung« vom 9. Januar 1966 (Beilage »Literatur und Kunst«) sowie in der Zeitschrift »Literatur und Kritik«, Nr. 12, März 1967 (Otto Müller Verlag, Salzburg), veröffentlicht. Die im Anhang abgedruckten Notizen erschienen zuerst im Fischer Almanach 80 (S. Fischer Verlag, Frankfurt am Main 1966).

Die im Text erwähnten Frühwerke befinden sich im Nachlaß. Bei den wenigen Arbeiten, die später im Druck erschienen, wurde in den Anmerkungen auf die im S. Fischer Verlag erschienene Gesamtausgabe der Werke Arthur Schnitzlers – »Die Erzählenden Schriften« (1961, zwei Bände), »Die Dramatischen Werke« (1962, zwei Bände) und »Aphorismen und Betrachtungen« (1967) – verwiesen. Die Anmerkungen wurden auf ein Minimum beschränkt. Das Bildmaterial stammt größtenteils aus dem Archiv Heinrich Schnitzlers, mit Ausnahme der Photographie des Geburtshauses sowie jener des Hotels »Thalhof«, die sich im Besitz des Historischen Museums der Stadt Wien befinden.

Für wertvolle Hilfe und für Hinweise aller Art sind die Herausgeber Herrn Universitätsprofessor Dr. Heinrich Benedikt, Herrn Archivrat Dr. Felix Czeike, Herrn Oberarchivrat Professor Dr. Hanns Jäger-Sunstenau, Herrn Hofrat Dr. Erwin Schmidt, Herrn Museums-Oberrat Dr. Heinz Schöny und Herrn Oberbibliotheksrat Dr. Ferdinand Wernigg zu aufrichtigem Dank verpflichtet.

ERSTES BUCH

Mai 1862 bis Mai 1875

Zu Wien in der Praterstraße, damals Jägerzeile geheißen, im dritten Stockwerk des an das Hotel Europe grenzenden Hauses kam ich am 15. Mai 1862 zur Welt; und wenige Stunden später, mein Vater hat es mir oft erzählt, lag ich für eine Weile auf seinem Schreibtisch. Ob mir diesen für einen Säugling immerhin ungewöhnlichen Aufenthalt die Hebamme oder mein Vater selbst zugewiesen hatte, weiß ich nicht mehr; – jedenfalls gab die Tatsache ihm immer wieder Anlaß zu einer naheliegenden scherzhaften Prophezeiung meiner schriftstellerischen Laufbahn, – eine Prophezeiung übrigens, deren Erfüllung er nur in bescheidenem Ausmaße und keineswegs in ungeteilter Freude erleben sollte.

Die Familie meines Vaters war in Groß-Kanizsa, einer ungarischen Mittelstadt, zu Hause, soll ursprünglich Zimmermann geheißen und erst zu Lebzeiten meines Großvaters den Namen Schnitzler angenommen oder ihn von einer hohen Behörde zugewiesen erhalten haben. Meine Großmutter, Rosalie, war die Tochter eines gewissen David Klein aus Puszta Kovacsi im Zalaer Komitat und seiner Gattin Marie, geborener Rechnitz. Weiter vermag ich meine Abstammung väterlicherseits nicht zu verfolgen.

Mein Großvater, Tischler wie angeblich auch seine nächsten Vorfahren, befand sich mit den Seinen zeitlebens in beschränkten, ja dürftigen Verhältnissen, und am Schluß eines Briefes, den mein Vater wenige Tage nach meiner Geburt an ihn gerichtet hatte, war der Wunsch zu lesen, daß »der Enkel dem Großvater das Glück bringen möge, das ihm bisher so unbarmherzig den Rücken gekehrt habe«. Er soll des Lesens und des Schreibens unkundig, in seinem Handwerk aber beinahe ein Künstler gewesen sein; ob er es war oder mein Vater, der als Knabe für durchziehende Komödianten Theaterzettel in den Häusern austrug, ist mir nicht erinnerlich; was mir jedoch mein Vater in kindlicher Pietät verschwieg und ich erst lange nach seinem Tod aus dem Mund

Arthur Schnitzler mit seinen Eltern, 1862

Das Geburtshaus in Wien II, Praterstraße 16

eines entfernten Verwandten erfuhr, ist der Umstand, daß mein Großvater Quartaltrinker war, welche, bei Juden im allgemeinen so selten vorkommende Anlage an den stets zerrütteten Vermögensverhältnissen der Familie wahrscheinlich die Hauptschuld trug. Im rüstigen Mannesalter 1864, raffte ihn eine Lungenentzündung dahin, wenige Stunden nachdem er klagend ausgerufen: »So soll ich wirklich sterben, ohne meinen Enkel ein einziges Mal gesehen zu haben?«

Meine Großmutter hielt sich, zur Witwe geworden, manchmal für ein paar Tage oder Wochen bei uns im Hause auf; ich erinnere mich ihrer als einer hageren, häßlichen, in grauen Lüster gekleideten Frau, über deren krankhaften Geiz man sich nach ihrer Abreise ehrfurchtslose Bemerkungen erlaubte und von der ich einmal eine silberne (selbstverständlich von meinem Vater bezahlte) Taschenuhr zum Geschenk erhielt. Am Morgen, da, wenige Jahre nach dem Tode des Gatten die Nachricht von ihrem Hinscheiden bei uns eingetroffen war, sah ich meinen Vater, den Kopf in die Hände gestützt, in Tränen am Schreibtisch sitzen, was auf mich, der ich ihn vorher niemals hatte weinen sehen, sonderbar, aber eigentlich nicht erschütternd wirkte.

Von den zwei Schwestern meines Vaters starb die ältere, Charlotte, ziemlich jung, gleich ihrem Manne Bodorfy, an einem Lungenleiden. Ihre vier Töchter, alle verheiratet, und nicht gleichmäßig vom Schicksal begünstigt, leben in Budapest, ebenso meines Vaters jüngere Schwester, Johanna, die Witwe eines vom Glück wenig begünstigten Kaufmannes, den man wohl etliche Male vor den Gerichten, aber am Ende doch nicht vor dem Bankerott zu bewahren vermochte. Ist ihr heute ein behagliches Alter beschieden, so hat sie das nicht nur ihrem egoistisch-heiteren Wesen, sondern ganz besonders der Zärtlichkeit ihres geschäfts- und lebenstüchtigen Sohnes zu danken.

Ich selbst bin ein einziges Mal, als fünf- oder sechsjähriger Knabe, für wenige Tage in die Heimatstadt meines Vaters gekommen; – ein Hof mit Hühnern, ein Bretterzaun, in dessen nächster Nähe die Eisenbahn vorbeilief, der in der Ferne verhallende Pfiff einer Lokomotive, das ist alles, was mir von jenem kurzen Aufenthalt im Gedächtnis verblieben ist. Seit wann meine Voreltern in Groß-Kanizsa, seit wann sie sich in Ungarn ansässig gemacht haben, in welchen Gegenden

Dr. Philipp Markbreiter
Arthur Schnitzlers Großvater mütterlicherseits

sie vorher umhergewandert und wo sie überall für kürzere oder längere Dauer heimisch gewesen sind, nachdem sie, wie wohl anzunehmen ist, vor zweitausend Jahren ihre Urheimat Palästina verlassen hatten, das alles ist mir vollkommen unbekannt. Sicher ist nur, daß mich weder Sehnsucht noch Heimweh jemals wieder nach Groß-Kanizsa gelockt haben; und wäre ich je zu längerem oder gar dauerndem Aufenthalt nach der Stadt verschlagen worden, in der meine Großeltern gelebt haben und in der mein Vater zur Welt kam, ich hätte mich dort gewiß wie ein Fremder, wenn nicht gar wie ein Verbannter fühlen müssen. So läge die Versuchung nahe, sich schon hier mit der fragwürdigen Auffassung auseinanderzusetzen, nach der jemand, der in einem bestimmten Land geboren, dort aufgewachsen, dort dauernd tätig ist, ein anderes Land – nicht etwa eines, in dem vor Jahrzehnten seine Eltern und

Großeltern, sondern eines, wo seine Ururahnen vor Jahrtausenden zu Hause waren – nicht allein aus politischen, sozialen, ökonomischen Gründen (worüber sich immerhin diskutieren ließe), sondern auch *gefühlsmäßig* als seine eigentliche Heimat zu betrachten habe; – doch es erschiene verfrüht, wollte ich schon hier bei einem Problem verweilen, das in der damaligen liberalen oder liberalisierenden Epoche zwar in einigen Köpfen gewiß vorhanden war, aber größere praktische Bedeutung noch nicht gewonnen hatte.

Reichere und lebendigere Beziehungen als zur väterlichen Familie entwickelten sich naturgemäß zu den in Wien seßhaften Anverwandten meiner Mutter. Ihr Vater, Philipp Markbreiter, Sohn oder Enkel eines Wiener Hofjuweliers, Doktor der Medizin und Philosophie, war in früheren Jahren ein sehr gesuchter praktischer Arzt gewesen, überdies in seinen Mußestunden vortrefflicher Pianist, und er hätte es nach Bildung und Begabung in jeder Hinsicht weiter bringen oder sich zum mindesten auf gebührender Höhe halten können, wäre er nicht der Leidenschaft des Spiels von Jahr zu Jahr rettungsloser anheimgefallen. Von einer gewissen, jedenfalls ziemlich frühen Epoche seines Lebens an vergeudete er alles, was er besaß und erwarb, in der kleinen Lotterie oder in Börsenspekulationen. Stets in Geldverlegenheiten, oder wenigstens auf der Suche nach neuen Spieleinsätzen, scheute er auch nicht davor zurück, sich die eben nötigen Summen auf minder gewöhnlichem Wege zu verschaffen; so entlieh er zum Beispiel von dem Gatten seiner ältesten Tochter sofort nach der Hochzeit die eben erst bezahlte Mitgift zur Begleichung einer dringenden Schuld und fand niemals wieder Gelegenheit, die verhältnismäßig geringe Summe – es handelte sich um sechstausend Gulden – zurückzuerstatten. Schon hoch in den Siebzig und von schwankender Gesundheit pflegte er allwinterlich nach Monte Carlo zu fahren; und regelmäßig war man genötigt, ihm das Geld zur Rückreise – und zwar meistens öfter als einmal – nachzusenden, da er seine gesamte Barschaft immer wieder am Roulettetisch verloren hatte. Daheim spielte er mit Gattin, Töchtern und anderen Verwandten verschiedene Hazardspiele zu niedrigen Sätzen, am liebsten »Angehen«, später auch Poker, und versuchte dabei in ganz kindischer Weise durch Zurückbehalten und Verstecken von Karten unter der Tischplatte, auf den Knien, im Rockärmel, sein

Glück zu verbessern, was man dem alten Mann um so nachsichtiger hingehen ließ, als eine Erkrankung des Handgelenkes ihm besonders geschickte Heimlichkeiten gar nicht erlaubte und er, wenn der lächerliche Betrug nicht geglückt war, zornig aufzustehen und nach wenigen Minuten, als wäre nichts geschehen, sich wieder an den Spieltisch zu setzen pflegte. Im ganzen habe ich seine Erscheinung als die eines meist unruhig verdrossenen, aber keineswegs unbedeutenden oder gar unvornehmen alten Mannes im Gedächtnis bewahrt. In guten Stunden stand ihm nicht nur bis in die allerletzte Lebenszeit eine gewisse weltmännische Liebenswürdigkeit, sondern auch eine überraschende Schärfe und Beweglichkeit des Geistes zu Gebote, wie er auch noch in seinen spätesten Jahren römische und griechische Klassiker auswendig zu rezitieren pflegte. Was mir an ihm ernstlich mißfiel, war eigentlich nur das mürrische Wesen, das er seiner einzigen lebenden Schwester gegenüber an den Tag legte, einem mittellosen, schwerhörigen und halb blinden alten Fräulein, dessen unverschuldete, mit Würde und Geduld getragene Gebrechen und kümmerliches Altjungfernlos er das bedauernswerte Wesen in einer mir unbegreiflichen Weise, wie ein an ihm verübtes Unrecht, durch üble Laune gewissermaßen entgelten ließ. Von ihren Neffen und Nichten aber, denen sie früher Unterricht im Klavierspiel und in fremden Sprachen erteilt hatte, wurde die »Tante Marie« mit herzlicher Dankbarkeit verehrt, auch die nachwachsende Generation hing mit Liebe an dem gütigen, stillen Geschöpf, und so geschah es oft, daß wir Kinder sie mit der Mama auch im Sommer auf dem Lande besuchten, meist in Mödling, wohin sie sich später gänzlich zurückzog und wo wir jederzeit gewiß sein konnten, sie in einer beschränkten, aber nett gehaltenen Häuslichkeit, in Gesellschaft eines Kanarienvogels, mit ihrer Starbrille über einen Leihbibliotheksband gebeugt, am Fenster anzutreffen. Bei ihr begegneten wir zuweilen auch zwei anderen zur Familie gehörigen alten Jungfern, die, sehr lang und hager die eine, die andere klein und verwachsen, schlechtweg »die Cousinen« genannt wurden, und die ich mir, da die eine nie ohne die andere auftrat, als voneinander getrennte Einzelgestalten überhaupt niemals vorzustellen versuchte.

Meine Großmutter, in dem deutsch-ungarischen Städtchen Güns, nahe der niederösterreichischen Grenze, geboren, entstammte der ansehnlichen Familie Schey, die sich bis auf einen Ahnen namens Israel zurückverfolgen läßt, dessen Sohn Lipmann im Jahre 1776 starb. Dieses Lipmann Urenkel, Markus, verehelicht mit Sossel Strauß, war mein Urgroßvater, und seiner vermag ich mich noch heute als eines gelähmten, im Krankenstuhl sitzenden, auch der Sprache nicht mehr mächtigen Greises deutlich zu entsinnen. Er starb 1869, sein Bruder Josef war ihm 1849 vorangegangen, der jüngere, Philipp, als der erste baronisierte Schey, lebte bis zum Jahre 1880. Ihn sehe ich noch vor mir als einen hochgewachsenen, aufrecht behäbigen, spöttisch lächelnden, glattrasierten, mit altmodischer Vornehmheit gekleideten Mann in einem geräumigen, fast prächtigen Zimmer seiner Praterstraßenwohnung, deren bis zum Fußboden reichende Fenster durch vergoldete Gitterstäbe gegen die balkonartigen Vorsprünge gesichert waren; und es wird mir schwer, im inneren Bild seine imposante und etwas einschüchternde Erscheinung und die des alten geheimrätlichen Goethe auseinanderzuhalten.

Die Wohlhabenheit der Familie Schey reicht weit zurück; im Beginn des vorigen (19.) Jahrhunderts wächst sie durch Tätigkeit und höchst geschickte Geldgebarung im Verkehr mit verschuldeten ungarischen Adeligen zu Reichtum an; eine teilweise Übersiedelung in die Großstadt erfolgt, das Geschlecht verzweigt sich weiter, verschwägert sich vielfach in oft vorteilhafter Weise; Bankiers, Offiziere, Gelehrte, Landwirte gehen aus ihm hervor; auch an Originalen fehlt es nicht, in denen der Typus des jüdischen Patriarchen und des Aristokraten, des Agenten und des Kavaliers sich eigenartig vermischen; manche der jüngeren und jüngsten Sprosse unterscheiden sich von den Abkömmlingen altadeliger Geschlechter höchstens durch ein Mehr an Witz und die rasseneigentümliche Neigung zur Selbstironie; auch unter den Frauen und Mädchen – neben solchen, die in Aussehen und Gehaben ihren Ursprung nicht verleugnen wollen oder können – erscheint das Sportfräulein und die Modedame; und es versteht sich von selbst, daß in den Regionen, an denen ich hier, den Jahrzehnten vorauseilend, flüchtig vorüberstreife, der Snobismus, die Weltkrankheit unserer Epoche, ausnehmend günstige Entwicklungsbedingungen vorfinden mußte.

Meine Großmutter Amalia Markbreiter kam noch aus einer anderen, stilleren und einfältigeren Zeit. Sie war eine durchaus bürgerlich erzogene, einfach kluge und tüchtige Hausfrau, ihrem etwas problematischen Ehegemahl die ergebenste und geduldigste Gattin, ihren zahlreichen Kindern eine liebevolle und geliebte Mutter. Aus meinen Kinderjahren erinnere ich mich kaum eines Tages, an dem sich nicht meine Mutter, gleichwie auch die anderen, später verehelichten Töchter, öfters auch Söhne, Schwiegersöhne, Schwiegertöchter in den Abendstunden zu kürzerem oder längerem Verweilen bei ihr eingefunden hätten. Während die Erwachsenen kamen, gingen, plauderten, sich an einem harmlosen Hazard vergnügten, unterhielten sich die Kinder in ihrer Weise mit Lektüre und Spielen aller Art. Diese Abende im großmütterlichen Heim fließen für mich alle gewissermaßen ineinander; nur einige heben sich heller und festlicher heraus. So vor allem der eine im Jahr, an dem der Versöhnungstag zur Neige ging und man sehnsüchtig nach dem Abendstern ausblickte, dessen Erschimmern am Horizont den Beschluß des Buß- und Fasttages verkündete. Da stand in der Mitte des Zimmers der gedeckte Tisch mit köstlichem, rituell zubereitetem Backwerk reich beladen, »Boles« und Pfefferbretzeln, Mohn- und Nußkindeln, – woran sich auch diejenigen erlaben durften, die nicht seit vierundzwanzig Stunden gefastet hatten, also die Kinder und die freigeistigeren männlichen Familienmitglieder; und – mußte man nicht schon bei dieser Gelegenheit an der göttlichen Gerechtigkeit irre werden – gerade die durften nach Herzenslust prassen, ohne die lästige Vorsicht, die den frommen Fastern dringend angeraten war. Übrigens glaube ich, daß die Frömmste, ja vielleicht die einzig wirklich Fromme in der Gesellschaft, die gute Großmama war, die wohl auch den größten Teil des Tags im Tempel betend verbracht hatte; ihre Kinder und Kindeskinder, wenn und solange sie es überhaupt taten, feierten den Bußtag hauptsächlich ihr zuliebe und nach ihrem Tode nur aus Pietät weiter. Doch war auch für meine Großmutter das Fasten am Versöhnungstag neben dem österlichen Essen ungesäuerter Brote (die übrigens in den Kaffee gebrockt vorzüglich mundeten) die einzige rituelle Übung, an der sie mit Strenge, aber nur mit Strenge gegen sich selbst, festhielt. Schon die Feier des Laubhüttenfestes oder gar eine Heiligung des Sabbats fand im großelterlichen Hause nicht statt; und in den folgenden Generationen trat – bei allem, oft trotzigen Betonen der Stammeszugehörigkeit –

gegenüber dem Geist jüdischer Religion eher Gleichgültigkeit, ihren äußeren Formen gegenüber Widerstand, wenn nicht gar spöttisches Verhalten zutage.

In den sechziger Jahren wohnten meine Großeltern im Carltheatergebäude, so daß meine theatralischen Erlebnisse schon aus diesem äußeren Grunde zu einer besonders frühen Epoche anheben. Das erste, das ich zu berichten habe, wäre allerdings sehr bedingt als ein eigentlich theatralisches zu bezeichnen. Es bestand nämlich darin, daß ich als zwei- oder dreijähriges Kind aus einem Fenster der großelterlichen Wohnung einen Operngucker auf die Straße hinunterwarf. Doch wurde es mir später im engeren Familienkreise so oft als ein symbolisches oder zum mindesten vorbedeutendes wiedererzählt, daß ich selbst nahe daran war, es recht unlogischerweise als ein solches aufzufassen. Meine erste persönliche Erinnerung auf theatralischem Gebiete aber ist die an einen Schauspieler in Altwiener Tracht, den ich unter dem Glasdach, auf das ich von dem Hoffenster der großelterlichen Wohnung hinunterblickte, von den Garderoberäumen aus, mit einer Tragbutte auf dem Rücken, zur Bühne hinwandeln sah. Diese Figur wieder fließt für mich zusammen mit einer andern, die in ähnlichem Kostüm auf den Vorhang des Theaters an der Wien gemalt ist und den berühmten Komiker Scholz vorstellen soll, dessen Urbild also, wenn er damals überhaupt noch am Leben war, durch jenen Garderobengang an meinem Kinderaug geisterhaft vorübergeschwebt sein mag. Es war wohl auch das Carltheater, in dem ich zuerst einer Vorstellung beiwohnen durfte; und eine der ersten, wenn nicht die allererste, ist die Offenbach'sche Operette »Orpheus in der Unterwelt« gewesen. An diese fröhliche, doch so gut wie erloschene Erinnerung knüpft sich eine andere, etwas peinlichere, wahrscheinlich darum um soviel deutlichere an, die Erinnerung an meinen ersten ausgesprochenen Mißerfolg. Der berühmte Komiker Knaack hatte in jener Vorstellung den Styx gespielt, und ich, einer früh erwachten Neigung folgend, versuchte öfters, ihn in Sprache und Gebärde zu kopieren, womit ich in meiner allernächsten Verwandt- und Bekanntschaft großen Beifall zu erzielen pflegte. Dadurch ermutigt, unternahm ich es einmal, mit dem undisziplinierten Ehrgeiz meiner sechs oder sieben Jahre, das Couplet »Als ich noch Prinz war von Arkadien« ganz in

Knaack'scher Manier, mit einem Kehrbesen manövrierend, im Beisein einer mir völlig unbekannten Dame vorzutragen, die eben bei meiner Mama zu Besuch anwesend war. Noch heute ist mir der ungerührte, kalte, geradezu vernichtende Blick gegenwärtig, mit dem mich die Dame nach geendeter Produktion von oben herab maß; und von allen verdienten und unverdienten Abfällen, die ich seitdem erlebt habe, ist mir dieser erste vielleicht am unauslöschlichsten eingeprägt geblieben.

Die Leopoldstadt war zu jener Zeit noch ein vornehmes und angesehenes Viertel, und insbesondere ihre Hauptstraße, in der auch das Carltheater stand, wußte etwas von ihrem Glanz auch über die spärlichen Stunden hinaus zu bewahren, da in Equipagen und Fiakern die große, die elegante, die leichtlebige Welt von den Pferderennen oder von Blumenfesten aus der »Hauptallee« zurückgesaust kam. Gar oft genoß ich in meinen Kinderjahren dieses prächtigen Anblicks von der Wohnung der Großeltern aus; auch später noch, als sie bald aus dem Carltheatergebäude in ein Haus der Circusgasse übersiedelt waren, von dessen vorderen Fenstern man gleichfalls auf die Praterstraße herabsah. Die meisten anderen Verwandten wohnten ganz in der Nähe, im gleichen Bezirk; nur meine Eltern hatten die Wohnung in der Praterstraße bald verlassen und eine neue auf der Schottenbastei bezogen, die übrigens schon damals keine Bastei war, sondern eine Straße wie andere auch.

Aus dieser Zeit, also etwa aus meinem vierten oder fünften Lebensjahr, erinnere ich mich als meines ersten Spielgenossen eines kleinen Grafen Kalman, dessen Vater ein Patient des meinen war. Ich wüßte gewiß nicht mehr, mit welchen Spielen wir zwei kleine Buben uns damals unterhalten haben, wenn mir nicht eine wunderliche Frage, die ich einmal an mein Kinderfräulein stellte, offenbar um ihrer bald erkannten besonderen Unsinnigkeit willen, im Gedächtnis verblieben wäre. Wir hatten unsere hölzernen Soldaten auf dem weißen Kindertischchen in Schlachtordnung aufgestellt, als mir plötzlich einfiel, mich bei dem Fräulein zu erkundigen, welches denn eigentlich die Feinde seien, – die mit den grünen oder die mit den roten Aufschlägen? Das Fräulein gab die Frage mit gleicher Ernsthaftigkeit an die Kalman'sche Bonne weiter, die mit größter Bestimmtheit die Roten als die Feinde bezeichnete, worauf ich beruhigt mich entschloß, ob als Freund oder Feind weiß ich nicht mehr, den Kampf aufzunehmen.

Die der Schottenbastei zunächst gelegene grüne Anlage war das sogenannte Paradeis- oder Paradiesgartel, das mir in meiner Erinnerung kaum wie ein wirklicher Garten, sondern eher wie ein bläßliches Aquarell erscheint. Vor mir sehe ich einen grünen Rasen mit Blumenbeeten, zierliche Tische und Stühle vor einem länglichen, weißen Gebäude mit hohen Fenstern; zu Füßen eines weiblichen Wesens, das rechterseits auf einer Bank sitzt, spielt ein Kind in hellem Kleidchen; und irgendwo leuchtet ein roter Sonnenschirm. – Bin ich selbst dieses Kind? Ist das weibliche Wesen meine Bonne? Meine Mutter? Fließt, wie es so oft geschieht, Erinnerung an Erlebtes, an Mitgeteiltes, an ein irgendwo gesehenes Aquarell in ein Bild zusammen? Ich weiß es nicht. Das wirkliche Paradeisgartel verschwand jedenfalls schon in den letzten sechziger Jahren aus der Welt, ebenso wie die Löwelbastei, auf der es so manches Jahr geblüht hatte. An der gleichen Stelle ungefähr steht heute das Burgtheater.

Etwa um 1868 übersiedelten wir in die Giselastraße elf, in dasselbe Haus, sogar, irre ich nicht, in die gleichen Zimmer, von denen ich einige im Beginn der neunziger Jahre als junger Arzt wieder bewohnen sollte. In dieser Wohnung war es, wo ich des Morgens für mich und meinen um drei Jahre jüngeren Bruder zwei Fußschemel zum Wettrutschen bereitzustellen pflegte, dort, wo ich in einer Nacht vom Fenster aus die Flammen aus dem nahegelegenen Musikvereinsgebäude herausschlagen sah; dort auch, wo ich, wohlgekämmt und hübsch angezogen, mich im Wartezimmer bisweilen mit den Patienten meines Vaters unterhalten durfte. Als gleichaltriger Gespielen aus dieser Zeit erinnere ich mich der beiden Söhne des vertriebenen rumänischen Fürsten Couza, der zu den Patienten meines Vaters gehörte, und mir ist, als wäre ich dort auch mit dem um ein wenig älteren Milan Obrenović, dem späteren König von Serbien, zusammengetroffen, der damals mit seiner Mutter in der Döblinger Hauptstraße ein Landhaus, dem des Fürsten Couza gegenüber, bewohnte. Einmal, an einem späten Nachmittag, als ich lesend am Fenster saß, wie ich das zugleich zum Mißvergnügen und zum Stolz meiner Eltern oft bis tief in die Abendstunden zu tun pflegte, kam ein Wagen voll der prächtigsten Spielsachen für mich und meinen jüngeren Bruder angefahren; ein Fürstlich Couza'sches Geschenk und als um so fürstlicher zu begrüßen, da weder Weihnacht noch Ostern noch irgendein Geburtsfest Anlaß dazu bot. Das Hübscheste war ein liliputanischer Garten mit braunen Holzstämmchen, grünen Papierblättern, bunten Beeten und Rasenflächen, doch weder damit noch mit dem Inhalt der übrigen Schachteln beschäftigte ich mich lebhafter, sobald nur die erste Neugier gestillt war, wie mir überhaupt Kinderspielzeug, auch in diesen frühen Jahren, im allgemeinen kein sonderliches Interesse abzugewinnen pflegte. Zwar fehlte auch das Puppentheater in unserer Kinderstube nicht, doch glaube ich nicht, trotz gelegentlicher Versuche, als Dichter, Sprecher, Figurenschieber, durch Erfindungsgabe oder andere puppenspielerische Talente mich irgendwie ausgezeichnet zu haben. Weit größeres Vergnügen gewährte mir das eigentliche, das lebendige Theaterspielen, das bald im Familienkreis mit Vettern und Basen, bald auswärts mit anderen kleinen Freunden und Freundinnen, vor allem mit den Kindern des berühmten Schauspielers Sonnenthal und denen eines Galanteriewarenhändlers von Rosenberg, eifrigst und immer aus dem Stegreif betrieben wurde. Ich war es meistens, der beiläufig den Gang der Handlung entwarf, worauf Rede und Gegenrede dahinflossen, wie der Genius des Augenblicks sie den einzelnen eingab. Ernsthafte oder gar ausdauernde Zuschauer wohnten diesen Aufführungen kaum jemals bei, und gerne ließen wir uns an der Freude des Spiels und am gegenseitigen Beifall genügen. Für die kleinen Verliebtheiten und Eifersüchteleien, wie sie in solcher Atmosphäre leicht gedeihen, waren wir noch nicht erwachsen genug; nur eines Abends erinnere ich mich, an dem eine kleine Kollegin, nachdem ich mich von den männlichen Schauspielerkameraden mit kindlich-freundschaftlichen Umarmungen verabschiedet, mir an die Wohnungstüre nacheilte und sich mit den zögernden Worten an mich wandte: »Gib mir *auch* einen Kuß«, welchem Wunsch ich mit von der Erregung des Spiels noch geröteten Wangen, nicht ganz ohne Selbstgefühl, Folge leistete. Was wir in jenen Stegreifspielereien zu agieren pflegten, war mehr zauberisch-märchenhafter und abenteuerlich-indianischer als klassischer oder romantischer Natur, obzwar gerade zu jener Zeit nicht nur meine persönlichen dichterischen Bestrebungen, sondern auch ein allgemeiner literarischer Bildungstrieb sich deutlich anzukündigen begannen. Entschiedene Anregungen verdankte ich hier einer neuen Erzieherin, die um das Jahr 70 in unser Haus eingetreten war, wo nunmehr drei Kinder, ich, mein Bruder Julius, 1865, meine Schwester Gisela, 1867 geboren, ihrer Obhut anvertraut waren. Ein Knabe, Emil, ein Jahr nach mir zur Welt gekommen, hatte sie schon nach wenigen Monaten wieder verlassen. Diese Erzieherin, eine junge Norddeutsche, Bertha Lehmann mit Namen, blaß, schlank, blond, gutmütig und ohne besonderen Liebreiz, war es, die mich dazu veranlaßte, den größten Teil meines Taschengeldes für die kleinen gelbroten Büchelchen der eben erst neugegründeten Reclam'schen Universalbibliothek zu verwenden. Mein Vater war von der Entdeckung, daß der neunjährige Bub »Die Räuber« und »Fiesko« las, zwar wenig erbaut, doch war seine Mißbilligung durch kaum verhehlten Stolz erheblich gemildert. Nun weiß ich heute freilich nicht mehr, ob jene klassischen Meisterwerke, denen bald die »Jungfrau von Orleans«, »Braut von Messina«, »Emilia Galotti« und viele andere, auch Shakespeare'sche Dramen sich zugesellten, schon damals wirklich den tiefen Eindruck auf mich ausübten, den zu erleben ich mir einbildete, oder ob mein kindliches Entzücken sich nicht vielmehr an dem meiner Erzieherin entzündete. Mag ihre Begeisterung vielleicht auch nicht ganz ursprünglich gewesen sein, sicher ist, daß meine Anteilnahme an Poesie und Theater nicht nur durch den persönlichen Einfluß des Fräulein Bertha Lehmann, sondern auch durch mein Bekanntwerden mit ihrer Familie lebhaft gefördert wurde, wo mir solche Kunstinteressen und Bestrebungen ins Praktische gewandt zum erstenmal deutlich vor Augen traten. Die Eltern Lehmann, vor Jahren aus Berlin eingewandert, einfache Leute, ich weiß nicht, welchen Gewerbes, wohnten mit drei erwachsenen Kindern ziemlich ärmlich im Freihaus auf der Wieden. Vom alten Lehmann ist mir noch seine norddeutsche Aussprache, seine Ähnlichkeit mit Heinrich Laube und das spöttische Lächeln in Erinnerung, das um seinen Mund spielte, als ich auf die Frage, wer der größte Arzt nach Oppolzer sei, die mir daheim halb im Scherz beigebrachte Antwort erteilte: der Papa. Die jüngere Tochter war am Burgtheater zweite Liebhaberin, der ältere

Bruder ebendort als Statist in Stellung; merkwürdiger war mir der jüngere, in dem ich einen Dichter zum erstenmal nicht nur ganz in der Nähe kennenlernte, sondern auch bei seiner Arbeit zu beobachten Gelegenheit hatte, indem ich Zeuge sein durfte, wie er in der Küche mit der zierlichsten Schrift auf große Bogen Kanzleipapier mit einem Nudelbrett als Unterlage ein Drama niederschrieb und die Namen der sprechenden Personen, worunter eine Gräfin, mit Hilfe eines Lineals aufs sorgfältigste unterstrich. Ob es für mich einer solchen Anregung überhaupt noch bedurfte, ja, ob ich meinen eigenen ersten dramatischen Versuch nicht schon vorher gewagt hatte, ist mir nicht mehr erinnerlich; sicher weiß ich nur, daß er, obwohl auf fünf Akte und ein Vorspiel angelegt, über dieses Vorspiel und das Personenverzeichnis nie hinausgelangt ist. Mein Stück sollte den Titel führen: »Aristokrat und Demokrat«, und als Personen traten auf: »der Fürst«, »die Fürstin«, »der Graf«, »die Gräfin«, »der Baron«, »die Baronin« sowie ein bürgerlicher »Jüngling«, der sich schlechthin Robert nannte und den Prolog mit einem fulminant revolutionären Satz wirkungsvoll zu beschließen hatte, während dem gesamten Adel durchaus im Sinne der Lehmannschen Familienanschauungen, die noch lange Zeit in mir nachwirkten, höchst mesquine Rollen zugedacht waren. Niedergeschrieben hatte ich mein Vorspiel in ein kleines, in rotes Leder gebundenes Notizbuch, ohne daß übrigens die Farbe mit der Tendenz etwas zu tun gehabt hätte; vielmehr liebte ich es, mir derartige kleine Büchlein vielfach und in den verschiedensten Farben anzuschaffen. Stets aber betrat ich die Papierhandlung mit einem knappen Vorbericht über meine augenblickliche Finanzlage, also etwa: »Ich habe zwanzig Kreuzer bei mir«, und nicht im Traum kam mir der Gedanke, daß man das Geschäft auch mit einem Rest an Barvermögen verlassen durfte. Vielleicht stand der Vollendung meines ersten Theaterstücks nur die Beschränktheit meiner Mittel entgegen, denn erst viel später kam ich auf den Einfall, mir statt der kostspieligen Notizbücher wohlfeileres Schreibpapier anzuschaffen.

Aber nicht nur mein Interesse für klassische Dichtung und für soziale Fragen, sondern auch, freilich nur zufällig, für das weit geheimnisvollere Gebiet menschlicher Herzensangelegenheiten wurde durch Fräulein Bertha Lehmann angeregt und gefördert. So gedenke ich vor allem eines blondbärtigen, im gleichen Hause mit uns wohnhaften oder angestellten jungen Mannes, mit dem auf der Stiege kürzere und längere Unterhaltungen stattfanden, wie sie der Wiener Dialekt als »Standerln« zu bezeichnen pflegt; – und eines von diesem Herrn stammenden Briefes, den Fräulein Lehmann im Kinderzimmer, während sie mich schlafend wähnte, unserer Hausnäherin stolz und ergriffen vorlas. Insbesondere die wohlgesetzte Phrase: »Sie werden meine Worte nicht auf die Waagschale legen«, verfehlte nicht ihren Eindruck auf mein erwachendes Stilgefühl, was mich jedoch nicht abhielt, am nächsten Morgen meine Erzieherin durch eine plötzliche hämische Zitierung jenes Satzes in Verlegenheit zu bringen.

Eine ernstere und folgenschwerere Beziehung entwickelte sich zwischen Fräulein Lehmann und einem Infanterieleutnant; ich sehe ihn noch vor mir – schlank und jung, die Bluse halb geöffnet, ohne Halsbinde, wie er uns an seiner Wohnungstüre empfängt, während hinter ihm, in einem von sommerlich herabgelassenen Vorhängen etwas verdunkelten Zimmer, eine schlichte alte Frau, seine Mutter, an einer Kommode lehnend, die Geliebte des Sohnes und ihren kleinen Zögling mit freundlichem Lächeln begrüßt. Hier, in einem bescheidenen Zinshaus der Hernalser Hauptstraße, war es, wo Wiener Vorstadtluft, ja gewissermaßen Wiener Volksstücksatmosphäre, mich zum erstenmal berührte und, ohne daß ich mir dessen bewußt wurde, sofort gefangennahm. Leider sollte der zarte Liebesroman, über dessen Anfangszeilen mein Knabenblick flüchtig hinstreifte, sich recht unpoetisch-bürgerlich weiterspinnen und höchst realistisch-kläglich enden. Fräulein Bertha heiratete ihren Leutnant, der darauf seine Charge niederlegte, aber in Zivil sein Fortkommen nicht zu finden wußte. – Armut, Zank, Trunk, Elend, früher Witwenstand; – und wieder Elend, Alkohol und mühselige Arbeit, das war der triviale Inhalt der weiteren Romankapitel, von dem ich nur beiläufige und verspätete Kenntnis erhielt. Viele Jahre hindurch schwand die arme Frau, die in allem ihren Unglück so glücklich war, sich bis ins hohe Alter einen unverwüstlichen Optimismus zu erhalten, beinahe gänzlich aus meinem Gesichtskreis, tauchte dann als ziemlich herabgekommene, manchmal auch ein wenig nach Wein duftende Handarbeiterin oder als bescheidene Almosenwerberin wieder auf, fand später in dem Hause ihrer frühverstorbenen Schwester bei ihrem Neffen, der gleichfalls ein kleiner Burgschauspieler wurde, Häuslichkeit und Unterstützung, und hält heute (1916) noch als Greisin durch gelegentliche Besuche, Übersendung selbstverfertigter Stickereien und durch Briefe, deren gebildeter, häufig überschwänglicher Ton und Stil die klassisch angehauchte Vergangenheit und das rührend dankbare Herz der Verfasserin nie verleugnet, die Verbindung mit mir und wohl auch mit anderen Überlebenden aus jener besseren Zeit aufrecht.

Gleichfalls als eine Art Stegreifkomödie, wie jene früher erwähnten häuslichen Theaterspielereien, wenn auch als eine halb unbewußte, wäre wohl die mehr kindische als kindliche Unterhaltung zu bezeichnen, die an einem köstlichen Sommertag im Thalhof zu Reichenau zwischen mir und Felix Sonnenthal stattfand – dem ältesten Sohn des berühmten Schauspielers, der ein Freund und Patient meines Vaters war. Während die Erwachsenen im Speisesaal schwarzen Kaffee tranken, saßen wir zwei Buben, damals sieben oder acht Jahre alt, im Garten und ließen die Schönheit der freien Landschaft auf uns wirken. Allmälig schauten und redeten wir uns in ein solches Entzücken hinein, daß wir endlich den Entschluß faßten, gemeinsam die Welt – diese ganze schöne Welt im wörtlichen Sinn – zu erobern und mit Reichenau als dem zweifellos herrlichsten Erdenfleck den Anfang zu machen. Zur Durchprüfung unseres immerhin weitausgreifenden Planes sollten, nach meinem einleuchtenden Vorschlag, Teufelsmasken genügen; kämen wir zwei, Felix und ich, in solcher schauerlichen Verkleidung angerückt, dann würde unverzüglich, so erklärte ich kategorisch, »der alte Aberglaube in der Menschheit erwachen«, und unser Sieg in kürzester Zeit vollendet sein. Über die sonstigen Einzelheiten des Unternehmens und darüber, was wir am Ende mit der eroberten Welt beginnen sollten, zerbrach ich mir um so weniger den Kopf, als ich mir schon im Aussprechen jener großartigen Worte sowohl über ihre Phrasenhaftigkeit als auch über die ganze Lächerlichkeit unserer Welteroberungspläne gewiß keiner Täuschung hingab. Jedenfalls aber war es hier in Reichenau, zu Füßen des Schneebergs und der Rax, wo zum erstenmal eine erhabenere Bergnatur sich vor mir öffnete, als ich sie im nahen Umkreis von Wien zu sehen gewohnt war, und wo das Geheimnis der Höhen und Fernen zum erstenmal an meine Seele griff; und dies allein reichte gewiß aus, sie in einen gelinden Rausch zu versetzen, auch ohne daß man ihr noch überdies die ahnungsvolle Voraussicht zuschreiben müßte, daß eben diese Gegend, ja gerade der Thalhof und seine nächste Umgebung, Jahrzehnte später dem herangereiften Jüngling als wundersamer Rahmen für ein geliebtes Frauenbild unendlich viel bedeuten sollte.

Am stärksten wurde meine Neigung zur Theaterspielerei jeder Art, bewußter und unbewußter, durch ziemlich häufigen Theaterbesuch, und dieser wieder durch die vielfachen ärztlichen und freundschaftlichen Beziehungen meines Vaters zur Theaterwelt gefördert. Einer meiner ersten, seltsamsten und nachhaltigsten Eindrücke knüpft sich an eine Vorstellung der Gounodschen »Margarethe« im alten Kärntnertortheater, in der Gustav Walter den Faust und Dr. Schmid den Mephisto sang. Wie hätte ich mich auch nicht wundern sollen, wenn in der Gartenszene des dritten Aktes Faust und Mephisto während einer Gesangspause sich hinter einen Busch zurückzogen und von dort aus zu unserer Loge einen deutlichen Gruß mit Händewinken und Verneigen heraufsandten, um sich dann wieder, mitten auf die Szene tretend, mit Gesang und Spiel Margarethen und Marthen zu gesellen? Doch bei aller Verwunderung hatte ich keineswegs das Gefühl, auf schmerzliche Weise aus einer Illusion gerissen worden zu sein; ja, ich zweifle nicht, daß mir schon damals – wenn auch nicht so klar bewußt wie heute – die Welt der Bühne durchaus nicht eine der Täuschung und des Trugs bedeutete, deren Störung durch ein unvermutetes Eingreifen aus der Sphäre der Realität ich wie eine Beleidigung oder wie das Aufgescheuchtwerden aus einem holden Traum zu empfinden hätte; – sondern daß sich mir eine Welt der Anregungen, der Verkleidungen, der lustigen und traurigen Späße aufgetan hatte, eine Welt des Spiels mit einem Wort, über deren Unwirklichkeit, auch der höchsten Kunstleistung gegenüber, und im Zustand der tiefsten Ergriffenheit bei vernunftbegabten Wesen keinen Augenblick ein Irrtum walten konnte. Ja, dieses kleine Erlebnis mag in all seiner Geringfügigkeit das Seine zu der Entwicklung jenes Grundmotivs vom Ineinanderfließen von Ernst und Spiel, Leben und Komödie, Wahrheit und Lüge beigetragen haben, das mich immer wieder, auch jenseits alles Theaters und aller Theaterei, ja über alle Kunst hinaus, bewegt und beschäftigt hat.

Wenige Jahre darauf trug sich ein verwandter Vorfall im Wiedner Theater zu, als im Zwischenakt einer Strauß'schen Operette der Tenor Szika, in die prächtige Phantasieuniform seiner Rolle gekleidet, uns in unserer Loge einen Besuch abstattete. Auch er wußte sich dieser Begegnung noch zu erinnern, als er mir ein Vierteljahrhundert später auf der Bühne des Frankfurter Schauspielhauses als Musikus Weiring in der »Liebelei«, außerhalb Wiens der erste Darsteller dieser Rolle, entgegentrat.

Daß der Patientenkreis meines Vaters sich zum größten Teil aus Bühnenkünstlern zusammensetzte, war in der Natur des von ihm erwählten Spezialfaches, der Laryngologie, begründet. Das Gymnasialstudium – um gleich hier über seinen Lebens- und Studiengang das Wichtigste einzufügen – hatte er in seiner Heimatstadt begonnen und in Budapest vollendet, wo er auch seine ersten Universitätsjahre absolvierte. Nicht nur der Wunsch, eine andere bedeutendere und deutschsprachige Hochschule zu besuchen, sondern auch eine Herzensgeschichte war die Ursache, daß er Budapest vor Vollendung seiner medizinischen Studien verließ. Er war Hauslehrer bei den Söhnen eines sehr bekannten Buchhändlers, der außer diesen Söhnen zwei schöne, aber leichtsinnige Töchter hatte. Mein Vater verliebte sich in die jüngere, sie ließ sich die Schwärmerei des mittellosen Studiosus gefallen, ohne sie ernst zu nehmen; er warb um sie in aller Form, sie zog ihn hin, ohne ihn aber gänzlich zu entmutigen. Zu dieser Zeit geschah es, daß sie auf einer Tanzunterhaltung, wie sie solche manchmal auch insgeheim zu besuchen pflegte, einen Hauptmann kennenlernte und bald dessen Geliebte wurde. Dem Buchhändler blieb diese Verbindung kein Geheimnis, er wies die Tochter zwar nicht, wie er anfangs willens gewesen war, aus dem Hause, vermied es aber von Stund ab, das Wort an sie zu richten. Mein Vater, sobald er klar zu sehen begonnen, betrat die Schwelle des Hauses nicht mehr, auch der weitere Aufenthalt in der Stadt war ihm verleidet, und in viertägiger Reise fuhr er, wie er mir später oft erzählte (ohne des Anlasses zu erwähnen), auf einem Leiterwagen nach Wien. Seine treulose Angebetete wurde von ihrem Hauptmann bald verlassen, tröstete sich mit anderen Männern und, nach einem wechselvollen Jugendleben, vermählte sie sich mit einem Uhrmacher, also, wie ihr bedünkte, unter ihrem Stande, jedenfalls unter ihren Ansprüchen und Hoffnungen. Die Hochzeitsreise führte das junge Paar nach Wien. Auf einem Spaziergang durch die Straßen der inneren Stadt war die junge Frau genötigt, in einen Hausflur zu treten, um das gelockerte Schuhband fester zu schnüren. Wie sie den Kopf wieder erhebt, erblickt sie unter der Einfahrt eine Tafel, auf der zu lesen steht: »Dr. Johannes Schnitzler, Docent für Krankheiten des Kehlkopfes und der Nase, ordiniert von 2-4.«

Daß die Geschichte nun eine weitere Fortsetzung gehabt hätte, auch wenn der Uhrmachergemahl vor dem Haustor nicht auf und ab gewandelt wäre, ist unwahrscheinlich, da mein Vater damals auch schon glücklicher Ehemann war, vermutlich ein glücklicherer als der Uhrmacher. Mir gegenüber hat mein Vater über diesen Jugendtraum und -irrtum, wie über das meiste Menschlich-Allzumenschliche, das sich wohl auch in seinem Leben zugetragen haben dürfte, stets Schweigen bewahrt. Die ganze Geschichte wurde mir erst viele Jahre nach seinem Tod auf einem Spaziergang im Dornbacher Park von einem Freund erzählt, dessen Mutter als junges Mädchen im Hause jenes Buchhändlers verkehrt, zuweilen im Zimmer der Töchter übernachtet hatte und sich noch zu erinnern wußte, wie die beiden, wenn alles im Hause schlafen gegangen war, sich in Balltracht geworfen und verschwunden waren, um erst im Morgengrauen wieder zurückzukehren.

Mein Vater setzte also in Wien seine Studien fort; die Mittel dazu, wie zur Fortführung seiner Existenz überhaupt und überdies die zur Unterstützung seiner Angehörigen, verschaffte er sich, wie er es schon in Groß-Kanizsa und in Budapest getan, durch Erteilung von Lektionen in wohlhabenden Häusern. Bald nach Erlangung des Doktorats wurde er Assistent an der Oppolzer'schen Klinik und gelangte binnen weniger Jahre zu einer ziemlich ansehnlichen Privatpraxis, wobei ihm außer seinen Kenntnissen seine angeborene Liebenswürdigkeit und Weltklugheit, der es am Ende nur an tieferer Menschenkenntnis gebrach, vor allem zustatten kam. Der Laryngologie, die damals einen ziemlich neuen Wissens-

Prof. Dr. Johann Schnitzler, der Vater des Dichters

zweig bedeutete, wandte sich mein Vater mit besonderem
Eifer zu und galt bald neben Schrötter und Stoerck als einer
der hervorragendsten Schüler Türcks. – Während seiner
Gymnasialzeit hatte er Dramen sowohl in deutscher als in
ungarischer Sprache verfaßt, nach deren Kenntnisnahme, wie
er mir später oftmals erzählte, einer seiner Professoren in
Groß-Kanizsa »dem kleinen Judenbuben« prophezeit hatte,
er würde einmal der ungarische Shakespeare werden. Auch
habe ich einmal ein Manuskript von ihm in Händen gehabt, ja
glaube sogar, mit seiner Zustimmung es eine Zeitlang verwahrt zu haben, das den ersten Akt eines in deutscher Sprache
geschriebenen Dramas »Bar Kochba« enthielt und das später
in Verlust geraten ist. Nach der Lektüre der Hyrtlschen
Anatomie, zu der er in den Maturitätsferien angeregt wurde,
hatte er allen dichterischen Zukunftsplänen entsagt und sich
mit Begeisterung für die medizinische Laufbahn entschieden;
aber noch bis in seine letzten Jahre erklärte er mit Überzeugung, nicht nur mir gegenüber, daß er seinen Anlagen nach
mindestens zu den gleichen poetischen Aspirationen berechtigt gewesen wäre als ich. Inwieweit er mit dem Glauben an
seine dichterische Berufung im Recht war, läßt sich nicht
nachprüfen; unbestreitbar aber war seine schriftstellerische
und journalistische Begabung, und früh genug hatte er Gelegenheit, sie sowohl auf medizinisch-wissenschaftlichem als

auf sozial-medizinischem Gebiete zu betätigen. Schon als Student beteiligte er sich an der Redaktion der von meinem Großvater gegründeten »Medizinal-Halle«, die später den Titel »Medizinische Presse« erhielt. Kurz nach seiner Verheiratung übernahm er selbständig deren Leitung, und nach mehr als zwei Jahrzehnten, durch Verlegerrancune aus dieser Stellung verdrängt, entschloß er sich sofort zur Gründung eines neuen Blattes, das er bis zu seinem Tode führte. Er bedurfte jederzeit, da er stets mitten im ärztlichen Parteigetriebe stand, eines publizistischen Organs, was insbesondere bei dem Kampf des Professorenkollegiums und der praktischen Ärzte gegen die von ihm und einigen anderen jüngeren Dozenten ins Leben gerufene Poliklinik für ihn und seine Freunde von Wichtigkeit und Vorteil war. Das Artikelschreiben, das Korrekturlesen, der Aufenthalt in Redaktion und Druckerei waren seiner Natur eingeborenes Bedürfnis, nicht weniger als die ärztliche Tätigkeit und das öffentliche Sprechen in medizinischen Gesellschaften, auf Naturforscherversammlungen, bei medizinischen Kongressen, ja wie überhaupt der lebendige Verkehr mit Kollegen, Freunden und solchen, die er dafür hielt. Das künstlerische Element seiner Natur aber sprach sich mehr in seinem Interesse für Menschen, die zur Kunst, insbesondere zur Bühne, in Beziehung standen, in seiner etwas naiven Sympathie für die äußerlich heitere und scheinbar leichtere Lebensführung innerhalb dieser Kreise, in seinem Respekt vor anerkannten oder gar gefeierten Namen (der sich nicht nur auf solche aus der Theaterwelt erstreckte); also mehr in einer dem Schein und der Oberfläche zugewandten Weise aus als in einem tieferen Verhältnis zu dem Wesentlichen der Kunst, – zu dem, was in ihr Arbeit, Berufung und Schicksal bedeutet. Andererseits gebrach es ihm durchaus nicht an Urteil oder an Geschmack, der freilich wieder durch persönliche Sympathien und Antipathien und fremdes Urteil leicht zu beeinflussen war. Als Arzt der Concordia zählte mein Vater natürlich zahlreiche angesehene Mitglieder dieses Schriftsteller- und Journalistenvereines zu seinen Patienten und näheren Bekannten; von Dichtern jener Epoche erinnere ich mich, in unserem Hause nur Mosenthal gesehen zu haben als einen beleibten, rotbärtigen, freundlichen Herrn, dem ich zugleich als das erste mit eigenhändiger Autorenwidmung versehene Buch meiner Bibliothek das Schauspiel »Deborah« in hübschem grauem Einband verdanke, während desselben Autors Revolutionsdrama »Lambertine«, rot und in Goldschnitt gebunden, zu allgemeiner Besichtigung, aber von keiner Seite besonders geschätzt, auf dem Salontisch auflag.

Zur Lektüre belletristischer Werke fand mein Vater bei seiner ausgebreiteten Tätigkeit nicht viel Zeit, und seine Urteile deckten sich im ganzen mit denen der kompakten Majorität, als deren Organ auch damals schon die »Neue Freie Presse« gelten konnte, und die durchaus nicht immer die falschesten waren. Ins Theater ging er oft und gern, schon seinen Patienten zuliebe, die er gelegentlich auch während der Vorstellung in der Garderobe zu besuchen und ärztlich zu behandeln pflegte. Konzerten wohnte er nicht allzu häufig bei, doch liebte er die Musik, ohne eigentlich musikalisch gebildet oder lebhafter interessiert zu sein. Auch hier war es eher der gesellschaftliche Dunstkreis, in dem er sich behagte. Die eigentliche Musikalität, das musikalische Verständnis und irgend etwas, das man beinahe schon musikalische Begabung nennen könnte, ist von mütterlicher Seite in unsere Familie gekommen. Zur bildenden Kunst aber hatte mein Vater, und damit lange Zeit unser ganzes Haus, überhaupt kein Verhältnis. Über die Reisenden, die in fremden Städten gewissenhaft mit dem Baedeker in der Hand Museen und Galerien durcheilten, spottete er gern, und wir mit ihm, als wären sie wirklich ausnahmslos alle lächerliche Subjekte, die nur einer eingeredeten Verpflichtung, nicht aber, was ja immerhin auch zuweilen vorkommen mochte, wirklichem Kunstgefühl oder ernsthaftem Bildungsdrang gehorchten. Da nun auf diesem Gebiete mir sowie meinen Geschwistern jede Spur von Talent mangelte, genügte diese ablehnende Haltung meines Vaters, um lange Zeit hindurch die Idee, daß hier ein weites Reich künstlerischen Genusses bereitliegen könnte, in uns gar nicht aufkommen zu lassen; erst in späteren Jünglingsjahren hat sich in mir allmälig das Interesse und später wohl auch ein gewisses Verständnis zuerst für Werke der Plastik und dann, stetig wachsend, für solche zeichnerischen und malerischen Charakters herangebildet, bis ich endlich – im Angesichte Rembrandts vor allem – jenes andächtige Glücksgefühl genoß, das mir gegenüber Goethe und Beethoven schon viel früher zuteil geworden war. Dort freilich, wo ein angeborenes Verhältnis zu irgendeinem Wissens-, Kunstoder sonst einem Lebensgebiet besteht, kommen Einflüsse der Erziehung und Umgebung erst in zweiter Linie in Betracht; und ein ausgesprochenes Talent weiß sich bekanntlich gerade gegen feindselige Einflüsse mit Vorliebe durchzusetzen. Doch Aufnahmsfähigkeit für Dinge und Freude an Dingen, die außerhalb der individuellen Begabung und des individuellen Interesses liegen, werden durch Eindrücke der Kindheit in hohem Maße mitbestimmt. Hingegen ist es wieder keine seltene Beobachtung, daß angeborene Neigungen, die man zu Hause ungeschickt oder gar durch unerwünschten Zwang zu fördern sucht, dadurch verstört, ja gerade in ihr Gegenteil verkehrt werden oder wenigstens so lange verkümmern, bis das jugendliche Gemüt zur Selbstbesinnung und Selbstbestimmung herangereift ist.

So erging es mir in einem gewissen Grade mit meiner Beziehung zur Natur, der ich, in all meiner Bereitschaft, ihre Reize aufzunehmen und mich an ihnen zu freuen, immer wieder entfremdet wurde, indem man mir Landschafts- und Freiluftgenüsse oft aus äußeren Motiven aufdrängte und mich allzu programmatisch auf Nützlichkeiten und Schönheiten hinwies, die sich mir unter günstigeren Umständen zweifelloser und unbedingter von selbst erschlossen hätten. An schönen Frühjahrs- und Sommerabenden nahm der Vater die Seinen auf Fahrten in die nähere Umgebung Wiens zu seinen Patienten mit. Und oft warteten wir stundenlang, meist lesend, in Schönbrunn, Hietzing, Dornbach, Kaltenleutgeben oder wo es sonst war – im Wagen vor einer Villa, in Parkanlagen auf einer Bank – bis er wiederkehrte, meist in weit angeregterer Stimmung als die war, in der wir, gelangweilt und ungeduldig geworden, ihn endlich begrüßen konnten. In Hietzing waren es besonders der Graf O'Sullivan und dessen Gattin, die berühmte Tragödin Charlotte Wolter, die ihn gerne festhielten und von denen er sich gerne festhalten ließ; in Dornbach besuchte er eine Familie Strache, in deren Garten ich zum erstenmal ein Dreirad, einen unförmlichen Ahnen des Bicycle, zu Gesicht bekam; in Pötzleinsdorf war es der Zahnarzt Rabatz, bei dem der Vater und manchmal wir mit ihm einzusprechen pflegten; in Kaltenleutgeben die Wasserheilanstalt des Doktor Winternitz, wo nach erledigter Konsultation an irgendeinem Krankenbett oder Krankensessel der befreundete Chefarzt selbst uns alle mit Kaffee, Grahambrot und Honig bewirtete. Im rumpelnden Fiaker fuhr man nach der Stadt zurück, und wir Kinder waren meist schon eingenickt, wenn an der Linie vom Finanzwächter das Mautgeld im Betrage von acht Kreuzern eingefordert wurde. Dann, wenn man nicht schon auf dem Land genachtmahlt hatte, wurde in einem vorstädtischen Wirtsgarten, etwa beim »Goldenen Kreuz« in Mariahilf oder im Hotel Viktoria auf der Wieden, der Abend beschlossen. In einer späteren Epoche verdrossen mich diese Fahrten aufs Land hinaus, die übrigens auch manchmal ganz fröhlich verliefen, um so mehr, als ich um ihretwillen und nicht immer ohne väterliche Absicht gezwungen war, auf die harmlosen, aber dennoch köstlichen Spaziergänge an der Seite einer angebeteten Blondine im Rathaus- oder Volksgarten zu verzichten.

Außer diesen Lust- und Spazierfahrten, sowie den selteneren, aber willkommeneren Feiertagsausflügen, die uns weiter hinaus, nach dem »Roten Stadl« oder in die »Brühl«, führten, gab es Gelegenheit zu ländlicher Erholung auf kurzen Gebirgsreisen und in Sommerfrischen. Der erste Ort, an dem wir uns während einiger Ferienwochen und auch später noch öfters aufhielten, war Vöslau, in dessen lauen Quellenbädern ich schwimmen lernte.

Im Jahre 70 oder 71 atmete ich zum ersten Male Salzkammergutluft. Und damals war es, daß ich eines Abends in Alt-Aussee, von der Terrasse des Seewirts aus ins dunkle Wasser blickend, das scheinbar ohne Grenze mit der umgebenden Nacht in eins zusammenfloß, zum erstenmal etwas empfand, das ich Naturgrauen nennen möchte, und das, an den Ort gebunden, wo ich es kennenlernte, länger in mir nachwirkte als jenes erste Naturentzücken, das mir im Thalhofgarten zu Reichenau zuteil geworden war. Im allgemeinen nahm ich Landschaftsbilder lange Zeit hindurch gewissermaßen nur in großen Umrissen in mir auf, ohne daß Einzelheiten, wenn sie in ihrer Eigenheit sich nicht unwiderstehlich einprägten, besonders auf mich gewirkt hätten. Manche nur flüchtig empfangenen Eindrücke aus der kleineren Tier- und Pflanzenwelt hingegen hafteten unauslöschlich in mir. Nie vergesse ich die ersten Leberblümchen, die ich im Frühjahr im Wienerwald pflückte, die Haselnußsträuche, die roten Pfaffenkappeln und Tollkirschenbüsche in Vöslau, die schwirrenden Hirschkäfer in unseren Sommergärten und ganz besonders einen goldglänzenden Laufkäfer, der einmal zwischen Hütteldorf und Neuwaldegg quer über die Straße vor meine Füße lief; – solcherart waren die Eindrücke, in denen mir fast mehr als Symbol denn als Erinnerung wieder ersteht, was mir in den Kinderjahren Natur bedeutete. Mein Vater hatte eine ganz besondere Vorliebe für den Geruch von Nußblättern, die er gerne zwischen den Fingern zerrieb; im übrigen hielt er uns im Freien zum tiefen Atemholen an und ging uns darin, den Spazierstock waagrecht zwischen beiden ausgestreckten Armen an den Rücken gepreßt, mit gutem Beispiel voran.

Im Jahre 1872 unternahmen die Eltern mit uns Buben, das Schwesterchen war doch noch zu klein dazu, eine Reise in die Schweiz. In weniger als zwei Wochen ging es über München, Zürich, Luzern an den Genfer See und wieder zurück. Dieses Tempo, in dem Beweglichkeit und Ungeduld, Neugier und Oberflächlichkeit einander bedingten und begünstigten, war den Eltern ebensowohl Bedürfnis als Manier; und an einem Ehepaar, das unter dem Namen Makarius und Genoveva Rastlos episodisch durch eine Komödie jagt (sie hieß »Vor der Welt«), habe ich frivol genug als Sechzehnjähriger dieser elterlichen Eigenart eine karikaturistische Wirkung abzugewinnen versucht. Schon damals ahnte ich wohl, daß diese Unrast, die sich später bei meiner Mutter fast ins Pathologische steigerte, vielleicht noch mehr durch das Beispiel als durch das Gesetz der Vererbung auch auf mich übergehen sollte. So lebhaft manche Eindrücke von dieser ersten Schweizer Reise mich berührten, – vor allem andern der Sonnenaufgang auf dem Rigi Kulm und der Anblick der in der Morgenluft fröstelnden Frühaufsteher mit den aufgestellten Kragen und malerisch um die Schultern geworfenen Plaids, die Fahrt um den Genfer See, die Bären im Graben zu Bern und nicht zum wenigsten die köstlichen Frühstücke in den Schweizer Hotels mit Tee, Butter und Honig, die sich von unsern häuslichen schon durch eine gewisse Festlichkeit unterschieden, – am deutlichsten ist mir doch eine Aufführung der Moser'schen Posse »Das Stiftungsfest« am Münchener Residenztheater im Gedächtnis geblieben, offenbar darum, weil das Niederplumpsen einer Gießkanne, die der schläfrig-komische Vater des Stückes festzuhalten verurteilt war, nicht nur, wie im Stücke vorgeschrieben, ihn, sondern auch mich immer wieder aus dem Schlummer weckte, der mich nach der ersten nächtlichen Eisenbahnfahrt meines Lebens unwiderstehlich überkam.

Schon vor dieser ersten größeren Reise hatte sich eine wichtige Veränderung in meinem jungen Leben vollzogen. Im Herbst 71, kurz nachdem wir auf den Burgring Numero eins übersiedelt waren, in eine schöne Wohnung gegenüber dem sogenannten Kaisergarten, in der wir unter allmäliger Ausbreitung über das ganze Stockwerk bis zum Tode des Vaters 1893 verblieben, war ich als Schüler der ersten Lateinklasse ins Akademische Gymnasium eingetreten. Und hier erst gedenke ich jenes viel weiter zurückliegenden Tages, an dem die Mama mich aus dem Kinderbettchen mit dem grüngestrickten Gitter emporhob, in ein weißes Kleid steckte und auf einen Stuhl an das Tischchen setzte, an dem mein erster Lehrer, ein Herr Frankl, mich zur ersten Lektion erwartete, mit dem Finger auf die aufgeschlagene Fibel wies und in gütigem Tone begann: »Siehst du, das ist ein A.« Damals dürfte ich fünf Jahre alt gewesen sein, und irgendeiner weiteren Lektion bis zum Eintritt ins Gymnasium weiß ich mich so wenig zu entsinnen, als wenn jene erste überhaupt die einzige geblieben wäre. Dem Lehrer Frankl aber folgte recht bald ein anderer, Herr Maximilian Lang, der damals Medizin studierte und es niemals bis zum Doktor brachte; ein grundguter, tüchtiger, stets etwas salbungsvoller Mann, des Schönredens und noch mehr des Schönschreibens bis zur Pedanterie beflissen, wovon die Briefe Zeugnis ablegen, die der über Siebzigjährige aus dem ungarischen Nest, wo er in Armut und Zurückgezogenheit der Lektüre der Klassiker und der Bibel lebt, bei feierlichen und anderen ihm geeignet scheinenden Gelegenheiten an mich und die Meinen zu richten pflegt.

Dieser Herr Lang war es auch, der sich eines Tags mit mir ins Akademische Gymnasium begab, um sich dort nach dem Beginn des Schuljahrs und den Einschreibeformalitäten zu erkundigen. Im Konferenzzimmer erteilte der alte Professor Windisch die nötigen Auskünfte; ich stand wohlgesittet vor ihm, den Strohhut in der Hand, der mittelst eines Bändchens an einem Knopf meiner Jacke befestigt war, in leicht geneigter Haltung, und war mir eines lauen Gefühls von Ergebenheit und Devotion bewußt, dessen ich mich zugleich ein wenig schämte; und dieser Moment war es, in dessen lebendigem Nachgefühl ich acht Jahre später in einem romantischen Trauerspiel einem Mönch die Worte in den Mund legte:

>»Denn manchmal findet sich im Menschenherzen
Der Keim zu einem solchen Dienenwollen.«

Nachdem ich so zum erstenmal im Ibsen'schen Sinne Gerichtstag über mich selbst gehalten, habe ich mich auf Empfindungen ähnlichen Charakters nie wieder ertappt; ja, eine gewisse frondierende Grundstimmung meines Wesens, die sich aus kindlichen Anfängen immer entschiedener herausbildete, mag ihre Entstehung unter anderem auch dieser ersten inneren Auflehnung gegenüber einer mir selbst sofort verächtlich erscheinenden Gemütsregung verdankt haben.

Immerhin verhielt ich mich besonders in den unteren Klassen des Gymnasiums brav und mit einiger Nachhilfe fleißig genug und durfte mich zu den besseren, meist sogar zu den Vorzugsschülern zählen. Auch galt ich nicht ganz mit Unrecht für eine Art von Muttersöhnchen, ein Ruf, der mir schon von einem der allerersten Schultage anhaftete. In der ersten Gesangsstunde, die gegen Abend abgehalten wurde, hielt uns der Lehrer, Professor Machanek, über die Zeit zurück, weil er durch irgendein Mißverständnis das vorige Mal vergeblich unserer gewartet hatte und die versäumte Stunde nachholen wollte. Da erschien plötzlich mein Lehrer Max Lang in der Klasse und bat dringend, mich sofort mit nach Hause nehmen zu dürfen, da meine Mutter sich wegen meines Ausbleibens in größter Aufregung befinde. Ich wurde entlassen, und tatsächlich traf ich die Mama händeringend und in Tränen an und wurde von ihr in die Arme geschlossen, als wäre ich einer großen Gefahr entronnen. Und noch etliche Jahre hindurch wurde ich ganz regelmäßig auch am hellichten Tage von der Schule abgeholt, obwohl wir kaum zehn Minuten weit vom Gymnasium wohnten.

Der Aufstieg von der ersten in die zweite Klasse bedeutete mir – zum mindesten im Vorgefühl – mehr als irgendein früherer oder späterer Fortschritt meiner Existenz. Noch entsinne ich mich des ehrfürchtigen Schauers, der mich durchrieselte, da ich einmal als Primaner im Sommer an der offenstehenden Tür der Sekunda vorüberging und eben ein

Schüler auf der Kathederstufe stand, der vom Professor geprüft wurde. Unfaßbar schien es mir beinahe, daß ich auch einmal so weit gelangen könnte. Nun, ein Jahr darauf, war ich nicht nur so weit, sondern war sogar der Kollege des Knaben geworden, zu dem ich bewundernd aufgeschaut hatte und der in der Klasse sitzengeblieben war. Wie ein Riese war er mir damals auf den Stufen des Katheders erschienen, und gerade er entwickelte sich – zwar zu einem der ärgsten Rangen des Gymnasiums, der mir sogar einmal zu meinem großen Ärger aus reiner Büberei einen pedantisch geführten Katalog zerriß, in den ich die Prüfungsnoten meiner Mitschüler nach eigenem Ermessen einzutragen pflegte, blieb aber bald im Wachstum so sehr zurück, daß er, je älter er wurde, immer zwerghafter und später auf dem Konzertpodium als Violinspieler geradezu wie ein böser Gnom wirkte.

Trotz all meiner zwar nicht geheuchelten, aber doch etwas äußerlichen Bravheit fühlte ich mich von früh an ganz besonders zu manchen der schlechten Schüler hingezogen, und in der zweiten Lateinklasse zählte zu meinen intimsten Freunden der Allerletzte, ein gewisser Thomas, der sich, ganz im Gegensatz zu mir, ausschließlich im Zeichnen bewährte. Von den eigentlichen bösen Buben an denen es natürlich nicht mangelte, hielt ich mich instinktiv fern, und auch sie ihrerseits ließen mich in Frieden. Und so blieb ich ziemlich lange unverdorben, ja in einem ganz lächerlichen Maße unwissend, so daß mir die unausbleiblichen Aufklärungen erst in meinem elften oder zwölften Lebensjahr zuteil wurden. Und zwar geschah das eines Abends im Vöslauer Kurpark auf einer Bank vor der Villa Rademacher, in der wir damals zum Sommeraufenthalt wohnten, durch einen Schulkameraden und Vetter zweiten Grades, Ludwig Mandl, also sonderbarerweise gerade durch denjenigen, der später als Frauenarzt in manchen Perioden meiner Existenz zu einer nicht unwichtigen Rolle berufen sein sollte.

Im selben Sommer etwa mag es gewesen sein, daß mir ein erster zufälliger Einblick in das Schauspielerleben des kleinen Badeortes gegönnt sein sollte. Eines Morgens im Kurpark sah ich ein junges Paar der nahen Arena zuspazieren und konnte hören, wie die beiden, die meines Wissens nicht verheiratet waren, in vertraulichem Du miteinander sich unterhielten. Gerade am Abend vorher hatte ich die beiden in dem Kaiser-

'schen Volksstück »Mönch und Soldat« das Liebespaar spielen sehen und zweifelte nun nicht mehr daran, daß auch in der Wirklichkeit ein zärtliches Verhältnis zwischen ihnen bestände. Neugierig und bewegt sah ich ihnen nach, bis sie im Bühneneingang verschwunden waren. Die Umstände fügten es, daß ich den Lebensgang gerade dieser beiden von jenem Sommer an, in dem vielleicht ihre Künsterlaufbahn eben begonnen, lange hindurch weiterverfolgen konnte. Das hübsche Mädchen von damals ist unvermählt geblieben und spielt schon seit manchem Jahr an einer ersten Wiener Bühne das Fach der komischen oder auch würdigen Alten; ihren Partner von einst fand ich im Winter 90/91 in Salzburg wieder, dessen Theaterverhältnisse damals aus einem ganz persönlichen Grunde mein Interesse in hohem Grade in Anspruch nahmen. Der verbürgte Umstand, daß seine Frau daheim ihre Liebhaber empfing, während er auf der Bühne, ein versoffener Schmierenkomödiant, seine Partien zweiten und dritten Ranges heruntersang und spielte, fügte sich in seiner grotesken Trivialität dem Gesamtbild des Provinztheatertreibens, wie es allmälig vor mir erstanden war, würdig ein.

Die Aufklärungen psychologischer und physiologischer Natur, die dem Knaben zuteil geworden waren, hatten vorläufig keinerlei, weder äußerliche noch innerliche Folgen. Sogar von den kindischen Verliebtheiten, die in diesen Jahren so häufig sind, blieb ich ziemlich frei. Nur einer Regung von Eifersucht erinnere ich mich aus meinem elften oder zwölften Lebensjahr, die sich darin äußerte, daß ich meinen Bruder, als ich ihn von einer unserer kleinen Cousinen mir gegenüber auffallend bevorzugt sah, heftig durchprügelte. Doch tat ich es ohne innere Notwendigkeit, vielmehr aus einer Art von Pflichtgefühl, wie um mich von dem Bestehen einer Leidenschaft zu überzeugen, an die ich doch selbst nicht glaubte. Es scheint mir überhaupt, als wäre die Neigung, nicht so sehr vor andern als vor mir selbst eine Rolle zu spielen, ob ich mir nun in ihr gefiel oder nicht, in jenen Kinderjahren viel stärker in mir ausgesprochen gewesen, als je in späterer Zeit. So hatte ich mich einmal beim Spazierengehen im Vöslauer Wald verirrt, und als ich mich endlich zurechtgefunden, begann ich mein unbeträchtliches Abenteuer ins Interessante zu stilisieren und, unter dem Schatten der Bäume mit umgehängtem Überzieher heimwärtseilend, mir selbst als Monolog vorzutragen, den ich bei der Rückkehr vor versammeltem Publikum zu wiederholen gedachte; und studierte meinen Part so lange ein, bis ich von einer Bank her, an der ich eben vorüberging, den spöttisch-erstaunten Blick eines alten Herrn auf mich gerichtet sah, worauf ich beschämt verstummte. – Auch erinnere ich mich, wie mich einmal beim Spiel im Garten eine kleine Verwandte durch ein gewisses hochmütiges Zucken der Mund- und Nasenwinkel in Ärger versetzte und ich dieses Zucken, vor allem in der Absicht, mir nichts bieten zu lassen, nachzuäffen begann und eine Zeitlang gewohnheitsmäßig beibehielt. Und so habe ich allen Grund, mich zu fragen, ob an meinen frühesten poetischen Versuchen das Bedürfnis, einen Dichter vorzustellen, kindlicher Nachahmungstrieb und endlich der ermutigende Beifall, auf den ich damals begreiflicherweise immer rechnen konnte, nicht mindestens ebensolchen Anteil hatten als ein eingeborener, dichterischer Drang, an dessen Vorhandensein ich freilich nicht zweifeln darf, wenn auch in jenen ersten Schreibereien selbst der nachsichtigste Beurteiler bestenfalls Anzeichen einer gewissen Frühreife, aber kaum solche einer wirklichen Begabung entdecken könnte.

Zum ersten Gedicht begeisterte mich ein Erlebnis, dessen Inhalt aus meinen Versen ohneweiters zu entnehmen ist, so daß ich diese, zumal es meine ersten sind als Chronist, keineswegs, wie man gleich merken wird, aus Eitelkeit hierhersetzen will. Sie lauten: »Figaros Hochzeit ist vorbei – Doch immer noch hört man Arthurs Geschrei – Er hat verloren seinen Hut – Mama ist außer sich vor Wut. – Doch endlich findet er ihn – Und bald liegt er ruhig im Bette drin.« Es erscheint begreiflich, daß der Erfolg dieses Poems, als ich es neben einem andern, ernsthafteren, »Sardanapal« betitelt, meinen israelitischen Kollegen vortrug, während die Katholiken Religionsstunde hatten, vieles zu wünschen übrigließ; und ich sollte die ersten Regungen von Schriftstellerneid kennenlernen, als gleich nach mir ein Kamerad mit selbstverfaßten heiteren Gedichten erheblich größeren Anklang fand. Bald gelang es mir, meinen Mißerfolg vor dem gleichen Publikum durch Verlesung von Spottversen auf einzelne meiner Mitschüler wettzumachen. Ein umfangreicheres Spottgedicht war auf den schon früher genannten Professor Windisch, den Ordinarius unserer Klasse, gemünzt; ob ich es gleichfalls meinen Kollegen vortrug, weiß ich nicht mehr; sicher ist aber, daß mein Vater es eines Abends unter meinen Schulheften entdeckte, als ich schon zu Bett lag; und zugleich damit ein ägyptisches Traumbüchel, sowie ein sogenanntes Punktierbuch, welche beiden sonderbaren Werke ich mir auf Rat meines Freundes Thomas zu unbekanntem Zwecke angeschafft hatte. Das Gedicht mußte ich nun meinem Vater persönlich vorlesen, der sich zwar das Lachen verbiß, wie ich deutlich merkte, sich aber doch am nächsten Tag in die Schule begab, und mir, nicht wegen des Gedichtes, dessen er dort wohl keine Erwähnung tat, jedoch wegen der Traum- und Punktierbüchel und insbesondere wegen meines unbegreiflichen Umgangs mit dem Letzten der Klasse die ernstlichsten Ermahnungen des Herrn Ordinarius mit nach Hause brachte.

Professor Windisch, ein Weltpriester, der uns in den ersten Klassen in Latein und Deutsch unterrichtete, war ein tüchtiger Pädagoge und zugleich ein gutmütiger Mensch, was in dieser Vereinigung nur wenigen seiner Amtskollegen, soweit ich sie in ihrem Beruf kennenlernte, nachgerühmt werden durfte. Ein schwacher Lehrer und dabei ein durchaus unleidliches Subjekt war insbesondere unser Mathematikprofessor Woldřich, dem es sichtlich Vergnügen machte, seine jugendlichen Schutzbefohlenen zu peinigen und in Angst zu versetzen. Eine seiner harmloseren Marotten war es, die Schüler, oft völlig ohne Grund, nur nach Laune, ihre Plätze wechseln oder eine ganze Stunde lang in einer Zimmerecke, im sogenannten »Winkel«, stehen zu lassen. In widerwärtiger Erinnerung blieb mir ferner der Schönschreib- und Zeichenlehrer Fallenböck, ein geckenhafter Herr mit rötlichem Knebelbart; und nie vergesse ich den hämisch-vernichtenden Blick, mit dem er sich nach mir umwandte, als ich einmal, wie ich es von meinem Hauslehrer gewohnt war, in Zerstreutheit meinen Kinderarm um seinen Nacken geschlungen hatte, während er auf dem Katheder mein Heft korrigierte. Aus diesem Blick starrte mir zum erstenmal jene eigentlich unfaßbare, nur aus einem angeborenen Haß von Mensch zu Mensch verständliche Feindseligkeit entgegen, wie man ihr später draußen in der Welt so oft, freilich mit den Jahren immer besser gewappnet, zu begegnen pflegt. Doch liegt es mir fern, etwa meine schlechte Schrift mit der unerfreulichen Nachwirkung jenes lächerlichen Fallenböck entschuldigen oder gar tiefsinnig begründen zu wollen; um so weniger, als die Kalligraphie nur in der ersten Klasse gelehrt wurde; und was nun gar das Zeichnen anbelangt, so war es nicht obligat, und bei meiner völligen Talentlosigkeit auf diesem Gebiet schied ich schon nach dem ersten Jahre freiwillig aus. Als Lehrer nicht ohne Verdienst, doch streng und verdrossen, trat unser erster Professor für Griechisch, Ambrosius Lissner, auf. Sein vorurteilsvoller Groll gegen die Schüler aus wohlhabenderen Häusern war unverkennbar, und dieser seiner Grundstimmung habe ich es auch zuzuschreiben, wenn er einmal, an meinem Eckplatz vorübergehend, meinen aufgestützten Arm ergriff und ihn ohne weitere Bemerkung, ja ohne seinen Gang nur zu unterbrechen, auf die Tischkante hinstieß. Er endete, wie nicht anders möglich, als Gymnasialdirektor und Schulinspektor. Von anderen Professoren, die uns in die höheren Klassen begleiteten oder uns erst dort übernahmen, berichte ich später; hier erwähne ich noch kurz des Supplenten Herrn Rutte, eines süßlich-stutzerhaften Dümmlings, der, unentwegt seinen Schnurrbar zwirbelnd, uns in der dritten Lateinklasse in der deutschen Sprache unterwies und einige Zeit hindurch auch in meinem Vaterhaus als Lehrer aus und ein ging, wie uns denn, sowohl meinem Bruder als mir, der dessen eher bedurfte, während des ganzen Gymnasiums solche Nachhilfe in geringerem oder höherem Maße mit mehr oder minderem Nutzen zuteil wurde. Unserem vortrefflichen Maximilian Lang war als Hauslehrer sein Vetter gefolgt, gleichfalls ein Mediziner, übrigens ein unbeholfener und unbegabter Mensch, über den wir uns gern lustig machten und der sich nicht lange als Lehrer bei uns halten konnte, aber in gelegentlichem Verkehre mit uns verblieb. Um sich die Mittel zur Beendigung seiner Studien und zur Ablegung seiner Rigorosen zu verschaffen, heiratete er zum allgemeinen mitleidslosen Ergötzen eine abgetakelte, ungarische Provinzschauspielerin, die er uns wohl gelegentlich vorgestellt haben mag, von der ich aber nicht weiß, ob ich sie jemals wirklich gesehen oder ob ich nur nach Schilderungen ihr Bild als das einer nicht mehr jungen, lächerlich geschminkten, auffallend angezogenen Dame im Gedächtnis bewahrt habe.

In höheren Respekt zu setzen als die Herren Neuhaus und Rutte wußten sich die Herren Strassmann und Holzinger, die ich übrigens in ihrer Physiognomie kaum zu unterscheiden und in der Zeitfolge nicht recht unterzubringen vermag; einer von ihnen war es, der sich als Artillerieoffizier in der Reserve rühmen durfte, bei keiner Lohengrinvorstellung im Stehparterre der Hofoper zu fehlen. All den hier Genannten war keine lange Frist in unserem Haus beschieden; erst ein armer, häßlicher, kleiner Judenjunge, der als Schüler der sechsten Klasse des Akademischen Gymnasiums, mir damals um zwei oder drei Jahrgänge voraus, den Unterricht bei uns aufnahm, hielt sich zur größten Zufriedenheit aller Beteiligten dauernd, das heißt bis über meine Matura hinaus, in seiner Stellung. Ernst, mit Neigung zur Ironie, klug, gewissenhaft und von nie rastendem Fleiß, war er nicht allein ein vorzüglicher Lehrer, sondern setzte seine eigenen Studien auf der Universität, die der Rechtswissenschaften, unbeirrt und mit stets wachsendem Erfolge fort. Bald trat er in Staatsdienste, gilt heute als erste Autorität im Staats- und Völkerrecht und amtiert im Verwaltungsgericht als Hofrat Tezner, was ihm unter seinem einstigen Namen, Tänzerles, bei gleichen Verdiensten kaum geglückt wäre. Daß ich, im Gegensatz zu meinem Bruder, auch unter seiner vortrefflichen Leitung ein etwas bequemer, ehrgeizloser und recht eigentlich oberflächlicher Schüler gewesen bin, hat er mir erst vor wenigen Jahren anläßlich einer unserer nicht häufigen, aber mir jederzeit willkommenen Begegnungen mit Humor ins Gedächtnis zurückgerufen.

Mit ebenso mäßigem Eifer wie die Schulgegenstände betrieb ich das Klavierspiel, zu dem ich schon in frühen Jahren angehalten worden war. Die Anfangsgründe brachte mir ein außerordentlich kleiner Herr namens Basch bei, der schon im Haus meiner Großeltern Musikunterricht erteilt hatte und sich in seinem Neben- oder Hauptberuf als Heiratsvermittler bewährte. In dieser seiner doppelten Eigenschaft tritt er in einem meiner zahlreichen unvollendeten Dramen »Albine« unter dem Namen Tüpfel episodisch auf. Sein Nachfolger – als Klavierlehrer versteht sich – war ein gewisser Peschke, der dem dritten Napoleon auffallend ähnlich sah und bald durch einen blonden, liebenswürdigen, aber jähzornigen jungen Mann, den Korrepetitor der Wiener Hofoper, Hermann Riedel, abgelöst wurde, denselben, der damals als Komponist der Scheffel'schen Trompeterlieder eines lauten, aber bald verstummenden Ruhmes genoß. Seine Oper »Der Ritterschlag«, an der Wiener Hofbühne aufgeführt, blieb ohne Erfolg. In jungen Jahren, eben in den Ehestand geraten, wurde er als Hofkapellmeister nach Braunschweig berufen, wo er nach jahrzehntelanger, vielgelobter Dirigententätigkeit, ohne je wieder mit einem eigenen Werk hervorzutreten, im Jahre 1914 verstorben ist. Blaß und flüchtig, wie es einer Episodenfigur geziemt, schwebt seine Erscheinung durch meinen Roman »Der Weg ins Freie«. Das Üben machte mir nicht viel Spaß, so blieb ich in der Technik zurück, brachte es aber dank meinem durch Oper- und Konzertbesuch geförderten Musikinteresse zu einer gewissen Fertigkeit, insbesondere im Vierhändigspielen, bei welchem meine Partnerin meistens die Mama war, mit der übrigens auch Hermann Riedel zum Abschluß der Lektion zu musizieren pflegte. Mein Bruder ging vom Klavier zur Violine über und lief mir auch in der Musik, wie in sämtlichen Schulgegenständen und später in der Medizin durch Beharrlichkeit und Gewissenhaftigkeit, vielfach auch durch Auffassung und Begabung, den Rang ab. Er war, nach dem wenig besagenden Ausdruck, im Gegensatz zu mir, ein schlimmes Kind gewesen. Aber schon in frühen Knabenjahren änderte sich auch hier das Verhältnis zu meinen Ungunsten. Wir vertrugen uns übrigens sehr gut miteinander und beide auch mit der kleinen Schwester, wenn wir uns auch manchmal brüderlich verbanden, sie zu sekkieren. Im ganzen war der Charakter unserer Beziehungen damals und noch viele Jahre hindurch eher als herzlich, denn als innig zu bezeichnen, was überhaupt auf die in unserer Häuslichkeit herrschende seelische Grundstimmung zutreffen dürfte. Bei aller Zärtlichkeit, deren wir uns von den Eltern zu erfreuen hatten, bei aller Sorgfalt, die auf unseren Unterricht – mehr auf diesen als auf unsere Erziehung im weiteren Sinn – verwendet wurde, war mein Vater nach Anlage, Beruf und Streben, welch letzteres bei all seiner unermüdlichen ärztlichen, wissenschaftlichen und journalistischen Betätigung sehr stark auf sichtbaren Erfolg und äußere Ehren, keineswegs auf Gelderwerb gerichtet war, doch so sehr von sich selbst erfüllt, ja auf sich angewiesen, und die Mutter in all ihrer hausfraulichen Tüchtigkeit und Übergeschäftigkeit hatte sich seiner Art und seinen Interessen so völlig und bis zur Selbstentäußerung angepaßt, daß sie beide an der inneren Entwicklung ihrer Kinder viel weniger Anteil zu nehmen

Arthur Schnitzler (Mitte)
mit seinen Geschwistern Julius und Gisela

vermochten und dieser Entwicklung vor allem viel weniger echtes und befruchtendes Verständnis entgegenbrachten, als sie sich jemals einzugestehen auch nur fähig gewesen wären. Und so wie ihnen selbst kam auch mir in den frühen Knabenjahren dieser Mangel kaum zum Bewußtsein; – was uns an elterlicher Liebe geboten wurde, war insbesondere in seinen äußeren Zeichen so warm und reich, daß meine kindliche Dankbarkeit auch damals schon hinter meinen Verpflichtungen erheblich zurückblieb.

Immerhin konnte die Atmosphäre eines Hauses, innerhalb dessen bei aller auch um ihrer selbst willen geübten und ersprießlichen Tätigkeit die Anerkennung für wichtiger galt als die Leistung und die Meinung der Welt höher gewertet wurde als die Selbsterkenntnis, auf meine eigene Entwicklung, insbesondere auf die meiner Grundbegabung (deren größeres oder geringeres Ausmaß für diese Erwägungen nicht in Betracht kommt), nicht ohne Einfluß bleiben; und betrachte ich das Heft, in das ich mit unbeholfener Kinderschrift meine ersten Gedichte eingetragen und um Nachsicht werbend als »Erstlinge« bezeichnet hatte, so erkenne ich nicht an den Titeln allein, daß nicht immer ein angeborener dichteri-

scher Trieb in mir wirksam war, sondern daß ich oft genug
ohne inneren Drang irgendeinen sich bietenden Anlaß ergriff,
um mich vor den Eltern und anderweitigem Publikum oder
auch vor mir selbst aufs neue als Dichter auszuweisen. »Rom
in Brand« war das erste Gedicht betitelt, das ich der Aufnahme in diese Sammlung für würdig hielt; verfaßt zu Vöslau,
Ende Juni 1873, und von meiner guten Großmama mit dem
Ausruf begrüßt: »Ein zweiter Schiller!« Es folgten »Der
glückliche Hirt«, »Ulysses und Achilles«, »Hektors Tod«,
»Achilles' letzte Worte«, »Andromaches Trauer«, »Heimweh eines deutschen Flüchtlings«, »Memnon«, »Penthesi-
lea«, womit ich die erste Sammlung abschloß, um bis Ende
1875 zwei weitere folgen zu lassen von ähnlich gemischtem
Charakter, in denen aber doch die historischen und mytholo-
gischen Stoffe allmälig zurücktreten und sich gelegentlich
neben der Gefühls- eine Art von Gedankenlyrik hervorwagt,
wie zum Beispiel in einem Gedicht, darin die vier Tempera-
mente sich der Reihe nach zum Problem des Ruhms vernehmen lassen. Im engeren Familienkreise wurden alle diese
durchaus unbeträchtlichen Versuche als Talentproben einge-
schätzt, und öfter als mir lieb war, richtete zu einer Zeit, da
ich meine lyrische Periode schon als abgeschlossen betrachten
durfte, mein Vater die mahnende Frage an mich: »Hast du
schon lange kein Gedicht gemacht?« Auch um die Weiterbildung meiner Prosa war er damals insoweit besorgt, als er mich
veranlaßte, Beschreibungen unserer Sommerreisen 1874 und
75 zu verfassen, wofür ich pro Kapitel oder Reisetag je nach
Gelingen zehn oder zwanzig Kreuzer Belohnung empfing.
Bei Gelegenheit solcher Reisen fehlte es natürlich nicht an
Episoden, die zu humoristischer Behandlung geeignet schienen; und so wandte ich unter anderem viel Fleiß und Laune an
die Schilderung der Begegnung mit einem braven Landarzt in
der Nähe von Heiligenblut, der sich im Wirtshaus gesprächs-
weise zufällig als ein Abonnent der von meinem Vater geleiteten medizinischen Zeitung zu erkennen gegeben und dem
sich dieser erst im Weiterfahren vom Wagen aus in einer Art
von Kaiser-Josef-Laune als der hochverehrte Redakteur und
Professor aus Wien entdeckt hatte.

Entschiedener und mit einer Ursprünglichkeit, die im Vergleich zu meinen, etwas gezwungenen lyrischen Bestrebungen besonders klar zutage tritt, kündigte sich meine theatra-

lische Sendung an, wobei ich wieder die Frage der Begabung ganz außer acht lassen darf; – denn mit dem, was ich hier schreibe, maße ich mir keineswegs an, die Entwicklung eines dichterischen Genius zu schildern, sondern die einer menschlichen Seele, in der künstlerische, dilettantische und mancherlei andere Elemente einander bedingten, störten und förderten. Im Gegensatz zu meinen Gedichten blieben meine dramatischen Versuche lange Zeit fast durchaus meine Privatangelegenheit. Insbesondere hatte ich keine sonderliche Neigung, sie meinen Eltern mitzuteilen. Ich verfertigte sie insgeheim und ließ die Schulhefte, in die ich sie einzutragen pflegte, wenn mein Vater oder sonstwer ins Zimmer trat, unter den Aufgaben verschwinden. So entstanden bis zum Jahre 1875, also noch im Untergymnasium, folgende Werke, deren Titel ich der Kuriosität halber hieher setzen will: »Die Loreley«, eine Tragödie in fünf Akten und einem Vorspiel; – »Der chinesische Prinz« in vier Bildern; – »Die Loreley« (nochmals) in zwei Abteilungen; – »Gold und Ehrlichkeit«, ein Märchen in vier Aufzügen (in reimlosen Jamben); – »Königin Himmelblau«, Märchen in vier Akten; – »Cornelius Ombra«, dramatisches Märchen; – »Die verbrannte Katze«, eine Szene; – »Der große Krach« in fünf Akten; – »Die Wundergeige«; – »Die Schutzgeister«, Märchen in drei Akten; – »Theegesellschaft«, Lustspiel in einem Akt; – »Prinz Ernst und Werner von Kyburg«, historische Tragödie in einem Vorspiel und sechs Akten; – »Der Schatzgräber«, Märchen in fünf Akten; – »Der Alpenjäger«, Trauerspiel in zwei Akten; – »Kraut und Rüben«, Lustspiel in zwei Akten; – endlich der dritte Teil einer Trilogie »Tarquinius Superbus«, deren ersten Teil ich erst einige Jahre später in Angriff nahm. Von all den hier genannten Stücken ist nur »Gold und Erlichkeit«, sowie der »Tarquinius Superbus« erhalten geblieben. Von den andern wüßte ich mich der wenigsten zu erinnern, wenn ich nicht das Verzeichnis aufbewahrt hätte. Doch weiß ich noch, daß »Die verbrannte Katze« sich auf einen nicht ganz aufgeklärten Vorfall bezog, der sich in der Schule zugetragen, und daß ich zum »Alpenjäger«, dessen Handlung mir entfallen ist, durch den Anblick einer Gasthofterrasse am abendlichen Wolfgangsee und der auf den gedeckten Tischen brennenden Windlichter angeregt worden war.

Unvollendet blieb innerhalb derselben Epoche eine Tragödie »Die Brüder«; eine Art Volksstück »Die Türken vor Wien«; ein Märchen »Aschenbrödel«; »Die Schauspieler« und (dieses noch vorhanden) ein satyrisches Lustspiel »Teutschlingen«, in dem ich mit wenig Witz und nicht übermäßig viel Behagen unsere Professoren, insbesondere den deutschtümelnden Zitkovszky zu persiflieren suchte; – diesen vielleicht nur darum, weil mir daran lag, an dem ersten Menschen, der sich zu mir in eine bewußte literarische Opposition gesetzt hatte, mein Mütchen zu kühlen. Als er nämlich in der Vierten unsere Klasse übernahm, hatte er an den Primus die Frage gerichtet, wer die besten deutschen Aufsätze zu liefern pflegte, worauf mein Name genannt wurde. Als meine ersten Arbeiten nicht zu Zitkovszkys Zufriedenheit ausfielen, bemerkte er wegwerfend, daß er an ihnen nichts Besonderes finden könne, ein Urteil, in dem ich ihm übrigens, soweit ich es an aufbewahrten Schulheften noch zu überprüfen vermag, nicht nur heute beipflichten muß, sondern dem ich mich schon damals im stillen anschloß. Denn, obzwar ich in der Schule spöttisch Poeta laureatus genannt und über mich sowie über meine gleichfalls literarisch beflissenen Freunde, Wechsel und Obendorf, das Gerücht in Umlauf gesetzt wurde, wir hätten einen Verein zur Verbesserung der Klassiker gegründet, – ich war auf meine Aufsätze und sonstigen schriftstellerischen Erzeugnisse keineswegs stolz, hatte kaum das Bedürfnis, sie in weiteren oder engeren Kreisen bekanntzumachen, sondern fand mein Genügen im rast-, aber auch planlosen Niederschreiben meiner Szenen und Stücke, über die ich mich kaum mit jemand zu unterhalten und die ich nur ausnahmsweise meinen nächsten Freunden bekanntzugeben pflegte; außer Wechsel und Obendorf einem gewissen Otto Singer, dem ich den »Tarquinius Superbus« einmal im Salon vorlas, nicht ohne das Manuskript, wenn mein Vater eintrat, unter den Divan verschwinden zu lassen. Flüchtig tauchte einmal im Gespräche zwischen mir und einem gewissen Konrad Willner der Plan einer poetischen Schulzeitung auf, die abwechselnd unter seinem und meinem Vornamen erscheinen sollte, doch kam der Plan schon aus dem Grunde nicht zur Ausführung, weil mein Mitherausgeber das Gymnasium bald verließ.

Zusammenfassend wäre nur zu sagen, daß alles, was ich innerhalb dieser frühen Epoche schrieb, kaum an irgendeiner

Stelle das Vorhandensein eines wirklichen dichterischen Talents ahnen ließe, wenn man nicht schon die unbezwingliche Schreibelust, zum mindesten auf dramatischem Gebiete, als Anzeichen eines solchen Talents will gelten lassen; und selbst das früher beiläufig gebrauchte Wort Frühreife glaube ich treffender durch »Frühbildung« ersetzen zu müssen, ja mir ist, als hätte ich mir gerade durch jene unermüdliche, irgendwie mechanische Art des Produzierens eine gewisse Unbewußtheit, Kindlichkeit und Unreife des Wesens länger erhalten, als es sonst der Fall zu sein pflegt; denn das bißchen Leben, das in meinen Gesichtskreis fiel, wurde sofort, ohne daß ich mich als Individuum damit abzufinden suchte, von dem produktiven Element meiner Natur aufgenommen, verarbeitet und abgetan.

Über Haus und Schule, über Theater und Lektüre und das, was ich Dichten nannte, gingen meine Interessen kaum hinaus; was sich in Stadt und Land oder in der weiten Welt draußen begab, fand in meiner Seele noch wenig Widerhall. Aus der Zeit des deutsch-französischen Krieges, die in mein neuntes Lebensjahr fiel, ist mir außer den großgedruckten Überschriften der Zeitungsblätter nur in Erinnerung geblieben, daß meine Sympathien, wie die von ganz Österreich, zu Beginn des Feldzugs auf französischer Seite waren. Näher berührte mich zwei Jahre später die ökonomische Katastrophe, die unter dem Namen »Der große Krach« berüchtigt geblieben ist, in der mit manch anderen unschuldigen Opfern auch mein Vater alles verlor, was er bis dahin erspart hatte, und die mich, wie jenes früher erwähnte Dramenregister verrät, sogar zu fünf, wahrscheinlich humoristisch gedachten Szenen begeisterte. Wenige Tage vor dem schwarzen Freitag, der als solcher in der Wiener Lokalgeschichte weiterlebt, am 1. Mai 1873, war die Wiener Weltausstellung eröffnet worden, und ich sehe mich noch meinen Eltern gegenüber in einem geschlossenen Wagen sitzen, der sich langsam dem Tor der Rotunde nähert und an dessen Scheiben die Regentropfen klatschen. Allem sonstigen politischen und sozialen Geschehen, auch in seinen entferntesten Ausstrahlungen, war ich bis dahin entrückt geblieben, wie die meisten Knaben aus meinen Kreisen, blieb es auch äußerlich wie innerlich noch geraume Zeit; wie denn damals auch die Weltgeschichte kaum unmittelbar auf mich gewirkt, sondern vor allem als Fundort von poetischen, insbesondere dramatischen Stoffen mein Interesse angeregt haben dürfte.

Mit all meiner Poeterei war ich keineswegs ein verträumter oder eigenbrötlerischer Knabe, vielmehr, trotz gelegentlicher Zerstreutheit, recht aufgeweckt und von geselligen Neigungen. Schulkameraden kamen in unser Haus, und ich besuchte sie wieder, mit einem oder dem andern sprach ich mich wohl auch gründlicher oder vertrauter aus, ohne daß intimere oder gar schwärmerische Freundschaften entstanden wären, wie sie in diesen Jahren sonst nicht selten sind. Womit man sich gemeinsam die Zeit vertrieb, wäre mir nahezu gänzlich entfallen, wenn mir nicht ein Abend im Gedächtnis geblieben wäre, an dem ich im Hause eines Schulkameraden ihm und seinen Schwestern eine Novelle von Zschokke oder Hackländer vorlas und, unversehens in eine etwas erotische Stelle geratend, tief errötete. Von jenem Kollegen, Leo Arnstein, besitze ich aus viel späterer Zeit eine Karte, durch die er mich, übrigens ohne Erfolg, zu einer gemeinsamen Ferialreise aufforderte, mit dem ausdrücklichen Bemerken, daß Bergfexereien ausgeschlossen seien. Das Schicksal wollte es, daß er selbst schon im Sommer nach einer Einladung beim Blumenpflücken von einer Felswand abstürzte und auf der Stelle tot blieb.

Hier will ich noch einiger anderer Schulkameraden gedenken, mit denen ich ein oder mehrere Semester lang flüchtigen Verkehr pflegte oder die mir aus sonst einem Grund lebendiger im Gedächtnis verblieben sind als die andern. Da war vor allem Ernst Radnitzky, Sohn des rühmlich bekannten Kupferstechers, in den ersten Gymnasialjahren der Primus unserer Klasse, ein begabter Knabe von etwas sonderlingshaftem Gebaren, der während des Respiriums allein mit umgehängtem Überzieher in den gotischen Gängen unseres Gymnasiums umherzuwandeln liebte. In den oberen Klassen, als er seinen Rang als Erster verlor, wurde er etwas umgänglicher und mit einigen Kollegen, darunter mit mir, so intim, daß sich sowohl in den Schulstunden von Bank zu Bank, als in den Ferien zwischen Wien und einer Wasserheilanstalt bei Graz, wo er sich zur Erholung aufhielt, eine Korrespondenz zwischen uns anknüpfte. Auch poetisch scheint er sich mehrfach versucht zu haben, wie ich aus einem Sonett entnehme, in dem er mich auffordert, »gleich mir ein hoffnungsloser Ringer« das

Dichten aufzugeben. Ich nahm ihm das, wie manche andere hämische Bemerkung, gewiß nicht übel; aber über die Matura hinaus wollte unsere Freundschaft doch nicht halten, und wenn ich ihm auch später als Universitätshörer und als Ministerialbeamten auf der Straße, stets mit umgehängtem Überzieher, manchmal wiederbegegnete, zu längeren Unterhaltungen bestand von beiden Seiten keinerlei Neigung, und im Laufe der Zeit wurde auch der gegenseitige Gruß wie auf Verabredung eingestellt.

Der Primus der A-Klasse war unentwegt von der Ersten an ein gewisser Katzer gewesen, der diesen Rang auch beibehielt, als unsere B-Abteilung mit der andern zwei Jahre vor der Matura vereinigt wurde. Das war ein fleißiger, freundlicher, bescheidener, aber beschränkter Junge, der wahrscheinlich aus Familienrücksichten zu frühem Erwerb genötigt, eine kleine Beamtenstelle bei der Post annahm, aber es selbst in diesem, nicht übermäßige Anforderungen erheischenden Amt meines Wissens nicht sonderlich weit brachte.

Ihm der Nächste in der Klasse war ein gewisser Lubowienski, ein recht aufgewecktes, nicht unbegabtes Bürschchen, das später in Salzburg als Advokat und deutschnationaler Parteimann eine politische Rolle zu spielen suchte, seinen Namen, der ihm in dieser Carriere hinderlich sein konnte, ablegte und ihn mit einem deutscher klingenden vertauschte. Einmal hatte sich die ganze Klasse zu irgendeinem mir nicht mehr erinnerlichen Zweck photographieren lassen, Herr Kilcher-Lubowienski, der eines der Bilder aufbewahrt hatte, ließ es in Salzburg unter seinen Freunden zirkulieren, nicht ohne es mit der düsteren Bemerkung zu begleiten: »Schaut euch das einmal an! Mit so viel Juden zusammen hab' ich in die Schule gehn müssen!« Er wurde, wie ich nicht zweifle, ob dieses traurigen Loses von seinen Gesinnungsgenossen nach Gebühr bedauert.

In den unteren Klassen gehörte ein gewisser Marcel Barasch zu meinen vertrauteren Freunden. Er machte sich bald bei mir durch seine Affektation unbeliebt, und ich war endgültig fertig mit ihm, als er nach dem Tod irgendeines Verwandten, ein Fünfzehnjähriger, seufzend ausrief: »Wär' man erst auch so weit!«

Von natürlicherem Wesen, nicht sonderlich anregend, aber sympathisch und klug, erwies sich Alfred Rie, der einzige von all den Genannten, in dessen Hause ich verkehrte. Im Sommer wohnte er mit den Seinen in Hütteldorf, und mir ist noch eine Jause im Garten erinnerlich, in deren Verlauf Alfreds Mutter, nachdem wir reichlich Obst verzehrt, die Frage an mich richtete, ob ich Kaffee oder Bier haben wolle. Ich antwortete ganz logisch: »Zu Ribisel paßt besser Kaffee«, eine Erwiderung, die bei groß und klein unverhältnismäßige Heiterkeit erweckte und jahrzehntelang im Kollegenkreis Zitat blieb.

Unvergessen ist mir auch der philologisch begabte, für die Antike begeisterte Samuel Spitzer, dem ich in späteren Jahren als Bisenzer Gymnasialprofessor für alte Sprachen wiederbegegnete, – ebenso begeistert und ebenso bescheiden, wie ich ihn schon als Knaben gekannt hatte. So gab es kaum einen unter meinen Schulkameraden, soweit ich sie im Auge behalten konnte, der sich nach einer anderen Richtung entwickelte, als sie schon in der jugendlichen Seele mehr oder minder bestimmt angedeutet war. Und man fühlt es erst ganz, welch schweres, in gewissem Sinn unlösbares Problem die Erziehung bedeutet, wenn man erkannt und erfahren hat, einem wie vorgebildeten, ja, bei aller Unreife fertigen Material sich die Eltern und Lehrer gegenüberbefinden.

Ein häufigeres Zusammensein mit Vettern und Basen, unter denen ich der Älteste war, ergab sich von selbst durch die Lebhaftigkeit des allgemeinen Familienverkehrs, dessen Mittelpunkt das großelterliche Heim geblieben war. In gemessenen Abständen und der Reihe nach hatten sämtliche Schwestern meiner Mutter geheiratet. Emma, die Nächstälteste, einen ungarischen Gutsbesitzer, Leo Fried, dem sie auf ein Gut in der Nähe von Debreczin gefolgt war, um schon nach wenigen Jahren mit zwei Kindern, Gustav und Gisela, als trostlose Witwe in die Heimat zurückzukehren. Ihr klarer, etwas scharfer Verstand bewahrte sie nicht davor, ihren Schwestern und andern ganz unbeteiligten Wesen, die es glücklicher getroffen, diese Schicksalsgunst übelzunehmen. Die Schärfe ihres Verstandes griff allmälig auf ihre ganze Natur über, und so gewährte der Umgang mit ihr von Jahr zu Jahr ein geringeres Vergnügen.

Irene, harmloser und gutmütiger von Natur, wurde die Frau eines Getreidehändlers namens Ludwig Mandl, der, auch im Börsengeschäft wohlerfahren, bald als der reichste Mann in der

Familie dastand, ohne es eigentlich merken zu lassen. Er trug sich salopp, ja schäbig, fuhr auf der Eisenbahn in der dritten Klasse und freute sich, wenn er die Bahnverwaltung gelegentlich um eine Abonnementskarte beschummeln konnte, wobei es ihm keineswegs auf den geringen Betrag ankam, den er beim Kartenspiel oder wohl auch auf Almosen leichten Sinns hundert- und tausendfach hinzuwerfen imstande war, sondern nur auf das Bewußtsein, der Schlauere gewesen zu sein. Übrigens beschränkten sich seine Reisen fast nur auf Fahrten zwischen Wien und Vöslau, wo er später Besitzer der Villa Rademacher wurde, in der gelegentlich wir zur Miete wohnten. Vier Kinder aus Irenens Ehe starben früh, zwei innerhalb weniger Tage an Diphtherie, nach welchem Ereignis die Mutter in eine schwere Melancholie verfiel, wie sie sogar nach solch einem erschütternden Erlebnis doch nur in einem schon belasteten Gemüt zur Entwicklung kommen kann, das unter anderen Umständen von dem Drohen eines solchen Verhängnisses vielleicht nie etwas verspürt oder auch nur geahnt hätte. Die später geborenen Kinder Olga, Alfred und Grethe blieben ihr erhalten.

Pauline, meine jüngste Tante, klug, heiter und »g'schnappig«, wirkte im Gegensatz zu ihren Schwestern in Aussehen, Gehaben und Redeweise völlig unjüdisch, ja eigentlich wie ein Wiener Vorstadtmädel. Ganz jung, kaum siebzehn, verliebte sie sich in den Sohn des Operettenkomponisten Suppé, einen unbemittelten Sparkassabeamten, der als Sänger dilettierte und aussah wie ein Photograph am Sonntag. Die Großmama, hauptsächlich aus konfessionellen Gründen, war gegen die Verbindung. Meine Mutter, in schwesterlicher Zärtlichkeit, förderte den Liebeshandel, und endlich kam eine Ehe zustande, der zahlreiche Kinder, aber sonst nicht viel Heil entsprang. Onkel Peter, der sich anfangs mit seiner blonden Frische bei den Verwandten in eine gewisse Beliebtheit zu setzen wußte und zuweilen mit Botanisierbüchse und Schmetterlingsfänger uns Jüngere auf Landpartien mitnahm, löste sich im Laufe der Jahre, zweifellos aus Rassenantipathie, immer entschiedener von der Familie seiner Gattin, allmälig aber auch von ihr selbst los und hatte bald außer für sie und seine ehelichen Kinder, auch für das ehemalige Stubenmädchen des Hauses zu sorgen, mit der er bis zu seinem frühen Tode eine Art Gewissensehe führte, aus der gleichfalls Kinder hervorgegangen waren. Von den ehelichen Töchtern starben zwei noch vor dem Vater. Im Wesen und in den Schicksalen der anderen drei nahm und nimmt der Niedergang der Familie mit gesetzmäßiger Tragik seinen Fortgang. Ein Sohn, der einzige, anscheinend unbelastet, Freude und Hoffnung seiner Mutter, schied an der Schwelle des Jünglingsalters unerwartet dahin. Die Mutter selbst war schon früh im Gefolge der schweren seelischen Aufregungen manchen Nervenstörungen, insbesondere der Platzangst, unterworfen, und fast wunderbar erscheint es, daß sie in all ihrem Unglück, dem sich materielle Sorgen, wenn auch durch schwesterliche Hilfeleistung gemildert, zugesellten, den Humor ihrer Jugendjahre niemals völlig eingebüßt hat.

Meiner Mutter ältester Bruder, Edmund, heiratete ein häßliches, nicht sehr gescheites, wohlhabendes Mädchen aus Lemberg, und unter den Spielereien, die sie für Neffen und Nichten von der Hochzeitsreise mitbrachte, erinnere ich mich noch einer kleinen Kegelbahn, die mir zufiel. Von Onkel Edmund, seinem Aufstieg, seinem Ruhm, seinen Verfehlungen und seinem Untergang, ebenso von seinen Kindern Otto, Else und Raoul, die gleichfalls jedes in seiner Art als lebendige Beispiele unaufhaltsam weiterwirkender erblicher Belastung in unserer Familie dastehen, werde ich, da ich ihnen äußerlich und innerlich in mancher Periode meiner Existenz näher kam als den übrigen Verwandten, bei anderen Gelegenheiten zu erzählen haben.

Von gewöhnlicherer Art, rauh im Wesen, Geschäfts- und Börsenmann vor allem, erschien Carl, Irenens Zwillingsbruder. In seiner Jugend galt er als Lebemann. Ich selbst, als Fünfzehnjähriger, bin ihm einmal in einem zweideutigen Praterlokal begegnet, wo wilde Damen von unzweideutigem Ruf auf ziemlich zahmen Pferden in einer dämmerigen Manège umhersprengten. Von dieser Begegnung an, die uns beiden nicht angenehm war, behielt er bei mir und meinem Freunde Richard Horn, einem meiner Begleiter auf dergleichen Ausflügen, den Namen Hippodromonkel. Seine zwei Knaben aus der Ehe mit Rebekka Lakenbacher stehen unter den Marktbreiterischen Enkelkindern, wenn man versuchte, sie der Begabung nach in einer Reihe zu ordnen, am äußersten Ende.

Felix, der jüngste Bruder meiner Mutter und ihr Liebling, war nur um sieben Jahre älter als ich und vermittelte gewissermaßen in der Familie zwischen der älteren und jüngeren Generation, was ihm sowohl hier als dort eine Art Ausnahmsstellung verlieh. Einmal, als er sich auf einem Spaziergang mit mir bei einer Trinkhalle nicht nur an einem Glas Himbeer mit Soda delektierte, sondern sich auch mit dem Sodamädchen in eine galante Unterhaltung einließ, die nicht die erste gewesen sein mochte, schmeichelte er meiner Eitelkeit durch das vertrauensvolle Ersuchen, von einem so bedenklichen Abenteuer dem Großpapa nichts zu erzählen. Er war leidlich klug, recht gebildet, geschäftlich sehr begabt, korrekt bis zur Peinlichkeit, von einer nervösen, aber mehr äußerlichen als inneren Unruhe, erhielt bald eine Stellung in einem großen Pariser Bankhause, wo er rasch vorrückte und auf die ihm angebotene Hand der reichen und schönen Tochter seines Chefs verzichtete, um sich aus Wien eine fast mittellose, aber brave und kluge Verwandte als Frau zu holen. Mit ihr übersiedelte er nach London, wo er zuerst Leiter der Filiale des Pariser Bankhauses, aber bald völlig selbständig wurde. Ihm und den Seinen werden wir im Laufe der Jahre noch öfters begegnen. Doch schon hier sei seiner musikalischen Bestrebungen gedacht, die in jener frühesten Zeit auch auf mein eigenes Verhältnis zur Musik nicht ohne Einfluß blieben. Insbesondere teilte ich bald seine Schwärmerei für Wagner, vor allem für die Meistersinger, eine Oper, die damals noch nicht so allgemein bewundert und geliebt wurde, wie es später der Fall war; und gern hörte ich ihm zu, wenn er auf dem Piano phantasierte oder in sich geschlossene Einfälle zum besten gab, unter denen ich das Thema einer Hero-und-Leander-Ouvertüre länger in Erinnerung bewahrt habe als er selbst.

Ich nannte ihn eben den jüngsten Bruder meiner Mutter, aber es kam noch einer nach ihm zur Welt – Julius, der sich als Siebzehnjähriger in Schachendorf bei Rechnitz angeblich aus Heimweh erschoß. Ein sonderbarer Zufall fügte es, daß nicht nur meine Großmutter, sondern auch die beiden andern Töchter von Markus Schey je ein Kind durch einen Schuß verloren. Im Jahre 1848 zu Preßburg warf der Gatte der Ältesten, Iritzer, eine gefundene Pistole in den Ofen, sie ging los und traf eine seiner Töchter tödlich. Ein Sohn der zweiten, Nanette Rosenberg, der in der italienischen Fremdenlegion diente, wurde in der Kaserne durch die Unvorsichtigkeit eines

Kameraden erschossen. Mein Onkel Julius, dessen ich mich übrigens durchaus nicht zu erinnern vermag, war der letzte, an dem sich ein scheinbar vorbestimmtes Schicksal erfüllte und zugleich zum erstenmal innerhalb der Marktbreiterischen Nachkommenschaft die geistige Belastung in tragischer Einfachheit offenbarte.

Außer seinen drei Töchtern hatte mein Urgroßvater Markus Schey einen einzigen Sohn, Anton, der insbesondere mit den Kindern der Familie eine nähere Verbindung unterhielt, indem er sie sonntags manchmal zu Tische lud. Mit seinen Schwestern, also auch mit meiner Großmutter, stand er nicht zum besten, da er durch ein Vorgehen, das die Benachteiligten vielleicht nicht ganz mit Unrecht als Erbschleicherei auffaßten, den größten Teil des väterlichen Vermögens an sich zu bringen gewußt hatte.

Trotzdem brach man die Beziehung zu ihm nicht völlig ab, in der später nur zum Teil erfüllten Hoffnung, daß der zwar Verheiratete, aber kinderlos Gebliebene dereinst die Nachkommen seiner Schwestern schadlos halten werde. Er gab sich gern patriarchalisch-tyrannisch, unwirsch-humoristisch und fand seinen besonderen Spaß daran, gewisse weibliche Verwandte durch Spottnamen zu kennzeichnen, wie beispielsweise seine Cousine Karoline Jellinek als Lintscherl Plattschnas, während er sich in anderen Fällen begnügte, seiner Geringschätzung durch eine ganz eigene Art der Fragestellung Ausdruck zu verleihen, wenn er zum Beispiel wegwerfend bemerkte: »Hast du die Lakenbacherische schon lang nicht gesehen?«, womit er die Gattin seines ihm im Wesen nicht unähnlichen Lieblingsneffen Carl Markbreiter meinte und zugleich zu verstehen gab, daß für ihn eine Ehe, der er seinen Beifall versagte, nie und niemals zu Recht bestünde; – ein Standpunkt, den sein Testament in einer noch unerwünschteren Weise zum Ausdruck brachte. Ebenso wie Bemerkungen und Fragen dieser Art pflegte er auch andere bis zum Überdruß zu wiederholen, vor allem solche, die sich auf seine Tafel bezogen; und jedesmal von neuem mußten wir ihm bestätigen, daß niemand den Salat so vortrefflich anzumachen verstände wie er (was er auch immer vor unseren Augen bei Tisch mit breitem Behagen besorgte), und daß man nirgends ein so gutes Rindfleisch vorgesetzt bekäme wie in seinem Hause. Manchmal waren der Tafel auch die zwei Kinder eines armen jüdischen Schneiders zugezogen, von denen behauptet wurde, daß es eigentlich die des freundlichen Gastgebers seien. Seine Gattin, eine kleine, häßliche, geizige, falsche, aber nicht dumme Person, nahm jedenfalls die Tatsache oder das Gerücht mit Ruhe hin. Dafür sagte man ihr nach, daß sie der Jugendliebe zu einem italienischen Lehrer nachträumte, dessen Namen, von vieldeutigem Lächeln begrüßt, in der weiteren Familie noch öfters genannt wurde, ohne daß man seiner Person jemals ansichtig geworden wäre. – Kaum war man von der Mahlzeit aufgestanden, so setzte mein Onkel eine Art Orchestrion in Tätigkeit, das, wie ein Sarg anzusehen, in den Schatten einer Wand gerückt war, und unter anderen Musikstücken die Rossini'sche Tell-Ouvertüre zum besten gab mit einem dumpfen Rhythmus der Trommeln, in deren Nachklang mir auch gleich wieder, im Pfeifenrauch schwimmend, das halbdunkle, altväterisch möblierte Zimmer des Onkels aus der Tiefe der Zeiten emportaucht. Denn auch die Frage »Habt ihr euch schon meine Pfeifen angeschaut?« stand unweigerlich auf der Tagesordnung, und jedesmal aufs neue mußte die auf einem Mahagoniständer in der Salonecke aufgereihte erlesene Sammlung nach Gebühr bewundert werden. In späteren Jahren pflegte uns der Onkel immer seine westöstlichen Reisetagebücher vorzulesen, auf die er sehr stolz war, die aber nichts anderes enthielten, als eine trockene Aufzählung von Sehenswürdigkeiten und allerlei Eisenbahn- und Postdaten, etwa in Baedekerart, doch ohne die Gedrängtheit und Präzision dieses Handbuchs, dem sie nachgebildet waren, so daß sie die Zuhörer, insbesondere beim zweiten- und drittenmal, ausnehmend langweilten. Auf diesen Reisen, die ihn bis nach Konstantinopel und Kleinasien führten, hatte ihn öfters Carl, der Lieblingsneffe, begleitet, natürlich bevor er die »Lakenbacherische« geheiratet, und es wurde behauptet, daß sich auf diesen Weltfahrten und nicht nur im Fernen Osten Dinge zu ereignen pflegten, die in die für die Gattin und andere Familienmitglieder bestimmten Tagebücher aus triftigen Gründen keine Aufnahme fanden. Es wäre vielleicht unbillig, wollte man die Gastfreundschaft, die Onkel Toni seinen Schwesterenkeln, nicht allen in gleichem Maß, erwies, nur als eine Abschlagszahlung auf die zu erwartenden oder gar als bescheidenen Ersatz für diejenigen Erbschaftsanteile gelten lassen, die nur erwartet, aber nicht zugedacht waren. Denn er war keineswegs ein harter, zuweilen war er sogar ein hilfsbereiter Mensch, und wenn er meinem Onkel Edmund zur Rettung aus ehr- und freiheitsgefährdenden Geldkalamitäten im Lauf der Jahre mit beinahe einer Viertelmillion Gulden aushalf (was am Ende leider doch nicht die endgültige Rettung bedeutete), so war das immerhin als ein edler Zug des Spenders anzuerkennen, trotzdem er keine Gelegenheit vorübergehen ließ, Verwandten und Bekannten das Kassabuch vorzuweisen, wo unter einem bestimmten Datum zu lesen stand: »Dem Haderlumpen E.M. zum allerletztenmal zweimalhunderttausend Gulden unter der Bedingung, daß er nie wieder wagt, mir unter die Augen zu treten.« Dies war natürlich auch der Frau und den Kindern untersagt, und deren eventuelle Erbansprüche ein für allemal aufgehoben.

Auf die obengenannte Karoline Jellinek oder Lintscherl Plattschnas, Nichte meiner Großmutter und meines Onkels Toni, will ich hier noch einmal zurückkommen, nicht so sehr um ihrer selbst, als um ihrer Töchter willen. Die Älteste, Mathilde, brachte meinen poetischen Anfängen eine Art von kollegialem Interesse entgegen, da sie selbst nicht ohne schriftstellerischen Ehrgeiz war. So las sie mir einmal aus einem dicken Wirtschaftsbuch den Beginn eines Romans vor, der wohl nie über das erste Kapitel hinausgedieh, aus dem ich mich aber der Figur einer beide Arme in die Hüften stemmenden Köchin erinnere, nicht darum, weil dieser Charakterisierungsversuch mir, sondern weil er der Verfasserin als ein außerordentlicher Talentbeweis erschien. Ich widmete ihr zum Dank ein Gedicht, das die Ruine Wildenstein bei Ischl poetisch verherrlichte, womit aber unsere literarischen Beziehungen ein für allemal beendigt waren. Sie heiratete bald ihren Onkel Sandor Rosenberg, einen mageren und fidelen Herrn, der Heinrich Heine nicht unähnlich sah und dem man wegen eines Herzfehlers ein frühes Ende prophezeite. Er nahm seine junge Gattin nach Paris mit, wo er schon früher ein Antiquitätengeschäft eröffnet hatte, das ihn bald zum wohlhabenden und allmälig zum reichen Manne machte. Eine harmlose Neigung zu Großtuerei und Mäzenatentum war ihm schon früh eigen, und ihr verdanke ich meine einzige Begegnung mit dem berühmtesten Wiener Maler jener Epoche, Hans Makart. Von Paris aus beauftragte nämlich Sandor seinen Schwager Felix, meinen Lieblingsonkel, bei Makart ein Gemälde zu bestellen, mit dem ausdrücklichen Bemerken, daß die Stoff-wahl dem Künstler vollkommen anheimgestellt sei und der Preis keine Rolle spiele. Onkel Felix nahm mich als Begleiter zu Makart mit. Nachdem wir uns hatten anmelden lassen, warteten wir eine kurze Weile in einem schön ausgestatteten, etwas düster gehaltenen Vorraum, bis in braunem Samtanzug mit Pluderhosen auf der Treppe, die aus dem Atelier herunter-führte, eine brennende Zigarre in der Hand, blaß und spanisch anzusehen, Hans Makart erschien und, ohne näher zu treten, uns um unser Begehr fragte. Onkel Felix entledigte sich seines Auftrags in wohlgesetzten Worten, nicht ohne Befangenheit, aber in guter Haltung; eine ganz kurze Pause entstand, Makart schüttelte den Kopf, antwortete kühl, daß er Bilder nicht auf Bestellung zu arbeiten pflege und entließ uns mit einem eben noch höflichen Gruß; Onkel Felix, der sich gern loben hörte, erkundigte sich auf dem Heimweg bei mir nach dem Eindruck seiner Rede, ich hielt mit meiner Anerkennung nicht zurück, Onkel Felix erklärte, auf die Ablehnung von seiten Makarts gefaßt gewesen zu sein, und fügte nach kurzem Nachsinnen hinzu: »Übrigens keine üble Zigarre, die der Mann geraucht hat.« Hierfür hatte ich damals noch wenig Verständnis, doch verknüpft sich für mich seither unweigerlich die Erinnerung an Hans Makart mit dem Bild und dem Duft einer brennenden Havannazigarre.

Auch unser Pariser Mäzen nahm die Ablehnung, die seinem ehrenvollen Auftrag widerfahren war, weiter nicht übel, ent-schloß sich, seine Bilder anderswo zu bestellen und erreichte als glücklicher Ehemann und Vater von vier Kindern trotz seines Herzfehlers fast das siebzigste Jahr.

Daß ich einmal an einem schönen Sommertag als Dreizehn-jähriger ohne Erlaubnis meiner Eltern im Hause Jellinek (der Vater, ein Arzt, war längst gestorben) zum Mittagessen blieb, wäre mir gewiß aus dem Gedächtnis geschwunden, wenn ich nicht bei dieser Gelegenheit von Mathildens jüngerer Schwe-ster, der mit mir gleichaltrigen Julie, öffentlich und ohne jede weitere Liebeszeremonie einen warmen Kuß auf den Mund empfangen hätte, der zwar für alle Zeit der letzte blieb, mich aber die elterlichen Vorwürfe wegen meines Fortbleibens über das Mittagessen leicht verschmerzen ließ. Julie war es, die mein Onkel Felix zehn Jahre später als seine brave, kluge Frau nach London heimführte, wie sie mir überhaupt als eine der bravsten und klügsten Frauen erscheint, der ich jemals begegnet bin; und daß unsere gegenseitige, sich in Ferne und Nähe bewährende Sympathie, die mir später auch in meinen spärlichen literarischen Verbindungen mit England zustatten kam, mit jenem unschuldigen Jugendkuß ihren Anfang genommen hat, den sie selbst wohl längst vergessen, daß weiß mein Herz, dem ich mindestens so viel Verstand und ein beträchtlich besseres Gedächtnis zutraue als meinem Kopf.

Mein dreizehnter Geburtstag wurde zwar ohne jedes rituelle Gepränge, aber durch besonders zahlreiche und schöne Geschenke gefeiert, die ich von Eltern, Großeltern und anderen Verwandten erhielt, – die Klassiker in schönen Einbänden, eine goldene Uhr, einige Dukaten; – ich aber, wohl wissend, was ich meinem Dichterberuf schuldig war, ermangelte nicht, auch meinerseits mich durch ein humoristisches Heldengedicht in Hexametern, auf zehn Gesänge berechnet und »Barmitzwe« betitelt, dankbar zu erweisen; – eine um so echtere Dankbarkeit, als ich darauf verzichtete, die paar Verse, die ich zustande brachte, meinen edlen Spendern zur Kenntnis zu bringen.

Hier aber, an der Wende zwischen Unter- und Obergymnasium an der Schwelle der späteren Knabenjahre, die bei früher reifenden Naturen fast schon als die ersten Jünglingsjahre zu bezeichnen sind, muß ich einer unvergeßlichen und bedeutungsvollen, zeitlich vielleicht etwas weiter zurückliegenden Stunde gedenken, in der ich des Begriffs Tod zum erstenmal mit ahnendem Schauer innewurde. Es war eine Nacht, in der ich, entweder plötzlich erwacht oder noch nicht eingeschlafen, in einem aus der Tiefe meiner Seele aufsteigenden Grauen vor dem Sterbenmüssen, das mir zum erstenmal in seiner ganzen Unentrinnbarkeit zum Bewußtsein kam, laut zu weinen begann; in der Absicht, die Eltern aufzuwecken, die im Nebenzimmer schliefen. Es dauerte auch nicht lange, bis der Papa an mein Diwanbett trat, mich besorgt fragte, was mir fehle, sich zu mir setzte und mir zärtlich über Stirn und Haare strich. Ich schluchzte noch eine Weile still weiter, verriet mit keiner Silbe, was mich so heftig erschüttert hatte, und als der Papa sich nach einigen guten Worten entfernt hatte, schlief ich beruhigt wieder ein. – Ein Anfall von gleicher Heftigkeit hat sich niemals wiederholt. Doch ungefähr in der gleichen Epoche trug ein anderes Erlebnis sich zu, in dem die unbewußten

Elemente meines Wesens wie von etwas Rätselhaftem berührt wurden. Mitten in der Nacht stand ich einmal im Halbschlaf von meinem Lager auf und begab mich durch das Schlafgemach der Eltern ins Speisezimmer, wo ich meinen Bruder im Nachthemd am Tische sitzend zu sehen mir einbildete. Als mein Vater, der mir gefolgt war, mich gänzlich erweckte, wußte ich auch schon, daß mich nur ein Mondstrahl in jenes entfernte Zimmer gelockt hatte, der durchs Fenster über Tisch und Sessel auf den Fußboden fiel. Obzwar sich ein Zufall dieser Art, soweit ich mir selbst davon Rechenschaft zu geben vermag, niemals mehr wiederholte, schmeichelte ich mir doch geraume Zeit mit der Einbildung, mondsüchtig zu sein.

ZWEITES BUCH

Mai 1875 bis Juli 1879

Man stelle sich einen Menschen vor, der unversehens in eine Maskenleihanstalt geriete: ringsherum an den Wänden, in offenen Schränken, auf Kleiderstöcken hängen Gewänder mit schlappen Ärmeln, Mäntel ohne Inhalt; papierene Larven starren mit leeren Augen und zwischen den offenen, rotgeschminkten Lippen gähnen Löcher; es ist eine bunt phantastische, aber tote Welt. Allmälig jedoch regt sich ein oder der andere Ärmel, der eben erst nichts zu enthalten schien als Luft, fingernde Hände strecken sich entgegen, ein Mantel bläht sich, wie wenn eine atmende Brust ihn schwellte, aus der leeren Augenöffnung einer Larve schimmert ein Blick, die Lippen beginnen zu lächeln oder zu grinsen, und was bisher hohle Gewandung oder bemalter Pappendeckel schien, erweist sich als atmend, schauend und bewegt. Es wäre das seltsamste Abenteuer, und doch ist es vergleichsweise nichts anderes als was ahnungsvoll und gefaßt der Knabe erlebt, wenn ihm hinter den Worten, soweit sie etwas Bergriffliches bezeichnen, hinter Worten, die er hundertmal gehört, gelesen, ausgesprochen, niedergeschrieben und zu verstehen geglaubt hat, zum erstenmal ihr eigentlicher Sinn aufzuglänzen beginnt. Nicht mehr zwischen Larven und Gewändern wandelt er dumpf einher, das Leben selbst dringt und funkelt auf ihn ein; und auch, wo es sich noch nicht kundgetan, ist er der wundersamsten Überraschung in jedem Augenblick gewärtig.

Wie zum erstenmal in einer schlaflosen Nachtstunde das Wort Tod aus seiner Buchstabenstarrheit für mich erwachte, habe ich eben erzählt; nicht viel später, wie leicht zu denken, sollte mir mit dem Wort Liebe das gleiche begegnen.

Uns gegenüber, ein Stockwerk höher als wir, auf der anderen Seite der Eschenbachgasse, die zwischen Opern- und Burgring mündet, wohnte im Jahre 1875 ein Kaufmann oder Börsianer mit Frau, vier oder fünf Söhnen und einer einzigen Tochter. So war man einander von Angesicht zu Angesicht schon lang nicht mehr fremd, als eines frühen Sommertags die förmliche Vorstellung erfolgte, im Volksgarten, wo Fanny mit ihrem jüngsten Bruder, dem dreijährigen Fritz, und ich mit »Fräulein«, Geschwistern, Schulkollegen zu lustwandeln pflegten. Schon in unserer ersten Unterhaltung ergab es sich, daß wir beide kurz vorher, und zwar am gleichen Tag, dem 15. Mai, unseren dreizehnten Geburtstag gefeiert hatten; und diesem Schicksalszeichen gehorsam, beschlossen wir, uns unverzüglich ineinander zu verlieben. Spaziergänge in den grünenden Alleen des Volksgartens, Versicherungen gegenseitiger Zuneigung, Händedrücke, Blicke und andere Verständigungszeichen von Fenster zu Fenster, auch naivster Art – so stellte ich mich einmal auf einen Stuhl, um der Angebeteten meine ersten langen Beinkleider vorzuweisen – das waren die unschuldigen Äußerungen unserer Seelenregungen; – aber so harmlos die Beziehung sich auch anließ und weiterspann, die Eltern hüben und drüben zeigten sich höchst ungehalten; und einmal trat ich gerade ins Zimmer, als die meinen sich über die Notwendigkeit besprachen, sich mit denen Fannys ins Einvernehmen zu setzen, damit insbesondere der skandalösen Fenstertelegraphie ein Ende gemacht werde, die wir unter Verwendung von Fensterpolstern und brennenden Kerzen zu hoher Vollendung ausgebildet hatten. Aber es bedurfte gar keiner besonderen Maßregeln; schon im Herbst desselben Jahres zogen unsere Nachbarn aus; und da weder meiner Liebsten noch mir viel Freiheit vergönnt war, blieb mir nichts übrig, als manchmal nach der Schule in der Nähe ihrer neuen Wohnung auf der Wieden, einen glücklichen Zufall erhoffend, umherzustreifen. Er wollte sich nicht einstellen; erst als das Frühjahr wiederkam, traf ich an schönen Abenden ziemlich regelmäßig im Volksgarten mit Fännchen zusammen, wenn ich nicht gezwungen war, an den ärztlichen Landfahrten meines Vaters teilzunehmen, die mich nun immer mehr in Verzweiflung brachten. Briefe wurden gewechselt, es gab Liebesversicherungen und Liebeszwiste; und da Freunden und Freundinnen, Vertrauten und Mißgünstigen die üblichen Nebenrollen zugeteilt waren, mangelte es auch nicht an Zwischenträgereien, Eifersüchteleien mit nachfolgender Versöhnung; kurz, es war die echte und rechte Jugendliebe, wie man sie sich als vierzehnjähriger Gymnasiast und gar als Dichter schuldig zu sein glaubte, nur daß ihr leider das Beste fehlte, wovon ein zu dieser Zeit verfaßtes, sauersüßes Gedicht, das mit den Worten anhebt: »Kein einz'ges kleines Küßchen noch von ihrem rosigen Munde«... ein ziemlich beschämendes Zeugnis ablegt. Die kleinen Herren und Fräulein, die sich damals in unserer Gesellschaft herumtummelten, einzeln und paarweise, sind fast alle mit geringer Kunst, aber ziemlich getreu, in den Entwürfen und Fragmenten aus dieser Zeit abkonterfeit: in dem komischen Heldengedicht »Die Meyeriade« und in einem humoristischen Roman »Akademische Herzen«. Folge ich in dem ersteren den Spuren des Jobsiadedichters Kortum, so sind in dem Roman Einflüsse des liebenswürdigen und erfindungsreichen Hackländer und des um so viel platteren Winterfeld nicht zu verkennen. Das Heitere und Spaßhafte ist an einzelnen Stellen ganz leidlich gelungen, wenigstens dort, wo ich mich innerhalb realistischer Nachschilderung zu halten wußte; und die in der Schule oder im Volksgarten spielenden Szenen verraten überdies eine in solchen Jahren nicht häufige Selbstironie, die freilich, wie es meist der Fall ist, durch Sympathie für die eigene Person erheblich gemildert erscheint. Stumpfer wird der Witz und etwas läppisch die Erfindung, wo der Versuch gewagt wird, Universitätsstudenten oder gar ältere Herren, Ballettänzerinnen und dämonische Baroninnen in satirischer, sentimentaler oder frivoler Beleuchtung vorzuführen.

Auch in anderen Versuchen aus diesen Jahren tritt, ebenso wie manche andere Figuren aus dem bekannten Kreis, das interessante Liebespaar Arthur-Fanny immer wieder auf, wobei nichts weiter an die Wirklichkeit gemahnt, als die beibehaltenen echten Vornamen. Eine alberne Posse, »Fastnachtsgeschichten«, eine andere, nicht viel klügere, »O, welche Lust, zu reisen!« und ein dreiaktiges Lustspiel, in dem die Kotzebue'sche Technik stellenweise nicht ungeschickt nachgeahmt wird: »Die feindlichen Hoteliers« (1878), mögen für diese naivste Abart der Schlüsseldichtung als Beispiele gelten. Die meisten meiner Volksgartengenossen und -genossinnen, wie sie in jenen Schreibereien – vor allem in dem Romanfragment – eigentlich lebendiger aufbewahrt sind als in meiner Erinnerung, was sogar für Fännchen selbst gilt – entschwanden in der kalten Jahreszeit meinen Augen, um mit dem Erwachen der Natur, unter der erneuten Möglichkeit des

Lustwandelns im Freien, wieder emporzutauchen; nur einer, Jacques Pichler, der in der »Meyeriade« und in den »Akademischen Herzen« unter dem Decknamen »Steile« auftritt, ein gutmütig-harmloser, sich wienerisch fesch gebärdender Junge, der sich das Studium wenig anfechten ließ, blieb mir auch in den Wintermonaten nah, war mir eine Zeitlang als Billardkumpan willkommen, konnte sich aber später, als Vertrauter überflüssig geworden, weder bei mir noch sonst in meinem intimeren Kreise behaupten. Auf die Universität gelangte er mit beträchtlicher Verspätung, eine noch erheblichere gab es bis zur Erreichung des medizinischen Doktorgrades; seinen Beruf übte er zuerst im Militärverband aus, um endlich als Zahnarzt ins Zivil überzutreten.

Auch einiger anderen Figuren will ich hier flüchtig gedenken, zweier vor allem, die sich nicht nur durch ihr Glück bei Damen aller Art hervortaten, sowohl bei Backfischen als bei Dirnchen, sondern auch durch ihre Neigung, von ihren Erfolgen zu reden – des fröhlich-trivialen Handelsakademikers Emil Weichsel und des ernster angelegten Realschülers Krisar; – und eines dritten, den wir, allerdings nur hinter seinem Rücken, das »Nelkenvieh« nannten und der den blumigen Teil dieses Kosenamens seinem ständigen Knopflochschmuck, den minder zarten aber dem Umstand verdankte, daß er es wagte, meiner Angebeteten den Hof zu machen. Er war nicht mein einziger und keineswegs der gefährlichste Rivale: Josef Kranz, der spätere Advokat und Finanzier, brachte Fännchen seine Huldigungen in Gedichten dar, die mir viel besser erschienen als die meinen und es vielleicht auch waren. Ein paar Jahrzehnte später, als wir über jene längst verflossenen Zeiten sprachen, bedauerte er nicht nur in meinem, sondern auch in seinem Namen, daß wir »damals« noch nicht erwachsener und gewandter waren.

Vertrauter als mit den bisher Genannten verkehrte ich mit zwei Schulkameraden, die, beide um einige Jahre mir im Alter voraus, infolge ihres geringen Lerneifers, ihrer inneren Unstetheit und mancher unverschuldeten Umstände genötigt waren, ihre Gymnasiallaufbahn vorzeitig abzubrechen. Der eine, Moritz Wechsel, stammte aus einer armen Judenfamilie, die aus Amerika eingewandert war; und so durfte er sich der Aufgabe unterfangen, mich und meinen Bruder in den Anfangsgründen der englischen Sprache zu unterweisen. Doch

bald wurden die Lektionen, in die mein Vater aus Güte für
mich und aus Mitleid mit dem armen Schulkollegen gewilligt
hatte, als unfruchtbar erkannt und daher abgebrochen; –
nicht so unser freundschaftlicher Verkehr, den ich um so
weniger missen wollte, als Moritz nicht nur an meiner Herzensgeschichte, sondern auch ernsthafter als irgend jemand
zuvor an meinen dichterischen Bestrebungen Anteil nahm,
mit denen er sich schon völlig nach Rezensentenart auseinanderzusetzen wußte. In einer absprechenden Kritik über den
»Tarquinius Superbus«, dritter Teil, erwies er sich schon
dadurch als der geborene Journalist, daß er von mir höhnisch
als von einem Herrn Sch. sprach; und wenn er eine spätere
Abhandlung über mein Drama »Der Raub der Sabinerinnen«
mit den Worten schloß, »mein Lob dem jungen, hoffnungsvollen Dichter«, so schlägt aus ihnen der Geruch von Druk-
kerschwärze ahnungsschwer entgegen. Aus einer Reihe von
Aufsätzen, in denen wir miteinander polemisierten, könnte
man, wenn sie noch existierten, eine Verschiedenheit unserer
Weltanschauungen ableiten; er vertrat eine stoische, ich, wie
schon aus dem Gesamttitel meiner Artikel »Fruere vita«
(Genieße das Leben) hervorgeht, eine epikureische Auffassung; daß die meine ehrlicher gemeint war, glaube ich ebenso
sicher behaupten zu dürfen, als daß er die seine gewandter zu
formulieren wußte. Er war ein kleiner, blasser, krausköpfi-
ger, wenig gepflegter, geduckter Junge, sichtbarlich umflos-
sen von einer trübseligen Ghettoatmosphäre, die mir in seiner
Leopoldstädter Wohnung noch greifbarer entgegenströmte,
und er schloß sich mir um so lieber und lebhafter an, als sich
ihm sonst nur wenig Sympathien zuwandten. Doch auch
unsere Beziehungen flauten ab, nachdem er das Gymnasium
verlassen; bald darauf, als er schon in die ihm vorbestimmte
Laufbahn geraten war, verlor ich seine Person ganz aus den
Augen und wußte ihn nur als politischen Mitarbeiter bei
großen Wiener Zeitungen tätig. Auch später erfolgten immer
nur flüchtige Begegnungen, und bei Gelegenheit des ersten
ausführlicheren Gespräches nach Jahrzehnten, im Sommer
1915 in der Vorhalle eines Ischler Gasthofs, sah ich statt des
untersetzten, älteren grauen Herren im Lodenrock, Redakteur des »Neuen Wiener Journals«, immer den blassen Juden-
jungen vor mir, der mich schon, als wir beide noch Schulbu-
ben waren, lang vor Maximilian Harden und anderen Ge-

strengen, mit gebotener Verächtlichkeit »Herr Schnitzler« genannt hatte.

Nicht nur mein Vater hatte seine, allerdings pädagogisch begründeten Einwendungen gegen meinen Verkehr mit Moritz Wechsel – auch ein Kollege, der als Gymnasialschüler kaum besser als jener und überdies mit ihm ziemlich befreundet war, bemühte sich, ihn aus seiner Vertrauensstellung bei mir zu verdrängen. Sein Name war Adolf Weizmann; seine Familie, gleichfalls in beschränkten Verhältnissen, war in einem mährischen Städtchen ansässig, er selbst wohnte in Wien, bei Verwandten. Im Gegensatz zu Moritz war er ein gradgewachsener, hübscher Junge, freier, wohl auch vordringlicher im Betragen als der andere und nicht nur lyrischer, sondern auch, stolz auf sein starkes, wenn auch etwas trockenes Organ, deklamatorischer und schauspielerischer Neigungen beflissen. Auf einem Schulausflug 1876, wie er nach alter Gepflogenheit unter Führung eines Professors am ersten Mai unternommen wurde, machte er mich und Moritz in etwas geheimnisvoller Weise, aber unter Mitteilung überzeugender Einzelheiten, zu Mitwissern einer platonischen Beziehung zu seiner Cousine, worauf ich nichts Eiligeres zu tun hatte, als ihn in meine eigene Herzensgeschichte einzuweihen. Nicht lange darauf gestand er mir überlegen lächelnd, daß er die seine nur erfunden hatte, um mir durch diese scheinbare Preisgabe seines Geheimnisses das meine, dessen Bestehen er vermutet hatte, zu entlocken. Ich nahm es ihm weiter nicht übel und teilte von nun an meine freundschaftlichen Gefühle zwischen ihm und Moritz, wobei es nicht ohne Neckereien, Eifersüchteleien und Verstimmungen von allen Seiten abging. Auch als literarischer Berater und Kritiker wurde er mir bald unentbehrlich, und noch bewahre ich ein Manuskript des »Tarquinius Superbus, erster Teil« auf, in das er recht kluge, mit klassischen Beispielen belegte Bemerkungen eingetragen hatte, wie an solchen auch in seinen Briefen kein Mangel war. So behauptete er sich als mein Intimus durch geraume Zeit und blieb es auch eine Weile, nachdem er das Gymnasium, schon in der Sexta oder Septima, verlassen hatte. Stundenlang spazierten wir in den Straßen umher, wobei er den »Faust« und den »Uriel Acosta« zu deklamieren pflegte, saßen unerlaubterweise in Kaffeehausecken oder in kleinen Konditoreien, um uns bald über ernstere Gegenstände, vor allem Dichtkunst und Schauspielerei, bald mit harmlosem Geplauder und Spaßetteln aller Art zu unterhalten. Auch hier ist mir von den vielen hundert, einander ähnlichen Stunden, die wir miteinander verbrachten, eine mit besonderer Deutlichkeit im Gedächtnis geblieben, in der wir an einem kühlen, windigen Vorfrühlingstag im Wurstelprater, Brot und Käse verzehrend, zwischen den noch geschlossenen Buden umherzogen. Das Theater bildete nicht nur sein Hauptinteresse – so daß ich mich sogar einmal veranlaßt sah, meine Uhr zu versetzen, um ihm den Kauf eines Billets für eine Vorstellung des »Götz« im Burgtheater zu ermöglichen –, es war auch sein persönlicher Zukunftstraum; ja, mit einer Empfehlung meines Vaters versehen, ließ er sich auf seine Eignung für den Schauspielerberuf hin von dem Vortragsmeister Alexander Strakosch prüfen. Dieser aber erklärte, daß er ihn mit Rücksicht auf seine noch in der Entwicklung begriffenen Stimmittel durch Erteilung von Sprechunterricht geradezu ermorden würde, und so entsagte Adolf vorläufig, auch aus materiellen Gründen, seinen Künstlerplänen, um nach einem kurzen Hofmeisterintermezzo mit obligater Verliebtheit in die reiche und schöne Millionärstochter, deren Brüder er unterrichtete, die auf Jahre durch seinen Militärdienst unterbrochene Laufbahn eines Handlungsreisenden einzuschlagen, für die er mehr Eignung besaß, als er sich eingestehen wollte. Unsere Verbindung lockerte sich, was nicht allein durch die räumliche Entfernung bedingt war, denn über sein etwas schönrednerisches und nicht durchaus aufrichtiges Wesen hatte ich mich, wozu es keiner sonderlichen Menschenkunde bedurfte, niemals einer Täuschung hingegeben. Aber es blieb dies keineswegs der letzte Fall, in dem eine solche Erkenntnis meiner Sympathie nichts anzuhaben vermochte, solange ich in einem weiteren Umgang geistigen Gewinn oder wenigstens bescheidene geistige Anregung zu finden glaubte. Freilich wußte ich später meine Seele, wenn auch nicht immer mein Herz, besonders, wenn es sich um Frauen handelte, besser zu wahren, als es mir in jenen jüngeren Jahren gelang. Kaum je in meinem Leben ist es mir begegnet, daß ich in einem Freundschaftsverhältnis der werbende Teil gewesen wäre, was man einfach, aber vielleicht nicht ganz erledigend, auf eine gewisse aus Kühle und Mit-sich-selbst-beschäftigt-Sein gemischte Grundstimmung meines Wesens zurückführen mag, die man später oft mit den Fremdworten Reserviertheit und Präokkupiertheit und allzu hart auch als Egoismus zu bezeichnen liebte. Richtig ist jedenfalls, daß ich die meisten Menschen eher an mich herankommen ließ, als daß ich mich ihnen näherte; – war aber ein Verhältnis einmal angebahnt, so konnte ich mir weiterhin keinen Mangel an Aufrichtigkeit oder Aufgeschlossenheit zum Vorwurf machen. Auch in jenen jungen Jahren war es gewiß oft nicht meine Persönlichkeit als solche oder sie allein, die mir Freunde gewann; und ohne die Ursprünglichkeit der Gefühle in Frage zu stellen, deren ich mich von vielen Jugendgenossen zu erfreuen hatte, spielte doch bei manchen, wie bei den eben erwähnten Moritz und Adolf, unbewußt oder halbbewußt das Bedürfnis mit, durch den Verkehr mit dem Doktors- und Professorssohn Anschluß an eine materiell bessergestellte und sozial etwas höhere Schichte zu gewinnen. Mit anderen wieder stellte sich ein Verhältnis noch ungezwungener durch eine schon vorhandene Gleichheit der bürgerlichen Rangsphäre her und festigte sich leicht durch eine außerhalb der Schule liegende Interessengemeinschaft, solange diese eben dauerte. Hier nenne ich als ersten Richard Horn, in dessen engerem und weiterem Familienkreis ich mich noch lange wohl aufgehoben wußte, als zu ihm selbst eigentlich keine nähere Beziehung mehr bestand. Wir trafen uns vor allem in unserer Liebe für die Romantik. Unter den Dichtern war E.T.A. Hoffmann uns am teuersten, nächst ihm Tieck und Immermann. Ihr Einfluß zeigte sich in manchen meiner Entwürfe und Versuche aus damaliger Zeit, am deutlichsten in einer übrigens kindlich-süßlichen, gegen Schluß völlig verhudelten »Geschichte von Amadeus, dem Poeten«. Unter E.T.A. Hoffmanns Werken liebte ich am meisten den »Kater Murr«; Tieck kam mir mit »Sternbalds Wanderungen« und »William Lovell« am nächsten, von Immermann fesselten mich außer dem »Münchhausen« die weit schwächeren »Epigonen«, und weniger romantisch als harmlos-bubenhaft war mein Einfall, mit einem Unbekannten, der durch eine Zeitungsannonce Anschluß an ein weibliches Wesen gesucht hatte, eine Korrespondenz anzuknüpfen und mich mit dem Namen einer Figur aus jenem Roman »Flämmchen« zu unterzeichnen. Da ich bald, wie es mir auch in vernünftigeren Dingen begegnete, die Geduld an dem Spaß verlor, fiel mein letztes Schreiben etwas gar zu durchsichtig aus, und mein Partner, so erkennend, daß er mystifiziert worden war, antwortete mir nicht mehr.

Eine Korrespondenz, die ich mit Richard Horn führte, hatte mehr von innen her einen romantischen Einschlag; da gibt es Extrablättchen in Jean Paul'scher Manier – ohne daß ich für meinen Teil es über die Lektüre von »Katzenbergers Badereise« und »Quintus Fixlein« bis heute jemals hinausgebracht hätte –; pedantische Kanzleiräte und dämonische Archivarii Amadeus Hoffmann'scher Faktur gespenstern zwischen den Zeilen; Hauptsache bleibt indes knabenhaftes Schulgeschwätz und Berichte über pikante Erlebnisse oder wenigstens Anblicke, deren Richard sich in den primitiven Badeanstalten eines Salzkammergutsees zu erfreuen hatte. Seine Briefe besitze ich noch, die meinen hat der Empfänger später vernichtet, – und zwar, wie er mir schrieb, aus Kränkung darüber, daß ich zu einer gewissen Zeit den Verkehr mit all meinen Freunden aus einer früheren, vorliterarischen Epoche aufgegeben hätte, was im allgemeinen durchaus nicht zutraf. Ein Charakterzug, der sich noch jenseits der Dreißig nicht verleugnet – damals vernichtete Richard meine Briefe – und nach dem Fünfzigsten – damals teilte er's mir mit – als so berechtigt empfunden wird, muß tief wurzeln und von Geburt an vorgebildet sein. Und tatsächlich war Empfindlichkeit und Neigung zu Gefühlsduselei schon in jenen Knabenjahren bei Richard, der übrigens von strebsamem, nicht sehr rasch fassendem, gern ironischem und leicht überheblichem Geiste war, stark entwickelt; und zu häufigem ungeduldigem Spott forderte mich besonders seine Schwärmerei für einen begabten, liebenswürdigen Altersgenossen von mädchenhaft hübschem Aussehen heraus, der von einem anderen Kollegen sogar als Heiland besungen wurde, so daß sich um seine Gunst gänzlich ohne seine Mitwirkung, da er davon unberührt blieb, Rivalitäten erhoben, die mir höchst lächerlich und etwas widerlich erschienen. Daß bei jenen Schwärmereien homosexuelle Regungen mitschwingen könnten, kam den Beteiligten damals so wenig zum Bewußtsein wie mir; um so weniger, als wir alle von der gewiß nicht unbedeutenden, jetzt meines Erachtens freilich überschätzten Rolle, die diesen Trieben in der jugendlichen Seele zugewiesen ist, ja kaum von ihrem Vorhandensein eine Ahnung hatten. Richard versuchte

sich nicht nur, gleich mir, auf belletristischem Gebiet, sondern schrieb auch kleine Klavierstücke in Schumann'scher
Manier, von denen manche den Beifall seines Onkels, des
Komponisten Ignaz Brüll, fanden, doch gab er nicht mit
Unrecht sehr bald in beiden Künsten seine schöpferischen
Bestrebungen auf und ließ es sich an einem Genießer- und
Kennertum genügen, das zwar etwas begrenzt und selbstgefällig im Ausdruck, zum mindesten auf musikalischem Gebiete, der Echtheit und Wärme nicht ermangelte. In der Liebe
für Schumann fanden wir uns vor allem. Denn auch meine
innere und äußere Anteilnahme an der Musik war indes
weiter vorgeschritten. Ich besuchte viele Konzerte, mit ziemlicher Regelmäßigkeit die der Philharmoniker und des Hellmesberger-Quartetts; ein neuer Klavierlehrer, Anton Rückauf, jung, sanft und blondlockig, mit dem ich mich auch
persönlich besser verstand als mit dem früheren, fand mich
pianistisch recht begabt und behauptete, daß ich es bei erheblicherem Fleiß weiter hätte bringen können als Moritz Rosenthal, den er übrigens haßte. Das vierhändige Klavierspiel
mit Rückauf oder meiner Mutter wurde weiter geübt, auch
improvisierte ich gern auf dem Flügel, wobei mir manchmal
das Zufallsglück eines melodischen Einfalls oder einer hübschen Harmonisation zuteil wurde; doch als mich mein Lehrer einmal aufforderte, über ein von ihm angegebenes Thema
zu phantasieren, versagte ich vollkommen und rettete mich
mit Müh und Not in ein sozusagen Bachisches Fugato, wie es
mir verhältnismäßig immer noch am besten gelang. Vor der
Gefahr, mir eine schöpferische musikalische Begabung einzubilden, blieb ich damals wie später, auch in den inspiriertesten
Momenten, dauernd bewahrt, da ich mir des tiefen Wesensunterschiedes zwischen Künstlertum und Dilettantismus
schon dadurch im Innersten stets bewußt blieb, daß mir eben
auf einem anderen Gebiet wirklicher Kunstverstand und
wirkliche Kunstbegabung (von ihrem Ausmaß ist hier nicht
die Rede) geschenkt war. Dieser Wesensunterschied wird
dadurch nicht berührt, daß dem geschmackvollen Dilettanten
durch ein Zusammentreffen von allerlei günstigen Umständen zuweilen im kleinen eine als künstlerisch bewertbare
Leistung gelingen und daß der Künstler, auch der ernste und
ehrliche, in schwachen Augenblicken oder unter dem Druck
von Widerständen etwas Mattes, dilettantisch Wirkendes

hervorbringen mag. Liegt das Produkt eines gebildeten und geschmackvollen Menschen vor, so gilt es, zur Lösung des Zweifels, oft von der Einzelleistung bis zu den Wurzeln der Persönlichkeit hinunterzusteigen, was nicht jedermanns Sache ist und wo auch der Berufene oftmals sein Urteil nicht mit Gründen, sondern nur aus seinem inneren Gefühl heraus zu rechtfertigen vermag. Einem abgeschlossenen Lebenswerk gegenüber ist die Entscheidung freilich nicht schwer. Aber ob es zum Beispiel möglich gewesen wäre, in dem, was ich bis zu meinem siebzehnten Jahre dichterisch hervorgebracht habe, – durchaus unselbständigem und größtenteils kindischem Zeug – eine Ahnung von Eigenart zu entdecken oder sonst irgend etwas, was einen sich entwickelnden Künstler ankündigte, möchte ich beinahe bezweifeln. – Kaum weiß ich zu sagen, ob ich selbst mich für berufen hielt, ja, ob ich damals meine gelegentlichen Bemühungen, das Urteil meiner engeren Umwelt oder gar der Öffentlichkeit anzurufen, im Innersten ernst genommen habe; ob ich nicht vielmehr auch hier, halb unbewußt, nur vor mir selbst und den anderen eine Rolle, in diesem Fall die des hoffnungsvollen jungen Dichters, weiterspielte. Meine novellistischen und dramatischen Versuche oder gar meine Liebeslyrik dem Vater mitzuteilen, erschien mir nach wie vor nicht rätlich, von dem »Tarquinius Superbus« machte ich ihm erst an meinem sechzehnten Geburtstag Mitteilung, ohne ihm die Lektüre zuzumuten. Doch hatte er schon früher Gedichte von mir – kaum auf meine Veranlassung – schriftstellerischen Freunden zur Beurteilung vorgelegt, so einem Redakteuer der »Neuen Freien Presse«, dem liebenswürdigen Humoristen J. Oppenheim (wie ich aus einem Brief meines Vaters ersehe, der jene Sendung offenbar einbegleitete und die, ich weiß nicht, wie, wieder in seinen Besitz gelangt ist), und dem Novellisten und Concordiapräsidenten Johannes Nordmann, der – wie ich einer Tagebuchnotiz entnehme – meine Gedichte »reizend« fand, vielleicht nur, weil ihr Verfasser der Sohn des Concordiaarztes war, dem sich Nordmann dankbar verpflichtet fühlte. Wie – nach der gleichen Quelle – der Orientreisende und Novellist Vincenti dazu kam, mir »Talent fürs Epische« zuzusprechen, welche meiner Arbeiten und durch welche Vermittlung er sie gelesen, ist mir nicht erinnerlich. Eine mir persönlich unbekannte Frau Schaff hatte durch Moritz Wechsel Einblick in mein

Romanfragment erhalten, erklärte mich als zu frivol für ein fünfzehnjähriges Kind und schloß weiter, daß ich – als so frühreif – auch klein und verwachsen, sowie nach meiner Schrift flatterhaft sein müsse. Im Juni 77 sandte ich ein paar Gedichte an einen gewissen Siegmey – den Herausgeber irgendeines Wochenblättchens – und erhielt ermunternde Antworten, die aber weiter keine Folge hatten. Dem »Salonblatt« schickte ich unter dem romantischen Pseudonym Richard Bleich etliche Verse ein, ohne auch nur einer Erwiderung gewürdigt zu werden. Ebenso erging es mir mit Gedichten, die ich an Robert Hamerling nach Graz adressierte, obwohl ich in meinem Begleitschreiben, wenig geschmackvoll, einen Appell an die vielleicht noch nicht vergessenen Träume seines eigenen sechzehnjährigen Dichterherzens gewagt hatte. Eine Art Feuilleton »Zwanzig Millionen Welten« war für ein Montagsblättchen bestimmt, in dem ich einen populären, astronomisch-kosmischen Aufsatz, der die Vielheit der Sonnensysteme behandelte, mit Ergriffenheit gelesen hatte; – doch der Redakteur, weniger ergriffen als ich, lehnte in der offenen Korrespondenz, mit ironischem Hinweis auf mein jugendliches Gemüt, die Veröffentlichung ab. Ein harmlos-läppisches Gedichtchen, »Omnibusträume« betitelt, wurde von einem Kollegen namens Ostersetzer, der eine Schulzeitung herausgab, »wegen seines für Klassenvorstände nicht geeigneten Inhalts« höflich zurückgewiesen. Ob ein anderes humoristisches Poem, »Ei, ei, wie kommt denn das!«, den Beifall meiner Kollegen fand, denen ich es in einer Pause vorlas, weiß ich nicht mehr; jedenfalls trug ich meine Mißerfolge so wenig schwer, als ich etwa auf gelegentliche kleine Erfolge stolz war. Nicht nur Josef Kranzens, auch Adolf Weizmanns Gedichte schätzte ich beträchtlich höher ein als meine eigenen. Indes war ich auch zu einem andern Schul- und Dichterkollegen in ein näheres Verhältnis getreten, einem Tiroler, namens Engelbert Obendorf, mit dem ich während der Lehrstunden in Knittelversen zu korrespondieren pflegte; ihn besuchte ich zuweilen auf seiner Studentenbude in der Lerchenfelder Straße, der alten Kirche gegenüber, die mir in späteren Jahren bedeutungsvoll werden sollte. Einmal ließ ich bei ihm ein Drama zurück, von dem eben zwei Akte vollendet waren; es hieß »Der ewige Jude« und war mir wichtiger als alles andere, was ich geschrieben, weil darin, was mir selbst als das Wesentlichste meiner Art erschien, und das ich als »moderne Romantik« zu bezeichnen liebte, meiner Meinung nach am entschiedensten zum Ausdruck gekommen war. Trotz häufiger Mahnung konnte ich es von meinem Freund nicht wiedererhalten, bis er mir endlich in einem de- und wehmütigen Brief gestand, daß seine Bedienerin es aus Versehen verbrannt hätte. Da ich den Anfang nicht aus dem Gedächtnis neu herzustellen vermochte, und mich nie mehr entschloß, das Thema neu aufzunehmen, konnte ich mir leicht einbilden, daß mit jenem Fragment das Beste, was ich je geschaffen, und das aussichtsreichste meiner Werke verlorengegangen sei.

Außer den obenerwähnten Arbeiten und einer Anzahl von Gedichten, von denen ich eine Auswahl als »Träume« reinlich und zierlicher, als es sonst meine Art war, in ein Heftchen abgeschrieben und »meinem Fännchen« gewidmet hatte, begann ich noch etliches in erzählender und dramatischer Form, darunter ein romantisches Drama in Knittelversen »Die Komödianten«, doch da ich meist ohne rechten Plan anfing, meine Feder laufen ließ, wie sie wollte, und von eigentlicher Arbeit nicht die Rede war, so pflegte ich bei der ersten erheblicheren Schwierigkeit innezuhalten und das Ding, an dem ich das augenblickliche Interesse verlor, ein für allemal beiseite zu legen. War ich auch begreiflicherweise nicht ohne Eitelkeit, so war ich doch von eigentlichem Ehrgeiz, jedenfalls von Zielbewußtheit oder Zielstrebigkeit, frei, und der Gedanke, jemals Schriftsteller von Beruf zu werden, lag mir damals und noch lange Zeit, ja in einem gewissen Sinn immer fern; – und schon durch das väterliche Beispiel und Vorbild war mir die ärztliche Laufbahn in jenen jungen Jahren als unausweichlich und hoffnungsvoll vorgezeichnet. Ein ausgeprägtes naturwissenschaftliches Interesse zeigte sich freilich nicht bei mir, woran vielleicht weniger mangelnde Anlage als Erziehungsfehler schuld waren. Wurde man überhaupt in dieser Epoche auf das Sehen und Schauen nicht genug hingeleitet, legte insbesondere der Lehrplan des Gymnasiums – worin es seither sicher besser geworden – nicht den gehörigen Nachdruck auf Betrachtung und Studium der Natur, so waren wir noch überdies mit den Professoren, die uns in den betreffenden Gegenständen zu unterweisen hatten, übel dran. Die sogenannte »Naturgeschichte« sollte uns Professor Mik beibringen. Er besorgte das in trockener, ja verdrossener Weise, vor allem war es die Krystallographie, die mir bei meiner schwachen geometrischen Vorstellungsgabe erhebliche Beschwer verursachte. Physik, ebenso wie Mathematik, lehrte Professor Dvořak, der nicht nur ein Nichtskönner, sondern ein ungerechter, ja bestechlicher Mensch war, so daß er manche Schüler, deren Eltern er für wohlhabend hielt, so lange schlecht behandelte, bis sich der von ihm erwartete Erfolg, sei es in Bargeld oder Naturalien, einstellte. Schon mit ganz geringen Summen ließ sich seine Gunst erkaufen; noch sicherer aber war es, wenn man ihn zu Privatlektionen ins Haus berief, wie es zum Beispiel bei uns geschah. Zuweilen täuschte er sich in der Abschätzung der Vermögensverhältnisse, wie bei meinem Freund Adolf, der nicht in der Lage war, seine freilich wohlverdiente schlechte Note durch Aufwendung von ein paar Dukaten in eine bessere zu verwandeln, womit er sich vielleicht doch bis zur Matura weitergeholfen hätte. Bald nach meinem Austritt aus dem Gymnasium wurde Dvořak, mit ihm ein anderer, Professor Schenk, zwar auch bestechlicher, doch wenigstens nicht erpresserischer Natur und in seinem Fach ganz tüchtig, von dem neuernannten Unterrichtsminister Gautsch ohne weitere Ehrungen in Pension geschickt. Professor Dvořaks Tochter, schon als junges Mädchen von uns Gymnasiasten um ihrer Schönheit und ihres schlechten Rufs willen scheu bewundert, wurde eine beliebte Schauspielerin und leistete als Josefa in Anzengrubers »Viertes Gebot« ihr Bestes. Ich selbst lernte sie erst wenige Jahre vor ihrem frühen Ende, das sie dem Trunk verdankte, persönlich kennen.

Als Lehrer der deutschen Sprache und Literaturgeschichte blieb uns anfangs Zitkovszky erhalten. Er und ich standen uns nach wie vor ohne Sympathie gegenüber, und hauptsächlich dieser Umstand – nicht mein, allerdings recht entwickelter Widerspruchsgeist oder gar mein Gerechtigkeitsgefühl – dürfte der Grund gewesen sein, daß ich einmal, als sich Zitkovszky ziemlich absprechend über Anastasius Grün äußerte, aufzeigte und auf seine ärgerliche Frage, was ich denn wünschte, einfach bemerkte, Anastasius Grün sei doch ein bedeutender Dichter. Dieser Ausspruch blieb in der Klasse lange Zeit, mehr zu meinem als zu des Professors Spott, ein geflügeltes Wort. Bald übernahm unseren Unterricht im

Deutschen Ludwig Blume, der uns schon seit den unteren Gymnasialklassen in Geschichte unterrichtete. Im Gegensatz zu den meisten seiner Amtskollegen war er ein wohlsituierter Herr, der uns Knaben auch dadurch geheimnisvoll interessant war, daß er als Lebemann galt, dem man öfters in den Straßen der inneren Stadt auf der Fährte zweideutiger Damen begegnen könne. Doch einem hübschen Mädchen, das auffallend häufig in der Halle des Gymnasiums erschien, um sich, sonderbarerweise immer ausschließlich bei ihm, nach den Fortschritten ihres Bruders zu erkundigen, glückte es, den gefährlichen Professor auf einen besseren Weg zu leiten, so daß wir ihn bald als braven Ehemann und Schwager seines schlechtesten Schülers begrüßen konnten, dem man indes trotz der neuen Verwandtschaft den Rat erteilte, sein Glück an einer anderen Lehranstalt zu versuchen. Früher hatte man es Blumes ausschweifendem Lebenswandel zugeschrieben, wenn er auf dem Katheder einzuschlafen pflegte; aber es zeigte sich bald, daß die stilleren Freuden des Ehestandes an seiner leichten Ermüdbarkeit nichts zu ändern vermochten. Noch immer ereignete es sich, daß er plötzlich aus dem Schlummer auffuhr, wenn irgendein Schüler seine Lektion zu Ende aufgesagt hatte, und daß er dann in den Mienen der Hörerschaft zu lesen versuchte, ob der Geprüfte entsprochen hatte oder nicht, – worauf er ihn entweder mit einem »Na, ist gut« oder einem vorsichtigen »Es hätt' besser gehen können« in die Bank zurückschickte. Übrigens hatte er auch seine guten Momente, trug dann nicht ohne Laune und Temperament vor, insbesondere, wenn er auf ein ihm vertrautes und sympathisches Gebiet kam. Er war von streng nationaler Gesinnung, und seine Lieblingsfrage in der Geschichtsstunde lautete: »Wer kann mir die deutschen Kaiser aufzählen?« Mit einer gewissen Gewandtheit brachte man es dahin, in ein und demselben Semester ein paarmal zur Antwort aufgerufen zu werden, und so gelang es auch mir, in den zwei letzten Gymnasialjahren meine ursprünglich mittelmäßigen Noten so weit zu verbessern, daß mir die erstrebte Befreiung von der Geschichtsmatura zuteil wurde. Seine Begeisterung für Richard Wagner, den er nicht nur für den größten deutschen Musiker, sondern auch für den größten deutschen Dichter erklärte, schrieben wir, wahrscheinlich mit Recht, mehr seiner politischen als seiner ästhetischen Grundrichtung zu, und so wurzelte auch seine Abneigung gegen das Judentum mehr in seiner Gesinnung als in seinem Gefühl. Denn, wenn es ihm auch Spaß machte, die prononcierten Vornamen einzelner Mitschüler bei sich bietenden Gelegenheiten mit tendenziöser Betonung auszusprechen, so hinderte ihn das keineswegs, dem Spitzer Samuel nach Verdienst ein Vorzüglich ins Zeugnis zu setzen; und dem nachlässigen Kohn Isidor erging es nur nach Gebühr, wenn er im Gegensatz zu dem fleißigen Kohn Richard oder dem Löwy Ernst durchfiel.

Damals, es war in der Spätblütezeit des Liberalismus, existierte der Antisemitismus zwar, wie seit jeher, als Gefühlsregung in zahlreichen, dazu disponierten Seelen und als höchst entwicklungsfähige Idee; aber weder als politischer noch als sozialer Faktor spielte er eine bedeutende Rolle. Nicht einmal das Wort war geprägt, und man begnügte sich damit, Leute, die den Juden besonders übel gesinnt waren, fast abschätzig als »Judenfresser« zu bezeichnen. Eine gewisse, keineswegs streng durchgeführte Scheidung zwischen christlichen und jüdischen Schülergruppen – von Parteien konnte noch nicht die Rede sein – machte sich, wie überall und immerhin, auch in unserer Klasse geltend; als »Judenfresser« galt nur einer, ein gewisser Deperis, und er war nicht gerade wegen dieser Eigenschaft, sondern wegen seiner Geckenhaftigkeit und Hochnäsigkeit uns allen mißliebig und lächerlich. Auch verübelte man ihm, daß er, obwohl stets aufs sorgfältigste gekleidet und offenbar aus wohlhabender Familie, von der Zahlung des Schulgeldes befreit war, und überdies galt er als der beschränkteste unter seinen Kollegen. Er soll sich diesen Ruf auch im Staatsdienst bewahrt haben, wo er bis zum Sektionschef aufstieg; in der Schule hatte ihm seinen Ruf nur einer, übrigens ein höchst anständiger und braver Junge, Karl Leth, mit einigem Erfolg streitig gemacht, trotzdem sollten fast vierzig Jahre vergehen, ehe dieser verdiente Staatsbeamte es bis zum Minister brachte.

In den klassischen Sprachen war unserem alten Windisch der tüchtige, strenge, aber gerechte Schulmann Hauler gefolgt; in der Fünften übernahm nur für dieses eine Jahr Jakob Meister den Unterricht im Griechischen, ein frommer und etwas tückischer Mann, den wir um seiner Eigenheit, jedes K als Ch auszusprechen, und um seiner salbungsvoll langweiligen Redeweise gern verhöhnten. Als er einmal eine Strafpredigt mit den Worten begann: »Also, der Betreffende wird mal so lang zum Brunnen gehen« – rief die ganze Klasse wie aus einem Munde: – »bis er bricht«, worauf Professor Meister nach seiner Gewohnheit die Augen zum Himmel aufschlug, mit dem er sich sehr gut stand, und zur Tagesordnung überging. Die langweilige Manier, in der er und die Mehrzahl seiner philologischen Kollegen die Klassiker tradierten, gab mir den Einfall zu einer Burleske, in der ich Homer in der Unterwelt an Leibschmerzen leiden und auf Erden in der Verkleidung eines schwedischen Schulinspektors die Überzeugung gewinnen ließ, daß an seinen Qualen die üble Behandlung schuld sei, die ihm von Seite der Gymnasialprofessoren zuteil werde. Zwei Wiener Literaten haben dreißig Jahre später ganz ähnlich in einem viel gelungeneren kleinen Stückchen Goethe als das verzweifelte Opfer seiner Erläuterer auftreten lassen.

Ein oder zwei Jahre lang unterrichtete uns im Lateinischen der Weltpriester Johann Auer, der nicht nur um seiner Seelengüte, sondern auch um seiner Aussprüche willen, deren Selbstverständlichkeit oder Weisheit durch eine zerstreute Wendung oft ins Burleske umschlug, sich in der Schule besonderer Beliebtheit erfreute. Unter dem Titel »Aueriana« sind seinerzeit viele dieser köstlichen Sätze und natürlich manche frei erfundenen dazu in einem dünnen Heftchen erschienen. Auch ich legte mir eine kleine Sammlung von Aussprüchen an, die ich mit eigenen Ohren vernommen, sie ist mir leider in Verlust geraten, und ich erinnere mich nur des einen mehr, der lautete: »Das Duften war schon bei den alten Griechen bekannt.« Er war ein hagerer, hochgewachsener Greis, dessen äußere Erscheinung mir mit der des alten Grillparzer zusammenfließt; eine wahrhaft wohlwollende Natur und in seinem Fach, der Philologie, ein Gelehrter von Rang. Es war die größte Seltenheit, daß er in Zorn geriet, und einmal war ich die Ursache eines solchen Ausbruchs, indem ich nämlich, obwohl sonst derartigen Streichen eher abgeneigt, Papierkügelchen gegen den Katheder warf. Nun ereignete es sich zum ersten und einzigen Mal, daß ich ins Klassenbuch eingetragen wurde und noch dazu von der Hand eines Lehrers, der beinahe nie zu solchen Maßnahmen griff, um seine Autorität zu wahren; und er tat es noch überdies mit den beschämenden Worten: »Arthur Schnitzler benimmt sich wie ein Lausbube.« Mir ging das so nahe, daß ich, zufällig am Abend des gleichen Tags mit meinem Vater im Wagen am Gymnasium vorüberfahrend, von einer heftigen Übelkeit ergriffen wurde. Bei einer späteren Gelegenheit wieder gab mir Auer einen Beweis seiner Hochschätzung, der mich um so stärker berührte, als ich nach seiner sonstigen Haltung mir gegenüber in keiner Weise auf dergleichen gefaßt sein durfte. Auf eine Frage Auers hatte ich mich zum Wort gemeldet; ich weiß nun nicht mehr, ob schon darauf hin, weil die Kollegen einen Spaß oder eine Frechheit in der Art meines Anastasius-Grün-Diktums erwarten, – oder erst auf meine Antwort hin, die vielleicht nicht genug gemeinverständlich ausfiel, war ein Gekicher in der Klasse entstanden, worauf der Professor über die Bänke fast drohend hinrief: »Lachen Sie nicht, der Schnitzler, der ist ein Genie.« Auch einer Diskussion mit ihm entsinne ich mich, in der er behauptete, die alten Römer hätten Selbstmord verübt, indem sie absichtlich den Atem zurückgehalten hätten; worauf ich mich anschickte, ihm zu beweisen, daß ein solcher Selbstmord durch den Umstand, daß bei beginnender Bewußtlosigkeit die Atmung automatisch wieder einsetzen müsse, absolut undurchführbar sei. Als er in der Rekonvaleszenz von einer schweren Krankheit eine Sommerwohnung in Weidlingau bezogen hatte, besuchte ich ihn einmal in Begleitung eines Schulkollegen, Richard Tausenau, von dem zu seiner Zeit noch mehrfach die Rede sein wird. Damals hatten wir uns hauptsächlich in der gassenbubenhaften Hoffnung zusammengetan, von unserem Ausflug ein paar saftige Aueriana heimzubringen, aber der würdige alte Mann gab nichts dergleichen zum besten, plauderte mit uns in kluger und freundlicher Art, wies heiter von der Veranda aus, wo wir mit ihm zusammensaßen, ins Zimmer, wo auf einem Tisch zahlreiche weiße Schachteln aneinandergereiht standen, und bemerkte humorvoll, das seien keine Damenschachteln, wie es wohl den Anschein hätte, sondern das Ganze stelle eine Art Zettelkasten vor für seine sprachvergleichenden Studien, die er eifrig weiter treibe und die er uns unverzüglich mit einigen Beispielen belegte. Er dankte uns herzlich für unseren Besuch, und wir schieden gerührt und etwas beschämt, in der leider nicht trügenden Empfindung, daß wir ihn zum letztenmal gesehen hätten.

Eine gute Erinnerung endlich bewahre ich an Professor Konvalina, der außer klassischen Sprachen noch philosophische Propädeutik, also Logik und Psychologie, vortrug; daß er mir trotz der manchmal recht mäßigen Noten, die er mir im Laufe des Semesters zu geben genötigt war, ins Maturitätszeugnis ein Vorzüglich eintrug, habe ich ihm bei der im allgemeinen herrschenden Klassenfexerei als ein Zeichen freierer Auffassung hoch angerechnet.

Während meiner ersten Gymnasialjahre gab es in der Schule noch keinen Unterricht in der jüdischen Religion. Man legte am Schluß jedes Semesters bei einem der staatlich approbierten Lehrer eine Prüfung ab, deren fast immer vorzüglicher Erfolg im Zeugnis verzeichnet wurde. Später erst wurden reguläre Schulstunden aus biblischer Geschichte und Religionslehre eingeführt, dagegen fiel der Unterricht in der hebräischen Sprache fort, der erst wieder nach Ablauf meiner Gymnasialzeit aufgenommen wurde. Als erster Religionslehrer in unserem Gymnasium erschien der Rabbiner Schmiedl, ein gutmütiger, kleiner Herr, der uns das Leben leicht machte, was wir ihm schlimm genug vergalten. Gab es allzuviel Geschwätz und Unruhe in den Bänken, so hüpfte er verzweifelt auf dem Katheder hin und her, wimmerte ein über das andere Mal: »Das ist ja keine Schule«, wir aber schwätzten unbekümmert weiter. Nach ihm nahm Doktor David Weiss die Zügel in die Hand, ein sehr gelehrter, jähzorniger, ja bösartiger Mensch, der die Achtung, die ihm vielleicht mit Unrecht versagt wurde, durch kreischende Strenge zu erzwingen suchte. Gegen mich hegte er eine besondere Antipathie, die mich im letzten Semester in eine ärgerliche, ja für den Augenblick bedenkliche Lage brachte. Das Buch Hiob wurde gelesen und erläutert, und als man zu dem Vers kam, in dem Hiob (dem Sinne nach, der Wortlaut ist mir nicht gegenwärtig) den Tag seiner Geburt verflucht, stellte Professor Weiss die Frage, warum dies, dem Anschein zum Trotz, nicht als Gotteslästerung aufzufassen sei. Ich meldete mich zum Wort, und keineswegs mit übler Absicht, sondern aus meiner rationalistisch-atheistischen Weltanschauung heraus, zu der ich mich damals verpflichtet fühlte, gedachte ich den scheinbaren Widerspruch dahin aufzuklären, daß Gott an der Geburt Hiobs eben vollständig unschuldig sei. Weiss schäumte vor Wut, drohte mir an, mich beim Direktor wegen

Arthur Schnitzler um 1878

meiner lästerlichen Frechheit zur Anzeige zu bringen, und ich hatte einigen Grund zu der Befürchtung, daß er meine Ausstoßung beantragen werde. Doch kam ich seiner Absicht zuvor, indem ich mich sofort am Schluß der verhängnisvollen Stunde zum Direktor begab, der zugleich unser Professor in Griechisch war, und ihm den Sachverhalt klarlegte, so daß mein Feind mit seiner Anklage nicht mehr durchzudringen vermochte und die Angelegenheit ohne schlimme Folgen für mich blieb.

So behauptete ich mich denn auch in den oberen Gymnasialklassen, wenn nicht unter den ersten, so doch immer unter den besseren Schülern; mein Fleiß reichte eben aus, für Nachhilfe war mehr als genügend gesorgt, und an Zeit für vielerlei, was man nach Schulbegriffen, und für manches, was man auch in einem weiteren Sinne Allotria nennen mag, mangelte es mir nicht. Theater- und Konzertbesuch, Lektüre, Spazier- und Plauderstunden mit Freunden, die eigene Dichterei – alles fügte sich ohne Schwierigkeit in den Lauf des Tages; und kam die schöne Jahreszeit oder gar die Ferien, die bis auf ein paar kurze Reisewochen gleichfalls in der Stadt verbracht wurden, so hätte ich auch für mein blondes Fännchen mehr Zeit gehabt, als am Ende doch aus inneren und äußeren Gründen für sie erübrigt wurde. Nachdem wir uns fast zwei Jahre halb zufällig kaum gesehen und gesprochen hatten, fing die Bekanntschaft an einem wunderschönen Septembertag des Jahres 1878 von neuem an, und zwar durch die uneigennützige Vermittlung eines jungen Mannes, den ich bis dahin nicht gekannt und der in einer Allee des Volksgartens auf mich zutrat, um mir im Auftrag eines »schönen Trios« eine Rose zu überreichen. Ich nahm sie dankend entgegen, er sagte »Ich beneide Sie darum« und verschwand. Er hieß Jaspisstein, und seit jener Stunde habe ich nie wieder etwas von ihm gesehen oder gehört. Das »schöne Trio« aber bestand aus Fännchen und zwei gleichaltrigen Freundinnen, die von einer Bank aus schulmädelhaft sich an der Szene ergötzt hatten und bald darauf mit anspielungsreichen Bemerkungen immer wieder an mir vorüberstreiften. Aber erst ein paar Tage später, als ich, mit meinem »Tarquinius Superbus« beschäftigt, auf einer Volksgartenbank saß und Fännchen ihren kleinen Bruder Fritz zu mir schickte, mich um die Rose zu bitten, die ich im Knopfloch trug, fühlte ich mich veranlaßt, mich ihr persönlich zu nähern, und nun knüpften wir gleich wieder dort an, wo wir zwei Sommer vorher abgebrochen hatten. Da wir indes an die Schwelle der Jünglings- und Jungfrauenjahre gelangt waren, so spielte sich unser Verhältnis, wenn auch noch immer unschuldig genug, doch beträchtlich zärtlicher und unruhvoller fort als in früherer Zeit, und es bedurfte bald nicht mehr der Ausrede eines Fangen- oder Pfänderspiels, um in den abendlichen Alleen des Rathausparks oder Volksgarten in Küssen und Umarmungen zueinanderzufinden. In lebhafterer Erinnerung aber als diese abendlichen Zusammenkünfte sind mir die Spaziergänge in den sommerlich verlassenen Gassen der inneren Stadt; die wunderbare Kühle, die uns von den hohen steinernen Mauern der Minoritenkirche und der umliegenden alten Paläste anwehte. Zumeist war Fännchen in Gesellschaft von Freundinnen, die Spiel und Ernst in ihrer Weise zu fördern oder zu stören wußten. Da gab es ein reizvolles, rothaariges Mädchen, in das ich mich ein wenig, ein unhübsches, blasses, allzu kluges, das sich in mich verliebte; ein hageres, sommersprossiges, übelgelauntes stellte sich unserer jungen Liebe geradezu feindlich entgegen, und an ihr rächte ich mich nach Poetenart

Franziska Reich, das »Fännchen«, 1882

durch ein satirisches Lustspiel: »Die Moral«, in dem das
Verschwinden dieses ethischen Elements aus der Welt damit
erklärt wurde, daß es von dem einen keuschen Fräulein Laura
ganz und gar gepachtet worden sei.

Nun mag es vielleicht wunderlich scheinen, daß ich von
Fännchens innerem und äußerem Wesen bisher noch kaum
mehr zu sagen gewußt habe, als daß sie blond war. Bin ich nur
darum so karg in meiner Schilderung, weil seither so viele
Jahrzehnte vergangen sind, und hätte ich damals anderen und
mir selbst besser zu erklären vermocht, warum ich gerade sie
und keine andere liebte? Ich glaube kaum. Sie war leidlich
hübsch, nicht eben dumm, und besaß gerade so viel Bildung,
als man in jener Zeit den Töchtern mittlerer jüdischer Haus-
stände zu geben für nötig fand. Niemals konnte sie mir als
Ausnahmswesen, und noch weniger das Gefühl, das uns
verband, als etwas Besonderes erscheinen, vielmehr kam mir
das Typische der ganzen Liebesgeschichte, auch während ich
mitten darinnen stand, mit vollkommener Deutlichkeit zum
Bewußtsein, ohne daß ich sie darum mit geringerer Lust oder
geringerem Weh durchlebt hätte, als einem naiveren Gemüte
beschieden gewesen wäre. – Denn schon damals besaß ich

keineswegs das, was man Illusionen zu nennen pflegt; ein Besitz, den man so oft als beneidenswert preisen hört und nach dem ich niemals die geringste Sehnsucht empfunden habe. Weder an Glück noch an Unglück bin ich darum ärmer gewesen als ein anderer, und daß ich niemals versucht habe, mich über die Natur meiner Gefühle, über das Wesen der Menschen, denen ich nahestand, zu täuschen, hat mich weder davor bewahrt, Unrecht zu leiden, noch, Unrecht zu begehen.

Während nun durch die Ungunst der äußeren Umstände, vor allem aber durch Unerfahrenheit, Schüchternheit und sogenannte gute Erziehung und am Ende wohl auch aus Mangel an echter Leidenschaft mein Verhältnis zu der blonden Jugendgeliebten sich in den damals in unseren Kreisen noch üblichen Grenzen hielt, hatte der Zauber der Weiblichkeit für den heranreifenden Knaben auch in seiner allgemeineren Art zu wirken begonnen. Zwar war mein sittliches Empfinden oder wenigstens mein Gefühl für äußeren Anstand so ausgeprägt, daß ich es für angemessen hielt, unserer französischen Bonne, die einmal, vielleicht nicht ganz absichtslos, in meiner Gegenwart die Bluse wechselte, eine ernsthafte Zurechtweisung zu erteilen; aber die geschminkten und vielsagend zwinkernden Damen, denen wir auf unseren Streifzügen durch die innere Stadt begegneten, erregten mein Interesse um so lebhafter, als die meisten meiner Freunde auf diesem Gebiete schon persönliche Erfahrungen zu sammeln begonnen hatten. Noch entsinne ich mich, wie Adolf nach seinem ersten Liebesabenteuer gegen Barzahlung die verlorene Jugendkraft sofort in übergroßer Vorsicht durch eine aus zwei Rostbraten bestehende Mahlzeit im Gasthaus Zur Linde wiederzugewinnen trachtete, doch bei der Knappheit seines Budgets und der steigenden Anzahl seiner Abenteuer war er bald genötigt, von so kostspieligen Ersatzmaßregeln abzusehen. Die auffallenderen weiblichen Erscheinungen in der Kärntner Straße zeichneten wir durch die Namen von griechischen Göttinnen aus, und insbesondere waren es Venus, Hebe und Juno, die unsere Einbildungskraft erhitzten. Bei meiner wohlbegründeten Scheu vor einer intimeren Bekanntschaft mit all den Huldinnen wußte meine Neugier sich einen Vorwand für die ersten Ausflüge in das bedenkliche Revier zu suchen und, frei nach Freund Adolf, der den Damen, die er mit seiner Gunst beehrte, nachher in salbungsvoller Rede ihren sittenlosen Lebenswandel vorzuhalten und sie zu einem reineren aufzufordern pflegte, beschloß ich, mich gänzlich auf die erzieherische Mission zu beschränken; und mit so ehrbaren, aber innerlich nicht ganz ehrlichen Absichten folgte ich an einem schönen Sommertag der strohblonden Venus in ihre Behausung auf dem Stock-im-Eisen-Platz. Während das hübsche junge Geschöpf nackt auf dem Divan lag, lehnte ich in meinem noch ganz knabenhaft zugeschnittenen Anzug, Strohhut und Spazierstöckchen in der Hand, am Fenster und redete der zugleich gelangweilten und belustigten Schönen, die sich von dem Sechzehnjährigen bessere Unterhaltung erwartet hätte, ins Gewissen, sich doch einem anständigern und aussichtsreichern Berufszweig als dem von ihr erwählten zuzuwenden, und versuchte meinem Ratschlag durch Vorlesen passender Stellen aus einem zu diesem Zweck mitgebrachten Buch – leider weiß ich nicht mehr, aus welchem – größeren Nachdruck zu verleihen. Ohne daß es mir gelungen wäre, sie, oder ihr, mich zu überzeugen, was sie in ihrer Weise immerhin geschickter anstellte als ich in der meinen, nahm ich Abschied und ließ ihr zwei Gulden zurück, deren Besitz ich der meiner Mutter vorgespiegelten Notwendigkeit verdankte, mir einen neuen Gindely, Grundriß der Weltgeschichte, kaufen zu müssen. Seither bekam der Name Gindely in der Unterhaltung zwischen uns verworfenen Jünglingen eine überaus pikante Nebenbedeutung. Im Laufe der nächsten Monate ließ ich dem Besuch bei Venus einige weitere bei den anderen Göttinnen folgen; der erzieherische Teil blieb auf das Unerläßlichste beschränkt, aber auch weiterhin und noch auf lange hinaus, gelang es mir, mich vor dem Sündenfall in seiner biblischen Bedeutung zu bewahren.

Nun führte ich aber seit geraumer Zeit ein Tagebuch, in das ich außer Schulnachrichten auch allerlei höchst persönliche Erlebnisse, wie die letzterzählten, einzutragen pflegte, freilich meist nur in Schlagworten, die aber doch auch dem Verständnis Nichteingeweihter zugänglich gewesen sein dürften. Dem letzten Büchlein aus dem Winter 78/79 hatte ich nicht nur meine aufkeimende Neigung zu der jugendlichen Tochter unseres Zahnarztes anvertraut, während von Fännchen, die ihren unbestrittenen, gewissermaßen akademischen Rang als Jugendliebe unter all diesen Wirrnissen beibehielt, kaum die Rede war; sondern es befanden sich darin auch Andeutungen über meine Besuche bei einer gewissen Emilie, die nach Erledigung der griechischen Göttinnen an die Reihe gekommen war und die, wie ich mich dunkel erinnere, mir nicht nur körperlich, sondern auch seelisch gefährlich zu werden anfing, da ich mich ernstlich in sie verliebt glaubte. Das letzte Zeugnis über das erste Semester der Achten war gerade noch leidlich, aber keineswegs zur Zufriedenheit meiner Eltern ausgefallen, und so hatte sich die schwüle Stimmung, die ich daheim schon geraume Zeit um mich brauen fühlte und die durch meine Nachlässigkeit im Studium, meinen fortgesetzten Verkehr mit den »Freunderln«, wie mein Vater sie verächtlich nannte, und auch durch eine gewisse Ungebärdigkeit meines Benehmens gefördert wurde, immer drohender verdichtet und verdüstert; – bis eines Morgens, gerade als ich zur Schule gehen wollte, mein Vater mir plötzlich stirnrunzelnd anbefahl, ihm aus seinem Arbeitszimmer irgendeinen nebensächlichen Gegenstand, einen Bleistift glaube ich, hereinzuholen. Mir ahnte Schlimmes und mit Recht. Denn als ich wieder ins elterliche Schlafgemach zurückkam, erwartete mich mein Vater mit strenger Miene, mein kleines rotes Tagebuch in der Hand, und es ergab sich, daß er bereits vor mehreren Tagen mit einem – ihm jedenfalls nicht von mir zur Verfügung gestellten – Schlüssel meine Schreibtischlade geöffnet, mein Tagebuch gelesen und es wieder an seinen Platz getan hatte, um heute – ich hatte offenbar das letzte Mal meine Aufzeichnungen in einem besonders spannenden Moment unterbrochen – nachzulesen, was ich indes für neue Untaten verzeichnet haben mochte. Zu leugnen gab es so unwiderlichen Schuldbeweisen gegenüber nichts; stumm mußte ich eine furchtbare Strafpredigt über mich ergehen lassen und wagte endlich kaum schüchterne Worte des Befremdens über den an mir verübten Vertrauensbruch, der mir durch das patriarchalische Verhältnis zwischen Vater und Sohn keineswegs genügend gerechtfertigt schien. Zum Beschluß nahm mich der Vater mit sich ins Ordinationszimmer und gab mir die drei großen gelben Kaposischen Atlanten der Syphilis und der Hautkrankheiten zu durchblättern, um hier die möglichen Folgen eines lasterhaften Wandels in abschreckenden Bildern kennenzulernen. Dieser Anblick wirkte lange in mir nach; vielleicht verdanke ich es ihm, daß ich mich zumindest noch eine geraume Zeit lang vor Unvorsichtigkeiten hütete und insbesondere meine Besuche bei Emilie und ihresgleichen einzustellen für gut fand. Von so guten Absichten mein Vater bei seinem Vorgehen zweifellos geleitet war, und wenn man ihm auch keineswegs den gewünschten Erfolg gänzlich absprechen darf, – die etwas hinterhältige Methode, die er angewandt, konnte ich ihm lange nicht vergessen; und wenn sich eigentlich kaum je ein völlig rückhaltloses Verhältnis zwischen ihm und mir herzustellen vermocht hat, so war die unauslöschliche Erinnerung an jenen Vertrauensbruch sicher mit schuld daran.

Die Atmosphäre zu Hause hellte sich wieder auf, ich nahm mich – zum mindesten äußerlich – so ziemlich zusammen und durfte der nahenden Matura mit um so geringerer Sorge entgegensehen, als die Befreiung aus zwei Gegenständen, in Geschichte dank meinem geläufigen Aufzählen der deutschen Kaiser, in Physik dank dem häuslichen Privatunterricht bei Professor Dvořak, in beinahe sicherer Aussicht stand. So blieb denn Zeit genug, nicht nur zur Inangriffnahme einiger ernsthaft gemeinter Dramen, zum Billardspiel, das ich seit einiger Zeit mit Eifer und Lust betrieb (wenn ich auch einmal tagelang Angst ausstehen mußte, weil ein Patient meines Vaters mich dabei betreten hatte und ich, glücklicherweise ohne Grund, Verrat und häuslichen Skandal befürchtete), sondern auch, als die schöne Jahreszeit wiederkam, zu den üblichen Volksgartenpromenaden mit Fännchen, mit der ich mich nun so gut zu verstehen anfing, daß wir die zufälligen und absichtlichen Störungen, denen unsere, ach noch immer so unschuldigen Begegnungen ausgesetzt waren, immer unwilliger trugen. Am Abend vor Beginn der schriftlichen Matura geschah es, daß sie mir insgeheim ein Briefchen in die Hand drückte, das nur die Worte enthielt: »Hast du mich nicht mehr lieb?«, an die, da es uns kaum je gegönnt war, ungehindert Liebesworte miteinander zu wechseln, sich eine zärtliche Korrespondenz gewissermaßen von Hand zu Hand knüpfte. Meine Herzensgeschichte nahm mich innerlich viel lebhafter in Anspruch als die Prüfungsaufgaben, von denen ich übrigens nie erfahren sollte, wie ich sie gelöst hatte. Denn am letzten Vormittag, bei Gelegenheit der Übersetzung aus dem Griechischen ins Deutsche, trat plötzlich der Direktor in die Klasse, der zugleich unser Professor im Griechischen war, und verkündete, daß alle diejenigen Schüler, die sich heute unter einem üblichen Vorwand aus dem Zimmer für ein paar Minuten entfernt hatten, einer Leibesvisitation unterzogen werden sollten. Mit einem Dutzend anderer gehörte ich zu den Prüflingen, denen diese arge Unannehmlichkeit bevorstand; und bei uns allen, auch bei dem mitbeteiligten Sohn des Direktors, dem schlechtesten Schüler der Klasse, entdeckte man, was man auch bei allen andern hätte entdecken können, Wörter- und andere Hilfsbücher, deren Benützung während der schriftlichen Prüfung strengstens verboten war. Ich aber war zudem genötigt, dem Direktor ein Heftchen vorzuweisen, das ich aus guten Gründen nicht daheim gelassen, sowenig es mir auch bei einer Übersetzung ins Griechische hätte nützen können: ein eben neu begonnenes Tagebuchheft; – und in Scham vergehend mußte ich danebenstehen, als der Direktor für sich durchlas, was ich am Abend vorher für mich, für mich ganz allein, aufgeschrieben hatte: mein Bekenntnis, daß ich verliebt, ja daß ich geradezu krank vor Liebe sei, – und einiges andere, das eben auch nicht viel klüger und viel griechischer sein mochte. Wortlos gab er mir das kleine Heftchen zurück, und auch meinem Vater gegenüber, der tags darauf in die Schule kam, um Näheres über den Fall zu erfahren, tat er von meinen Aufzeichnungen keinerlei Erwähnung. Gleich meinen Mitschuldigen ward auch ich verurteilt, in der folgenden Woche die ganze schriftliche Matura zu wiederholen. Die Strafe selbst nahm ich nicht sonderlich schwer, aber die Tatsache des Erwischt- und Bestraftwerdens, vor allem der Umstand, daß ein Unberufener Einblick in mein Tagebuch genommen, empfand ich so beschämend, daß ich einem Kollegen gegenüber – es war Richard Horns Herzensfreund Otto – gleich nach der Entdeckung in einem Haustor der Ringstraße verzweifelt erklärte, mir bliebe nichts anderes übrig, als mich zu erschießen. Diese Stimmung hielt freilich nicht lange an. Auch durch ein paar schlechte Verse suchte ich mich mit einigem Erfolg innerlich zu befreien, und die neuen Prüfungsarbeiten wurden ohne verbotene Hilfsbücher zum mindesten ebenso anständig erledigt als die ungültig erklärten der ersten Serie. Auch das mündliche Examen am 8. Juli 1879 bestand ich so gut, daß ich ein Zeugnis der Reife mit Auszeichnung nach Hause bringen konnte. Sonderlich stolz darauf zu sein, hatte ich keinerlei Ursache: Geschichte und

Physik waren mir erlassen, meine mathematischen Fragen hatte Dvořak vorher privatim mit mir durchgearbeitet, so blieben als Prüfungsgegenstände nur Deutsch und die klassischen Sprachen übrig, in denen ich nicht übel beschlagen war. Später erfuhr ich, daß man bei der Schlußkonferenz meines Unfalls bei der schriftlichen Matura vergessen hatte und nachträglich von irgendeiner Seite der Antrag gestellt worden war, mir die Auszeichnung wieder zu entziehen. Doch zog man am Ende vor, die Sache auf sich beruhen zu lassen. Ich glaubte übrigens, zu merken, daß der Direktor Schmidt, der mir bis dahin als rechter Pedant erschienen war, gerade seit er in mein Tagebuch Einblick genommen, eine gewisse Sympathie für mich gefaßt hatte. Und so wäre es denkbar, daß ich die nicht so ganz verdiente Auszeichnung einem wehmütigen Erinnern des Herrn Direktors an seine eigene Jugendzeit, also – im humoristischen Spiel der Zusammenhänge – gewissermaßen meiner eigenen Liebe für das blonde Fännchen zu verdanken hatte.

DRITTES BUCH

September 1879 bis Juli 1882

Schon als kleiner Bub hatte ich den Traum genährt, Doktor zu werden wie der Papa. Da hatte man nämlich nur nicht die Möglichkeit, den ganzen Tag im Wagen herumzufahren, sondern, wenn es einem beliebte, konnte man bei jedem Zuckerbäckerladen halten lassen und das köstlichste Naschwerk kaufen, noch viel besseres, als es uns Kindern die gute Frau Walz an jedem Ersten und Fünfzehnten mitbrachte, wenn sie kam, um den Mietbetrag für den Monatsfiaker einzukassieren. In ernsterem Sinne freilich wirkten das Vorbild meines Vaters, mehr noch die ganze Atmosphäre unseres Hauses von frühester Jugend auf mich ein, und da ein anderes Studium während meiner Gymnasialzeit überhaupt nicht in Frage gekommen war, ergab es sich als ganz selbstverständlich, daß ich mich im Herbst 1879 an der medizinischen Fakultät der Wiener Universität immatrikulieren ließ. Eine wirkliche Begabung oder auch nur ein auffallendes Interesse nach der naturwissenschaftlichen Seite hin war bis zu diesem Moment keineswegs bei mir zu konstatieren gewesen. Freilich waren weder der Lehrplan des Gymnasiums noch die Persönlichkeiten unserer Professoren dazu angetan gewesen, meine Teilnahme nach dieser Richtung hin anzuregen, und auch die häusliche Erziehung und Ausbildung, – nicht nur die bei uns daheim, war nur wenig auf das Sinnfällige, auf das Sehen- und Schauenlernen gerichtet. Zur Natur als solcher verhielt ich mich noch lange Zeit mehr in einer vagen, poetisch-sentimentalen, als in einer naiv-betrachtenden Weise, und meine Wißbegierde ging eher aufs Ideelle, Historische und Psychologische als auf Erscheinung, Gegenwart und Form.

Auch die Vorlesungen, die mein Vater im Konservatorium für Musik über Stimme und Sprache alljährlich abzuhalten pflegte und von denen ich noch als Gymnasiast etliche gehört hatte, konnten mich kaum im medizinischen Sinne anregen, denn eigentlich waren es populäre Plaudereien, mit denen mein Vater nicht so sehr die Gesangsschüler der Akademie zu belehren, als vielmehr seine Patienten aus Adels- und Künstlerkreisen, die er gerne in der Schar der Zuhörer sah, zu unterhalten wünschte. Ebensowenig hatte ich bis dahin in medizinische Bücher einen Blick getan – außer in jenen Atlas für Hautkrankheiten, den mich mein Vater im letzten Frühjahr aus pädagogischen Gründen hatte durchblättern lassen. Die topographische Anatomie von Hyrtl aber, die mir der Vater programmgemäß gleich nach bestandener Maturitätsprüfung, mit einer zärtlichen Widmung versehen, als Geschenk überreichte, blieb vorerst ungelesen; – wie ich auch an der Türe des Seziersaales, in den mich kurz vorher ein junger Mediziner hatte geleiten wollen, aus einer plötzlich erwachenden Scheu wieder umgekehrt war. Dafür tat sich mir ein anderes Tor auf, durch das mir vergönnt war, aus meinem Knaben- und Gymnasiastendasein ins medizinische Leben gewissermaßen hineinzuspazieren: in den ersten Septemberwochen fand zu Amsterdam ein medizinischer Kongreß statt, an dem ich mit meinem Vater, der die ganze Familie auf die holländische Reise mitgenommen hatte, als angehender Studiosus medicinae bescheidentlich teilnehmen durfte. Ich machte natürlich nur die allgemein zugänglichen Sitzungen und festlichen Veranstaltungen mit, von denen mir vor allem ein Dampferausflug auf die Zuydersee in Erinnerung verblieben ist, bei dem ich den Präsidenten des Kongresses, den berühmten Augenarzt Professor Donders, in Radmantel, am Arm einer schönen, hochgewachsenen, jungen Dame aus Bingen, die an seiner Seite die Honneurs des Kongresses machte, auf dem Verdeck auf und ab wandeln sah.

Gewiß spielten auch rein praktische Erwägungen mit, wenn ich mich ohne Schwanken für die medizinische Laufbahn entschied, wenigstens insofern, als es mir nicht einfiel, gegen die vernünftigen Beweggründe meines Vaters Einwendungen zu erheben; höchst verdrießlich aber empfand ich es von allem Anbeginn, wenn ich mir immer wieder, mehr oder minder unverhohlen, am öftesten von meinem Vater selbst, mußte vorhalten lassen, daß ich es um so viel leichter hätte als die meisten anderen meiner Kollegen, da mir als dem Doktors-, dem Professorssohn mein Weg nicht nur vorgezeichnet, sondern auch gebahnt sei; – und bald, in der Vorahnung äußerer und innerer Hemmungen, die sich für mich gerade aus einer solchen scheinbaren Erleichterung ergeben mußten, bildete sich in mir der Stoff zu einer Novelle, die unter dem Titel »Der Sohn des Berühmten« innerhalb einer Malerfamilie romantisch verbrämte Möglichkeiten eigenen Schicksals widerspiegeln sollte. Nur wenige Seiten wurden niedergeschrieben; das Problem selbst aber ging mir lange nach, da die Stimmung, aus der es entstanden war, immer wieder durch taktlose oder böswillige Äußerungen gefördert wurde, die ich als Mediziner und noch als junger Arzt zu erfahren hatte – Äußerungen, die übrigens um so entschuldbarer waren, als mein innerstes Wesen und die eigentliche Richtung meines Talents den meisten Menschen, ja in gewissem Sinn mir selbst sich erst allmählig erschließen sollte. Die zweifellos gleichfalls vorhandenen ärztlichen Elemente meiner Natur aber kamen erst später und – so paradox das klingen mag – um so entschiedener in mir zur Entwicklung, je mehr ich mich dem Bereich ärztlicher Verpflichtungen und Verantwortungen entrückt fühlen durfte.

Im Oktober nahmen die Vorlesungen ihren Anfang, ich hörte Anatomie bei Langer, Physiologie bei Brücke, Chemie bei Ludwig, Physik bei Lang, gab aber den regelmäßigen Besuch schon nach wenigen Wochen auf, ohne daß ich darauf bedacht gewesen wäre, eine so sträfliche Nachlässigkeit durch häusliches Studium einigermaßen wettzumachen. Nicht viel fleißiger betrieb ich die praktischen Arbeiten im Seziersaal, im physiologischen und im chemischen Laboratorium. Für die sogenannten Vorprüfungen aus Mineralogie bei Schrauf, aus Zoologie bei Claus, aus Botanik bei Wiesner bereitete ich mich immerhin so weit vor, daß ich sie sämtlich noch im Laufe des ersten Jahrgangs abzulegen imstande war, und hatte es ein wenig meinem Glück und wohl auch dem Entgegenkommen meiner Prüfer zu danken, daß ich die beiden ersten Examina sogar noch mit Auszeichnung bestand.

Ganz fern lag mir der Gedanke, in eine Couleur, das heißt in eine der farbentragenden Studentenverbindungen einzutreten, wie ich überhaupt zu festgelegten und irgendwie verpflichtenden Gemeinsamkeiten keinerlei Neigung verspürte. Immerhin wurde ich Mitglied eines Vereines, und zwar des deutsch-österreichischen Lesevereins, nicht gerade seiner schwarz-gelben Tendenzen wegen, sondern eher um mich gewisser Begünstigungen, zum Beispiel ermäßigter Eintrittspreise in einige Theater, erfreuen zu dürfen. Der andere große Studentenverein, der an der Wiener Universität bestand, die Akademische Lesehalle, war von deutschnationaler Färbung. Zwischen beiden Verbänden kam es in der Folge zu Reibereien, die, wenn ich nicht irre, mit der Auflösung des deutschnationalen endeten, dessen Richtung dem »guten«, insbesondere dem dynastisch gesinnten Österreicher zu jener Zeit und noch lange nachher mit mehr oder minderem Recht für unpatriotisch, wenn nicht hochverräterisch galt.

Nach einem der großen Studentenkommerse, wie sie damals bei allen möglichen Gelegenheiten stattfanden und wo die politische Gegensätzlichkeit der beiden Vereine in einigen Reden aufs heftigste zutage getreten war, kam es auf dem Heimweg zwischen mir und einem Studenten der Philosophie, dem Bruder meines einstigen Schulkollegen Fritz Wahle, zu einer lebhaften Auseinandersetzung, in der ich, mit welchen Gründen weiß ich nicht mehr, einen deutsch-österreichischen Standpunkt vertrat, wobei mir aber weniger an dem Sieg meiner politischen Überzeugung gelegen war als an meiner dialektischen Leistung an sich und wohl auch an meinem Erfolg bei den mit uns durch die nächtlichen Straßen heimwärts spazierenden jungen Damen, von denen eine die liebenswürdige Cousine meines blonden Fännchens war. Denn soweit ich mich erinnere, war ich an dem hier in Betracht kommenden Problem nicht sonderlich interessiert, höchstens insoweit die Frage des Antisemitismus hineinspielte, der damals eben emporzublühen begann und mich, nicht ausschließlich wegen meiner jüdischen Stammeszugehörigkeit, oder gar wegen persönlicher Erfahrungen, die ich erst später im reichsten Maß zu sammeln in der Lage war, mit Sorge und Erbitterung erfüllte. Doch war es nicht eigentlich die politische, auch nicht so sehr die soziale, sondern vorwiegend die psychologische Seite der Judenfrage, für die das Interesse in mir meiner ganzen Anlage nach zuerst erwachte. Das konfessionelle Moment berührte mich so gut wie gar nicht. Alles Dogmatische, von welcher Kanzel es auch gepredigt und in welchen Schulen es gelehrt wurde, war mir durchaus widerwärtig, ja erschien mir im wahren Wortsinn indiskutabel. Und ich hatte zum sogenannten Glauben meiner Väter – zu dem, was in diesem Glauben eben wirklich *Glaube* war – nicht Erinnerung, Tradition und Atmosphäre –

so wenig innere Beziehung als zu einem andern. Doch das religiöse Problem im weiteren Sinn beschäftigte mich gerade in jenen Jahren, von meinem achtzehnten bis zu meinem zwanzigsten mehr als zuvor und vielleicht mehr als zu irgendeiner späteren Epoche meines Lebens; und meiner ganzen Denkrichtung nach mußte es mir mit den Grundfragen der Philosophie zusammenfließen. Daß ich in all diesen Disziplinen, soweit es eben Disziplinen sind, Dilettant war und es mein Leben lang geblieben bin, will ich ohne weiteres zugestehen. Es fehlte mir an Geduld, an Aufmerksamkeit, möglicherweise auch an dem nötigen Scharfsinn, um hier so weit zu gelangen, daß es überhaupt der Mühe wert gewesen wäre, nach der Regel anzufangen; und ich beruhigte mich mit dem wahrscheinlich ketzerischen, sicher unverschämten Gedanken, daß ich, was ich für meinen Teil eben an Religion oder Philosophie bedürfte, doch selber finden oder erfinden müßte, um es für mich überhaupt gebrauchen zu können. Jedenfalls war es mir in meinen ersten zwei Universitätsjahren manchmal ein Bedürfnis, mich mit den sogenannten ewigen Fragen in meiner Weise auseinanderzusetzen; – ich notierte mir allerlei über das »Ding an sich«, woraus ich entnehme, daß ich eine Geschichte der Philosophie oder gar einen Auszug aus Kant durchblättert haben mochte, – ich las, meist in der Hofbibliothek, das Leben Jesu von Renan und die Evangelien; und setzte mich in meinem Tagebuch rationalistisch mit dem Wunderglauben der Legende, gehässig mit Papst und Klerus auseinander, um aphoristisch mit dem Satz abzuschließen, den ich noch heute aufrechthalten könnte, daß das Christentum im Laufe der Jahrhunderte sich nicht »ent-«, sondern »verwickelt« habe. Die Zellentheorie versuchte ich unbeschwert von eigentlichen naturwissenschaftlichen Kenntnissen in meiner Weise weiterzudenken, hielt mich für einen Materialisten und Atheisten, – und war damals wohl beides ebensowenig, als ich es heute bin; vielmehr, ich war damals noch nicht weit genug, um zu erkennen, daß es im Grunde Materialisten und Atheisten im eigentlichen Wortsinn gar nicht geben kann, und daß jenseits der Grenzen, wo der denkende Mensch sein – je nach Temperament und Laune – gleichgültiges, wehmütiges, klagendes oder erbittertes Ignorabimus gefühlt oder gesprochen hat, Geschwätz, Salbaderei, Schwindel oder Wahnsinn anhebt. Nicht etwa als

Resultat eines tiefsinnigen Denkprozesses, sondern wohl als Ausdruck einer Grundstimmung schrieb ich damals den Satz nieder: »Gäbe es einen Gott, so wäre die Art, wie er von den Gläubigen verehrt wird, Gotteslästerung.« Und einen zweiten: »Es ist ein Unding, zu sagen: Gott will. Wir wollen, Gott muß.« Doch ahnte ich wohl schon damals, daß, wie es bei Sätzen von dieser Sorte meistens der Fall ist, das Gegenteil geradeso wahr sein mag. In meinem Widerwillen gegen Zelotismus und Pfaffenwesen ließ ich es, wie es in jenen frühen Lebensjahren entschuldbar sein mag, gelegentlich auch an Takt fehlen. Es war in den Maturitätsferien, vielleicht in dem Sommer vorher, daß ich in der Kirche Maria am Gestade einer Predigt beiwohnte. Ich stand dem Priester gerade gegenüber und starrte ihm, da er mir Dinge von ganz besonderer Albernheit zu behaupten schien, mit absichtlichem Hohne ins Gesicht, worauf sich seine Augen so wuterfüllt auf mich richteten, daß es im Umkreise auffallen mußte. Ein paar alte Weiber in meiner Nähe gingen der Richtung seines Blickes nach, sahen mich, fanden wohl bald heraus, daß ich im modischen Anzug mit Spazierstöckchen, unfromm an eine Säule gelehnt, an einem so heiligen Ort nichts zu suchen hatte; ich glaubte ein Murmeln zu hören, etwas von einer drohenden Haltung zu merken, woran möglicherweise nur mein schlechtes Gewissen schuld war, – jedenfalls hielt ich es für geraten, elegant, aber schleunigst den Ausgang zu gewinnen, was als Beweis dafür gelten mag, daß nicht jeder Revolutionär zum Märtyrer geboren ist.

Zu gleicher Zeit etwa fügte es sich, daß mir eine zum Gebrauch für Volksschulen bestimmte katholische Religionslehre in die Hände geriet. Ich las sie mit steigender Erbitterung und fühlte mich endlich gedrungen, eine Art Referat zu entwerfen, dem ich die Überschrift gab: »Wie die Welt von Jugend auf zur Dummheit erzogen wird« und das ich nach wenigen Seiten mit dem kindlichen, aber sehr echten Ausbruch abschloß: »Ich kann nicht weiterschreiben, der Zorn erstickt meine Worte.« So erkannte ich früh genug, daß ich auch zum Essayisten nicht geboren war.

Doch schon lang, ehe ich theoretisch mit Gott und der Welt fertig zu werden suchte, im letzten Gymnasialjahr, hatte ich ein Mönchsdrama zu schreiben begonnen, »Aegidius« betitelt, darin ich allerlei niederlegen wollte, was mir über philosophische und religiöse Fragen, insbesondere über Dogma und Freiheit, freien Willen und Schicksal, Ewigkeit und Unsterblichkeit durch den Kopf gegangen war. Es ist zugleich das erste und einzige Produkt meiner Feder aus dieser Zeit, darin bei aller Unreifheit stellenweise Zeichen dichterischer und theatralischer Begabung unverkennbar vorhanden sind. Die Fabel von dem lebensdurstigen Mönch, den ein dämonisches Weib zum Narren hält, der bei der Tochter eines Astronomen Trost findet, in die sich dann wieder der Abt verliebt, ist freilich allzu naiv erfunden; überdies wird das Stück, das ich, wie damals fast alle meine Sachen, ohne jeden Plan ganz aufs Geratewohl zu schreiben begonnen, gegen Schluß immer flüchtiger und verworrener; – aber in manchen episodischen Einfällen, zum Beispiel in einer Kirchenszene zwischen »zwei Genies«, auch da und dort in der Behandlung des Verses, kündigen sich künstlerische Möglichkeiten an, die eigentlich eine raschere Entwicklung hätten erwarten lassen, als ihnen am Ende zuteil werden sollte. Eine andere Komödie in fünf Akten, die ich ungefähr zu gleicher Zeit schrieb, »Vor der Welt« betitelt, nimmt sich neben dem »Aegidius« ziemlich übel aus. Sie ist in Prosa, romantisch-modern gehalten, Kloster-, Salon- und Maskenballgerüche fließen ineinander, ohne daß ein sonderlich würziger Duft dabei herauskäme, und man könnte in diesem Jugendwerk geradezu gewisse Schwächen meiner Begabung vorgebildet finden, die auch in matteren Produkten aus meiner späteren Zeit an den Tag treten: so vor allem einen leidigen Hang zum Kontrastieren, der sich darin kundgibt, daß beinahe sämtliche Figuren des Stücks das im Titel ausgesprochene Thema illustrieren wollen (jede spielt vor der Welt mehr aus Laune als aus Notwendigkeit eine ihrem Wesen fremde, ja entgegengesetzte Rolle), ferner einen Mangel an äußerer und innerer Ökonomie, der in diesem Fall nicht eben Fülle zu bedeuten hat, – und endlich eine Theatralik, die mit einem Wortspiel als Wiener Hofburgtheatralik nicht unzutreffend bezeichnet wäre, wie ich denn damals und später die Hauptrollen meiner Stücke gleich mit Künstlern der Hofbühne zu besetzen und die Namen in meinen Manuskripten aufzuzeichnen liebte.

War in der letztgenannten Komödie der keineswegs geglückte Versuch gewagt, eine von materiellen Sorgen unbeschwerte, nur im Spiel der eigenen Seele befangene Menschengruppe auf die Bühne zu bringen, so tritt in manchen Fragmenten und Entwürfen aus dieser Zeit meiner allerersten Universitätsjahre ein sozialkritisches Element hervor, das auch im Tagebuch und anderen Aufzeichnungen immer wieder anklingt. Ich notierte allerlei zu einem Aufsatz, der nichts Geringeres behandeln sollte als das »Problem des allgemeinen Glücks«, sprach aus meinen von Kindheit an wohlfundierten demokratischen Prinzipien die Überzeugung aus, daß »ein ursprünglicher Haß von Volk zu Volk überhaupt nicht existiere«, entrüstete mich über die »Illiberalität der allgemeinen Wehrpflicht« und fand es eine »dankbare Aufgabe« – der mich zu unterziehen mein Wissen und meine Beharrlichkeit kaum gewachsen gewesen wären – »an allen Kriegen, die jemals geführt wurden, das Gemachte nachzuweisen«. Ein romantisch-sozialistisch-anarchistisches Drama kolportagehaften Inhalts, »Lazarus Knorr«, gedieh nicht über ein paar flüchtige Notizen, obwohl es mich innerlich lebhaft beschäftigte; von etlichen anderen Stücken wurden immerhin Anfangsakte oder Szenen niedergeschrieben. »Die alten Schüler« sollten in der schematischen Art jener früher erwähnten Komödie »Vor der Welt« eine Anzahl Menschen auf die Bühne stellen, die zu spät ihren eigentlichen Beruf oder den Sinn ihres Lebens entdeckten, im »Grafen Unheim« waren wieder die sozialistischen Tendenzen stärker ausgesprochen, – doch offenbar zu skeptischer Behandlung vorbestimmt, da der im Mittelpunkt der Handlung stehende »Klub von Weltverbesserern« sich im Verlauf der Dinge zu einem »Klub von Weltvergessern« entwickeln sollte; – in freier Phantasie schien sich eine »Faschingstragödie« gestalten zu wollen, die zwar über einen halben Akt nicht hinauskam, aber für alle Fälle von mir durch erste Schauspieler besetzt wurde. Der Titelheld Prinz Julian, ein wenig Egmont und ein wenig Prinz Heinz, war Ernst Hartmann zugedacht; für seinen königlichen Vater war mir Sonnenthal eben gut genug, und für eine wichtige Episodenrolle, den Studenten Borromäus Quemberlin, engagierte ich mir in der Idee (etwa vierzig Jahre, ehe ein Burgtheaterdirektor auf den gleichen Einfall geraten sollte) den jugendlichen Gesangskomiker vom Wiedner Theater, Alexander Girardi, direkt an die Hofbühne. Im Entwurf vernünftiger als die bisher Genannten und auch in der Ausführung, so weit ich eben gelangte, mit etwas sicherer Hand angepackt, präsentiert sich ein Drama aus der Zeit der fahrenden Anatomen: Ein Adept der neuen, von Kirche und Aberglauben noch verpönten Wissenschaft wird unschuldig verdächtigt, seinen aus welt- und liebesschmerzlichen Gründen geflohenen Freund umgebracht zu haben, um dessen Leichnam zu Sektionszwecken zu verwenden; dieselben Figuren in moderner Tracht versuchte ich ungefähr zu gleicher Zeit in eine ähnliche, doch des kulturgeschichtlichen Grundmotivs beraubte Handlung zu stellen; beide Versuche, der »Sebaldus« ebenso wie »Die Launen der Phantasie«, blieben, wie die meisten anderen aus dieser Epoche, unvollendet liegen. Ein Drama, in dem ich, wie mein Tagebuch verrät, »den Ehebruch unter gewissen Umständen zu rechtfertigen dachte«, wurde vorerst nicht einmal in Angriff genommen, – und Jahrzehnte gingen hin, bis die »Eifersucht wegen eines Traums«, die ich mir nach einer persönlichen, nicht mehr erinnerlichen Erfahrung als ein »für eine Novelle nicht übel passendes Motiv« aufzeichnete, ihre von mir damals schon geahnte poetische Ergiebigkeit in einem Schauspiel »Der Schleier der Beatrice« einigermaßen erweisen sollte.

Obwohl ich so im Mai 1880, also bis zu meinem achtzehnten Geburtstag, in meinem Tagebuch dreiundzwanzig Dramen als beendet, dreizehn als »begonnen« verzeichnen durfte, war ich fern davon, mich als ein Berufener oder gar Auserwählter zu fühlen. Und wenn ich mich gelegentlich auch innerlich dagegen auflehnte, daß Leute, die ich als tief unter mir stehend zu erkennen glaubte, mich ohneweiters als ihresgleichen betrachteten, – viel öfter zweifelte ich, ob ich denn zu solchen hochmütigen Stimmungen im Grunde berechtigt sei. Die immer wiederkehrende Klage meines Tagebuchs über eine mich verzehrende Langeweile vermag ich rückschauend kaum anders zu deuten denn als einen mißverständlichen Ausdruck für das tiefe Unbehagen, das ebensowohl aus meiner Unsicherheit über den von mir einzuschlagenden Weg als aus meinem schlechten Gewissen kam. Denn auf welches Gebiet ich nun hingewiesen sein mochte, – daß ich meine Zeit klüger und nutzbringender anwenden könnte, daß sowohl das Studium, dem ich nun einmal verschrieben war, als die Liebhaberei, die mich immer wieder lockte, mehr Ernst und Sammlung forderte, als ich zu geben hatte, – diese Erkenntnis war ununterbrochen in mir rege, und vielleicht –

eine häufige und bedenkliche Begleiterscheinung der Selbstbeobachtung – ließ ich mir manchmal allzusehr an dieser Erkenntnis genügen.

Meine innere und äußere Einstellung nicht so sehr zur Medizin als zum medizinischen Studium brachte es mit sich, daß es zu einem regeren Verkehr mit Studienkollegen nicht kommen sollte; die wenigen, mit denen ich mich anfangs angefreundet, und gerade die fleißigeren unter ihnen, rückten einfach dadurch bald von mir ab, daß ich immer wieder für Stunden, Tage, Wochen aus ihrem Gesichtskreis entschwand; bei einigen fügte es sich, daß wir auf einem andern, neutralen Boden, in einer uns gemäßeren Atmosphäre uns wiederbegegneten. Der neutrale Boden war meist irgendein Kaffeehaus, damals das »Central«, wo ich gar viele Stunden mit Zeitungslektüre, Billard, Domino, seltener mit Schachspiel, bei dem oft ein graubärtiger polnischer Jude namens Tambour meinen Partner machte, hinzubringen pflegte, – die gemäßere Atmosphäre, in der mir leichter und wohler war, war die künstlerische oder was ich mir eben darunter vorstellte, – besonders, wenn ein etwas zigeunerlicher Hauch sie durchwehte. So bildeten sich um mich Menschenkreise der verschiedensten Art, flossen ineinander, zerflossen wieder; Freunde aus der Gymnasialzeit, neue Kollegen, Zufallsbekannte, Wahlgenossen schlossen sich mir für kürzere oder längere Frist an, und unter ihnen will ich, zugleich von ihm Abschied nehmend, denjenigen zuerst nennen, der in demselben Herbst, an dem ich die Universität bezog, nach mißglückten Versuchen zur Erwerbung des Freiwilligenrechtes, zur Erfüllung seiner Dienstpflicht auf drei Jahre zum Militär, vorerst nach Olmütz, einrücken mußte, – Adolf Weizmann. Unser Verkehr vollzog sich von dieser Zeit an beinahe ausschließlich auf schriftlichem Wege. Adolfs Briefe, besonders in den ersten Jahren, enthalten fast nichts als Klagen über sein Los und – wenn ich nicht pünktlich genug seine gelegentlichen, nicht immer bequemen Aufträge besorgte, wie zum Beispiel geringfügige Außenstände für ihn einzutreiben, Geld für ein aus dem Dienstzimmer gestohlenes Gewehr aufzubringen, für das er ersatzpflichtig war, Bücher und Zeitschriften an ihn zu senden – auch Anschuldigungen gegen mich wegen meiner Nachlässigkeit und Gleichgültigkeit, die zum Teil nicht ganz unverdient sein mochten. Wenn er zu kurzem

Urlaub nach Wien kam, vertrugen wir uns immer wieder ganz gut. Ziemlich schnell, dank seiner Findigkeit und Gewandtheit, rückte er zum Rechnungsfeldwebel vor, kam in größere und kleinere Garnisonsorte des eben okkupierten bosnisch-herzegowinischen Gebiets, reüssierte über die Maßen bei Weibern jeder Art und schien sich endlich, wenn die Äußerungen seiner Unzufriedenheiten auch nie verstummten, in seiner militärischen Existenz gar nicht übel zu behagen. Gelegentlich dachte er sogar daran, Soldat zu bleiben; zog es aber doch vor, nachdem er aus dienstlichen Gründen etwa ein Jahr über die normale Frist festgehalten, die Uniform wieder hatte ablegen dürfen, als Fellhändler, hauptsächlich auf Geschäftsreisen, sein Glück zu versuchen, das sich in vielfachem Sinne wechselnd erwies. Sooft er für kürzere oder längere Zeit sich in Wien aufhielt, suchte er mich auf, und unsere Jugendfreundschaft, innerlich längst abgetan, was er natürlich auch empfand, ohne es sich eingestehen zu wollen, dauerte äußerlich noch weiter, wenngleich mir die nun auch von der Berufsseite her geforderte Lautheit seiner Manieren immer weniger behagen wollte. Seine Unersättlichkeit, ebenso wie seine Wahllosigkeit im Verkehr mit dem weiblichen Geschlecht nahm immer zu, wohl auch, weil er sich nach gewissen Erfahrungen seiner Soldatenlaufbahn für gefeit halten mochte; doch endlich ereilte ihn sein Schicksal in den Armen eines Hotelstubenmädchens, wovon er mir, als ich ihn einmal auf seinen Wunsch hin von der Bahn abholte, verzweifelt Mitteilung machte. Im Laufe der nächsten Jahre saß er zweimal wegen Notzucht oder Schändung im Gefängnis, ließ es sich aber dort, soweit ich seinen Erzählungen Glauben schenken darf, gar nicht so übel ergehen. Er war meistens als Schreiber in der Gefängniskanzlei beschäftigt und genoß dadurch eine gewisse Freiheit, die er zur Anknüpfung zärtlicher Beziehungen mit der Frau des Kerkermeisters und weiblichen Häftlingen zu benützen wußte. Im Frühjahr 1896 trat er eines Tages mit den offenbaren Zeichen einer beginnenden Paralyse in mein Zimmer. Er zeigte mir seine leidlich mit Banknoten gefüllte Brieftasche, hielt sich in diesem mäßigen Besitze für sehr reich und teilte mir eine Stunde später telefonisch mit, daß er zu der heute stattfindenden Vorstellung der »Liebelei« einen Sitz für drei Gulden fünfzig erstanden, was ihm eine bemerkenswerte Leistung zu sein dünkte.

Am Tage drauf nahm ihn mein Bruder zur Behebung eines, gleichfalls von einem verflossenen Liebesabenteuer herrührenden Leidens auf seine chirurgische Spitalsabteilung auf, und ohne daß ich den Jugendfreund wiedergesehen hätte, ein halbes Jahr später, starb er im Irrenhaus.

Auch damals schon viel näher als Adolf Weizmann und eine Zeitlang herzensnäher als alle meine übrigen Bekannten, stand mir Eugen Deimel, der gleichfalls in den letzten Jahren des Gymnasiums, wenn auch nicht bis zum Abschluß, mein Kollege gewesen war. Denn auch ihm, wie Wechsel und Weizmann, war es nicht beschieden, bis zur Matura durchzudringen. Sein Vater, aus Triestiner Familie, Finanzrat in Pension und verwitwet, lebte mit drei oder vier Söhnen und einer Tochter in Wien in sehr beschränkten Verhältnissen. Eugens Geschwister habe ich nicht gekannt, wie ich mich überhaupt nicht erinnere, je sein Haus betreten zu haben. Doch schwebt mir die hohe Gestalt des Vaters noch vor Augen, wie von Schwermut umwittert, was vielleicht darin seine Ursache hatte, daß mir Eugen einmal des alternden Mannes Jugendtagebuch mitbrachte, in dem mit verräterischen, in der Zahl wechselnden Punkten, allerlei Liebesabenteuer verzeichnet standen und das italienische Wort Melanconia refrainartig wiederkehrte. Eugen selbst war ein blonder, hochaufgeschossener Junge, gutmütig, leichtfertig und stets zu Späßen, nicht immer von der feinsten Sorte, aufgelegt, der sich lieber im Kaffee- und Wirtshaus als daheim und in der Schule aufhielt, sentimental bis zur Weltschmerzlichkeit, eine geborene Bummelantennatur, aber nicht ganz ohne bürgerliche Tendenzen, ein Nichtstuer mit ausgesprochen künstlerischen Bestrebungen, und bei allem Leichtsinn und Müßiggang ein durch und durch ehrlicher, innerlich anständiger, ja nobler Charakter. Das Theater war es, das ihn vor allem anzog. Poet, Schauspieler und Habitué waren, zumindest der Idee nach, in ihm vereinigt. Da es ihm zu letzterem an ausreichenden Mitteln fehlte, verschaffte er sich den Eintritt häufig dadurch, daß er Claqueurdienste verrichtete, und ohne sonderliche Beschämung gestehe ich ein, daß auch ich als Gymnasiast ein oder zwei Mal in seiner Gesellschaft mit einem vom Claqueurchef überwiesenen Billet auf der Galerie des Ringtheaters gesessen bin, mit der hiedurch übernommenen Verpflichtung, dem großen italienischen Mimen Rossi

Beifall zu klatschen, womit ich am Ende meiner Überzeugung kein Opfer zu bringen genötigt war. Seinem schauspielerischen Ehrgeiz frönte Eugen zuerst am Matzleinsdorfer, dem einstigen Fürstlich Sulkowsky'schen Privattheater; Bühne und Zuschauerraum waren dort in so zierlichen Dimensionen gehalten, daß mir in der Erinnerung ist, als hätte ich von der Ersten-Stock-Loge im Proszenium mit dem Arm zum Souffleurkasten hinunterreichen können. Noch als Gymnasiast hatte ich das Vergnügen, meinen Freund, der der Schule zwar noch nicht entwachsen, aber ihr entlaufen war, in zwei Rollen zu bewundern: als Diener in der »Kameliendame« und als Irrenarzt in »Marie-Anne, ein Weib aus dem Volke«. Waren diese Rollen auch nicht eben bedeutend, so boten sie immerhin den Vorteil, daß der Darsteller nicht verpflichtet war, dem Direktor eine Gage zu zahlen, während Hauptpartien einer Taxe von fünf bis zehn Gulden unterlagen. Ich weiß nicht mehr, ob Eugen sich auch nur ein einziges Mal diesen Luxus zu gestatten vermochte; – sicher ist nur, daß er in dem Augenblick, da Direktor Niclas erklärte, von jedem seiner Mitglieder einen regulären Monatsbeitrag von fünf Gulden einziehen zu müssen, sich gezwungen sah, seine Carriere bis auf weiteres zu unterbrechen. Ich aber hatte indes wenigstens Gelegenheit gehabt, einen Blick in das Theaterleben, ja gewissermaßen hinter die Kulissen zu tun. Zum mindesten gedenke ich noch der fröhlichen Vormittagsstunden in einem kleinen Beisel gegenüber dem Matzleinsdorfer Theater, wo ich das Gabelfrühstück in Gesellschaft einiger Bühnenkünstler einnahm, unter denen sich Richard Schulz, der Bonvivant, durch besonders heitere Allüren, sowie durch Verzehren unzähliger Schnitten Servaladiwurst und die jugendliche Liebhaberin, Fräulein Schubert, durch schwarzlockige Anmut hervortaten. Und es war mir sogar vergönnt, an einem wunderschönen Sommertag mit dieser schwarzäugigen und dunkellockigen, wirklichen Schauspielerin in den schattigen Alleen des Schwarzenberggartens auf und ab zu wandeln, ohne daß diesem platonischen Stelldichein je ein zweites gefolgt wäre, ja ohne daß ich das reizende Wesen je wiedergesehen oder auch nur von ihr gehört hätte. Meinem Freund Eugen aber gelang es bald, sich zu einer, wenn auch nicht viel ehrenvolleren, doch etwas einträglicheren Bühnenstellung aufzuschwingen, indem er am Wiener Stadttheater als Statist gegen die Besoldung von einem halben oder gar einem ganzen Gulden pro Abend auftreten durfte. Von all diesen Abenden ist mir nur einer im Gedächtnis verblieben, an dem Eugen, als eleganter Ballgast in einem höchst fragwürdigen Frack ganz vorn an der Rampe stehend, einen Champagnerkelch in der Hand, dem Festgeber mit bemerkenswerter Ungezwungenheit, irgend etwas Unverständliches murmelnd, zutrank und mit ihm anstieß, – während ich im Parkett an der Seite meines Vaters davor zitterte, daß dieser in dem lumpigen Komparsen meinen Intimus erkennen möchte, auf den er – wie seit jeher auf die meisten meiner Freunderln – (wie er sie nach wie vor despektierlich nannte) – und nicht ganz ohne Grund übel zu sprechen war. Auch durch die Vorlesung einiger Akte aus einem selbstverfaßten Drama »Zenobia«, auf das er eine Zeitlang seine Zukunftshoffnungen baute, an unserem Familientisch vermochte sich Eugen bei den Meinen nicht in höheren Respekt zu setzen; hingegen ging seine Schätzung meines Talents so weit, daß er sich dazu vermochte, mein Mönchsdrama zum großen Teil in (eine noch vorhandene) Reinschrift zu übertragen. Im Herbst 1880 übersiedelte er nach München, wo sich ihm anfangs bessere Aussichten zu eröffnen schienen; er wurde Mitarbeiter des »Freien Landesboten«, eines Blattes, das, kurz vorher noch unter der Leitung des klerikalen Landtagsabgeordneten Sigl, sich unter dem neuen Chef, Bösl, zu einer liberalen Richtung bekannte. Die paar Freunde, die Eugen zu einer Veränderung des Schauplatzes ermutigt hatten, insbesondere ein dicker Baron Flotow und ein blonder Arzt, Doktor Billinger (mit denen wir schon in Wien, wo sie zu Vergnügungs- und Studienzwecken weilten, einige Nächte durchschwärmt hatten, besonders in dem berüchtigten Café »Laferl«, wo einmal eine Gesellschaft von musikalischen Clowns unsere Tischgesellschaft bildete), ließen ihn nicht gänzlich im Stich und führten ihn in ihre Kreise ein. Er verkehrte mit Malern und Dichtern, meist solchen, denen der Erfolg so wenig lächeln wollte als ihm; aus Eugens Briefen tritt die Gestalt eines Dichter-Malers, namens Adolf Paul, am lebendigsten hervor und dessen pessimistisch veränderter Goethe-Spruch: »Ein jeder Mensch, er sei auch, wer er mag, erlebt sein erstes Glück an seinem letzten Tag«, zitierte er immer wieder wie sich selbst zum Troste. Indes hatte er auch ein neues Drama vollendet, »Bar Kochba«, auf dessen Annahme am Hoftheater man ihm Hoffnungen machte, die so wenig in Erfüllung gehen sollten wie seine früheren. Von mir wünschte er schmeichelhafterweise Beiträge für sein Blatt. Und so las ich mich endlich zum allerersten Male gedruckt im »Freien Landesboten« mit einer Art von philosophischem Dialog über – richtiger gegen – den Patriotismus; und – mit dem »Liebeslied an eine Ballerine«, einem mäßigen Spaß, den ich einsichtig genug nur mit meinen Initialen zeichnete. Das Honorar, mein allererstes und auf lange Zeit hinaus auch mein allerletztes, im Betrage von zehn Mark, bat Eugen, dem es auch in München von Tag zu Tag schlechter ging, für sich verwenden zu dürfen, was ich ihm begreiflicherweise nicht abschlug. Im Sommer kehrte er nach Wien zurück, enttäuscht, melancholisch und überdies durch den Tod seines dritten Bruders, der kürzlich, wie schon zwei in früheren Jahren, an Schwindsucht gestorben war, hypochondrisch geworden, was ihn freilich nicht abhielt, vielleicht sogar dazu verleitete, bei geselligen Gelegenheiten des Guten und Schlimmen im Trinken und insipiden Späßen zuviel zu tun. So begegnete es ihm einmal, daß er nach einem Schützenfest im Prater, das wir gemeinschaftlich mit anderen Kumpanen besucht hatten, unter der Reichsbrücke sein Nachtlager aufschlug, um am andern Morgen mit einem aufs Doppelte angeschwollenen Schädel zu erwachen und zu bemerken, daß ihm als Kopfpolster ein Ameisenhaufen gedient hatte. Eine platonisch-sentimentale Herzensaffaire, von der später, als mit der meinigen im Zusammenhang, die Rede sein wird, wirkte auf seine Stimmung übel ein; seine materiellen Verhältnisse wurden immer desolater, eine Sammlung, die ihm die Mittel zur Auswanderung nach Amerika bieten sollte, ergab ein klägliches Resultat, nicht ganz unbegreiflich, da gerade seine besten Freunde über nichts weiter als über ihr geringes Taschengeld zu verfügen hatten. An einem Wintermorgen wollte ich ihn in dem Gasthof dritten Ranges besuchen, wo er Quartier genommen hatte; ohne besondere Freundlichkeit wurde mir vom Portier die Auskunft zuteil, daß der Gesuchte vor wenigen Tagen ohne vorherige Bezahlung der Rechnung durchgebrannt sei. Nur die Plötzlichkeit seines Verschwindens überraschte, die Tatsache nicht. Bald kamen Grüße von ihm an seine Wiener Freunde, und nach Kreuz- und Querfahrten in Deutschland, deren Zweck nicht ganz ersichtlich wurde, schiffte er sich endlich in Antwerpen nach Amerika ein.

Spärliche, doch immer herzlich gehaltene Briefe, die mit monate- und jahrelangen Unterbrechungen an mich gelangten, erzählten sehr beiläufig von seinen trübseligen Bemühungen, sich drüben eine Existenz zu gründen. Als Küchenjunge, Wiederverkäufer, Fabriksarbeiter, Geschirrabspüler, Hausierer, Bäcker, Koch versuchte er sein Glück, bis es ihm endlich gelang, zusammen mit einer bayrischen Brauerstochter, die er als Köchin am gleichen Hotelherd kennengelernt, sich einen eigenen zu gründen und als Delikatessenhändler ein anständiges, aber niemals sehr glänzendes Auskommen zu finden. Unsere Korrespondenz, freilich mit beträchtlichen Pausen, ging immer weiter, um sich bei besonderen Anlässen, wie es Familienereignisse (in seinem mit drei Töchtern gesegneten Hause ging es nicht ohne Romane ab) und Aufführungen meiner Stücke in Amerika waren, zeitweise lebhafter zu gestalten. Auch während des Krieges hatten wir einander noch manches zu sagen, bis im Winter 1916/17 die Verbindung zwischen Österreich und den Vereinigten Staaten abriß und damit unser Briefwechsel einen hoffentlich nur vorläufigen Abschluß fand. Heute noch, mehr als fünfunddreißig Jahre, nachdem ich Eugen Deimel zum letztenmal gesehen und gesprochen, habe ich sein Wesen, sein Gehaben, ja seine Stimme so treu in mir bewahrt, als wären wir gestern voneinander geschieden.

Daß ich Eugen auch in meine Herzensangelegenheit eingeweiht hatte, versteht sich für jene jugendliche Epoche, in der man meist noch den Drang fühlt, sich einem Freundesbusen anzuvertrauen, von selbst. Und bald hatte ich auch Gelegenheit gefunden, ihn mit meiner Angebeteten bekannt zu machen, sowie im Hause ihrer Eltern einzuführen, wo auch ich seit Beginn meines ersten Universitätsjahres aus und ein ging. Öfter sah ich Fännchen aber nach wie vor an anderen Orten. Die häufigsten Zusammenkünfte hatten wir in den neuen Anlagen am Donaukanal, dem eben neuangelegten Quaipark, der im Volksmund wegen seines damals noch nicht sehr üppigen Baumwuchses der »Beserl«-Park hieß, was uns übrigens nicht sonderlich kümmerte, da wir uns meist in den dunkeln Abendstunden trafen, nach den Klavierlektionen, die Fännchen in befreundeten Familien erteilte. Sobald der

Frühling wiederkam, traten Rathauspark und Volksgarten in ihre alten Rechte, und einmal war sogar das kleine Gärtchen des Offiziersspitals, in das wir uns fast zufällig verirrt hatten, die Stätte unserer nach wie vor ziemlich harmlosen Zärtlichkeiten.

Fännchens intimste Freundin war zu jener Zeit das junge Mädchen, dessen ich früher beiläufig als des verdrossenen Erwähnung tat, Ida König, viel weniger hübsch, aber klüger als Fännchen. Zu dem Los der Vertrauten, sich in die Liebhaber der Freundin zu verlieben, war sie gewissermaßen vorbestimmt und gab mir ihre Gefühle öfters in der ihr eigenen spaßhaft-mürrischen Weise zu erkennen. Als Eugen in unseren Kreis trat, entspann sich zwischen ihm und Ida eine kindlich-düster-leidenschaftliche Beziehung, die sofort abbrach, als er nach München abreiste. Sie schrieb ihm einen Abschiedsbrief, der ihn bitter kränkte und ihn zu der brieflichen Mahnung an mich veranlaßte, ich möchte meine Fanny so wenig als möglich mit einem Wesen verkehren lassen, dessen Herzlosigkeit er so tief erkannt hatte.

Stärker hingezogen als zu Ida fühlte ich mich zu einer um vier Jahre älteren Cousine Fännchens, Fanny Mütter, einem anmutigen, wahrhaft liebenswürdigen Geschöpf, das sich zur Sängerin ausbildete, mit einem echten Freundschaftstalent begabt, wie es, wenigstens in so frühen Lebensjahren, wohl nur bei Frauen ohne eigentliche erotische Anlage vorzukommen pflegt. Sie war es, die bei den nicht seltenen Mißverständnissen und Eifersüchteleien zwischen Fännchen und mir die sanfte Vermittlerin und sogar die gefällige Liebesbotin abgab, wobei es nicht fehlen konnte, daß sie selbst manchmal für Fännchen ein Gegenstand der Eifersucht wurde. Nicht ganz ohne Grund. Zwar war sie, und nicht nur mir gegenüber, fast ohne jede Koketterie, doch fand ich in ihr das erste weibliche Wesen, das mir ein tieferes, gewissermaßen ahnungsvolles Verständnis entgegenbrachte; sie glaubte an meine poetische Begabung, wenn ich selbst zum Zweifel sehr geneigt war, schalt mich wohl auch freundlich ob der allzu klar zutage liegenden Eigenheiten und Unarten, die meine innere Weiterbildung störten und aufhielten; sie nahm meine Partei gegenüber mißgünstigen und gestrengen Beurteilern, später auch meinem Vater gegenüber, der immer dabei blieb, daß er dichterisch weit höher veranlagt gewesen wäre als ich, und

daß aus mir nie was Rechtes werden würde. Von ihr schied ich
fast jedesmal gestärkten und erhobenen Gemütes, auch ein
wenig verliebt, und gestand ihr beides in sentimental-affek-
tierten Briefen »An eine Unbekannte«, die ich geschmackvoll
genug war, niemals an sie abzusenden. Ihre erste Neigung
gehörte einem häßlichen, brustkranken Klaviervirtuosen, der
in jungen Jahren starb; später war sie halb und halb verlobt
mit einem unbedeutenden jungen Arzt, der sie um einer
besseren Heirat willen verließ. Bei der Bühne blieb sie nur
kurze Zeit. Ihre Stimme war wohl hübsch, ihre Gesangskunst
bei der berühmten Marchesi trefflich ausgebildet worden,
man sprach ihr auch ein nettes Spieltalent zu, aber ihr völliger
Mangel an innerer und äußerer Leidenschaftlichkeit, sowie
eine gewisse Neigung zu körperlicher Bequemlichkeit, vielleicht auch ihre untrübbare seelische Reinheit war die Schuld
daran, daß sie eine künstlerische Laufbahn abbrach, auf der
ihr keine Lorbeeren blühten, und daß sie sich dem Gesangs-
unterricht widmete, wo ihre Musikalität, ihre Geduld und ihre
pädagogische Veranlagung ein ersprießlicheres Feld fanden.
Wir werden ihrem wahrhaft gütigen und durchaus unproble-
matischen Wesen im Laufe dieser Erinnerungen noch manchmal begegnen.

Fanny Mütters Bruder, ein rechter Taugenichts, dessen
gutmütig-pfiffigem Witz es an Maß und Feinheit allzusehr
gebrach, stellte in unserem Bummelkreis ein nicht so sehr
unentbehrliches, als vielmehr stets vorhandenes Element vor,
und ich selbst stand mit ihm in ganz guten Beziehungen bis zu
einem Augenblick, der zugleich eine kleine Krise in meinem
Verhältnis zu Fännchen bedeutete. Diese gestand mir nämlich
eines Tages – ich weiß nicht, warum, ob aus echtem Wahr-
heitsdrang, ob aus einem halb unbewußten Rachebedürfnis
gegenüber meiner von ihr vermuteten oder vorhergeahnten
Neigung zur Untreue, vielleicht auch aus jenem seelischen
Exhibitionismus, der nicht selten ein Motiv verspäteter
Schuldgeständnisse vorstellt, – daß ihr Vetter zu einer Zeit, da
er ein dreizehnjähriger Bub und sie ein zehnjähriges Mädel
gewesen, sich einmal in einer von ihr damals selbst nicht ganz
begriffenen Weise gegen sie vergangen hätte. Ich nahm die
Sache furchtbar schwer, schrieb am 27. Mai 1882 die schwarz-
umränderten Worte in mein Tagebuch: »Heute erfuhr ich das
tiefste Leid meines Lebens«, und gab dem Verführer ohne

jede Angabe von Gründen in einem trockenen Brief zu wissen, daß ich mich zu meinem Bedauern genötigt sehe, den Verkehr mit ihm ein für allemal abzubrechen. Er erwiderte mir, vielleicht ganz ehrlich, daß er sich meinem Entschluß, so unbegreiflich es ihm auch sei, selbstverständlich füge. Ob von diesem lächerlichen Briefwechsel später jemals zwischen uns die Rede war, ist mir nicht erinnerlich; jedenfalls stellte sich unser Verkehr, der immer des intimeren Charakters entbehrt hatte, da wir ja beide weiter dem gleichen Kreise angehörten, sozusagen automatisch in der nächsten Zeit wieder her. Nicht auf lange, denn die leichtsinnigen Streiche des jungen Mannes spielten bald auf das kriminelle Gebiet über. Wegen einer Wechselfälschung in Gefahr sofortiger Verhaftung, flüchtete er nach Amerika, und so konnte ich mich endlich neben anderen dubiosen Exemplaren meiner Galerie auch eines steckbrieflich verfolgten Freundes rühmen. Erst nach vielen Jahren durfte er in die Heimat wiederkehren, im Wesen nicht erheblich verändert, doch in äußerlich geordneten Verhältnissen. Sein gutmütig-großschnauziges, humoristisch-aufschneiderisches Wesen hatte ihm zu einer Stellung und zu einer Frau verholfen, und als umherreisender, später in Berlin ansässiger Vertreter einer überseeischen Pianolafabrik ist er, kaum fünfzig Jahre alt, gestorben.

Auch in meiner Beziehung zu Fännchen hatte sich durch jenes – bis dahin – tiefste Leid meines Lebens für die Dauer nichts geändert, nur daß ich sie für ihr Geständnis durch wiederholte Vorwürfe und immer erneute Quälereien in nicht sehr edler Weise büßen ließ. An Mißhelligkeiten, wie an wirklichen und eingebildeten Gründen dazu, hatte es schon vorher in unserer Beziehung keineswegs gemangelt. Ihre Eltern waren, wie leicht zu begreifen, mit unserem Liebeshandel in all seiner Unschuld nichts weniger als einverstanden, und schon wenige Monate, nachdem ich Einlaß in ihr Haus erhalten, wurde es mir auf Betreiben von Fännchens älterem Bruder Rudolf, einem meist übelgelaunten, unbedeutenden Jungen, der einmal gesehen hatte, daß wir uns küßten und diesen »Vorfall«, wie er mir in geschäftsmäßigem Ton schrieb, »zu bemerken und seinen Eltern zu erzählen nicht vergaß«, das Haus verboten. Dieses Verbot hielt sich zwar nicht lange aufrecht, so wie auch das Zerwürfnis mit Rudolf (der später Selbstmord verübte) nicht andauerte; aber daß meine Besuche auch weiterhin ungern gesehen wurden, wenngleich man mir äußerlich freundlich entgegenkam, war um so erklärlicher, als man die Tochter mit einem wohlhabenden Verwandten, dem Bankier Jakob Lawner, einem Mann von etwa vierzig Jahren, der gar nicht übel aussah, zu verheiraten wünschte. Sie leistete tapferen Widerstand, ohne daß ich sie dazu besonders ermutigt hätte; viel eher riet ich ihr wiederholt mit altklugen Gründen und wohl in dem Wunsch, mich jeder Verantwortung zu entziehen, sie möge eine so vorteilhaft erscheinende Verbindung nicht von der Hand weisen. Denn wenn ich auch zu fühlen glaubte, daß sie mir »geistig unter den Händen wachse« und es mich angenehm berührte, daß manche Leute in unserer Umgebung eine Ähnlichkeit zwischen uns zu finden glaubten, – ja, wenn ich sogar einmal, gewiß ohne echte Überzeugung, in mein Tagebuch kurz und bündig die Notiz eintrug: »Verlobten uns«, – sie dachte kaum ernstlicher daran, daß aus uns jemals ein Ehepaar werden könnte, als ich selbst, dessen Treue sich auch in jener Zeit, da ich mich doch halb und halb gebunden wähnen sollte und wollte, in manchen mehr oder minder bedenklichen Versuchungen nur schwach bewährte.

Besonders die Tanzgelegenheiten aller Art fingen an, mir gefährlich zu werden. Bei der Crombé, in der Tanzschule der gebildeten Mittelstände, war Fännchen freilich unumschränkte Herrscherin gewesen; in die vorstädtischen Tanzschulen aber, die ich nicht gerade zu Lernzwecken zuweilen aufsuchte, wo mir aber die ersehnten Erfolge nur in sehr bescheidenem Maße blühten, konnte sie mir als Mädchen aus gutem Hause nicht folgen; und auch der Mehrzahl der öffentlichen Bälle, die ich nun zu frequentieren anfing, blieb sie fern. Mein Debüt fand, wie programmgemäß, auf dem Medizinerkränzchen im Grand Hotel statt, verlief jedoch nicht sehr glücklich, da ich, ein mehr leidenschaftlicher als geschickter Tänzer, mit einer meiner Damen, einer langen, gelben Arztenstochter, zu meiner großen Beschämung gegen Schluß des Balles der Länge nach hinfiel. Meine Tanzlust kühlte darum nicht aus, vielmehr blieb es noch manchen Fasching lang mein Ehrgeiz, auf jedem Ball bis zum letzten Geigenstrich und bis zum Verlöschen der Lichter durch den Saal zu rasen, schon darum, weil die Schlußschnellpolka meinem temperamentvollen Dilettantismus mehr zusagte als der Sechsschritt, in dem ich es nie zur Vollendung brachte. Schon auf einem meiner ersten Bälle, zu Anfang des Jahres 80, hatte ich eine üppige, rotbäckige Blondine, Wirtstochter aus Purkersdorf, kennengelernt. Wir trafen nachher ein paarmal an Winter- und Frühlingsabenden im Weghuberpark, im Jahre darauf wieder auf Bällen zusammen, und ohne Zweifel war nur unsere, vielleicht auch nur meine Unerfahrenheit schuld daran, wenn unsere Zärtlichkeit, die schon in der ersten Tanznacht recht weit gediehen war, sich auch weiterhin innerhalb recht unschuldiger, wenn auch nicht ungefährlicher Grenzen hielt und endlich erlosch, ohne zur rechten Flamme ausgeschlagen zu haben. Viele Jahre später erst sah ich sie zum letztenmal in dem ländlichen Wirtsgarten ihrer Eltern wieder, wo ich auf einem Ausflug in Gesellschaft meines Bruders und eines Bekannten einkehrte. Sie bediente die Gäste, stellte auch uns das Bier auf den Tisch, und als ich sie fragte, ob sie sich meiner erinnere, nickte sie, nannte kühl meinen Namen und wandte sich unbewegt anderen Gästen zu.

Noch weniger heroisch war die Rolle, die mir kurz darauf bei einem anderen Abenteuer zugewiesen war, dessen Einzelheiten sich mir trotzdem lebhafter als die manches glücklicheren eingeprägt haben. Seit einiger Zeit zählte ein aus Czernowitz gebürtiger Studiosus juris zu meinen näheren Bekannten, der mir wahrscheinlich dadurch interessant geworden war, daß er Schauspieler werden wollte, Gedichte schrieb und ein Jugenddrama, betitel »Zwei Welten«, in sich herumwälzte oder schon vollendet hatte. An einem Novemberabend des Jahres 1881, auf einer unserer Promenaden durch Vorstadtstraßen in der Neubau- und Josefstädtergegend, fügte es sich, daß wir uns nach etlichen wohlaufgenommenen Einleitungsworten zwei jungen weiblichen Geschöpfen als Begleiter anschlossen, für die die Bezeichnung »süßes Mädel« zwar damals noch nicht existierte, die aber – wenigstens die eine von ihnen – mit einem gewissen Recht Anspruch erheben durfte, nicht nur ein süßes, sondern sogar, wenn es auch viele hunderttausend vor ihr gegeben hat – das *erste* süße Mädel genannt zu werden. Und ich muß es geahnt haben, daß dieses Wesen, wenn auch nicht als individuelle Erscheinung, gewissermaßen als »Idee« für meine dichterische Entwicklung bedeutungsvoll werden sollte; sonst wäre es nicht zu verstehen, daß ich noch am gleichen Abend, sofort nach unserem harmlosen Spaziergang zu viert, mich mit einer Ausführlichkeit in meinem Tagebuch über sie ausließ, die sonst meine Art nicht war. Sie war Choristin an einer Bühne, die ich mehr aus Gründen der Belletristik, als aus solchen einer in diesem Fall ganz zweck- und sinnlosen Diskretion, nur mit drei Sternchen zu bezeichnen für richtig fand. Im übrigen schilderte ich sie für mich selbst mit folgenden Worten: »Prototyp einer Wienerin, reizende Gestalt, geschaffen zum Tanzen, ein Mündchen, das mich in seinen Bewegungen an das Fännchens erinnert (welcher Mund, der mir gefiel, hätte das damals nicht getan!), geschaffen zum Küssen – ein Paar glänzende lebhafte Augen. Kleidung von einfachem Geschmack und dem gewissen Grisettentypus – der Gang hin und her wiegend – behend und unbefangen – die Stimme hell – die Sprache in natürlichem Dialekt vibrierend; was sie spricht – nur so, wie sie eben sprechen kann – ja muß, das heißt lebenslustig, mit einem leisen Anklang von Übereiligkeit. ›Man ist nur einmal jung‹, meint sie mit einem halb gleichgültigen Achselzucken. – Da gibts nichts zu versäumen, denkt sie sich ... Das ist Vernunft in die lichten Farben des Südens getaucht. Leichtsinnig mit einem abwehrenden Anflug von Sprödigkeit. Sie erzählt mit Ruhe von ihrem Liebhaber, mit dem sie vor wenigen Wochen gebrochen hat, erzählt lächelnd mit übermütigem Tone, wie sie nun so viele, die leicht mit ihr anzubinden gedenken, zum Narrn halte, was aber durchaus nichts Französisches, Leidenschaftlich-Dämonisches an sich hat, sondern ganz heimlich humoristisch berührt, solange man nicht selber der Narr ist. Dabei dieses merkwürdig Häusliche – wie sie zum Beispiel von ihrem Liebhaber (›besaß er sie?‹ setzte ich naiv-zweifelnd hinzu) tadelnd bemerkt, er hätte zuviel Karten gespielt – und man müsse sparsam sein usw. Die obligaten Geschwister mit den Eltern zu Hause, die tratschenden Nachbarn in den Nebengassen, jeden Moment der erste Ton – und auch eine ganz volkstümliche Melodie. –«

Ein paar Abende darauf spazierten die beiden Paare wieder in herbstlichen Gärten und stillen Gassen hin und her. Wieder erzählte mir Gusti von ihrem Liebhaber, der aber nicht ihr Geliebter gewesen sei und dem sie den Abschied gegeben, weil er sich so viel mit »leichten Mädchen« umhergetrieben; von einem Selbstmordversuch, den sie vorher schon wegen

Tratschereien über sie verübt – allerdings mit Morphium, obwohl sie auch Zyankali zur Verfügung hatte (»so lebensüberdrüssig, daß sie Zyankali nahm, war sie doch nicht«, setzte ich sardonisch hinzu). Und endlich äußerte sie ihre wohlbegründeten Zweifel an der Unberührtheit ihrer Freundin Minna, die ein paar Schritte vor uns an meines Kameraden Seite einherwandelte, im übrigen nicht sonderlich hübsch und mir sehr zuwider war. Man begab sich in ein kleines Gasthaus, wo Leo, von Natur etwas laut, zum Deklamieren geneigt und von fragwürdigen Manieren, das große Wort zu führen begann. Auch als Possenreißer zeichnete er sich aus, ließ es an schlimmen Zoten nicht fehlen und trug endlich einen höchst unzweideutigen Vierzeiler vor – ach, ich habe seinen Wortlaut nie wieder vergessen – der nicht nur, wie selbstverständlich, die unkeusche Minna, sondern zu meiner Betrübnis auch das um so viel reinere Fräulein Gusti nicht nur nicht verletzte, sondern höchlich zu amüsieren schien. Auf dem Nachhauseweg, wo Leo, durch seinen Erfolg berauscht, immer kühnere Töne anschlug, konnte ich mir nicht verhehlen, daß er mich bei meiner anmutigen Choristin vom Theater zu den drei Sternen auszustechen im Begriffe war; und als wir vor ihrem Haustor Abschied nahmen, erklärte sie, daß sie bei unserem nächsten Zusammensein zwischen uns die endgültige Wahl treffen werde. Ich ließ die Galgenfrist literarisch nicht ungenützt verstreichen. Ein Volksstück begann sich in mir aufzubauen mit einem Mädchen von Gustis Art als Hauptfigur; und folgende Schlagworte wurden aufnotiert: »Die verführte Freundin. – Die vorstädtischen Tanzschulen. – Der Ledergalanteriewarenhändler, der ins Haus kommt. – Die schlecht und recht zusammengekittete Häuslichkeit. – Die Vertrauensseligkeit der Eltern.« – »Alles kenn' ich so gut«, schrieb ich dazu. »Bin an allen Orten so heimisch, mit allen Personen so wohlbekannt«; – und doch währte es noch ein Dutzend Jahre, und manches Erlebnis mußte durchlebt und manches Leid erlitten und zugefügt werden, ehe das »Fräul'n am Brunnen«, wie nach der Heldin mein Stück betitelt sein sollte, sich in Christine Weiring und ihre Freundin sich in die Schlager Mizi wandelte.

Nun aber bleibt noch zu berichten, wie das kleine Abenteuer in Wirklichkeit endete. Als Leo und ich Gusti das nächste Mal gegenübertraten, spielte sie so lange die Unschlüssige, bis wir sie aufforderten, durch eine Handbewegung den Jüngling ihrer Wahl zu bezeichnen. »No«, sagte sie endlich, »no meinetwegen der rechts.« Mir als Linksstehendem blieb nichts übrig, als in edler Haltung, die sich bei solchen Gelegenheiten automatisch einstellt, in einer Nebengasse zu verschwinden. Wie sich aber die Liebelei zwischen dem ersten süßen Mädel, das durch eine Ironie des Schicksals nicht das meine wurde (denn das Schicksal liebt es, mit ungeschickten Leuten ironisch umzugehen), und meinem glücklicheren Freund weiterentwickelte, habe ich niemals erfahren oder habe es vielleicht nur vergessen. Eine neuere Psychologenschule würde kaum umhin können, hier die unbewußte Verdrängung einer mir unangenehmen Tatsache zu vermuten; – sollte diese Vermutung sich bewahrheiten, so bedauere ich nur, daß ich nicht verstanden habe, mein Verdrängungstalent im Laufe der Jahre weiter auszubilden. Pepi Mütter, dem ich mein Mißgeschick klagte, erklärte mir wortwitzelnd: »Leo hatte sich freier benommen als du, so hatte er auch als Freier mehr Glück.« Jedenfalls habe ich Gusti nach jenem Entscheidungsabend niemals wiedergesehen, während Leo mir zwar bald für Jahre aus den Augen schwand, mir aber in gewissen Perioden seiner Existenz immer wieder über den Weg lief und nicht ungern für eine Weile sich mir anschloß, so insbesondere zu Beginn der neunziger Jahre, als er ein Drama »Die Athenerin« vollendet hatte, durch dessen erfolgreiche Aufführung am Burgtheater er sich eines kurz dauernden Ruhms erfreuen sollte, den zu tragen seine Schultern sich zu schwach erwiesen. (Bei dieser Gelegenheit und wohl auch später wird von ihm noch die Rede sein.)

Hier aber möchte ich noch einiger anderer Altersgenossen Erwähnung tun, mit denen ich in meinen ersten Universitätsjahren einen lebhaft einsetzenden, aber mehr oder minder rasch verebbenden Verkehr pflog. Starke Hoffnungen knüpfte ich anfangs an die gleichzeitig beginnende Freundschaft mit Heinrich Kahane und Siegmund Schneider. Der eine war Mediziner in meinem Jahrgang, ein geistreicher, doch etwas vertüftelter Kopf, seinem erwählten Studium nicht ohne Ernst zugewandt; der andere ein vielseitig, aber durchaus oberflächlich begabter junger Mensch, der, glaube ich, nicht einmal die Matura bestanden hatte und sich durch eine gewisse trockene, nicht ganz humorlose Lügenhaftigkeit auszeichnete. Da wir alle dichterisch oder wenigstens schriftstellerisch beflissen waren, wurde vor allem ein in rotes Leder gebundenes Heft angeschafft, das von Woche zu Woche zwischen uns zur Aufzeichnung von Aphorismen hin und her wandern sollte. Aber nachdem jeder ein einziges Mal sein Pensum eingetragen (ich plünderte zu diesem Zweck meinen »Aegidius«), war es mit unserer literarischen Gemeinsamkeit höchst vorbedeutungsweise auch schon zu Ende, jeder riß aus dem schönen Heft das ihm gehörige Blatt heraus und aphoristelte auf eigene Faust weiter. Eines Abends sollte sich in irgendeinem Wirtshaus der inneren Stadt, wenn ich nicht irre, auf eine Zeitungsannonce hin, ein »Klub der Idealisten« zusammenfinden, dem wir drei beizutreten gedachten. Wir warteten eine Weile in dem bezeichneten Lokal nicht ohne Ängstlichkeit, ob unsere geringe Barschaft zur Begleichung der kleinen Zeche ausreichen würde, doch kein vierter Idealist erschien, und ich halte es für wahrscheinlich, daß der ganze Klub nur im Kopf unseres Freundes Siegmund vorhanden gewesen war, der sich in solchen Mystifikationen gefiel. Sein schwindelhaftes Wesen kam auch bei anderen Gelegenheiten zum Ausdruck, so zum Beispiel anläßlich jenes schon erwähnten Schützenfestes im Prater, wo er an einem mit fremden Leuten vollbesetzten Tisch einen flammenden Toast auf die Französische Revolution auszubringen für richtig fand, was höchliches Mißfallen erregte. Was er eigentlich studierte, welchen Beruf zu ergreifen er willens war, darüber waren damals weder er selbst noch andere sich im klaren. Er beschäftigte sich mit Medizin und Philosophie, zeichnete, musizierte, schriftstellerte, all dies in gleich dilettantischer Weise, geriet sehr bald, wie nicht anders zu erwarten war, in die Journalistik, und starb im Alter von fünfzig Jahren als Redakteur einer illustrierten Wiener Zeitung.

Geordneter ging Heinrich Kahane seinen vorgesetzten Weg. Er lebt heute als gesuchter praktischer Arzt in einem Vorstadtbezirk Wiens, hat aber seine philosophischen Interessen und Bestrebungen keineswegs aufgegeben. Eine erkenntnistheoretische Arbeit, die zu lesen ich leider bisher veräumt habe, wurde mir von verständigen Beurteilern sehr gerühmt. Unser engeres Verhältnis hatte kaum ein Jahr zu überdauern vermocht.

Von anderen medizinischen Kollegen, mit denen ich in den

ersten Studienjahren in Hör- und Arbeitssälen mehr zu plaudern als zu hören und zu arbeiten pflegte, wäre noch Richard Kohn, der spätere Doktor Kerry zu nennen; der Sohn des Dichters Lorm, Landesmann, endlich der Bruder des Anatomen und spätere berühmte Urolog Otto Zuckerkandl, der mir einmal im Seziersaal lebhaft zuredete, einer Couleur beizutreten (er selbst gehörte einer Landsmannschaft an und war als Schläger gefürchtet) mit der Begründung, daß mir ein Schmiß sehr gut zu Gesichte stehen würde.

Gleichfalls in meinem ersten Studienjahr war es, daß ich eines Morgens im Café Ruthmayr, einem der Lokale, in dem ich mich allzuoft statt in Hörsälen und Laboratorien aufzuhalten pflegte, zufällig mit einem mir von früher her bekannten einundzwanzigjährigen jungen Mann, dem Sohn des Redakteurs Gans v. Ludassy, zusammentraf, der eben von einem längeren Pariser Aufenthalt in seine Vaterstadt zurückgekehrt war, um hier seine Studien zu beenden. Von auffallend blasser, ins gelbliche spielender Gesichtsfarbe, mit dunklem Spitzbart, gekraustem vollem Haupthaar und absichtsvoll glühenden Augen glich er ungefähr dem Bilde, das man sich damals von einem Pariser Bohemien zu machen gewohnt war, und ich vermute, daß er diese Maske nicht ganz unbewußt, vielleicht mehr für sein Wiederauftreten in Wien als für seinen Aufenthalt in Paris zu wählen für gut befunden hatte. Wir gerieten sehr rasch in die lebhafteste Unterhaltung; er erzählte von Paris, vom Quartier Latin, von Freunden, die er dort gewonnen und zurückgelassen, und mir war besonders die Geschichte eines jungen Dichters interessant, der sich nach Ludassys wirkungsvollem Bericht zusammen mit seiner Geliebten durch ein Übermaß sinnlichen Genusses hatte töten wollen, was aber nichts anderes zur Folge gehabt hätte, als daß die Liebenden in Ekel voneinander geschieden waren. An manchem nächsten Vormittag (meist am selben Kaffeehausfenster, an dem ich abends Fännchen zu erwarten pflegte, die zu verabredeter Stunde aus ihrem gerade gegenüberliegenden Wohnhaus trat) fand jene erste Plauderstunde ihre erwünschte Fortsetzung. Ludassy erzählte mir von seinen dramatischen Plänen, unter denen mir ein später unter anderem Titel ausgeführter »Jean qui rit« den stärksten Eindruck machte; und ich für meinen Teil war sehr froh, für meine eigenen, mehr oder minder weit gediehenen Entwürfe in ihm ein verständnisvolles und dankbares Publikum zu finden. Er drückte sich stets in einer höchst gewählten, fast druckreifen Sprache aus, streute gern irgendeine Bemerkung von überraschendem Zynismus ein – zum Beispiel »Mein Vater ist nämlich ein Esel« (er sagte affektierterweise »Ehssel«) und pflegte nach Abschluß eines bedeutungsvollen Satzes seine Augen prüfend, fast drohend, in die seines Partners zu bohren, um plötzlich grundlos und dröhnend aufzulachen. All dies wirkte auf mich anfangs nicht so sehr als Manier wie vielmehr als bizarrer Ausdruck einer eigenartigen Persönlichkeit; und da ein sehr wesentliches Persönlichkeitselement, nämlich die Tendenz zur inneren Weiterentwicklung, sich meist erst viel später aus den Leistungen erkennen läßt, so muß die Überschätzung einer so vielversprechenden und sogar vielseitigen Begabung, als die Ludassy zweifellos auftrat, insbesondere von seiten eines jüngeren, überdies in seiner Eitelkeit geschmeichelten Gleichstrebenden, wie ich es damals war, durchaus begreiflich erscheinen. Wie sehr imponierte es mir, als in dem Jahrbuch »Die Dioscuren« Aphorismen von ihm erschienen, in einem Sonntagsblatt nachgedruckt waren und von einem Kollegen meines Vaters als geistvoll bezeichnet wurden! Bei einer ziemlich lächerlichen Gelegenheit war es mir leider schon kurz nach Beginn unserer Bekanntschaft beschieden, mir sein Mißfallen zuzuziehen. Mit meinen harmlos leichtfertigeren Freunden, zu denen außer Deimel, Pichler, Pepi Mütter noch einige andere, völlig unbeträchtliche Jünglinge zählten, aß ich manchmal in einem kleinen Wirtshaus zu Abend, wobei hie und da auch studentische Kneipsitten ohne innere Berechtigung und mehr zum Spaß nachgeahmt wurden; und einmal, ich weiß nicht, wie es kam, hatte sich auch Ludassy zu einer solchen Zusammenkunft eingefunden. Ich hatte den Einfall, in einem heiteren Toast auf den illustern Gast in scherzhaft übertriebener Weise dessen Eigenschaften, Bestrebungen und Leistungen zu rühmen, sprach von den Rechts- und Philosophiestudien, die er berufsmäßig trieb, von seinen hochfliegenden, poetischen Plänen und endlich von seiner anonymen, bisher geheim gebliebenen Mitarbeiterschaft an dem Witzblatt »Der Floh«, wo er sich allwöchentlich als der philosophische Einsiedler Kniebeiß vom Bisamberg über Politik und Kunst satirisch auszulassen pflegte. Nun hatte es sich kurz vorher ereignet, daß ich ihn nachts im Café Central, vor einem Absynth sitzend, und mit gläsernem Blick in den Spiegel starrend, angetroffen und er mir auf eine Frage oder auch nur auf einen fragenden Blick erwidert hatte: »Ich will sehen, wie ein Kerl aussieht, der eben fünfmal der Liebe gefrönt (er wählte einen gangbareren Ausdruck) und zwei Flaschen Champagner getrunken hat.« – Es ist mir in der Erinnerung nicht sehr wahrscheinlich, daß ich in meinem Toast auch dieser Begegnung Erwähnung getan, aber ich möchte es auch nicht mit Sicherheit in Abrede stellen. Jedenfalls boten ihm meine übrigen Indiskretionen Anlaß genug, mir bei unserem nächsten Zusammentreffen seine Mißbilligung in schärfster Weise auszudrücken. »Sie haben mich ja nackt ausgezogen«, sagte er. »Vor fremden Leuten nackt ausgezogen.« Und er beharrte auf diesem Wort in immer erneuter Wiederholung mit solcher Entschiedenheit, daß all meine Rechtfertigungsversuche, insbesondere die aufrichtige Betonung meiner guten Absichten, dagegen vollkommen zu versagen schienen.

Trotzdem hatte ich schon damals allen Grund, zu vermuten, daß ihn mein Toast eher geschmeichelt als verletzt hatte, und tatsächlich änderte sich bis auf weiteres nichts an der Natur unserer Beziehungen.

Am gleichen Kaffeehaustisch fanden sich zuweilen und bald ganz regelmäßig zwei Freunde Ludassys aus früherer Zeit ein, beide wie er Juristen und literarisch interessiert. Der eine, Gustav Frieberger, war ein hübscher, schlanker, junger Mann mit einer stets belegten Stimme, die zu seinem feinen, etwas geziert melancholischen Wesen vorzüglich paßte. Der andere, Fritz Schik, fiel vor allem dadurch auf, daß er schon damals, ein Zwanzigjähriger, die Marotte hatte, als raunziger Wiener Hofrat, Hypochonder, Menschenfeind oder Sonderling schlechtweg aufzutreten. Er bewohnte – ob schon damals oder etwas später, weiß ich nicht – in einem seinem Vater, einem wohlhabenden Notar, gehörigen Hause ein Stockwerk für sich allein, verließ die Wohnung niemals ohne Überzieher, auch an den heißesten Tagen, vermied es, Türklinken unbehandschuht anzurühren, hatte als Theaterfex seine unverrückbaren, übrigens selten ungerechten Sympathien und Antipathien gegenüber bestimmten Schauspielern, vexierte die Kellner in Gast- und Kaffeehäusern in der ausgesprochenen Absicht, ihnen »die Lebensfreude abzugewöhnen«, und hatte eine spaßhaft-unwirsche, oft paradoxe Art, sich über Gott, Welt und was sich sonst eben traf, auszulassen. Er führte seine Rolle, die beinahe schon seiner Natur war, mit solcher Konsequenz durch, daß man wie an jeder gelungenen runden Leistung daran sein Vergnügen haben konnte. Freilich dürfen Chargen dieser Art nicht allzulange auf der Bühne stehen oder sie gar mit ihrer episodischen Persönlichkeit ganz erfüllen wollen; in welchem Fall es ihnen nicht erspart bleiben wird, wie es auch zuweilen unserem Schik passierte, ermüdend oder gar abgeschmackt zu wirken.

Diese drei, Ludassy, Frieberger und Schik, alle nur um wenige Jahre älter als ich, empfand ich, obwohl sie es in ihrem gegenseitigen Verhältnis keineswegs waren, als eine in sich geschlossene Gruppe, wohl darum, weil sie meinen literarischen Versuchen gegenüber zuerst als eine Art Publikum sich konstituierten und ich von ihnen gemeinsam Anerkennung und Kritik, jedenfalls ernstliche Aufmunterung zu weiterem Schaffen erfuhr. Aber auch diese Beziehungen waren nicht für die Dauer gegründet; sie lockerten sich schon kurz nach ihrem Beginn, doch blieb ein freundlicher Verkehrston immer gewahrt, der freilich, je mehr man sich der Höhe des Lebens näherte, tieferer seelischer Mitschwingung immer mehr entbehrte. Dieses Mißverhältnis zwischen Verkehrston und Inhalt sollte in meiner Beziehung zu Ludassy am deutlichsten zum Ausdruck kommen, hauptsächlich darum, weil er sich durch eine Heirat mit mir entfernt verschwägerte und er meinen späteren Erfolgen, die auf literarischem Gebiet die seinigen übertrafen, nicht mit der wünschenswerten Ruhe zuzusehen imstande war. Wenn er auch als Journalist nicht das hielt, was man nach seinen Anfängen wohl von ihm erwarten durfte, so ist daran gewiß sein nicht so sehr nach einer höheren, als nach einer falschen Richtung gewandtes Streben mit schuld gewesen; und die unliebsamen Wandlungen, die enttäuschter Ehrgeiz in Charakteren hervorzubringen oder wenigstens deutlich zu machen pflegt, habe ich an Beispielen, die mich stärker berührten, so bis ins kleinste beobachten können, daß ich – insbesondere an dieser, für derlei Betrachtungen noch verfrühten Stelle – bei einem für die Geschichte meines Lebens minder bedeutsamen Einzelfall nicht länger verweilen möchte.

Bei den anderen beiden Mitgliedern unserer kleinen Gruppe trat eingebildete oder wirkliche Rivalität zum mindesten nicht so offensichtlich zutage. Frieberger, der mich durch eine Novellette »Der letzte Flittertag« von seinem Talent überzeugt, und der mir nicht nur durch sein Glück bei Frauen, sondern auch dadurch einigen Neid eingeflößt hatte, daß er – damals – einzig seinem dichterischen Beruf leben konnte, sah sich durch eine frühe Heirat mit einer unbemittelten Sängerin zwar bald auf Tagesschriftstellerei angewiesen, doch da er sich ausschließlich im politischen und finanziellen Teil seiner Zeitung zu betätigen hatte, mag es ihm leichter geworden sein, sich seines künstlerischen Ehrgeizes zu entäußern, als manchen seiner journalistischen Kollegen, die für ihre eigenen unerfüllten Träume sich an den erfüllten oder scheinbar erfüllten ihrer Jugendgenossen als Rezensenten schadlos zu halten suchen. Fritz Schik, der gleich zu Beginn unserer Bekanntschaft den Wunsch ausgedrückt hatte, mit mir gemeinschaftlich ein Stück zu schreiben, zog es vor, nach einigen ohnmächtig-bizarren dramatischen Versuchen, von denen mir ein Akt »Adam und Eva« noch in Erinnerung ist, sich auf gelegentliche essayistisch-kritische Tätigkeit zu beschränken. Als zu Ende der achtziger Jahre des vorigen Jahrhunderts die literarischen Neuströmungen vom Norden Deutschlands aus endlich auch auf Wien übergriffen, nahm er in seiner Weise an der Bewegung teil, indem er sich fortschrittlich-konservativ, raunzerisch-enthusiastisch gebärdete, wie es die Laune des Moments, seine persönlichen Sympathien und Antipathien und auch ein wirklich vorhandener Kunstverstand von ihm forderten. Später, durch einen völligen Bruch mit seinem Vater in unsichere, wohl gar bedrängte Verhältnisse geraten, eröffnete sich ihm eine dramaturgische Arbeits- und Plaudergelegenheit an der Seite des Hamburger Schauspieldirektors Baron Berger, der ihn, als er selbst ans Burgtheater berufen wurde, als seinen Berliner dramatischen Konsulenten weiter beschäftigte und besoldete. Noch mancher persönlichen Begegnung mit ihm werde ich zu gedenken haben.

Adolf Weizmann war es, dem ich die Bekanntschaft mit dem um ein paar Jahre älteren Josef Winter verdankte, einem Mediziner von unleugbarer, wenn auch nicht sehr ursprünglicher lyrischer Begabung. Auch diese Begabung empfand ich, und die lyrische gewiß nicht mit Unrecht als eine der meinen überlegene, und da ich mich zu ihm hingezogen und irgendwie innerlich mit ihm verwandt fühlte, berührte es mich sehr, als er einmal, von seinen interessant-wechselnden Seelenstimmungen erzählend, als erkenne er sich eigentlich kein Recht dazu, resigniert bemerkte: »Und doch bin ich kein Genie, sondern nur ein Talent.« Ein paar Jahre später gewann er mit einer »Hymne der Deutschen in Österreich« einen von der Wiener »Deutschen Zeitung« ausgesetzten Tausendguldenpreis. Bald darauf ließ er einen Band Gedichte erscheinen, der viel Erfolg hatte. In Verbindung mit Richard von Kralik gab er »Puppenspiele« heraus. Sein dichterischer Stern schien im Aufgehen, doch nur, um bald wieder zu verlöschen; verspätet, da er als Hofmeister seinen Unterhalt erwerben mußte, machte er sein medizinisches Doktorat, bildete sich als Schüler Billroths zu einem tüchtigen Chirurgen aus, strebte und streberte immer weiter und hätte sich vielleicht, als er durch seine Heirat mit einer zufällig sehr häßlichen, geschiedenen Frau vielfacher Millionär wurde, endlich, zumindest auf dem Gebiete der Lebenskunst, ein Genie dünken dürfen. Er rückte, ein seltener Fall in der Reserve, zum Stabsarzt vor, betätigte sich, wie schon früher, als Organisator einer Stiftung für Krebskranke, in der Kriegszeit unermüdlich erfolgreich und keine materiellen Opfer scheuend in dem seiner Leitung anvertrauten Spital als Arzt, was man ihm, wo immer man die Motive suchen möchte, umso höher anrechnen muß, als er mitten in Arbeit und Überarbeitung an einem Herzleiden zugrunde ging.

Freundschaftlicher, intimer jedenfalls, stand ich in jenen ersten Universitätsjahren mit einem andern dichtenden Mediziner, Fritz Kapper, wenn er mir auch weniger imponierte. Trotzdem er Gedichte, meist in Baumbach'scher Manier, schrieb und eines, »Gott grüß Frau Minne wieder«, sogar in der »Heimat« veröffentlicht war, stellte ich schon damals für mich fest, daß er niemals etwas Bedeutendes hervorbringen würde. Mit ihm zusammen unternahm ich im Jahre 1881 meine erste Ferienreise ohne elterliche Begleitung; und daß sich mein Vater auf dem Bahnhof mit einer so düsteren Miene von mir verabschiedete, als sei ich eben im Begriffe, einen Akt der Pietätlosigkeit zu begehen, vermochte mir das frohe Bewußtsein meines Flüggewerdens nicht zu stören. Am stärksten von unserer elftägigen Reise prägte sich eine Fuß-

Arthur Schnitzler (sitzend) und Fritz Kapper

wanderung von Gastein über das Naßfeld und die Niederen
Tauern nach Mallnitz meiner Erinnerung ein. Daß ich mir bei
den Mahlzeiten meist ein halbes Backhuhn servieren ließ,
wäre mir wohl entfallen, wenn es nicht stets das Mißvergnügen meines sparsameren Genossen erregt hätte, der sich
dadurch genötigt sah, die andere Hälfte für sich zu bestellen
und zu bezahlen. Sonst aber vertrugen wir uns sehr gut. Und
dabei blieb es auch für die Folge, so daß unser Verhältnis
später zeitweise, durch mancherlei Lebensumstände begünstigt, von denen noch zu erzählen sein wird, einen noch
herzlicheren Charakter annahm, als in jenen frühen Jahren.
Wie die meisten meiner einst mit mir nach gleichen Zielen
strebenden Freunden aus jener Epoche hat er früh allen
Dichter- und Unsterblichkeitsträumen entsagt, und es wäre
gegen ihn als wackeren Arzt, trefflichen Familienvater und
leidlich klugen Menschen wenig einzuwenden, wenn er nicht
bei jeder, auch der alltäglichsten Unterhaltung, das Bedürfnis
merken ließe, sein Wesen gleichsam höher zu schrauben, und
sich verpflichtet glaubte, an den gleichgültigsten Einzelfall
Betrachtungen allgemeiner und philosophischer Natur zu
knüpfen, wie es oft die Art von Leuten ist, die sich und andern

gern einbilden möchten, daß sie auf Dinge freiwillig verzichtet haben, die zu erringen ihnen doch von Geburt an versagt gewesen ist.

So manche Anregung ich den meisten der bisher genannten jungen Leute verdankte, so wahlverwandt ich mich manchem von ihnen fühlte, am herzlichsten zugetan war ich einem jungen Mann, von dem ich kaum etwas zu erzählen wüßte, wenn ich nicht in meinem Tagebuch seinen Namen mit dem Zusatz »mir der Liebste von allen« und damit in der Erinnerung meine Sympathie für ihn wiederfände. Er hieß Hermann Löbl, und ich weiß weder, wie er in unseren Kreis gelangt, noch wie er nach wenigen Jahren wieder daraus entschwunden ist. Er gehörte, wenn mir recht ist – denn auch das weiß ich nicht mit Bestimmtheit zu sagen – dem Handelsstande an; und da er einfach, still, taktvoll und überdies ohne alle literarischen Ambitionen war, so blieben unsere Beziehungen gänzlich von den Trübungen frei, wie sie zwischen Menschen niemals fehlen, denen das Leben nicht nur Element, sondern auch Material bedeutet, und die, mehr oder minder bewußt, ihr Dasein nicht nur auf Arbeit und Leistung, sondern auch auf Erfolg und Widerhall gegründet haben. So mag seine Natur gewissermaßen atmosphärisch als eine gesunde, reine, wenn auch nicht übermäßig kräftige Luft auf mich gewirkt haben, in der ich mich von den Ansprüchen meiner sonstigen Umgebung und meinen eigenen erholen durfte. Charakteristischerweise ist mir von allen unseren Begegnungen nur eine zufällige im Gedächtnis geblieben, die sich eines Vormittags auf der Kärntner Straße ereignete, bei der ich das kindliche Bedürfnis empfand, ihm eiligst und überlaut von einem kleinen Abenteuer des Vortags Bericht zu erstatten, und er sich veranlaßt sah, mich mild zu einem leiseren Ton zu ermahnen. Auch seiner Physiognomie entsinne ich mich kaum, wogegen mir die Erscheinung seines jüngeren Bruders, eines gänzlich unbeträchtlichen Herrchens, noch deutlich gegenwärtig ist, und zwar so, wie sie mir einmal auf dem äußeren Burgplatz entgegentrat, als die eines Reisenden mit rotem Baedeker und umgehängtem Operngucker; denn obzwar in Wien zu Hause, hatte Moni (so lautete sein zarter Kosename, mit dem man ihn statt des saftigeren Salomon zu rufen pflegte) beschlossen, seinen achttägigen Bankurlaub als ein vornehmer Fremder mit der gewissenhaften Besichtigung aller Wiener Sehenswürdigkeiten hinzubringen. Ob er zum Zweck konsequenter Durchführung seiner Rolle auch in einen Gasthof übersiedelt war, ist mir unbekannt geblieben.

Von flüchtigen Kaffeehausbekanntschaften gedenke ich als eines sympathischen Billardpartners eines gewissen Herrn Bachmann, der, schon in gesetzteren Jahren, früher in Amerika gelebt hatte und bald wieder dahin zurückkehrte, wo Deimel als Koch mit Bachmann als Kellner im gleichen Hotel in Stellung war.

Einmal, auf dem Heimweg von einem Ball, schloß sich mir ein junger Mann an, der sich in jener literarisch etwas dürftigen oder wenigstens stillen Epoche durch eine Novellette, »Aus dem Tagebuch eines Verbummelten« – sie war unter allerlei Klassik in der damals noch etwas exklusiveren Reclam'schen Universalbibliothek erschienen – bekanntgemacht hatte. Wir plauderten angeregt in einem Café bis zum grauenden Morgen; als der Jüngere und vollkommen Unbekannte hatte ich wieder Anlaß, mich ein wenig ausgezeichnet zu fühlen, aber mit meiner Sympathie für den mir gewissermaßen schon berühmt erscheinenden Dichter war es am nächsten Tag vorbei, als er sich bewogen fand, mir ohne weiteres erklärendes Wort die Verlegerwaschzettel seiner bisher erschienenen Werke zuzusenden. – Gleich darauf forderte er mich schriftlich auf, einem damals florierenden Literaturverein beizutreten, in dem er eine gewisse Rolle spielte. Ich kam der Einladung nicht nach, und unsere Beziehungen waren ein für allemal erledigt. Er selbst verstummte als Dichter bald und beschränkte sich in der Folge auf die Herausgabe von Anthologien und Deklamatorien.

Daß die Stimmung jener Plaudernacht, nicht etwa der Inhalt unserer Unterhaltung, der mir vollkommen entschwunden ist, so lange in mir nachklang, lag gewiß nicht in der Persönlichkeitswirkung jenes jungen Dichters, sondern daran, daß mir dieser doch irgend als ein Bürger jener anderen und höheren Welt erschien, in die ich mir den Eintritt noch zu erkämpfen hatte, wenn er mir nicht gar ein für allemal versagt bleiben sollte. Aus solchen Zweifeln heraus, die niemals ruhten, schrieb ich nach Beendigung meines Mönchsdramas »Aegidius« einen Prolog, der mit den Worten anhebt: »Die letzte Hoffnung knüpf' ich an dies Werk«, was aus dem Munde eines Achtzehnjährigen allerdings etwas verfrüht klingen mag. Zum Schluß aber gelobte ich, falls ich »über meines Lebens Unwert mich nicht getäuscht«, einzutreten »in eine stille Zelle des großen Klosters: die Alltäglichkeit, wo sich die Menschheit leicht zufriednen Geistes so jämmerlich glückselig fühlt«. Und endete den Prolog mit den Worten:

> »... Durchs Gitter
> Seh ich hinab zum zweiten freien Plan,
> Der sich dahinstreckt, sonnenhell und schön,
> Wo sich mit frohem Sinn und Herzen tummelt
> Im nimmermüden Spiel der Phantasie
> Ein neidenswert Geschlecht von ew'gen Kindern.«

Komisch-rührende und etwas affektierte Verse, mit denen ich wohl nicht nur Gerichtstag über mich zu halten, sondern mir zugleich – der häufige, uneingestandene Nebenzweck solcher Gerichtstage – in irgendeiner vagen Weise Absolution zu erteilen gedachte, deren ich eigentlich eher wegen meiner Nachlässigkeit im Studium bedurfte.

Dadurch, daß ich von Anbeginn meine medizinischen Studien nur lässig betrieben hatte, vermochte mein Interesse sich auch dort nicht ernsthaft und dauernd zu befestigen, wo es meinen Anlagen nach, wären sie noch dazu richtig geleitet worden, manchen Anknüpfungspunkt hätte finden sollen und müssen. Meine Stimmungen freilich, um nicht zu sagen meine Weltanschauung, war früh von der Atmosphäre der Räume beeinflußt, in denen der Tageslauf eines Mediziners, auch eines minder fleißigen, sich naturgemäß abrollt. Ehe ich den Seziersaal zum erstenmal betrat, hatte ich noch keinen menschlichen Leichnam gesehen; aber wie alle meine Kollegen erfuhr auch ich, daß der tote menschliche Körper, wo den Betrachter nicht persönliche Beziehungen zu der diesem Körper entflohenen Seele bewegen, und insbesondere, wo er im nüchternen Lernraum einer Schar von Studierenden ausschließlich als Objekt dageboten wird, des düster-unheimlichen Charakters bald verlustig geht, den er für den sentimentalen Laien (und der Laie als solcher ist immer sentimental) dauernd beibehält; ja, wie meine Kollegen war auch ich eher geneigt, die Gleichgültigkeit gegenüber dem nun einmal zur Sache gewordenen Menschenbild – wie zur Schutzwehr gegen jene laienhaft-sentimentalen Regungen – ein wenig zu übertreiben; – wenn ich im Zynismus auch nicht so weit ging wie andere, die sich was darauf zugute taten, ihre gebratenen Kastanien vom Seziertisch, ja von der Leiche weg mit Appetit zu verzehren; ein Zynismus, der am Ende auch aus unbewußt logischen Erwägungen hervorgehen kann. Zu Häupten des Sterbebettes, auch wenn es ein Unbekannter war, der eben verschied, steht der Tod gewissermaßen immer noch als gespenstisch große Erscheinung da; – in der Leichenkammer geht er, seiner Schauer entledigt, als eine Art von pedantischem Magister um, dessen der Baccalaureus glaubt, spotten zu dürfen. Und nur in manchen Momenten, wenn ein Gestorbener in grotesker Gebärde oder unter einem zufälligen Beleuchtungseffekt den Lebendigen äfft, der er einmal gewesen ist, wird auch der Gefaßte, auch der Frivole einer peinlichen oder gar ängstlichen Empfindung sich nicht erwehren können.

Neben dem Seziersaal war das Prosektorium gelegen, und unwillkürlich drängte sich für das Verhältnis jener beiden Räume zueinander als Vergleich das Verhältnis von Kirche zu Sakristei auf, besonders wenn priesterlich-verehrungswürdig der Professor oder einer seiner Gehilfen aus dem abgegrenzten, ihnen zugewiesenen Raum in den allgemein zugänglichen, mitten unter die arbeitenden oder schwätzenden Studenten heraustrat. Unter jenen Gehilfen der weitaus Interessanteste war uns allen Langers Assistent, Emil Zuckerkandl, ein bleicher junger Mann mit dunklem Spitzbart und schwarzen Augen, der in seinem Talar völlig einem jener Anatomen glich, wie sie uns von berühmten Bildern Rembrandts her vertraut sind, und den bei aller zeitlichen und räumlichen Nähe fast legendenhaft die Mär von seiner flotten, trink- und fechtfreudig durchlebten Burschenzeit umschwebte. Auch jetzt noch genoß er des Rufs, sich häufig geraden Wegs aus irgendeinem Nachtlokal oder vielleicht gar aus schönen Frauenarmen an sein ernstes Tagewerk zu begeben, das er dann lehrend und lernend mit ungeheurem Fleiß bis in die spätesten Abendstunden trieb. Statt mich aber an seinem Muster zu bilden oder wenigstens von seinem als glänzend gerühmten Lehrtalent als eifriger Hörer Nutzen zu ziehen, zog ich es vor, mich durch seine mehr von fern, in romanhaftem Verdämmern und oberflächlich gesehene Figur zu einem schwachen Gedicht begeistern zu lassen, das ich »Prosektor« betitelte. Zu gleicher Zeit ungefähr entwarf ich eine matte Phantasie, »Frühlingsnacht im Seziersaal«, die ich niemals vollendet; und rechne ich noch das früher erwähnte Fragment des »Sebaldus« hinzu, so habe ich alles verzeichnet, was ich damals als Poet den wundersam düsteren Eindrücken der Anatomie zu verdanken hatte.

Auch in anderer Weise machte die Atmosphäre des Medizinertums, die mich umgab, ihre Wirkungen auf mich geltend; hypochondrische Regungen meldeten sich, insbesondere als ich die klinischen Hör- und Krankensäle zu besuchen anfing, und das Bewußtwerden solcher Regungen trug wohl mit dazu bei, mich den Lokalitäten, die ihrem Entstehen vor allem förderlich waren, immer wieder, obwohl ich von Zeit zu Zeit ein ehrliches, fachliches Interesse in mir aufflackern fühlte, zu entfremden. War ich auch geneigt, meine wechselnden Hypochondrien als eine »spezifisch drittjährige Erscheinung« aufzufassen, so sah ich doch schon damals mit leiser Angst meinen reiferen Jahren entgegen, zweifelnd, ob mir die Kraft gegönnt sein würde, in einem immer dichter um mich sich ballenden Dunst von Krankheitsmöglichkeiten meine Lebensfreude zu bewahren, was mich aber andererseits nicht hinderte, für mein fünfzigstes Jahr die Abfassung einer »Naturphilosophie« in Aussicht zu nehmen.

Daß mein Vater meinem Treiben und noch mehr meinem Versäumen mit wachsender Mißbilligung zusah, läßt sich denken. Als ich ihm im Dezember meines ersten Universitätsjahres von meiner ersten mit Auszeichnung bestandenen Vorprüfung aus Mineralogie berichtete, und zwar am Eingang des Stadttheaters, das ich am Abend dieses Tags mit ihm besuchen sollte, hatte er hochbeglückt ausgerufen: »Am liebsten möchte ich dir einen Kuß geben«, was mich und meinen Begleiter Jacques Pichler, der noch nicht einmal bei der Matura hielt, mit Rührung erfüllte; – aber von nun an sollte er zu solchen Äußerungen väterlicher Zufriedenheit nur noch selten Gelegenheit erhalten, wenn auch andererseits mancher Vorwurf, den ich von ihm erfuhr, nicht ganz berechtigt war und manche Kränkung, die er von mir erlitt, allzu übertrieben von ihm empfunden wurde. Unmöglich konnte ich, weil ich mit meinen fünf Gulden Wochengeld nicht recht auskam, mich als einen Verschwender betrachten, wie er mich zu nennen pflegte; und wenn er mir mein häufiges spätes Nachhausekommen immer wieder mit den Worten vorhielt, er müsse sich vor dem Hausmeister schämen, so ließ er allzusehr merken, daß er, wie es seine Art war, auch im Pädagogischen gerade auf das äußerlichste Moment, auf das, was die Leute sagten, unverhältnismäßig viel Gewicht legte. Trotzdem vermochte ich, wenn ich mich auch innerlich dagegen wehrte, die Mißstimmung, ja die Sorge eines Mannes zu verstehen, der selbst von unten heraufgekommen, durch eigene Kraft zu Ansehen und Bedeutung in seinem Fach und zu gesellschaftlicher Stellung gelangt, zusehen mußte, wie ein von ihm als nicht unbegabt erkannter und sehr geliebter Sohn auf einem ihm vorgezeichneten und geebneten Wege, statt mit einigem Ernst vorwärtszuschreiten, gleich zu Beginn zu schwanken, abzuirren, ja sich zu verlieren drohte.

Dafür, wie ich in jenen Jahren die Zeit vertrödelte, stehe als ein Beispiel für viele ein Tageslauf angeführt, wie ich ihn gelegentlich aufzuzeichnen liebte.

»13.2.80. Ich stand wie gewöhnlich ziemlich spät auf und konnte vor neun, um welche Zeit meine anatomische Vorlesung begann, nichts Rechtes mehr anfangen. Nachdem ich Langers Vortrag über den Kehlkopf ziemlich aufmerksam angehört, verfügte ich mich ins chemische Laboratorium, wo ich mehr mit Richard Kohn plauderte als arbeitete. Dann nach Hause, wo ich mich eine Viertelstunde mit Zoologie beschäftigte, hierauf am Aegidius weiterschrieb, schließlich meinen Bruder auf dem Klavier zu einer Mozart'schen Sonate begleitete. Nach Tisch spielt' ich mit meiner Mama die Wagner'sche Faustouverture, dann ging ich mit Eugen ins Café Central, wo wir drei Partien Schach spielten (die erste gewann ich, die zweite er, die dritte remis). Als Dillmann dazukam, mußt' ich schon weg und begab mich in die Maria-Theresien-Straße, auf den gewohnten Ort des Stelldicheins. Sie kam, wir begaben uns in den Quaipark, der Frühling kündigte sich durch gar erfreuliches Gequatsche an, und wir beide waren sehr gut aufgelegt. Sie hing sich in meinen Arm, und es ward immer dunkler, während wir das heitere Gespräch recht oft durch zärtliche Küsse auf süße Weise unterbrachen. Dann sprach ich, nachdem ich Kohn getroffen, Jacques, auch noch Eugen. – Nach Hause gekommen, las ich Max Waldau ›Nach der Natur‹, phantasierte auf dem Piano und spielte mit meinem Bruder, den ich vergebens zu magnetisieren versuchte, Halb-Zwölf und Schach.«

Manchmal führte ich mein Tagebuch in sentimental-hu-

moristischen, reimlosen Jamben. Und so schrieb ich am 27.
Juni 80 die folgenden Zeilen nieder:

»Mich sieht, obwohl ich noch an Jahren jung,
Mit blasser Miene dieses Leben an.
Ich weiß nicht recht, was mich erfreuen soll,
Was kommen kann, ins unzufriedne Herz
Den Jubel eines schönern Seins zu gießen.
Um selber nicht in Langweil' zu vergehn
Will ich in Versen, was bis heut' sich zutrug,
(Es ist so kühl und so gewöhnlich) – will
Das schale Zeug erzählen, um es los
Zu werden. Abends ging ich in den Garten,
Wo sich das Volk vernügt, und was noch häuf'ger –
Wo es sich nicht vergnügt. Ein junges Mädchen,
Ihr Nam' ist Fanny, saß auf einem Sessel,
Daneben das geliebte Elternpaar
(Sie waren's nämlich, die die Maid gezeugt).
Es gingen Wort und Worte hin und wieder
Gleichgült'ger Art, doch war uns beiden anders.
Verstohlen, gleichsam nur aus Augenwinkeln,
Vorblitzend aus dem matten Schein der Blicke,
Flog Ahnung und Erinn'rung hin und her
Und wagte nicht, sich länger zu verweilen.
Mein ganzes Ich verweilte nicht mehr da,
Indem es in die Langegass', Stadt Wien,
Zur Zuckerkandl-Kneipe auf sich machte.
Ich schritt fürbaß mit umgeworfnem Mantel,
Noch einen Blick auf meine Mädchenblume
Und auf die Blum', die ihr am Busen steckte
Als Angebinde meiner Lieb' und Treue
Rückwerfend. Eugen, Jacques und Rudolf
Geleiteten zum Kneiplokal mich hin.
In Jubel, Lärm und wüster Trinkerei,
Die auf student'scher Stufenleiter rasch
Zu völligem Gesauf sich aufgeschwungen,
In Wortschwall, Händeklatschen, Liedersingen
Versank ich schier; ich schwankte hin und her
Und schwamm vergnügt in dem willkommnen Bad.
Jedoch verlässest du ein solches Wasser,
So greift dich bald ein simpler Schnupfen an,

Den man zumeist mit lächelndem Gesicht
Den Katzenjammer nennt, weil selbst 'ne Katz,
Säh sie in einem solchen Zustand dich,
Müßt jammern und verzweifeln. Ich fuhr ab.
's war eben Schluß der Kneip' und Geisterstunde,
In ein Kaffeehaus wandelt' ich ganz einsam,
Um mich aus einem halben Rausche aufzuraffen.
Mit losen Dirnen schwatzt' ich, trank 'nen Schwarzen,
Blies Zigarettenrauch in die höchst sünd'ge Luft,
Erzählte auch von sonderbaren Reisen,
Wie ich einst auf dem Meere Schiffbruch litt,
Durch einen Urwald nach New York mußt' wandern,
Und log so durch 'ne Stunde fort.
Bis ich den Hut kühn auf die Stirne setzte
Und heimwärts eilte. Da die Nacht vorbei,
Sitz ich nun wieder vor den Blättern da
Und schreib' und klage. Denn 's ist klagenswürdig,
Von nichts in wahrstem Sinne sagen dürfen:
Dies nenn' ich mein, an diesem freu' ich mich.«

Und setzte am nächsten Tag wieder in Versen fort:
»In freier Luft, in lieblicher Natur,
Jedoch in menschlicher Gesellschaft, die
Nicht frei noch lieblich war, obwohl geliebt,
Bewegt' ich gestern mich. Die schöne Brühl
Umgab uns mit dem Schatten ihrer Wälder
Und ihrer Wiesen Blumen üpp'gem Duft.
Ich schritt mit einem Buche in der Hand,
Das flugs in Zellen all dies Leben teilte,
Durch's Grün der Au'n. Botanik hieß das Buch,
Und alles, was ringsum mein Haupt umblühte,
War Eiweiß nur und schnödes Protoplasma.
Gemütlich aß ich Butter dann und Käse
Und Schinken bester Art, sowie Salami,
Der guten Milch nicht zu vergessen, die
Gemischt mit des Kaffees anmut'gem Schwarz,
Andächtig über meine Lippen floß.
Drei hübsche Mädchen flogen hin und her,
Und manches Fräulein, reizend von Gestalt
Und schön von Antlitz, zierte die Terrasse.«

Dabei war gar nicht schwer zu sehen, daß mir selber bei meiner Aufführung nicht recht wohl werden könnte. Meine Nervosität war unverkennbar und äußerte sich in Empfindlichkeit, Trotz, ja sogar in Ausbrüchen von Jähzorn, die zu Hause immerhin mit Langmut hingenommen wurden. Mein Vater, wenn auch selbst zuweilen aufbrausender Natur, war ein Mensch von wirklicher Herzensgüte, der zur Vollendung freilich die Gabe fehlte, sich vorurteilslos und geduldig in andere Seelen, und waren es auch die seiner nächsten Verwandten, zu versenken. Sehr mit Recht, wenn auch unbewußt, traute er seiner eigenen Menschenkenntnis nicht ganz, war darum außerordentlich abhängig von Meinungen, die um ihn laut wurden, aus welcher Quelle sie auch stammen mochten, und hörte auf das Gerede und Geklatsch seiner Umgebung so begierig, daß er oft zu ihrem, natürlich mit ihr wechselndem Echo wurde. Zu Menschen solcher Art aber läßt sich, wenn auch zeitweise, das zärtlichste, doch immer nur ein sentimentales, nie ein innerlich gesichertes Verhältnis gewinnen; und da meine Mutter, gleichermaßen voll Liebe für mich und ohne wirkliche Seelenkenntnis, ebenso beweglichen, doch viel zerstreuteren Geistes wie mein Vater, in Urteilen und Stimmungen völlig sein Geschöpf war, hätte ich auch bei ihr, wenn ich dergleichen daheim überhaupt jemals suchte, nie einen innerlichen Anhalt gefunden. Trotzdem gab es genug unbeschwerte gute Stunden im Elternhause, ja, sie dürften wohl die schlimmen um ein beträchtliches überwogen haben, schon darum, weil meines Vaters unausgesetzte Tätigkeit ihm gar nicht die Muße ließ, häuslichen Mißhelligkeiten nachzusinnen, und er in jenen, seinen reifsten und erfolgreichsten Jahren, für heitere Laune eher und lieber zu gewinnen war als für Verstimmungen und Düsterkeiten. Die Führung unseres Hauses, wenn auch bürgerlich, geschah doch, der leichten Hand meines Vaters entsprechend, in ziemlich larger Weise. Größere Gesellschaften fanden selten statt, doch pflegte man eine angenehme, zuweilen etwas formelle Geselligkeit, auch wurden unsere Lehrer, die Assistenten meines Vaters und fremdländische Ärzte sonntags öfters zu Tisch geladen.

Das Theater wurde häufig besucht. Dank den Kreisen, in denen ein Teil der väterlichen Praxis sich abspielte, gab es nicht selten Gratislogen in die Hoftheater, und zu den Premieren am Stadttheater bekam mein Vater regelmäßig seine Billets. Natürlich hatte auch ich davon meinen Vorteil. Konzerten wohnte ich entweder allein oder in Begleitung der Mama bei, mit der ich auch nach wie vor viel vierhändig spielte, so daß ich mir allmählig eine ziemlich ausgebreitete Kenntnis, insbesondere der klassischen Musikliteratur, erwarb.

Bei Gelegenheit eines Konzertes war es auch, daß ich zum erstenmal in die Öffentlichkeit trat, allerdings in einer höchst bescheidenen Rolle, nämlich als Umblätterer meines Lehrers Rückauf, der den berühmten Schubertsänger Gustav Walter auf dem Klavier begleitete. Einen starken Eindruck machte es mir, als ich in der Pause eines solchen Konzertes mit den anderen Mitwirkenden ins Künstlerzimmer zurückgezogen, eine elegante junge Dame an der Tür erscheinen, mit ihrer weißbehandschuhten Hand die Hand Gustav Walters ergreifen, einen inbrünstigen Kuß darauf drücken und wortlos wieder im Zuschauerraum verschwinden sah. Das also ist der Ruhm! dachte ich nicht ohne leisen Schauer.

Unter anderen Musikern lernte ich zu jener Zeit Moritz Rosenthal kennen, der damals eben aufhörte, Wunderkind zu sein und als königlich-rumänischer Hofpianist seine ersten Wiener Konzerte gab. Er verkehrte, ich glaube durch Pepi Mütter eingeführt, in unserem Kaffeehauszirkel, unter den Pichlers, Deimels etc. die einzige Berühmtheit, und bei Gelegenheit seines ersten Auftretens begaben wir, die wir die Ehre hatten, seine Freunde zu sein, uns fast in jeder Zwischenpause ins Künstlerzimmer, um ihm unsere Bewunderung auszusprechen. Dieses Hin- und Hergewimmel höchst jugendlicher Elemente zwischen Zuschauerraum und Künstlerzimmer bot im ganzen einen etwas possierlichen Anblick, was Max Kalbeck in seinem Feuilleton nicht ohne leicht antisemitische Bemerkungen zur Erwähnung brachte. Trotz seiner Berühmtheit und seines freilich etwas überwitzigen Verstandes, verkehrte Rosenthal mit den meisten von uns auf Du und Du. Daß wir alle damals nicht in sehr großen Verhältnissen lebten, ersehe ich unter anderem, wenn ich es nicht ohnehin wüßte, aus einem noch erhaltenen Brief Rosenthals an mich, in dem er mir für einen anderen jungen Menschen unseres Kreises den Betrag von einem Gulden, scherzhaft »Floh« genannt (von Florin), übermittelt. Im ersten Jahr unserer

Bekanntschaft wurden wir aus irgendeinem mir nicht mehr erinnerlichen kindischen Grund »bös« miteinander, versöhnten uns aber wieder. Aus dem Kaffeehauskreise verschwand Rosenthal sehr bald, die Beziehungen zwischen ihm und mir dauerten, ohne regeren Verkehr, und ohne sich trotz gegenseitiger Hochschätzung und gelegentlicher gemütlicher Plauderei jemals herzlich zu gestalten, ungestört durch die Jahrzehnte fort.

Meinem Freunde Richard Horn verdankte ich außer der Bekanntschaft mit seinem Onkel, dem ausgezeichneten Klavierspieler und liebenswürdigen Komponisten Ignaz Brüll, eine flüchtige Begegnung mit Anton Bruckner. Da es bekannt war, daß Bruckner gern geneigt war, seinen Besuchern auf dem Orgelharmonium vorzuphantasieren, nahm mich Richard Horn in Bruckners Wohnung mit, wo er sich den regelmäßigen Besuch der Kontrapunktvorlesungen, die der Komponist an der Universität abhielt, im Index testieren lassen wollte. Bruckner, ebenso genial als gutmütig, ließ sich natürlich auch von Richard, den er als seinen fleißigen Hörer kannte, nicht lange bitten und erfreute uns, vielleicht eine halbe Stunde lang, durch sein wunderbares, weltverlorenes Spiel. Nachher habe ich den großen Komponisten niemals wieder gesprochen oder spielen gehört, doch oft genug wiedergesehen, wenn er, stürmisch gerufen, nach Aufführung einer seiner Symphonien, in einem sackartigen Anzug, in seiner unbeholfenen, rührenden Weise sich vor dem belustigten, damals nur zum geringeren Teile wirklich begeisterten Publikum verbeugte.

Ich selbst blieb meiner Gewohnheit treu, auf dem Piano mehr zu phantasieren als ordentlich zu üben; und gelegentlich einer Reise in einem Hotel zu Zell am See glaubte ich, mir den Spaß erlauben zu dürfen, einigen Zufallsbekannten, die mir zuerst vom Nebenzimmer aus beifällig gelauscht, musikalische Eingebungen des Augenblicks als Kompositionen von Raff oder Bach vorzuführen. Das unverdiente Lob schmeichelte mir anfangs, um am Ende ein Gefühl der Beschämung in mir zurückzulassen.

Denn nach wie vor lag es mir fern, meine dilettantische musikalische Veranlagung ernst zu nehmen, da ich ja selbst meiner dichterischen nur zagend vertraute. Freilich, daß mein Vater diese meine Zweifel, in die ich ihn natürlich nicht einweihte, in unbeschränktem Maße teilte, konnte ich nach Menschen- und Dichterart nicht recht verwinden. Seiner inneren und äußeren Einstellung gegenüber meinem poetischen Gebaren lagen allerdings gesunde pädagogische Erwägungen zugrunde. Und aus ähnlichen heraus liebte er es sogar, eine ausgesprochen medizinische, besonders diagnostische Begabung bei mir festzustellen, was möglicherweise kein allzu arger Irrtum war. Und am liebsten hätte er es gesehen, wenn sich mein Interesse so früh als möglich seinem eigenen Spezialfach, der Laryngologie, zugewendet hätte. Wenn er trotzdem anfallsweise immer wieder eine gewisse Teilnahme für meine literarischen Bestrebungen an den Tag legte, so war sie meistens irgendwie durch einen äußeren Anlaß angeregt worden. Aus den Künstlerkreisen, in denen er ärztlich und gesellschaftlich verkehrte, und wo er, seiner Zweifel ungeachtet und auch dieser Zweifel nicht ganz sicher, in der begreiflichen Eitelkeit seines Vaterherzens manchmal von seinem poesiebeflissenen Sohn erzählen mochte, brachte er gelegentlich schmeichelhafte Zeichen für das Interesse mit nach Hause, mit dem man einer möglichen Entwicklung meines Talents entgegensah. So hatte sich einmal die Wolter nach meinem Stück erkundigt (ich hatte wohl von einer meiner Komödien als einem zukünftigen Burgtheaterwerk gefaselt), und auch Sonnenthal hatte zu wiederholten Malen gewünscht, etwas aus meiner Feder zu lesen. So wurde denn der Ehrgeiz in mir entfacht, solchen schauspielerischen Größen, in deren Macht es überdies stand, dem jugendlichen Autor den Weg auf die erste Bühne Deutschlands zu bahnen, mit einer Probe meiner Kunst aufzuwarten; und da mir die Chancen der beiden Dramen »Vor der Welt« und »Aegidius« doch allzu gering schienen, der »Peters« aber (der modernisierte »Sebaldus«, an dessen Vollendung ich wohl am ehesten dachte) die Mißbilligung meines Vaters gefunden, so entschloß ich mich, ein dreiaktiges Lustspiel »Aus der Mode«, das ich selbst als völlig unzulänglich erkannt, als Bluette in einem Akt auszuführen und übergab es in dieser neuen Form meinem Vater, damit er es seinem Patienten und Freunde Adolf von Sonnenthal zur Begutachtung vorlege. Schon wenige Tage darauf brachte mir mein Vater das Stück mit einem Brief Sonnenthals zurück, und ich fühle heute noch den spöttisch-prüfenden, dabei so zärtlichen Blick, den mein

Vater über den gedeckten Mittagstisch auf mich gerichtet hielt, während ich, statt die Suppe zu essen, den Brief las, der folgenden Wortlaut hatte: »Liebster Freund! Ich habe Deines Arthurs Stück gelesen und kann nicht leugnen, daß ich, trotz der unzähligen Mängel, die dasselbe enthält, doch mehr Talent darin gefunden habe, als ich sonst bei derlei Dilettantenarbeiten zu finden gewohnt bin. Es will dies allerdings nicht viel bedeuten, es zeigt nur, daß Dein Arthur mehr gelernt hat als mancher andere, der Stücke schreibt, aber von da bis zur wirklichen dramatischen Befähigung ist noch ein sehr weites Feld, und ich habe aus dem vorliegenden Probestück keine Berechtigung, ihn zu animieren, dies Feld zu bearbeiten. Dies meine ehrliche, offene Ansicht, was ja übrigens Dir gegenüber keiner Bekräftigung erst bedurfte. Sei herzlich gegrüßt samt Arthur von Deinem treu ergebenen A. Sonnenthal.«

Ob ich sofort die ganze Richtigkeit dieses Urteil erfaßte, das mit Rücksicht auf die Qualitäten jenes Probestücks eher als zu mild, denn als zu streng bezeichnet werden muß, weiß ich heute nicht mehr; wahrscheinlich ist es nicht, sonst hätte ich kaum ein paar Tage vorher gewagt, dem verehrten Meister jene dramatische Nichtigkeit vorzulegen. Jedenfalls aber wirkte der Brief ganz anders auf mich, als mein Vater (der ihn wohl mit Sonnenthal verabredet hatte) erwartet und gewünscht haben dürfte. Denn kaum von Tische aufgestanden, begab ich mich ins Café Central und begann in einer Ecke bei künstlicher Beleuchtung ein neues Stück unter dem Titel »Modernes Jugendleben« zu schreiben. Es setzt gleich damit ein, daß ein junger Dichter seinem medizinisch-mephistophelischen Freund eine Novelle vorliest, die dieser verwirft. Der Vorhang hebt sich vorsichtigerweise erst während der Kritik, nicht während der Vorlesung. Der Freund rät dem mißgestimmten Poeten, die blonde Angebetete aufzugeben, sich eine wirkliche Geliebte anzuschaffen, mit anderen Leuten umzugehen als bisher, und es eröffnet sich ein bedeutungsvoller Ausblick auf das, was man in jener Zeit »tolles Treiben« zu nennen pflegte. Mit dieser geheimen Erwiderung auf Sonnenthals Brief hatte es vorläufig sein Bewenden; – sie hätte ihn von meiner Berufung kaum stärker zu überzeugen vermocht, als es jener harmlosere Einakter getan hatte. Der Stoff selbst ging mir aber längere Zeit nach. Und wollte man sich mit literarhistorischen Späßchen vergnügen, so könnte man sowohl in den dramatischen als novellistischen Fragmenten, die von jenem »Modernen Jugendleben« noch übrig sind, immerhin gewisse Anatol'sche Züge vorgebildet finden.

Nachdem ich so viel von meiner Nachlässigkeit auf medizinischem Gebiet erzählt, daß man schon glauben könnte, hier die Geschichte eines rettungslos verbummelten Studenten zu lesen, darf ich um so weniger verschweigen, daß ich im Laufe des dritten Jahrgangs immerhin wie mancher fleißigere Kollege das erste Rigorosum pflichtgemäß hinter mich gebracht hatte. Die beiden Practica bestand ich mit wenig Ehren; obwohl mich Langer auf meinen laryngologischen Vater hin aus dem Kehlkopfknöchelchen prüfte, entsprach ich in der Anatomie gerade zur Not; und beim Physiologicum, wenn auch besser vorbereitet, verdankte ich mein Genügend nur einer nachsichtigen Laune des sonst sehr gefürchteten Brücke. Vor dem Theoreticum hatte ich begründetermaßen solche Angst, daß mein Vater auf meine Bitte hin mich vorerst beim Dekan, als der in diesem Jahre Langer fungierte, persönlich abmeldete. Doch statt des erhofften späteren Termins brachte er mir die freundliche Einladung des Dekans, doch nur guten Mutes am festgesetzten Tage zur Prüfung zu erscheinen, und so begab ich mich an einem schönen Sommermorgen in Begleitung meines Vaters unter leichten Übelkeiten durch die grünende Ringstraßenallee in die sogenannte »Gewehrfabrik« an den grünen Tisch der gestrengen Herren. Dort erging es mir über Erwarten gut. In Anatomie und Chemie wurde mein etwas fragwürdiger Mut mit Auszeichnung belohnt, in Physiologie entsprach ich nicht übel, nur die physikalischen Fragen wußte ich mit so geringer Spitzfindigkeit zu beantworten, daß Professor Lang, ein hervorragender Gelehrter und ein Lehrer von berüchtigter Langweiligkeit, dessen Vorlesungen auch von gewissenhafteren Studenten nur sehr unregelmäßig besucht wurden, mit seiner dünnen Stimme bemerkte: »Mir scheint, Herr Kandidat, Sie wollen sich über mich lustig machen.« Dies durfte ich mit voller Aufrichtigkeit in Abrede stellen; Professor Lang ließ, wie er es in den meisten Fällen tat, Gnade für Recht ergehen, und so war es mir nach verkündigtem Resultat vergönnt, vor dem Eintritt in mein viertes Universitätsjahr ungetrübten Ferialmonaten entgegenzusehen.

Blickt man in vorgerückten Jahren auf sein Dasein zurück, so scheinen sich, wie Kapitel eines Romans, mit kunstgerechter Absicht voneinander geschieden, die einzelnen Abschnitte aneinanderzureihen. Aber kaum an einem anderen Punkt vermag ich diesen Scheidestrich mit solcher Entschiedenheit zu ziehen, als im Sommer des Jahres 1882, in dem ich mein zwanzigstes Lebensjahr vollendete, mein erstes Rigorosum bestand, mir meine Einjährig-Freiwilligenuniform bestellte und meine alten Tagebücher vernichtete, dies allerdings nicht, ohne mir vorher die wesentlichsten Stellen daraus sorgfältig auszuschreiben.

VIERTES BUCH

Juli 1882 bis Mai 1885

Wie wir es vor genau zehn Jahren zum erstenmal getan, reisten wir auch im Sommer 1882 in die Schweiz; diesmal über Ragaz und Davos nach Pontresina, über Bernina- und Stilfser Joch nach Meran und endlich über Innsbruck ins heimatliche Salzkammergut, nach Gmunden, Ischl und Aussee. Die ganze Reise im gewohnten elterlichen Tempo nahm nicht mehr als drei Wochen in Anspruch, und bald nach unserer Rückkehr am ersten Oktober meldete ich mich im Garnisonsspital Nr. 1 als Einjährig-Freiwilliger zum Dienst an.

Das Corps der militärärztlichen Eleven, dem nun auch ich angehörte, stand rein soldatisch genommen nicht eben in sonderlichem Ansehen, wie ja die Militärärzte damals überhaupt nicht als Kombattanten, also gar nicht als rechte Soldaten betrachtet wurden, und ihnen nicht einmal ein direktes Strafrecht gegenüber ihren Untergebenen zustand, das von den Sanitätsoffizieren ausgeübt wurde. Mit einem ziemlich billigen Witz wurden die militärärztlichen Eleven »Mosesdragoner« genannt, und es läßt sich nicht leugnen, daß manche unter ihnen, besonders unter den ungarischen und polnischen Juden, in Hinsicht auf militärische Haltung und Aussehen einiges zu wünschen übrigließen. Andere hingegen – es gab solche auch unter den Juden aller Nationen – verstanden es, in ihrer schon an und für sich offiziersmäßig zugeschnittenen Uniform vom ersten Tag der Einrückung an so säbelschlenkernd und martialisch aufzutreten, als wären sie mindestens Kadetten oder gar altgediente Offiziere in einem Husarenregiment. Gehörte ich gerade auch nicht zu dieser glänzenden Kategorie, so machte ich in der neuen Tracht immerhin eine leidliche Figur, wie ich denn eigentlich erst von jetzt an eine Sorgfalt auf mein Äußeres zu verwenden begann, die zeitweise sogar in eine leichte Stutzerhaftigkeit auszuarten Neigung zeigte.

Bis dahin hatte ich mich nämlich nicht ganz ohne Ostentation einigermaßen künstlerisch getragen: – die Haare ziemlich lang, breitkrempiger, sogenannter Rembrandthut, flatternde Krawatte; und wenn auch als Sohn aus bürgerlichem Hause anständig gekleidet, war ich doch keineswegs das, was man einen netten und soignierten jungen Herren nennen konnte. In dieser Hinsicht war in der häuslichen Erziehung von Anfang an mancherlei vernachlässigt worden, wie man ja zu jener Zeit der Körperpflege im engeren und weiteren Sinn überhaupt noch nicht so viel Aufmerksamkeit zuwandte, als dies heute geschieht. Wie in den meisten, selbst neueren und eleganten Stadtwohnungen fehlte es, zum Beispiel auch in der unsren, so lange an einem Badezimmer, bis wir uns selbst eines einrichten ließen. Vorher wurde, wie in den meisten Mittelstandsfamilien, jede Woche einmal in irgendeinem Nebenraum durch die Diener einer Badeanstalt eine ungefüge Holzwanne geschafft und aus Fässern mit heißem Wasser gefüllt, in dem sich's der Reihe nach Papa, Mama, die Kinder und endlich die Dienstboten, so gut es ging, behagen ließen. Noch weniger Wert legte man begreiflicherweise auf eine höhere Kosmetik, wie zum Beispiel auf eine richtige Behandlung der Fingernägel; und von der Kunst des Essens hatte man speziell an unserem Tisch so wenig eine Ahnung, daß ich selbst erst im Lauf der Jahre zu meiner Beschämung von wohlmeinenden Freunden auf manche Unarten hingewiesen wurde, die man mir und meinen Geschwistern daheim hatte hingehen lassen, weil sie überhaupt nicht bemerkt worden waren. Was nun gar die körperlichen Übungen und Fertigkeiten anbetrifft, so sah mein Vater mit einiger Geringschätzung auf sie herab. Und da der Sport in seiner hygienischen, gesellschaftlichen oder gar in seiner rein sportlichen Bedeutung damals überhaupt erst in engen Zirkeln richtig gewürdigt, – oder gar, wie später, teils aus Überzeugung, teils aus Snobismus auf Kosten geistiger Zerstreuungen überschätzt und übertrieben wurde, so waren auch etwaige Anlagen auf diesen Gebieten oft zur Verkümmerung oder zu verspäteter und daher unvollkommener Entwicklung bestimmt. In weitesten Kreisen wurde damals eigentlich nur der wohlfeilste, der Ursport sozusagen, das Turnen geübt. Aber da dieser Gegenstand im Gymnasium nicht obligat war und meinem Vater jeder Sinn dafür fehlte, wurde ich niemals dazu angehalten, und wußte ohne Bedauern darauf zu verzichten. Anders stand es mit dem Fechtunterricht. Auch mein Vater mußte einsehen, daß ein Freiwilliger und zukünftiger Reserveoffizier doch notdürftig mit dem Säbel sollte umgehen können, und so machte ich einen Kurs bei dem Fechtlehrer Domaschintzky mit, einem graubärtigen, gemütlich-wilden Hünen, – nicht ohne vorübergehendes Interesse, aber ohne mich im geringsten hervorzutun. Etwas später machte ich mir in der Schule von Tippelt die Anfangsgründe des Reitens zu eigen. Aber wenn ich auch gelegentlich Spazierritte in Gesellschaft geübterer Freunde in den Wienerwald unternahm und später sogar solche in die Umgebung von London wagte, so hatte ich selbst die nicht sehr ehrenvolle Bezeichnung eines Sonntagsreiters doch immer noch eher als Schmeichel- wie als Spottwort für mich in Anspruch nehmen dürfen. Das Eislaufen trieb ich, da es mir mit allzuviel Umständlichkeiten verbunden schien und mich mehr Zeit kostete als es mir Vergnügen bereitete, gleichfalls sehr lässig; und nur ein paar Winter hindurch, jungen Damen zuliebe, ließ ich mich öfters auf die glatte Bahn verlocken, um, als solche Gründe wegfielen, auch diesen Sport ein für allemal aufzugeben. Daß man als junger Mensch, der praktischer Arzt werden und womöglich eine vorteilhafte Heirat machen sollte, im Tanzen nicht ganz ungeschickt sein dürfe, war so selbstverständlich, daß es hier wenigstens keinen häuslichen Widerstand zu überwinden gab. Und im Grunde war und blieb der Tanz der einzige Sport, bei dem, auch ohne jeden Nebensinn verstanden, mein Herz beteiligt war.

Kaum war ich in die Uniform geschlüpft – als hätte ich oder mein Schicksal nur ein banales Stichwort abgewartet –, fing ich bewußter an, auf das auszugehen, was man mit einem allzu heroischen Wort Eroberungen zu nennen pflegt. Schon im vorigen Jahr hatten meine Beziehungen zum weiblichen Geschlecht einen immer lebhafteren, aber zugleich unpersönlicheren Charakter angenommen, und nur eine hübsche sechzehnjährige Blondine tritt aus der Reihe der trivialsten Viertelstundenabenteuer mit etwas zarteren Zügen hervor.

Sie hieß Helene, war Norddeutsche, Berlinerin glaube ich, hielt sich, angeblich auf einer Vergnügungsreise mit ihrem Liebhaber begriffen, in Wien auf, – und die Kosten für das gemeinsame Abendessen, das wir zu viert bei einer freundlichen Vermittlerin zu uns nahmen, sowie für alles Folgende trug einer meiner Bekannten, der, etwas älter, etwas erfahrener und etwas wohlhabender als ich, das bescheidene Fest arrangiert hatte. Am Tage drauf fuhr eine junge Dame, die Helene zum mindesten sehr ähnlich sah, im Fiaker an der Seite eines eleganten Herrn an mir vorüber; und da die im ganzen doch etwas mittelmäßige Angelegenheit durch einen novellistischen Abschluß nur gewinnen konnte, entschied ich mich endgültig dafür, daß das vorbeisausende Paar meine Blondine von gestern nacht und ihr betrogener Liebhaber gewesen sein müßten.

Auch bei dem ersten Abenteuer, das mir als Freiwilliger beschieden war, fehlte das zweite Pärchen nicht. Unter meinen Kameraden befand sich ein gewisser Hiero Stössel, ein kleiner, dicker, überaus häßlicher und finniger, nicht gerade dummer Bursche, der sich überdies durch eine ans Unglaubliche grenzende Lügenhaftigkeit so weit als problematisch kennzeichnete, daß dieser Umstand als Grund oder Entschuldigung für meinen Verkehr mit ihm ausreichen mag. Er hatte augenblicklich eine Liebschaft mit der Tochter eines pensionierten Majors aus ungarischem Adel, die sich – es gibt Spezialismen aller Art – ausschließlich mit militärärztlichen Eleven in Beziehungen einließ. Mit jedem allerdings nur auf kurze Zeit. Und so erschien sie denn eines Abends vor dem Tor des Krankenhauses, wo Hiero und ich ihrer warteten, mit einer ganz unhübschen Genossin, die Freund Hiero in dieser Stunde geradeso zum erstenmal von Angesicht erblickte wie ich die Majorstocher. Diese, trotz ihrer fast ärmlich zu nennenden Kleidung eine nicht unedle Erscheinung mit angenehmen, doch blassen und verlebten Zügen, wandte sich verabredetermaßen sofort mir zu, und ohne weitere Förmlichkeiten nahm man den Weg in einen jener trübseligen, kleinen Gasthöfe, wo die Gäste mehrmals des Tages zu wechseln pflegten. Trotzdem Irma und ich lebhaftes Gefallen aneinander gefunden hatten, kam es zu keiner weiteren Zusammenkunft, und nach den ziemlich erschreckenden Mitteilungen, die ich bald darauf über ihren Lebenswandel und ihren Gesundheitszustand erhielt, von dem übrigens Hiero zweifellos unterrichtet gewesen war, durfte ich mir gratulieren, bei dieser ersten und letzten Liebesstunde mit der Majorstochter glimpflich davongekommen zu sein.

Ein liebenswürdigerer Genosse als jener unerbauliche Hiero wurde mir in diesem Militärjahr mein Kollege und Vetter im zweiten Grad, Louis Mandl, in dessen Hause ich schon auf Grund der nahen Verwandtschaft von Kindheit auf gelegentlich verkehrt hatte. So war mir auch sein Vater längst bekannt, Dr. Ferdinand Mandl, der, aus Rumänien eingewandert und reich verheiratet, sich als noch junger Arzt bei einer gynäkologischen Untersuchung mit einer blennorrhoeischen Bindehautentzündung infiziert hatte und binnen weniger Tage völlig erblindet war. Als über die Unheilbarkeit des Übels kein Zweifel mehr bestehen konnte, auch für den Kranken selbst, hatte der berühmte Okulist Arlt am Krankenbett wie zufällig das nun nutzlos gewordene Atropinfläschen zurückgelassen, in der später eingestandenen Erwartung, sein unglücklicher Patient und ehemaliger Schüler würde die Gifttropfen nun auch zu einem andern als dem nun abgetanen Heilzweck zu verwenden wissen. Doch der erblindete Arzt, als Gatte und Vater von mehreren Söhnen, entschied sich nach schwerem inneren Kampf dafür, seiner Familie und seinem Berufe weiterzuleben. Sein Gebrechen aber, fern davon, ihm in der Praxis Abbruch zu tun, verschaffte ihm vielmehr allmälig, besonders unter seinen Landsleuten und Glaubensgenossen, den Ruf eines Wundermannes. Das an Anbetung grenzende Vertrauen, das ihm von den Hilfesuchenden, die zärtliche Liebe, die ihm von den Seinen, die Ehrfurcht, die ihm auch von Fernerstehenden entgegengebracht wurde, half gewiß mit, ihn sein Schicksal mit Ergebung und Würde, ja vielleicht wie ein gottgesandtes tragen zu lassen, dazu bestimmt, im unergründlichen Zusammenhang der Dinge andern Leidenden zum Heile zu gereichen. Jedenfalls ging von seinem edlen Antlitz, über dessen einem Auge er stets eine schwarze Binde trug, mit dem wallenden grauen Haupthaar und dem langen Patriarchenbart ein so milder, gleichsam priesterlicher Schein aus, daß auch Schwerkranke hoffen durften, in seiner Nähe, wenn auch nicht gerade Heilung der Leiden, so doch ein nachahmungswürdig hohes Beispiel seelischer Gefaßtheit zu finden.

Von seinen drei Brüdern waren zwei Kaufleute, die auf der Börse mit Getreide handelten. Von dem einen, Ludwig, der mit einer jüngeren Schwester meiner Mutter vermählt war, habe ich schon erzählt, dem anderen, Bernhard, bin ich immer nur flüchtig begegnet; merkwürdiger als diese beiden

war mir der jüngste Bruder Ignaz, der sich, nach etwas
unsteter und erfolgloser Lebensführung als Hofmeister und
später Doktor der Medizin, der Politik zugewandt hatte und
damals als Wiener Gemeinderat eine mehr laute als gedeihliche Tätigkeit entwickelte. Er trat, ohne tiefere innere Berechtigung, als Antikorruptionist auf und bildete anfangs mit Dr.
Lueger zusammen gewissermaßen eine Partei für sich. Bald
schlossen sich andere fragwürdige Ethiker an, und aus dem
antikorruptionistisch-demokratischen entstand allmählich
der antisemitische Flügel des Gemeinderates, natürlich nicht,
weil sich etwa unter den Juden mehr korrupte Elemente
befunden hätten als unter den Andersgläubigen, sondern weil
es der großen Masse viel einleuchtender erschien und daher
raschere politische Erfolge versprach, wenn man eine streng
umschriebene Menschengruppe, und nun gar die hiefür auch
ohne gelben Fleck vorbestimmte Judenschaft, kurzerhand als
die korrupte denunzierte, – als wenn man sich erst hätte die
Mühe geben sollen, aus den verschiedenen Ständen und Kon-
fessionen von Fall zu Fall irgendein verdächtiges Subjekt
herauszuholen und der sittlichen Entrüstung auszuliefern.
Sobald sich der Antisemitismus in seiner vollen Deutlichkeit
erklärt und durchgesetzt hatte, mußte Ignaz Mandl als eines
seiner ersten Opfer fallen, und sein einstiger, sein erster
Kampfgenosse, Lueger, schritt bald, ohne sich mit einem
Blick nach dem gestürzten Freunde umzuwenden, auf dem
zukunftsträchtigen Wege vorwärts, an dessen Ende ihm das
ersehnte Ziel seines Ehrgeizes, die bürgermeisterliche Würde,
winkte. So unbedenklich er die niedrigsten Instinkte der
Menge und die allgemeine politische Atmosphäre für seine
Zwecke zu nützen wußte, im Herzen war er, auch auf der
Höhe seiner Popularität, sowenig Antisemit als zu der Zeit,
da er im Hause des Dr. Ferdinand Mandl mit dessen Bruder
Ignaz und anderen Juden Tarock spielte. Es gab und gibt
Leute, die es ihm als Vorzug anrechnen, daß er auch in seiner
stärksten Antisemitenzeit persönlich für viele Juden eine
gewisse Vorliebe beibehalten und daraus gar kein Hehl gemacht hatte: Mir galt gerade das immer als der stärkste Beweis
seiner moralischen Fragwürdigkeit. Oder sind die sogenannten reinlichen Scheidungen zwischen den Forderungen der
politischen Parteistellung einerseits und den privat menschlichen Überzeugungen, Erfahrungen und Sympathien auf der

anderen Seite wirklich etwas so Reinliches, als mit dieser Bezeichnung ausgesagt wird? Ich glaube ganz im Gegenteil, daß es gerade dem Menschen von seelischem Reinlichkeitsgefühl nicht gegeben ist, solche Scheidungen durchzuführen oder gar ihrer froh zu werden.

Übrigens waren es damals, im Dezember 1882, weder Lueger noch die anderen Tarockspieler, um die ich mich sonderlich bekümmerte: Was mich ins Haus meines Kollegen Louis zog, war, außer seinen, insbesondere an Sonn- und Feiertagen zahlreich auftretenden, hübschen Cousinen, vor allem eine junge Dame, die als Stütze der Hausfrau und als Gesellschafterin des Fräulein Nancy, einer wie eine Ziehtochter in der Familie aufgenommenen Verwandten, ganz wie eine Gleichgestellte im Hause lebte. Else von Kolsch stammte aus einer verarmten polnischen Adelsfamilie, war eben noch hübsch und schien bei einigem Verstand und leidlicher Bildung von ernstem, beinahe verschlossenem Wesen. Eines Abends, – wir hatten uns bis dahin noch nicht gar oft und kaum je ohne Zeugen miteinander unterhalten – begegnete sie mir zufällig auf der Stiege, und nach ein paar belanglosen, durchaus konventionellen Redensarten, lagen wir uns ganz plötzlich in den Armen, ein stummes, gegenseitiges Versprechen, das wenige Tage später, ohne weitere Mahnung im vollen Umfang eingelöst wurde. Zum erstenmal ward mir nun das immer wieder reizvolle Erlebnis, ein Geschöpf, das ein paar Stunden vorher rückhaltlos hingegeben mir am Herzen geruht, in Gesellschaft, unter Leuten, denen unser Verhältnis ein Geheimnis war und bleiben mußte, mir unschuldig-damenhaft gegenüberzutreten zu sehen. Und hatte man am Nachmittag auf zerknüllten Polstern gemeinsam Schokoladekastanien und andere Süßigkeiten genascht, so saß man einander vielleicht am selben Abend noch an der Familientafel wohlanständig und zugeknöpft gegenüber, tauschte gleichgültige Worte von übertriebener Harmlosigkeit, denen es doch an versteckten Beziehungen nicht fehlte, die einen unmerklich erröten und lächeln machten, trank einander mit Blicken zu, die keiner merken sollte, und zum Abschied küßte man das geliebte Händchen, als hätte man, oder wie es in jenem Gedicht heißt, das ich diesem Erlebnis widmete: »Als hätt' ich deinen Nacken nie geküßt.« Aber diese Blicke, die niemand merken sollte, und andere leise Zeichen gehei-

men Einverständnisses, sie waren vielleicht den Sehenden,
doch dem blinden Doktor waren sie nicht entgangen. Ob es
nun freundschaftlich-väterliche Besorgnis oder auch ein wenig die hilflose vage Eifersucht des Alternden war, die ihn
sehend gemacht und zu andeutungvollen milden Mahnungen
an Else veranlaßt, – ob sie selbst ihm, reuevoll oder unbewußt
grausam, mehr gebeichtet als er vermutet oder erraten hatte,
das waren Erwägungen, die mich damals nicht sonderlich
kümmerten. Else für ihren Teil, von den fürsorglich-sal-
bungsvollen Worten des ehrwürdigen Blinden tief berührt,
gab mir den Entschluß kund, von nun an mir nur noch
Freundin sein zu wollen, ein Entschluß, den ich, nachdem ich
ihn einige Male mit viel Erfolg ins Wanken gebracht hatte, mit
einem Gedicht quittierte, das sie nie zu Gesichte bekam und
das mit den etwas geckischen Versen schloß: »Auch dieses
Strumpfband schick' ich dir zurück, ich fand es heute früh in
meinem Bette.« So nahm ich vorläufig Abschied von ihr, um
so leichteren Herzens, als ich nie wirklich in sie verliebt
gewesen war und mich ein neues, heiteres Glück erwartete, ja,
sogar schon gefangenhielt.

Es ging gegen Ende des Faschings, als ich meinen Freund
Louis auf ein Vorstadtkränzchen begleitete, wo ihn eine
hübsche Cafetiersgattin hinbeschieden hatte, um deren Gunst
er sich – wie ich in dem Kaffeehaus, wo die Sache sich
entsponnen, zu beobachten glaubte – minder stürmisch bewarb, als sie um die seine. Die Drei-Engel-Säle, in denen der
Hausball stattfand (wie derlei Veranstaltungen hießen, auch
wenn jeder Fremde für geringes Entgelt an der Kasse ein Billet
lösen konnte), zeichneten sich nicht so sehr durch Glanz und
Vornehmheit als durch eine gewisse altväterische Gemütlich-
keit aus. Im Hauptlokal wurde getanzt, in den angrenzenden
Wirtshausräumen saßen bei Speis und Trank die Honoratio-
ren, sonntäglich angetan, Ballväter, -mütter und sonstige
Verwandte, größtenteils einem mittleren, wohlhäbigen Bür-
gerstand angehörig, und überall mischte sich Bier- und Zigar-
renduft mit dem Geruch von Blumen und bescheidenen
Parfums, den die tanzenden Töchter in ihren hellen oder
bunten Sommerkleidern um sich verbreiteten. Fehlte es auch
unter den Tänzern keineswegs an Hausherrnsöhnen vom
Grund und anderen Vorstadtelegants, so traten wir zwei
Einjährig-Freiwilligen in offiziersmäßiger Uniform, denen

Arthur Schnitzler in der Uniform des Militärärztlichen
Elevenkorps als Einjährig-Freiwilliger Zugführer

hier das Odium des Mosesdragonertums kaum anhaftete, in diese Gesellschaft – ich will nicht gerade behaupten
wie Prinzen aus dem Märchenland – aber doch meinem
Gefühl nach wie Erscheinungen aus einer anderen, etwas
höheren Welt; und ob wir nun um dieses Umstandes willen
von den eingesessenen und eingetanzten Herren mit Hochachtung oder mit Mißvergnügen betrachtet wurden, – keineswegs konnten wir was Klügeres tun, als uns mit einer in
solchen Fällen höchst ratsamen Leutseligkeit unters Volk zu
mischen und darin unterzutauchen. Ich für meinen Teil beeilte mich, eine sehr hübsche, kleine Blondine zum Tanz aufzufordern; und als wir in einer Pause, hin und her spazierend,
zufällig in einen Nebenraum gerieten, der eigentlich einer
riesigen Rumpelkammer glich, mit einem langen ungedeckten
Tisch, umgestürzten Sesseln, unbeleuchtet, an anderen Tagen
offenbar als eine Art Klublokal in Anspruch genommen,
wurde unsere Unterhaltung so lebhaft, daß wir den Raum
nach einigen Minuten schon um vieles vertrauter verließen,
als wir ihn betreten hatten. Wir wiederholten den Besuch in
jeder Tanzpause, verweilten gelegentlich aber auch an dem

Wirtshaustisch, wo Annis Vater, ein kleiner, graubärtiger Herr im Bratenrock, der ernsthaft ein Glas Bier nach dem andern trank und seine Zigarre aus einem langen weißen Spitz rauchte, und Annis Mutter, deren Erscheinung mir nicht im Gedächtnis verblieben ist, dem Treiben der Jugend zusahen; – ohne sich im geringsten zu beunruhigen, wenn das Töchterchen mit seinem Tänzer, der nun immer der gleiche war, auf kürzere oder längere Zeit aus ihrem Gesichtskreis oder auch aus dem Ballsaal verschwand. Ob sich mein Freund Louis mit der Cafetiersgattin ebenso gut unterhielt, wie ich mit meiner neuen Zufallsbekanntschaft, weiß ich nicht zu berichten, ja, ich erinnere mich nicht einmal, ob die Cafetiersgattin überhaupt auf dem Ball erschienen war. Alle Gestalten dieser holden Karnevalsnacht sind mir wie Schatten, unter denen ich mich und die blonde Anni als die einzig Lebendigen im Tanz dahinschweben oder in einer halbdunklen Ecke einander küssen und herzen sehe, während ernsthaft und verschlafen, mit kaltgewordener Zigarre, das Glas Bier vor sich auf dem Tisch, der graubärtige Vater in seiner gleichgültigen und entrückten Episodenrolle sich bescheidet.

Daß Anni trotz ihres unschuldsvollen Gesichtchens und ihrer kindhaften Gestalt schon manches erlebt hatte, darüber durfte ich mich nach der Unbedenklichkeit, mit der sie in der ersten Stunde unserer Bekanntschaft meine Zärtlichkeiten erwidert, und der glühenden Erfahrenheit ihrer Küsse keiner Täuschung hingeben, und auf dem ersten abendlichen Spaziergang, wenige Tage später, vertraute sie mir mit der halben Aufrichtigkeit, die bei der Einleitung solcher Beziehungen nicht wohl zu umgehen ist und die zugleich einen Reiz mehr bedeutet, daß sie zwar schon einigen Männern sehr nahegestanden, aber nur einen wahrhaft geliebt habe und eigentlich noch immer liebe: einen zu jener Zeit ziemlich populären, übrigens verheirateten Kapellmeister eines kleinen Orchesters, das in Wirtshäusern zum Tanz oder auch nur zur Unterhaltung aufzuspielen pflegte. Von diesem Vorstadt-Don-Juan war sie in die Hoffnung gekommen, hatte es aber vorgezogen, ihrem Zustand ein gewaltsam-vorzeitiges Ende zu bereiten; und so gehörte sie, in der mahnenden Erinnerung jenes peinlichen Zwischenfalls und durch ihr Temperament doch immer wieder in neue Liebesabenteuer getrieben, zu den fast bedauernswerten weiblichen Geschöpfen, die von einem Monat zum andern in einem steten Wechsel von Leichtsinn und Angst dahinzuleben verdammt sind. Doch war in ihrer Seele Leichtsinn das stärkere Element; und so verlief auch unser, nur kurz währendes Verhältnis, abgesehen von wenigen unruhvollen Tagen, in deren Sorgenbann sie sich mit einem rasch wieder gebrochenen Eid verschwor, mir jemals wieder anzugehören, beinahe ungetrübt; und da ich für meine Person mich völlig ohne Verantwortung fühlte, und überdies trotz einiger Verliebtheit noch nicht, wie bei späteren Gelegenheiten, von Eifersucht auf Vergangenheit und Zukunft gepeinigt wurde, so zählen die spärlichen Stunden, die mir in Annis Armen vergönnt waren, zwar nicht zu den leidenschaftlichsten und tiefsten, doch zu den angenehmsten und heitersten Erinnerungen meiner Jugendzeit. Und wäre ich etwa in einem bösen Prüfungstraum verpflichtet, einem pedantischen Literaturprofessor unter den Mädchen, die ich gekannt, eines als das eigentliche Urbild des süßen Mädels zu bezeichnen, so könnte es nur die kleine, blonde Anni sein, mit der ich mich auf einem Familienball in den Drei-Engel-Sälen im ersten Walzer fand und verstand, die verdorben war ohne Sündhaftigkeit, unschuldsvoll ohne Jungfräulichkeit, ziemlich aufrichtig und ein bißchen verlogen, meistens sehr gut gelaunt und doch manchmal mit flüchtigen Sorgenschatten über der hellen Stirn, als Bürgertöchterchen immerhin nicht ganz wohl geraten, aber als Liebchen das bürgerlichste und uneigennützigste Geschöpf, das sich denken läßt. Und war sie eben noch in dem behaglichen, wohlgeheizten Kämmerchen, in das sie mir immer erst nach einigem Zögern folgte, im Zauber der Stunde selig verloren, die ausgelassen-zärtliche Geliebte gewesen, so mußte sie nur über die schwach beleuchtete Treppe, durch den halbdunklen Hausflur, aus der verschwiegen-dämmerigen Nebengasse in den nüchtern-grellen Laternenschein der Hauptstraße treten, um sich, ein unauffälliges, kleines Bürgerfräulein unter vielen anderen, mit unbefangen hellem Aug, in das Gewimmel der abendlichen Geschäfts-, Spazier- und Heimwärtsgänger zu schicken; und eine Viertelstunde darauf erschien sie gewiß, zwar etwas verspätet, aber harmlos lustig und Lustigkeit um sich verbreitend, als das brave, schlimme Töchterchen am Familientisch und brachte, ob man's nun glauben wollte oder nicht, eine schöne Empfehlung von dem

Kaufmann, wo sie irgend was besorgt, oder einen Gruß von der Freundin, mit der sie sich wie gewöhnlich ein bißchen verplaudert hatte. Und merkte die Mutter vielleicht, während das anmutige Kind mit Appetit ihr aufgewärmtes Nachtmahl verzehrte, daß die Zöpfe nicht genauso gesteckt waren wie am Nachmittag, da man sich nach dem Kaffee so eilig davongemacht hatte, so unterließ sie lieber naheliegende Bemerkungen und Fragen, warf einen Seitenblick auf den seit jeher so vertrauensvollen Vater, der eben die Zigarre in den weißen Papierspitz steckte, und dachte, möglicherweise nicht ohne Wehmut, aber kaum besonders reuevoll, an eine Zeit zurück, da sie selbst noch ein junges und möglicherweise sogar ein süßes Mädel gewesen war.

Eines schönen Nachmittags im Vorfrühling ereignete es sich, daß ich Anni an der gewohnten Straßenecke zu der verabredeten Stunde vergeblich erwartete, – und damit war die Geschichte aus. Als ich ihr im Herbst desselben Jahres zufällig begegnete, behauptete sie, sie habe sich damals nur verspätet, und ich wäre nur zu früh fortgegangen. Warum weder sie mir noch ich ihr nach diesem verunglückten Stelldichein ein Wort geschrieben, blieb unerörtert. Jedenfalls aber gab sie mir zu verstehen – mit jener Dreiviertelaufrichtigkeit, die nach Abschluß solcher Liebesbeziehungen vorzukommen pflegt, aber dann nicht immer einen Reiz mehr bedeutet, – daß sie schon seit geraumer Zeit einem andern angehöre. Ich habe sie nicht wiedergesehen und erst zehn oder zwölf Jahre später wieder von ihr gehört, als ein Freund, dem ich von allerlei verflossenen Jugenderlebnissen erzählte, in Anni nach Namen und Adresse eine junge Dame erkannte, mit der einer seiner Bekannten ein sehr ernsthaftes, damals noch bestehendes Verhältnis unterhielt.

Die paar Gedichte, die ich an oder vielmehr über sie geschrieben, – denn auch in diesem Fall legte ich keinen Wert darauf, von der Angebeteten als Poet geschätzt zu werden – wären weiter nicht der Rede wert, wenn ich nicht dieses einzige Mal mich auch im Volkston versucht hätte. Aber das Künstliche meines Unternehmens verriet sich schon darin, daß ich das süße Wiener Mädel im Refrain statt Anni – Annerl wäre noch besser gewesen – Ännchen zu titulieren mich verpflichtet glaubte, als wäre sie nicht auf der Wieden, Kettenbrücken- oder Schleifmühlgasse, sondern in Tharau oder

Berlin zu Hause gewesen. Einen Brief hatte ich niemals von ihr erhalten, aber eine Photographie bewahre ich noch auf, wo ein weißer Spitzenschleier ihr ein etwas theatralisches, ihrem Wesen durchaus nicht gemäßes Aussehen verleiht, und man sich versucht fühlte, sie weder als Anni noch als Ännchen, sondern als Annette, wenn nicht gar als Beatrice anzusprechen. Aber was sind Bilder?! Was sind Briefe, wenn man sie hätte? Was sind Schilderungen und Berichte? Nun, da ich zu Ende bin – und wie oft wird's mir noch so ergehen – weiß ich, daß ich im Grunde nichts von ihr erzählt habe.

Die ihr folgte, hieß Therese und war die vielumworbene Kassierin meines Stammcafes, in dem ich vormittags Billard, nachmittags Karten, abends Billard und Karten, nachts Karten und Billard zu spielen pflegte. Ich hatte sie wahrscheinlich mit Recht im Verdacht, mit dem Zahlkellner sehr liiert zu sein, der übrigens ein Lebemann war und beträchtlich eleganter aussah als die meisten Stammgäste, die er bediente und von denen er sich Geld auslieh. Eines Nachmittags, auf dem Weg ins Cafe, traf ich zufällig Therese, die es eben verließ, wir verstanden und verständigten uns rasch, und nach einer Praterfahrt im geschlossenen Fiaker verbrachten wir den Abend sehr vergnügt in einem noch abgeschlosseneren Raum. Sie war sehr hübsch und trällerte öfter als notwendig einen damals sehr beliebten Operettenrefrain: »Die Lieb' erfordert Studium, und wer nur einmal liebt, bleibt dumm, dumm, dumm.« Das nächste Mal, es war ein heller Frühlingstag, aus dem wir uns in die Dämmerung herabgelassener Vorhänge geflüchtet hatten, war sie sentimental und seufzte an meinem Hals: »Endlich hat man einen gefunden, den man wirklich gern haben könnte, und da muß man fort.« Denn sie war aus ihrer Stellung geschieden, reiste wenige Tage später in ihre Heimat ab, und bald nach ihr verschwand auch der elegante Zahlkellner aus dem Cafe, der sich in der letzten Zeit öfters mit ihr an der Kasse auffallend und in düsterem Flüsterton unterhalten hatte. Er ließ zahlreiche Gläubiger zurück; aber bei der Geringfügigkeit meines Taschengeldes, das mich verhindert hatte, seinen Wünschen zu entsprechen, hatte gerade ich keinen Anlaß, ihm nachzuweinen. Theresen aber zollte ich meinen Dank in einem jener heinesierenden Gedichte, zu denen ich mich damals, nicht so sehr meinen Angebeteten als mir selbst gegenüber, offenbar verpflichtet glaubte.

Alle diese kleinen Liebschaften beschäftigten mich innerlich nicht allzusehr und kosteten mich nicht einmal beträchtlichen Aufwand an Zeit. Mehr und nutzlosere Stunden forderten Billard und Karten, so daß für den Besuch von Vorlesungen und für das Studium nur wenige übrigblieben. Auch der Dienst im Garnisonsspital war kaum dazu angetan, meine medizinische Weiterbildung zu fördern. In den ersten Monaten war ich dem Leichenhof zugeteilt, wo ich den Sektionen beizuwohnen und, wenn die Reihe an mich kam, das Protokoll zu führen hatte. Der Abteilungschef, ein zur pathologischen Anatomie kommandierter Regimentsarzt, tat nichts dazu, die wissenschaftliche Teilnahme seiner Untergebenen anzuregen. Jede zweite Woche war die eine Hälfte der dem Leichenhof zugeteilten Eleven gänzlich dienstfrei und mußte nur, wie die übrigen, täglich im Spital erscheinen, – zur Entgegennahme des »Befehls«, der die üblichen Belanglosigkeiten enthielt. Nach zwei Monaten wurde ich auf die Abteilung des Stabsarztes Professor Chvostek versetzt, eines sehr tüchtigen Praktikers, der auch wissenschaftlich tätig und in hohem Maß dem Trunk ergeben war. Damals arbeitete er speziell über Entzündung der Pfortader und war daher bemüht, unter den seiner Behandlung anvertrauten Soldaten möglichst viel Fälle dieser außerordentlich seltenen Krankheitsform zu entdecken. Ich weiß mich nicht zu erinnern, ob je eine Sektion seine Diagnose bestätigt hat. Jedenfalls sah ich mich hier zum erstenmal einer jener Monomanien gegenüber, die man fast als Berufskrankheit wissenschaftlich beflissener und zugleich ehrgeiziger Mediziner zweiten oder dritten Ranges bezeichnen könnte. Nach dem Tode des berühmten Internisten Bamberger hatte sich Chvostek mit der Hoffnung geschmeichelt, dessen Nachfolger zu werden. Als nun Nothnagel von Jena auf die verwaiste Lehrkanzel berufen wurde, machte unser Stabsarzt kein Hehl aus seiner Geringschätzung des neuen Klinikers und hörte es gern, wenn man ihn von dessen angeblichen Fehldiagnosen und ähnlichem mehr oder minder verbürgten Spitalsklatsch unterhielt. Einige meiner Kameraden wußten sich durch solche Zuträgereien bei ihm in Gunst zu setzen, und auch ich, sonst wahrlich nicht liebedienerisch veranlagt, glaubte einmal, meinen Chef mit der Mitteilung erfreuen zu sollen, daß Nothnagel neulich eine Pleuritis konstatiert und die Leichenschau einen Hydrothorax erge-

ben habe. »Das ist ja ein Teufel«, erwiderte Chvostek leicht-
hin, was freilich nicht völlig stimmte, mich aber doch rascher,
als es nach einem Erfolg der Fall gewesen wäre, die Kläglich-
keit meines Beginnens in heilsamer, vielleicht für mein Leben
nachwirkender Beschämung empfinden ließ.

Die eigentlichen Universitätsvorlesungen konnte man als
Einjährig-Freiwilliger Mediziner nur unregelmäßig besuchen. Aber selbst die Stunden von zwölf bis zwei, in denen
fleißigere Kameraden Geburtshilfe bei Späth hörten, benütz-
te ich mit einigen anderen meist dazu, mein Mittagmahl
einzunehmen, so daß nichts mich abhielt, schon um zwei den
Billardqueue zu schwingen. Im Riedhof hatten wir einen
Stammtisch, an dem Louis Mandl und ich selten fehlten; auch
Armin Petschek, ein braver, tüchtiger Kollege, heute Bezirks-
arzt in Wien, sowie der fleißige und gefällige Sigmund Dynes,
der es, in Militärdienst verbleibend, allerdings bis zum Ober-
stabsarzt brachte, nahmen meist an dem gemeinsamen Mittagessen teil; und als einziger Zivilist Theodor Friedmann,
der vom Schicksal als Urbild des Doktor Friedrich Witte im
»Märchen« vorbestimmt war, was wir beide damals nicht
ahnten. Gleich Louis Mandl und mir war er Arztenssohn
(sein Vater leitete die Wasserheilanstalt in Gainfarn), ein
hübscher, recht eleganter, liebenswürdiger, nicht sonderlich
strebsamer und nur mäßig begabter junger Mann, von dem
mir aus der damaligen Zeit eine Äußerung, nicht so sehr
durch ihre Bedeutung als durch den Eindruck, in Erinnerung
geblieben ist, den sie auf uns Tischgenossen hervorbrachte. Es
war vom Duell die Rede, und wir alle, ohne uns gerade als
prinzipielle Anhänger dieser Sitte zu fühlen, betonten aus
unserem Studententum heraus und mehr noch als Einjährig-
Freiwillige und künftige Reserveoffiziere unsere Bereitschaft,
erforderlichenfalls ritterliche Satisfaktion zu geben. Nur
Theodor erklärte, daß er sich unter keiner Bedingung schlagen würde, und zwar einfach darum, wie er auf unsere Frage
lächelnd erwiderte, weil er feige sei. Nicht so sehr die keineswegs feststehende Tatsache seiner Feigheit, als der Mut seines
Bekenntnisses war es, der uns verflüffte; was wir damals
freilich weder ihm noch uns selber zugestanden hätten. Wir
waren zwar alle weder Raufbolde noch besonders tüchtige
Fechter, und keiner von uns lechzte daher nach einem Waf-

fenhandel, aber ebensowenig hätte es einer versucht, sich einer studentischen Mensur oder selbst einem Duell zu entziehen, wenn es den geltenden Regeln nach als unausweichlich gegolten hätte. Die Frage war damals für uns junge Leute, namentlich für uns Juden, sehr aktuell, da der Antisemitismus in den studentischen Kreisen immer mächtiger emporblühte. Die deutschnationalen Verbindungen hatten damit begonnen, Juden und Judenstämmlinge aus ihrer Mitte zu entfernen; gruppenweise Zusammenstöße während des sogenannten »Bummels« an den Samstagvormittagen, auch an den Kneipabenden, auf offener Straße zwischen den antisemitischen Burschenschaften und den freisinnigen Landsmannschaften und Corps, deren einige zum großen Teil aus Juden bestanden (rein jüdische schlagende Verbindungen gab es damals noch nicht), waren keine Seltenheit; Herausforderungen zwischen Einzelpersonen in Hörsälen, Gängen, Laboratorien an der Tagesordnung. Nicht allein unter dem Zwang dieser Umstände hatten sich viele unter den jüdischen Studenten zu besonders tüchtigen und gefährlichen Fechtern entwickelt; müde, die Unverschämtheit und die Beleidigungen der Gegenseite erst abzuwarten, traten sie ihrerseits nicht selten provozierend auf, und ihre immer peinlicher zutage tretende Überlegenheit auf der Mensur war gewiß die Hauptursache des famosen Waidhofener Beschlusses, mittelst dessen die deutsch-österreichische Studentenschaft die Juden ein für allemal als satisfaktionsunfähig erklärte. Der Wortlaut dieses Dekretes soll an dieser Stelle nicht übergangen werden. Er lautete folgendermaßen: »Jeder Sohn einer jüdischen Mutter, jeder Mensch, in dessen Adern jüdisches Blut rollt, ist von Geburt aus ehrlos, jeder feineren Regung bar. Er kann nicht unterscheiden zwischen Schmutzigem und Reinem. Er ist ein ethisch tiefstehendes Subjekt. Der Verkehr mit einem Juden ist daher entehrend; man muß jede Gemeinschaft mit Juden vermeiden. Einen Juden kann man nicht beleidigen, ein Jude kann daher keine Genugtuung für erlittene Beleidigungen verlangen.« Dieser sozusagen offizielle Beschluß wurde allerdings erst einige Jahre später verkündigt; die Geistesverfassung, aus der er entstand, die Gesinnung, die er zum Ausdruck bringt, bestanden schon zu der Zeit, von der hier die Rede ist, Anfang der achtziger Jahre, wie auch die praktischen Folgerungen von beiden Seiten daraus gezogen wurden.

Nicht immer, wenn es zu tätlichen Insulten gekommen war, und ganz besonders, wenn sich Offiziersehre mit Studentencomment nicht in Einklang bringen ließ, konnte das Waidhofener Prinzip so streng gewahrt werden, als es seinen Bekennern angenehm gewesen wäre; aber der Geist dieses Prinzips, die Idee, wenn man so sagen darf, triumphierte auf der ganzen Linie und, wie man weiß, nicht auf dieser Linie allein. Einer von den jüdischen Studenten, die, ehe die Dinge die oben geschilderte Wendung genommen, einer deutschnationalen Burschenschaft angehört hatten, war Theodor Herzl gewesen; den ich selbst noch mit der blauen Albenkappe und dem schwarzen Stock mit Elfenbeingriff, darauf das F. V. C. (Floriat Vivat Crescat) eingraviert war, in Reih und Glied mit seinen Couleurbrüdern umherspazieren sah; – daß diese ihn als Juden aus ihrer Mitte stießen, oder, wie das beleidigende Studentenwort hieß, »schaßten«, war zweifellos der erste Anlaß, der den deutschnationalen Studenten und Wortführer in der Akademischen Redehalle (wo wir einander, ohne uns noch persönlich zu kennen, an einem Versammlungsabend spöttisch fixiert hatten) zu dem vielleicht mehr begeisterten als überzeugten Zionisten wandelte, als der er im Gedächtnis der Nachwelt weiterlebt.

Der Hochschulantisemitismus ließ sich natürlich an seinen bedeutungsvollen Reformen auf dem Gebiet des studentischen Comments und der Mannesehre im allgemeinen nicht genügen, – ein Gebiet, wo ihn rassentheoretische Spekulationen, also in gewissem Sinn das Walten einer Idee immerhin noch entschuldigen konnten; sondern wußte seine Tendenzen auch innerhalb von Vereinigungen durchzusetzen, die nichts mit Philosophie, nichts mit Politik und nichts mit den Phantomen der Standesehre zu tun, sondern ausschließlich humanitären Zwecken zu dienen hatten. So gab es an der Universität unter andern ähnlichen einen Verein, dessen Aufgabe es war, bedürftige, fleißige Studenten der Medizin monatlich mit Beiträgen von zwei bis fünf Gulden zu unterstützen. Es waren, wie die Dinge nun einmal lagen, hauptsächlich Juden aus Ungarn, auch aus Böhmen und Mähren, denen diese zum allergrößten Teil aus jüdischen Taschen fließenden Summen zufielen; – nicht immer sehr sympathische Erscheinungen, wie man zugeben muß, aber durchaus strebsame, zuweilen sehr begabte Jungen oder Jüngelchen und jedenfalls bedauernswerte arme Teufel, die vorher im Ghetto ihrer Heimat gedarbt hatten und nun in der Großstadt weiterhungerten. Die Verteilung der Unterstützungen erfolgte durch den Ausschuß, in den jeder Jahrgang zwei Mitglieder entsandte und dem ich seit meinem ersten Studiensemester angehörte. Alljährlich fand eine Generalversammlung statt, in der der Ausschuß seinen Rechenschaftsbericht erstattete und vom Plenum das Absolutorium zu erhalten pflegte, was viele Jahre hindurch ohne wesentliche Debatten geschehen war. Es war nun in meinem Freiwilligenjahr, vielleicht auch ein Jahr vorher oder später, daß in einer solchen Generalversammlung von deutschnationaler Seite die Forderung erhoben wurde, es dürften von nun an nur mehr deutsche, keine ungarischen und slawischen, das hieß also keine jüdischen Studenten der Unterstützung teilhaftig werden. Eine stürmische Diskussion erhob sich; es gab Interpellationen, Invektiven, Ordnungsrufe, kurz, die ganze Komödie der Parlamentsskandale im kleinen, und natürlich fehlte unter den Sprechern der christlich-germanischen Partei der getaufte Jude nicht, der, mit der falschen Objektivität des Renegaten den Standpunkt der kläglichen, aber zum Teil wohl gutgläubig überzeugten Gesellen, bei denen er sich anzubiedern versuchte, so geschickt zu vertreten wußte, daß damals das Scherzwort geprägt wurde: Der Antisemitismus sei erst dann zu Ansehen und Erfolg gediehen, als die Juden sich seiner angenommen. Gelang auch der erste Vorstoß nicht vollkommen, der nächste oder übernächste führte zum Ziel: Ich und meine freisinnigen Kollegen verloren ihre Mandate, und ein durchaus antisemitischer Ausschuß wurde gewählt. Mein persönlicher Nachfolger wurde ein fleißiger Mediziner meines Jahrgangs namens Mäusetschläger, ein aufgedunsener, blasser Tiroler Bauernstämmling, dem es bestimmt war, noch vor Vollendung seiner Studien an Miliartuberkulose zugrunde zu gehen. Sein äußeres Bild fließt mir zusammen mit dem eines andern Mediziners, den ich einige Jahre später an der Standthartner'schen Abteilung zu behandeln hatte, wo er mit Scharlach darniederlag. Als ich ihm wenige Tage nach seiner Genesung im Spitalsgarten begegnete, hielt er sich als mutiger Bekenner des Waidhofener Beschlusses für verpflichtet, ohne Gruß an mir vorbeizugehen. Aus der Vereinigung dieser beiden Gestalten erstand die Figur des Studenten Hochroitzpointner, dem in meiner Komödie »Professor Bernhardi« eine ziemlich charakteristische Rolle zugeteilt ist.

Das weitere Schicksal des medizinischen Unterstützungsvereins ist mir in seinen Einzelheiten nicht gegenwärtig. Keineswegs waren die Unruhen nach jenem ersten entschiedenen Sieg der antisemitischen Partei endgültig abgeschlossen. Bei späteren Versammlungen kam es zu Prügeleien, und als einmal oder öfters antisemitische Studenten mit Knüppeln und Stöcken über jüdische Mitglieder herfielen, die nach Abhaltung einer Besprechung den Hörsaal verließen, wurde der Verein behördlich aufgelöst. Es ist mir nicht bekannt, ob und unter welchen Bedingungen er sich später wieder konstituiert hat.

Auch unter den militärärztlichen Eleven, wie beinahe in allen Freiwilligenabteilungen – und wo nicht sonst! – fand eine – sagen wir auch hier »reinliche Scheidung« zwischen christlichen und jüdischen oder, da das nationale Moment immer stärker betont wurde, zwischen arischen und semitischen Elementen statt, und der außerdienstliche Verkehr hielt sich im allgemeinen in den engsten Grenzen. Von den Chefärzten war kaum einer den Juden wohlgesinnt; ohne daß man übrigens darunter irgendwie zu leiden gehabt hätte, nur einige der jüngeren Assistenz– und Oberärzte, soweit sie nicht selbst Juden waren, brachten ihre Gesinnung mit unerwünschter Deutlichkeit zum Ausdruck. Einer dieser Herren, Rudroff mit Namen, hoffte einmal, an mir sein Mütchen kühlen zu können, indem er mich und einige Kameraden, die sich wiederholt zur Visite verspätet hatten, zum Rapport bestimmte, der uns jedenfalls einige Wochen Kasernarrest eingetragen hätte. Ich richtete darauf in meiner Kameraden und in meinem eigenen Namen an unseren Chef, den Stabsarzt Chvostek, die Bitte, uns den Rapport zu erlassen, was jener ohneweiters bewilligte. Dies meldete ich in streng dienstlicher Form dem Herrn Assistenzarztstellvertreter, der höchst erbost bei Chvostek anfragte, ob es mit der Nachsicht des Rapportes seine Richtigkeit habe, eine Belästigung, mit der er sich bei Chvostek, der aller Soldatenspielerei abhold gewesen war, einen von uns allen mit Freude begrüßten Rüffel holte. Übrigens konnte man es als Regel aufstellen: gerade die tüchtigsten Militärärzte dachten am wenigsten daran, ihr Soldatentum hervorzukehren, während die sogenannten »Kommißknöpfe« unter ihnen fast durchaus Ignoranten waren. Einige gab es freilich, die ein anständiges Wissen mit einem gemäßigten militärischen Gebaren zu verbinden wußten, und diese waren es, die sich der größten Beliebtheit erfreuten. So unter anderen die Regimentsärzte Gschirhakl und Trnka, welch letzterer, Internist wie Chvostek, ein paar Monate lang mein direkter Vorgesetzter, mich ein wenig bevorzugte, so daß mich Gschirhakl scherzweise seinen Adjutanten nannte.

Ich tat übrigens das Meine dazu, möglichst auf internen Abteilungen zu verbleiben. Auch der Stabsarzt Matzal, unter dem ich einige Zeitlang diente, war gewissermaßen Internist, aber von einer Indolenz und Unfähigkeit, die sich in gleicher Weise auf wissenschaftliches und militärisches Wesen erstreckte. Daß es für ihn überhaupt keine anderen Krankheiten gegeben hätte als Catarrhus pulmonum und Catarrhus ventriculi war allerdings Übertreibung, und daß er die Diagnose Ulcus rotundum (rundes Magengeschwür), die ein voreiliger Eleve auf die Kopftafel zu setzen wagte, wieder ausstreichen ließ mit der Bemerkung »So was gibt's bei uns nicht«, ist auch nichts anderes als eine boshaft erfundene Anekdote; aber beides, Anekdote wie Übertreibung, kamen der Wahrheit ziemlich nahe. Einer der Männer, die ihre Minderwertigkeit als Mediziner durch militärisch-rüdes Benehmen wettzumachen suchten, war der Regimentsarzt Guido von Török, Vorstand einer chirurgischen Abteilung, der wohl mit Rücksicht auf jene Eigenschaften dazu kommandiert war, uns Freiwillige im Exerzieren zu unterweisen, wofür damals nur ein paar sommerliche Nachmittagsstunden vorgesehen waren. Da ich Anfang Juli einen vierzehntägigen Urlaub antreten durfte, hatte ich für den vorangehenden Nachmittag Dispens von der letzten Exerzierstunde erbeten und erhalten. Während einer Pause aus der Reihe tretend, ersuchte ich mit Hinweis darauf den Regimentsarzt, gehorsamst mich entfernen zu dürfen. Es wurde mir gewährt, aber das albern-unwirsche »Gehn S' zum Teufel!«, mit dem Doktor Guido von Török mich entließ, klang mir noch lange in fast symbolisch-übertreibender Stärke nach; – als hätte ich den paar grundlos ungezogenen Kasernhofworten nicht nur der armselige Geist eines gleichgültigen Individuums, sondern einer

ganzen Menschengruppe, ja einer Epoche sich eindringlich-
widerwärtig ausgesprochen.

In diesem Jahr war ich besondern eifriger Besucher der
Pferderennen geworden; und wenn es auch gewiß nicht ein
eigentlich sportliches Interesse war, das mich in die Freudenau lockte, so lag doch nicht im Totalisateur ihre einzige oder
auch nur ihre Hauptanziehungskraft für mich beschlossen. Es
war vielmehr diese ganz wunderbare Atmosphäre von Leichtigkeit, Eleganz und Spiel, die meinen Sinnen schmeichelte.
Landschaft und Staffage hatten ihren besonderen Reiz: der
von fernem Wald umstandene Rasen, weiß umplankt, mit
seinen Hürden und Gräben, die hageren Jockeys in windge-
bauschter, grellglänzender Seide, rot-, blau-, goldbeschärpt
auf den nüsternsprühenden edeln Pferden, die dunkel zusam-
mengeballte, gegen die Grenzen des Festplatzes zu sich ver-
dünnende und verlierende Menge; – über all diesem Schwir-
ren, Raunen, Flattern, Fluten ein blaßblauer Himmel, der mit
kleinen weißen Wolken von den Wipfeln der Praterbäume
sich zur ungarischen Ebene hinüberspannte; dazu das eigentümliche, etwas berauschende Gemisch von Heu-, Stall-, und
Wiesendüften und allerlei künstlichen Wohlgerüchen; – kein
Wunder, daß man sich von einem Mal zum andern nach dem
Zauber dieser Bilder und dieser Düfte zurücksehnte, und
nach dem feuchtkühlen Hauch, der von der in der Nähe, doch
unsichtbar vorüberfließenden Donau auch an Schwüleren
Sommertagen über diese Au der Freuden geweht kam. Meist
befand ich mich mit meinen Bekannten auf dem sogenannten
Guldenplatz unter Bürgern, Studenten, Commis, Bankbeamten und ihrem weiblichen Anhang, – mehr oder minder
harmlosen Leuten, denen die Rennen ein Sonntags- und
Spielvergnügen bedeuteten wie ein anderes, – oder Gewohn-
heitswettern zweiten und dritten Rangs; – manchmal auch,
wenn's mir sehr knapp zusammenging, trieb ich mich auf dem
Zwanzigkreuzerplatz herum, also, wenn man will, unter dem
Volk, das freilich mit wohlhabenden Elementen reichlich
genug durchsetzt war. Zuweilen aber, zum Beispiel, wenn
man das vorige Mal gewonnen hatte und etwa, statt mit der
Eisenbahn anzukommen, im Fiaker durch die Hauptallee
herangesaust war, spazierte man im gelben Überzieher und
steifen Hut – bis zum Derbytag natürlich im Zylinder – den
Operngucker umgehängt, im Sattelraum umher, unter Gra-

fen, Bankiers, Bookmakern, Kavalleristen, Defraudanten, Sportsleuten, – von den vielfältigen Mischformen und Spielarten nicht zu reden; und fühlte sich so ganz dazugehörig, daß man, von snobistischen Anwandlungen leicht benommen, mit einiger Verachtung, ja wie auf eine ferne fremde Welt, zu jenen mitleidswürdigen oder auch komischen Menschen hinüber– und auf sie herunterschaute, die sich auf den billigeren Plätzen behelfen mußten oder sich es gar ohne dringende Notwendigkeit dort genügen ließen. Aber wo man sich nun aufhielt, im Sattelraum, auf dem Guldenplatz oder unter dem Volk, man war einer von denen, die hier zu Hause waren: man kannte die Farben der Ställe, das Pedigree der Rennpferde, hatte seine Lieblinge unter den Besitzern, den Reitern, den Pferden, wußte von ihren letzten Siegen und Niederlagen, erwog sorgfältig und fachmännisch ihre Chancen von heute und wettete dilettantisch und hazardfroh, um mit einem Schlage ein reicher Mann zu werden, für alle Fälle lieber auf den Outsider als auf den Favorit. Doch dies alles, wenn auch erregend und unruhvoll und wie von einem Hauch des Verbotenen durchwittert, war nur Vorbereitung oder Nachhall: wahrhaft köstlich und geheimnisvoll waren die Minuten, in denen der ganze Sinn dieses Treibens sich erst wirklich zu erfüllen hatte, – in denen die Landschaft, wie mit künstlerischer Absicht aufgestellt, gleichsam zur Kulisse eines wunderbaren Schauspiels wurde, in dem man beinahe ein Mitspieler war und man mit wanderndem Operngucker klopfenden Herzens das Rennen verfolgte, – unter den dahingaloppierenden Pferden immer das eine im Aug, auf das man sein Geld, ach, manchmal seinen letzten Gulden gewagt hatte. Auch wenn es zurückblieb, aus dem Rudel sich nicht zu lösen vermochte, ja noch hundert Meter vor dem Ziel, wenn es als letztes lief, vom eigenen Reiter aufgegeben, – niemals, als hätte der Wunsch beflügelnde Kraft, gab man endgültig die Hoffnung auf, es noch als Erstes durchs Ziel gehen zu sehen. Und oft genug, auch wenn es als Zweites, Drittes, Viertes ankam, versuchte man sich einzubilden, es sei doch den andern voran gewesen oder hätte wenigstens ein totes Rennen gemacht, – bis endlich auf der großen, weithin leuchtenden Tafel neben der Richterloge, unwiderruflich und vernichtend, die Nummer des wirklichen Siegers aufgezogen wurde. Nun – hatte man auch diesmal wieder Pech gehabt wie gewöhnlich, schon der nächste Wettlauf konnte den Verlust zehn- und zwanzigfach einbringen; – schlimm war es nur, wenn man eben den Rest seines Vermögens hingeopfert, noch dazu für eine Angelegenheit, die einem eigentlich selbst von Anfang an recht dubios erschienen war; – und wenn nun ein Rennen kam, in dem man sich vermaß, den Sieger mit mathematischer Sicherheit oder, was noch besser war, intuitiv prophezeien zu können. Konnte ein anderes Pferd dieses Rennen, zu dem eben die Nummern aufgezogen wurden, machen, als dieser schwarzbraune Hengst von Lord Byron aus der »Kiss me quick«? Seht ihn euch doch an, meine Freunde, diesen Hengst, der neulich betrügerischerweise von seinem bestochenen Jockey verhalten worden war, auf den man nebstbei, seit er das erste Mal auf dem Turf erschienen, jedesmal gesetzt und jedesmal verloren hatte, und der heute endlich seinen treuen Anhängern die verdiente Genugtuung bringen sollte. Und noch schlimmer war es, wenn man nun versuchte, sich bei einem guten Freund, bei einem zweiten, dem man neulich selber ausgeholfen, bei einem dritten, dem eben das Glück gelächelt, sich zehn – fünf – zwei Gulden auszuleihen und man überall abgewiesen wurde, bis man sich endlich entschloß, für seine eigene Person zu verzichten, und allzu großmütig die lauen Freunde bat, beschwor, sie möchten doch wenigstens ihr eigenes Geld, alles, was sie überhaupt bei sich hatten, auf dieses todsichere Pferd anlegen, das ihnen zehnfachen Gewinn bringen würde; – und wenn man für seinen uneigennützigen Rat nur Spott und Hohn erntete, weil man sich neulich in einem ähnlichen Fall geirrt hatte! Aber am schlimmsten wurde es, wenn nun die Pferde alle zum Start gingen und man das erwählte sah, das herrlichste von allen, dem der kommende Triumph aus den kühnen Nüstern dampfte, und die rote Fahne sich senkte und die Renner sich in Galopp setzten und das erwählte herrliche sich aus dem Rudel löste, sofort die Spitze nahm, um eine, fünfzehn, zwanzig Längen den andern voraussauste, und zwei Minuten später mit verhängten Zügeln unter dem Jubel der wenigen Glücklichen, die es gewettet, durchs Ziel jagte; – ja, das war das Allerschlimmste, fast ein Schmerz. Und nun stand man da mit leeren Taschen, ein bitteres Lächeln um die Lippen, und nichts blieb als die armselige Genugtuung, von einem der hartherzig-törichten Freunde zum andern hinzuschlendern und jedem ins Ohr zu raunen: »Nun, was hab' ich gesagt!« Fünfzehnfaches Geld, hundertfünfzig für zehn, fünfundsiebzig für fünf, und immerhin noch dreißig für zwei, das war ein Sümmchen, das allerlei bedeuten konnte – vor allem einen hübschen Fond für den nächsten Lauf, denn nun hätte man zwanzig Gulden gesetzt, natürlich wieder auf den letzten Outsider, der nach dem Gesetz der Serie selbstverständlich gewinnen mußte, überdies war es ein Hürdenrennen, bei dem man immer Glück hatte, und beim letzten, bei der Steeplechase, hätte sich das Gewonnene wieder verdoppelt oder vielleicht verzehnfacht: nichts wahrscheinlicher, als daß man mit ein paar hundert Gulden den Rennplatz verlassen hätte. Und das Geld bedeutete Havannazigarren und ein Souper bei Leidinger und einen Fiaker, einen Orchestersitz im Wiedner Theater erste Reihe und eine köstliche Krawatte und – vor allem den Fond für das nächste Mal. Das blieb das Wichtigste.

Manchmal, ach selten genug, lächelte mir das Glück doch so weit, daß ein oder der andere Traum sich in bescheidenem Maß erfüllen durfte; im ganzen aber war es mir auf dem Turf wie bei anderen Spielgelegenheiten so wenig hold, daß es mir heute ziemlich rätselhaft erscheint, wie es mir überhaupt gelang, in diesem Freiwilligen- und in manchem nächsten Jahr meine Lebensweise fortzuführen, ohne in ernstliche Ungelegenheiten zu geraten. Von ferne betrachtet, war ich damals mit meinem geringen Taschengeld, das immer schon im vorhinein aufgezehrt und mit Schulden überlastet war, wirklich ein wenig der »Fünfguldenlebemann«, wie Hermann Bahr später, nicht sonderlich zutreffend, den Helden meines ersten Buches genannt hat, und mancher meiner »Kumpane«, wie ich sie an dieser Stelle wohl nennen darf, mochte, selbst wenn es bei einem oder dem andern über die fünf Gulden hinausging, auch in der Nähe nach nichts Besserem ausgesehen haben.

Von allen diesen der weitaus Merkwürdigste, auf den jene spöttisch-boshafte Bezeichnung daher auch nicht mehr recht passen will, ja in dem das Zeug zu einem Lebemann oder Lebenskünstler höheren Stils steckte, war ein Student der Rechte, namens Richard Tausenau, den ich übrigens schon ein paar Wochen, ehe das Militärjahr begann, im Rennjargon jener Tage im Tagebuch als meinen »Intimus mit drei Längen« bezeichnet hatte. Er war im Gymnasium mein Klassen-

Richard Tausenau

kollege gewesen, aber erst in den Ferien vom ersten zum
zweiten Universitätsjahr waren wir einander nähergetreten.
Zu einem Viertteil war seinem Mariahilfer Bürgerblut jüdisches beigemischt; sein Groß- oder Urgroßvater oder Großoheim hatte im achtundvierziger Jahr eine nicht ganz aufge-
klärte Rolle als Demagoge oder Agent provocateur gespielt, –
wenn er nicht gar verdammt gewesen war, was häufiger
vorkommen mag, als die Hoch- oder Überschätzer der Ge-
sinnungstüchtigkeit ahnen oder zugestehen, den ewigen
Kampf zwischen Konservatismus und Revolution tragisch-
bewußt in der eigenen Brust auszufechten, was dann freilich
nach außen hin zu allerlei schwerem und gefährlichem Miß-
verstehen Anlaß zu geben pflegt. Übrigens wußte mir sein
Urenkel oder Urneffe, der ihn nicht gekannt, nichts Näheres
von ihm zu erzählen. Im Gymnasium hatte Tausenau zu den
mittelmäßigsten Schülern gehört; kaum auf die Universität
gelangt, sprang er in die »Silesia«, eine deutschnationale
Burschenschaft, ein, trug seine Kappe stolz und schief, kneip-
te und schlug sich wie die übrigen Couleurbrüder, sprang
aber, nachdem der erste Schmiß seine Stirn zierte, worauf es

ihm bei der ganzen Burschenherrlichkeit hauptsächlich angekommen war, aus der »Silesia« wieder aus, was man sich dort
gern gefallen ließ, oder mit Rücksicht auf seine jüdische
Abstammung gefördert, wenn nicht gar gefordert haben
mochte. Bald darauf trat er als Einjährig-Freiwilliger – auch
das ganz in seinem Stil – bei dem Wiener Hausregiment, den
Hoch- und Deutschmeistern, ein, trug seine Mütze fesch und
schief, so wie er im Jahr vorher sein Cerevis getragen, lebte
und lumpte in jedem Sinn über seine Verhältnisse weiter,
benahm sich in der Bezahlung seiner Spielschulden lässiger,
als es selbst in unserem darin notgedrungen etwas laxen
Freundeskreis üblich war, gab sich, obwohl sein Glück bei
Frauen sich in einem vielfach beneideten Maße ankündigte,
wahllos mit Weibern aller Kategorien ab, bis ihn das Schicksal, das wir medizinische Kollegen ihm schon lang prophezeit, in den Armen einer unprotokollierten Dirne ereilte. Die
ernste Natur seiner Erkrankung, die ein Verwandter, der
elegante Rennarzt, August Schwarz, zuerst als verhältnismäßig harmlos angesehen, sprach sich erst in der Folge mit
Entschiedenheit aus, und noch höre ich das sonderbare kurze
Lachen – wie es meinem Freund in bedenklichen Lebenslagen
eigen war und das ich daher noch öfters zu hören bekommen
sollte – mit dem er mir damals die peinliche Eröffnung
machte. Die Krankheit, rein medizinisch angesehen, nahm
einen leichten Verlauf. Richard ließ sich auch äußerlich nicht
weiter von seinem Mißgeschick anfechten, und sobald es nur
anging, nahm er sein altes Leben in jeder Beziehung wieder
auf. Der Zufall wollte es, daß wir etwa ein halbes Jahr nach
seiner vorläufigen Wiederherstellung im Prater dem ärmlichen, blassen, nebstbei völlig reizlosen Frauenzimmer begegneten, das an seiner Erkrankung Schuld trug; mein Freund
Richard aber zeigte sich so wenig nachträgerisch, daß er das
verhängnisvolle Geschöpf wie eine sympathische alte Bekannte begrüßte und sich bald von mir verabschiedete, um
den Rest des Abends oder der Nacht mit ihr zu verbringen.
Doch sein Leichtsinn erwuchs, und darum konnte man ihm
nicht gram sein, auf dem Grunde eines melancholisch-zyni-
schen Weltgefühls, das natürlich dann am stärksten zum
Ausdruck kam, wenn er es, meist infolge eines leichtsinnigen
Streiches, für seine Person wieder einmal bestätigt fand. Und
wie sein Leichtsinn aus seiner ins Zynische schillernden

Melancholie, so kam sein Hang zur Schuldenmacherei und zu allerlei schlimmeren kleinen Schmutzereien aus seiner Neigung, ja seiner Anlage zu einem gewissen Kavalierstum, dem es freilich an gelegentlicher Größe fehlte, das aber niemals in einen ganz lächerlichen Snobismus ausartete. Ohne sich jemals geckenhaft zu tragen oder zu gebärden, war er derjenige in unserem engeren und weiteren Kreise, der am ehesten einem wirklichen Elegant, wenn auch zuweilen einem etwas herabgekommenen, gleichsah: ohne daß er im geringsten das gewesen wäre, was man einen schönen Mann zu nennen pflegt, – seine schlanke, federnde Gestalt, die immer bleichen, schmalen Züge seines zu klein geratenen Antlitzes mit dem schwarzen Spitzbärtchen machten ihn zu einer interessanten, freilich nicht unbedingt angenehmen Erscheinung, wie auch sein spöttischer, niemals sehr freier Blick, in dessen Hintergrund etwas unaufgeklärt Letztes sich zu verbergen schien, Fernerstehende zu Mißtrauen und selbst Freunde zu leiser Vorsicht mahnen mußte. Eine gewisse aristokratische Frechheit bewunderte er manchmal mehr, als ich ihm nachzufühlen oder auch nur zu verzeihen imstande war; so als er mir einmal mit einer Art feinschmeckerischen Behagens von dem unverschämten Benehmen eines jungen Grafen erzählte, der in einem Vergnügungslokal in eine Loge getreten war und dort mit einer Dame sich in eine vertrauliche Unterhaltung eingelassen hatte, ohne von deren bürgerlichen Begleitern, die erzürnt, doch ratlos verlegen daneben saßen, anders als mit einem höhnischen Seitenblick Notiz zu nehmen.

Daß ich mich zu Richard als dem so ziemlich problematischesten Individuum, dem ich bis dahin begegnet war, lebhaft hingezogen fühlte, versteht sich fast von selbst; daß er sich aber auch an mich herzlicher anschloß als an irgendeinen anderen, obwohl ich weder an Eleganz – die einzige rückhaltlos von ihm bewunderte menschliche Eigenschaft – noch an Schneidigkeit, die er gleichfalls sehr hoch hielt, noch an Wohlhabenheit, die man ihm immerhin auch als gelegentliches Motiv für intimeren Verkehr hätte unterschieben dürfen, seinen Ansprüchen genügen und seinem Geschmack entgegenkommen mochte, das lag wohl darin begründet, daß er – als vielleicht erster – die Fähigkeit besaß, nicht nur und nicht so sehr das Wesentliche meiner Begabung, als das Eigentümliche und am Ende auch nicht ganz Unproblematische meines Wesens zu erkennen oder wenigstens zu spüren. Ohne literarisch irgendwie stärker interessiert zu sein, fand er an einigen meiner dichterischen Stoffe, die ich ihm einmal in einer Kaffeehausecke als dem einzigen aus dieser flachen Lebemannsgesellschaft mitzuteilen die Laune hatte, ein ahnungsvolles Gefallen, das gewiß eher auf deren mystisch-seelischen Gehalt als auf ihre poetische Qualität Bezug nahm. – In der Liebe war er damals mehr ein Sammler als ein Suchender, durchaus gewissenlos und für einen echten Kavalier doch zu indiskret, wie er es auch späterhin blieb. Und ich denke noch daran, wie er nahe dem Ende seiner Tage, das allzufrühe kommen sollte, in wehmütig stolzer Rückerinnerung so mancher merkwürdiger Herzensabenteuer seiner Betrübnis Ausdruck verlieh, daß er mir das Allerinteressanteste, was er erlebt, – eine Sache, die offenbar in den allerhöchsten Kreisen gespielt, doch leider nicht erzählen dürfe und könne.

In diesem Jahr stand er aus begreiflichen Gründen nicht ganz auf der Höhe seiner Liebesmöglichkeiten, und selbst in unserem Kreise, deren Mitglieder sich nicht eben sonderlich romantischer oder leidenschaftlicher Abenteuer rühmen durften, trat er damals nicht gerade als Eroberer hervor. So läuft er auch nur wie eine Episodenfigur unter dem halben Dutzend junger Leute mit, die sich eines Abends in der Wohnung eines Herrn Wilhelm Ostersetzer zum Roulettespiel zusammengetan hatten, eines völlig unbeträchtlichen jungen Bankmenschen, der über einige Geldmittel verfügte, im übrigen weder gebildet noch klug, noch hübsch, nur eben nach der Mode gekleidet war. Die persönliche Bekanntschaft dieses höheren Ladenschwengels oder, wie wir Studenten solche Individuen nannten, dieses Schwungs, hatte ich wahrscheinlich wie die einiger anderer von gleicher Bedeutung auf dem Turf gemacht. In jener Abendgesellschaft befanden sich drei junge Mädchen; eine hieß Betty und war die Geliebte des gleichfalls anwesenden Arthur Horner, eines mittelmäßigen, aber gutmütig-angenehmen Menschen, der, schon damals höchst versiert in Turfsachen, später als Bookmaker sich auf den österreichischen Rennplätzen eines gewissen Rufes erfreute; die beiden anderen jungen Mädchen waren Schwestern, allerdings nur Töchter eines Hausbesorgers, aber immerhin des Hausbesorgers aus dem großen Mölkerhof in der

Schottengasse, und sahen nach etwas Besserem aus. Minna, die Ältere, Wilhelm Ostersetzers Erwählte, war ein hübsches, blasses, wohlgewachsenes Geschöpf, für dessen Wesen sich die Worte »resch« und »g'schnappig« nicht nur als kennzeichnend, sondern als geradezu erledigend aufdrängten. Ihre jüngere Schwester Toni war gleichfalls blaß und wohlgewachsen, nicht so hübsch, auch etwas herber in ihrer ganzen Art, auch weniger beweglich von Geist und Worten, und, zwar höchst adrett, doch nicht so fesch angezogen wie Schwester Minna, deren Auftreten schon damals die künftige Probiermamsell ahnen ließ. Nach der Spielpartie begab sich die ganze Kumpanei, in der sich unter anderen auch der altbekannte Pepi Mütter wie der Pianist Rosenthal befanden, in den Stephanskeller, wo man im allgemeinen recht aufgeräumt war, mit Ausnahme der beiden offiziellen Liebhaber Arthur und Wilhelm, die sich immer eifersüchtiger und übellauniger gebärdeten. Toni zeichnete sich mir gegenüber durch eine besondere Zutunlichkeit aus. Am Abend darauf hatte ich eben einen Inspektionsdienst im Offiziersspital angetreten, als der Gefreite mir melden kam, daß mich im nahe gelegenen Wirtshaus »Zum grünen Jäger« ein Herr mit zwei Damen erwarte. Gegen alle Disziplin entfernte ich mich vom Dienst und fand beim »Grünen Jäger« Richard Tausenau, aber nicht, wie ich gehofft, mit den zwei Schwestern aus dem Mölkerhof (die übrigens den höchst unhausmeisterischen Zunamen Faust trugen), sondern mit irgendeinem blatternarbigen, aber sonst sehr hübschen und drallen Fräulein Mizzi und Arthur Horners Flamme bei einem frugalen Souper; am Tisch gegenüber jedoch zu meiner unangenehmen Überraschung den Regimentsarzt Gschirhakl vor einem Glas Bier sitzen. Zwar erwiderte er meinen strammen Gruß mit tadelloser, nur etwas ironischer Liebenswürdigkeit, immerhin durfte ich nicht lange verweilen und wurde von Richard mit seinen zwei Damen, von denen eine jedenfalls mir zugedacht war, wieder ans Spitaltor geleitet. Noch am gleichen Abend wurde Betty Richards Geliebte. Es war ein Jugendstreich wie ein anderer. Aber als ich etwa ein Jahrzehnt später Frau Betty, die längst Arthur Horners Gattin geworden war, obwohl er, durch Wilhelm Ostersetzer von ihrer Untreue unterrichtet, sich mir gegenüber bitter über Richards Gewissenlosigkeit beklagt hatte, an höchst verdächtigen Halsgeschwüren ärztlich zu behandeln hatte, – und nach weiteren zwanzig Jahren, als mir Arthur Horner in einer Cottagestraße entgegengewankt kam und mir als lallender Paralytiker erzählte, daß er eben wie alltäglich im Begriffe sei, seiner längst von ihm geschiedenen Gattin Betty einen Besuch abzustatten, – da konnte ich nicht umhin, jenes fernen versunkenen Abends zu gedenken, an dem wahrscheinlich der Grund zu all dem Unheil gelegt worden war. Und auch jener Satz fiel mir ein, den ich einmal niedergeschrieben hatte: »Wir müssen immer einen Dolch blitzen sehen, um zu begreifen, daß ein Mord geschehen sei«, und fügte für mich selbst hinzu: Oft sehen wir ihn blitzen, und statt ihn dem Mörder aus der Hand zu winden, begnügen wir uns, ihn milde zu mahnen, daß er so was doch eigentlich nicht tun sollte, – wenn wir nicht auch zu solcher Mahnung zu gleichgültig und bequem sind.

Übrigens wäre es damals wahrhaftig philiströs gewesen, Dinge so tragisch zu nehmen, deren Folgen, wenn sie überhaupt kommen sollten, in ferner Zukunft lagen. Vielmehr saß man schon ein paar Tage drauf mit Richard und Wilhelm beim Tökes, was zur Abwechslung eine ungarische Restauration war, und lachte sich halb zu Tod über die lustige Geschichte von der ungetreuen Betty und dem betrogenen Arthur.

Indes aber hatte Toni, die ich seit jenem Rouletteabend gar nicht wieder zu Gesichte bekommen, in meinem Herzen eine gewisse Rolle zu spielen angefangen; und eines Abends begab ich mich in den Volksgarten, wo sie sich, wie mir bekannt war, mit ihrer Schwester und ihren Freunden zu ergehen pflegte. An ihrer Statt aber traf ich Fännchen, und es blieb mir nichts übrig, als mit ihr und einem ihrer Vettern, einem Junggesellen von Vierzig, in den sommerlichen Alleen auf und ab zu spazieren. Herr Eduard Mütter war ein kleiner, dicker, gutmütiger, etwas spaßhafter Herr mit verkniffenen Augen und hatte es sich seit einiger Zeit in den Kopf gesetzt, Fännchens Vorsehung oder wenigstens ihren guten Engel zu spielen. Wenn er mich allein traf, erzählte er mir gern, daß sich Fännchen bitter um mich gräme und daß es herzlos von mir sei, ein so liebes, braves Geschöpf leiden zu machen, was meiner Eitelkeit schmeichelte, ohne mich auf den seiner Ansicht nach rechten Weg zu leiten, der übrigens der falscheste von allen gewesen wäre. Auch heute, in Fännchens Gegenwart, ließ er es als Vertrauter, der sich was erlauben durfte, an freundlich-kupplerischen Anspielungen nicht fehlen, während Fännchen selbst, da sie vor dem braven Mann sich keinen Zwang auferlegen mußte, sich verliebt-traurig und eifersüchtig-zärtlich gebärdete, wie es nun einmal ihre Art war. Ich aber, nachdem ich sie listig aus dem Volksgarten hinausgeplaudert und bis an ihr Haustor geleitet, empfahl mich und eilte in den Garten zurück, wo ich erwünschtermaßen fidelere Gesellschaft antraf: die Schwestern aus dem Mölkerhof, in Begleitung von Wilhelm und Richard. Wir fuhren alle nach Döbling zu einem heiteren Nachtmahl im Freien; am Sonntag drauf gab es eine nicht minder lustige Landpartie über den Kahlenberg nach Klosterneuburg, und als ich auf der Heimfahrt im Eisenbahncoupé in angenehmer Nachwirkung des süßen Strohweins aus dem Stiftskeller halb schlummernd an Tonis Schulter ruhte, fühlte ich mich bereit, ihr mancherlei zu glauben, worüber ich vor Kahlenberg und Stiftskeller in angeborenem Skeptizismus nur gelacht hätte. So entwickelte sich unsere Beziehung langsam, aber aussichtsvoll weiter unter den mißbilligenden Augen von Minna, die mehr aus praktischen als aus moralischen Gründen einem Verhältnis ihrer Schwester mit einem auf sein geringes Taschengeld angewiesenen Einjährig-Freiwilligen eher abgeneigt schien und das Ihre dazu tat, uns beide niemals allein zu lassen. Saßen wir aber, wie es zuweilen vorkam, in schwülen Sommernächten zu viert im Rathauspark, dann zeigte sich Minna sowenig spröd als Toni, die sich freilich noch immer nicht entschließen konnte, mir »jene letzte Liebeshuld« zu gewähren, hauptsächlich aus Angst vor ihrem Vater, der – ein großes, aber selten nachgeahmtes Vorbild für andere Hausbesorger – geschworen hatte, eine Tochter, die sich »so weit vergäße« (der Konjunktiv stammt natürlich nicht aus dem Mölkerhof, sondern aus meinem Tagebuch), aus dem Hause zu jagen.

Indes war ich, wie es die Dienstordnung für die militärärztlichen Eleven vorschrieb, für einige Wochen der Truppe, und zwar dem Regiment Mollinary – brauner Waffenrock mit schwarzen Aufschlägen – zugeteilt worden. Es war immerhin etwas strapaziös, wenn man den Abend vorher mit Freunden und Freundinnen bei Volkssängern, im Kaffeehaus zugebracht und endlich in ziellos stürmischen Zärtlichkeiten auf

nachtumschatteten Gartenbänken beschlossen hatte, um vier
Uhr morgens im Kasernhof anzutreten und auf den Galizinberg oder nach Aspern zu marschieren; und es erscheint
verzeihlich, daß man dann manchen Nachmittag verschlief
oder in einer Kaffeehausecke dämmernd mit einem melan-
cholisch-zynischen Freund, dem eine unheimliche Krankheit
durchs Blut kreiste und der nie Geld hatte, katzenjämmerli-
che oder gar weltschmerzliche Gespräche führte, in denen das
Wort »öd« hundertfach abgewandelt immer wiederkehrte.
Auch daß Toni endlich die Meine wurde, vermochte meine
Stimmung nicht zu verklären oder zu erhöhen; und daß ich
mich entschließen sollte, zu glauben, was sie mir oft versichert und woran ich zu zweifeln nie aufgehört, machte mich
nicht stolzer und glücklicher, schon darum, weil auch physio-
logische Scheinbeweise nicht genügen konnten, mein wohl-
begründetes seelische Mißtrauen zu besiegen. Am wohlsten
war uns beiden, wenn wir allein miteinander waren, ob mir
Toni nun in einem behaglichen Zimmerchen, in meinen
Militärmantel gehüllt und meine Kappe auf der zerstrubelten
Frisur, beim Nachtmahl gegenübersaß, oder ob wir uns an
den linden Sommerabenden in den Gartenalleen ergingen, wo
ich so oft in lieblicherer und keuscherer Gesellschaft umher-
gewandelt war; immer unleidlicher aber wurde mir das andere Pärchen, Wilhelm–Minna, von dem wir uns doch nur von
Fall zu Fall emanzipieren konnten. Wilhelm, besonders in
seiner Geistesleere und Langweiligkeit, war mir so unaus-
stehlich, und Minna selbst behandelte ihn mit so unverhohle-
ner Mißachtung, daß ich an dem Bestehen eines wirklichen
Verhältnisses zwischen den beiden zu zweifeln anfing.
Manchmal wieder verblaßte Tonis nie sehr lebhaft empfunde-
ner Zauber für mich so sehr, daß mir ihre zwar recht gewöhn-
liche, doch immerhin lustigere und witzigere Schwester besser gefiel als jene, und dann stellte ich für mich fest, daß ich in
Toni überhaupt nicht verliebt, sondern nur eifersüchtig auf
sie sei und diese ganze Art von Existenz mich im Grunde nur
aufrege, ohne mich anzuregen. Freilich wechselten solche
trübe auch mit helleren Stunden, in denen der unerfreuliche
Kreis, in den man geraten war, gewissermaßen ferner rückte,
kaum mehr wie eine Gruppe lebendiger Individuen wirkte,
sondern sich gleichsam ins Atmosphärische auflöste, wie es
zum Beispiel anläßlich eines kleinen Soupers in Wilhelms

Wohnung geschah, wo ich, ohne mich um die übrigen zu kümmern, am Klavier saß, phantasierend mit geschlossenen Augen, den Kopf an Tonis Busen gelehnt, und mich berauschte an Wein, Akkorden und Küssen. Nein: *hätte* berauschen *können*; – denn ich war mir auch in solchen Augenblikken klar darüber, daß zu superlativischen Ausdrücken hier kein Anlaß, daß auch meine innigen Liebesbeteuerungen halbbewußte Lügen und daß ich für ein anderes, höher geartetes Wesen geschaffen sei, als für ein bei manchen anmutigen Zügen doch so gewöhnliches, wie Toni es war. Und schmerzlich rief ich aus, was ich später noch viel tiefer sollte empfinden lernen: »Ließe sich doch alles, was in der Entwicklung nur Episode bedeutet, auch nach Gebühr nur episodisch erleben. Aber man lebt am Ende doch so hin, wie es der Augenblick mit sich bringt, und läßt sich's genügen!«

Doch gab es immer wieder heitere oder wenigstens fidele Abende, und man hätte uns Fünfguldenlebemänner, Freiwillige wie Zivilisten, immerhin schon etwas höher taxieren dürfen, wenn man uns mit unseren Damen im feschen Zeugl vom Prater aus nach Döbling zum Casino Zögernitz sausen sah, wo wir in dem übervollen Wirtshausgarten am wohlbesetzten Abendtisch den Vorträgen der Kuzel Leopoldine, der feschen Mirzl oder den bald rührseligen, bald lustigen Couplets und Duetten des berühmten Volkssängerpaares Seidl und Wiesberg lauschten. Noch heute habe ich die Estamtam-Gstanzeln im Ohr, die damals besonders beliebt waren, und aus einem bestimmten Grunde habe ich eine der Strophen wörtlich in der Erinnerung behalten. Sie lautete:

> Estamtam estamtam eh und jucheh
> Und eh und jucheh
> Am Rathausturm haben s' keine Ventilation,
> Aber Fenster, die dreitausend Gulden kost ham.
> Eh und jucheh – jucheh!

Am nächsten Tag hatte ich nämlich Offiziersprüfung; eine der feststehenden Fragen aus der Hygiene, in welchem Fach ich so gut wie gar nicht vorbereitet war, bezog sich auf Ventilationsvorrichtungen, ich nahm jene Coupletstrophe als Schicksalswink, studierte das betreffende Kapitel noch rasch vor dem Einschlafen und wurde tatsächlich am nächsten Tage aus Ventilation geprüft. Da diese Prüfung übrigens eine

Formalität vorstellte und die Assistenzarzt- oder Oberarzt-charge jedem Einjährig-Freiwilligen Mediziner, der sich nicht was Besonderes hatte zuschulden kommen lassen, nach Ablegung des Doktorats so gut wie sicher war, beanspruche ich nicht, daß mein »Estamtam«-Erlebnis als moralische Erzählung aufgefaßt werde.

Anfangs September nahm ich zärtlich Abschied von Toni für ein dreitägiges Manöver, das unweit von Wien in der Gegend von Fischamend stattfand und von dem mir einige an sich gleichgültige Bilder in der blinkenden Umrissenheit von Jugenderinnerungen gegenwärtig geblieben sind: Das Nachtquartier auf Strohsäcken in einer Bodenkammer zu Maria Elend, das ich mit zwei Kameraden, Hiero Stössel und Wassing, der übrigens noch damals Wassertrilling hieß, teilte; – der Dorfplatz in grauen Morgendämmer getaucht, ich als einer der ersten, fröstelnd und unausgeschlafen, vor dem Haustor, der Oberst von Pittel in der braunen Uniform mit schwarzen Aufschlägen zu mir tretend, die Reitgerte in der Hand, mit der ganz unmilitärisch-freundlichen Frage, ob ich wohl geruht, worauf ich mehr gerührt als gehorsamst danke; eine Mittagsrast auf grünem, von dünnem Wald umwipfelten Wiesenplan, Trompetenzeichen tönen in der Ferne; und endlich ein weitgedehntes Feld, von Truppen übersät – der Schauplatz der Entscheidungsschlacht, von der keiner der Beteiligten das geringste versteht und wo wir ärztliche Eleven völlig überflüssig, ohne von irgendwoher ein Kommando zu erhalten, verloren und ziellos, wahrscheinlich in einem mörderischen Kugelregen hin und her irren. Da des ungeheueren Kampfes kein Ende abzusehen war und wir allmälig nicht nur Langeweile, sondern auch Hunger zu verspüren anfingen, machte ich meinen Kameraden Stössel, Wassertrilling und Petschek den Vorschlag, zu desertieren. Wir setzten uns in militärischen Schritt, und unter dem Schutz unserer weißen Armbinden mit rotem Kreuz durchmaßen wir das Schlachtfeld, auf dem der unbegreifliche Kampf hin und her wogte, und gelangten endlich durch die feindlichen Reihen, wo man sowenig Notiz von uns nahm wie vorher bei den Unsrigen, an den Nach- oder Vorhuten vorbei, welchen wir ebenso gleichgültig blieben als den Kerntruppen, zu einem an der Reichsstraße gegen Wien zu gelegenen Gasthaus, wo uns der Wirt durch das von Soldaten, wahrscheinlich gefallenen, überfüllte geräumige Hauptlokal in ein kleineres Extrazimmer führte. Dort trafen wir zwar nur einen einzigen andern Gast an, der aber zu unserem nicht geringen Schreck kein anderer war als der tschechisch-antisemitische, uns Mosesdragonern nicht sonderlich grüne Chefarzt unseres Regiments. Er aber schien ebenso widerrechtlich dem Schlachtgetümmel entflohen zu sein als wir und hatte überdies seiner Art nach schon einige Glas Wein über den Durst getrunken, lud uns mit kameradschaftlicher Jovialität ein, an seinem Tisch Platz zu nehmen und zu essen, und einer aus der Gesellschaft hatte sogar den Vorzug, mit ihm auf einem kleinen hundebespannten Wägelchen, ich weiß nicht genau, ob auf der großen Trommel oder an ihrer Stelle, heimwärts zu fahren. Ich für meinen Teil hatte noch eine Strecke zu Fuß zurückzulegen, bis ich in glühender Sommerhitze zum Zentralfriedhof und von dort mittelst Pferdebahn schlafend in die Stadt gelangte. Am nächsten Morgen in der Kaserne erfuhr ich, daß ich die Ehre hatte, der siegreichen Armee anzugehören.

War es auch kaum die Sehnsucht nach Toni gewesen, die mich von so rühmlichen Gefilden vor der Zeit nach Hause gerufen, so fand ich mich mit ihr doch schon am ersten Abend im Volksgarten wieder zusammen, und noch etliche Abende reihten sich an, an denen, auch wenn ich mit ihr allein war, kaum je eine rein beglückte Stimmung in mir aufkommen wollte. Nicht mit Unrecht maß ich die Hauptschuld daran meinem hypochondrischen Naturell zu, dem darin angelegten Kapital von Mißtrauen, das seine Zinsen als Selbstquälerei und Lust, andere zu quälen, abwarf, war dabei ärgerlich, daß ich meine Zeit, meine Gedanken, mein bestes Gefühl an ein im Grund so unbedeutendes Geschöpf verschwendete und fragte mich mit ahnungsvoller Sorge, wie es mir wohl im Fall einer wirklichen Leidenschaft ergehen würde. Als Toni nun gar aus Angst vor möglichen Folgen sich mir bald versagte, bald wieder nach Gewährung mich mit ihrer Angst peinigte, nach Szenen der Verzweiflung, der Wehmut, der Erbitterung, und endlich, immer mehr ernüchtert von Tonis immer wiederkehrenden Bemerkungen über die Ziellosigkeit unseres Verhältnisses, löste ich mich allmälig von ihr los oder ließ es geschehen, daß sie sich von mir loslöste. Und kurz nachdem ich wieder meinen Zivilrock angetan, nahm sie endgültig Abschied von mir mit dem Versprechen, mir zu schreiben.

Als sie das nicht tat, nahm ich mir für meinen Teil vor, sie noch einmal aufzusuchen, nur zu dem Zweck, um ihr auseinanderzusetzen, daß sie nicht besser und nicht schlechter sei als neunundneunzig Weiber unter hundert, daß sie mit einem Wort die Normalcanaille sei. Doch ich begnügte mich, diese Erleuchtung meinem Tagebuche anzuvertrauen, womit mir am Ende auch geholfen war. Etwa ein halbes Jahr später, gegen Schluß des Karnevals, begegnete ich ihr auf einem Kränzchen wieder, und nachdem wir etliche Male aneinander vorbeigetanzt, ließ ich mich ihr spaßeshalber von einem guten Bekannten in aller Form vorstellen; – es war ihr neuester Liebhaber, dem sie, wie ich von ihm selbst erfuhr, die gleiche Jungfräulichkeits- oder Halbjungfräulichkeitskomödie vorspielt hatte, wie ein paar Monate früher mir selbst. Wieder ein paar Wochen später sah ich sie in Gesellschaft ihrer Schwester und einiger junger Leute nachts in einem Kaffeehaus. Ich trank den beiden Mädchen von meinem Tisch aus zu, folgte ihnen dann bis zu ihrem Haustor, wo ihre Begleiter mit höflichem Gruß verschwanden, und nun verlebte ich noch eine ganz hübsche Stunde mit den beiden Geschöpfen, die auf gründlichem Bergabweg zu sein schienen, im Rathauspark, wo auch allerlei Heiteres verabredet wurde, das nicht mehr zur Ausführung kam. Denn ich sah Toni niemals wieder, und ihre Schwester erst einige Jahre später auf einer kleinen Soirée in einem großen Damenmodegeschäft, wo Minna, die dort als eine der ersten Mamsellen angestellt war und von der Hausfrau sehr hoch gehalten wurde, mir bei erster Gelegenheit zuflüsterte, ich möchte ja zu niemandem unserer einstigen Bekanntschaft Erwähnung tun.

Zwischen all diesen Liebschaften und in sie hinein spielten ganz leise auch schon während des Freiwilligenjahres allerlei zartere Beziehungen zu verschiedenen jungen Mädchen, die aus besseren Häusern oder wenigstens besser beaufsichtigt waren; doch hätte ich mich verwegener oder raffinierter angestellt und wäre meine Scheu vor Unbequemlichkeiten und Verantwortlichkeiten nicht so stark ausgebildet gewesen, so hätte aus einer oder der anderen Beziehung wohl auch eine ganz richtige Liebschaft werden können. Allerdings glaube ich, daß zu jener Zeit in guten jüdischen Mittelstandskreisen, wo ich hauptsächlich verkehrte, solche Beziehungen selten über eine gewisse eben noch statthafte Grenze hinausgediehen, nicht gerade weil die Mädchen weniger sinnlich oder unverdorbener gewesen wären, als sie heute sind, sondern weil die ganze gesellschaftliche Atmosphäre jenes Mittelstandes von den neueren, sittlich freieren Anschauungen philosophisch und literarisch kaum noch angehaucht und Erziehung, Verkehrsformen, Möglichkeiten der Zusammenkunft auch der Entwicklung freierer Verhältnisse minder günstig waren. Für manches junge Geschöpf, das heute ohne bestimmte Heiratsaussicht, selbst ohne geheime Heiratshoffnung, bestenfalls unter Beachtung der praktisch gebotenen Vorsichten und Rücksichten, sich entschließt, dem geliebten Mann oder Jüngling alles zu gewähren, wäre damals ein solcher Entschluß überhaupt nicht in Betracht gekommen. Die geborenen Eroberer- oder Verführernaturen haben freilich stets über die Moral eines bestimmten Kreises und selbst über den Geist einer Epoche zu triumphieren gewußt; was mich anbelangt, so ließ ich es mir meist an den Abenteuern genügen, die mir auf halbem Weg entgegenkamen, wie ich freilich auch manches verschmähte, das sich mir gar zu wohlfeil darbot, in der Erwägung, daß solche oft am teuersten bezahlt werden. So begegnete es mir kurz nach Beendigung meines Militärjahres an einem Novembernachmittag, daß ich mit Richard eine sehr hübsche Choristin des Wiednertheaters in ihre Wohnung begleitete und daß wir um die Gunst der durchaus nicht spröden, nur unentschiedenen jungen Dame zu losen oder vielmehr zu zipfeln beschlossen. Der Gewinnende war ich. Aber da sie uns vorher den Namen ihres Liebhabers genannt, eines ungarischen Aristokraten, über dessen Gesundheitszustand ich durch die Indiskretion seines Arztes zufällig genau unterrichtet war, und ich außerdem, meinen Arm um ihren Nacken schlingend, eine meinem medizinischen Verständnis sehr verdächtige Drüse getastet hatte, verzichtete ich edelmütig auf den Preis, überließ ihn meinem Freund, dem glücklich-unglücklicherweise auf solchen Wegen keine Gefahr mehr drohte, und begab mich in ein nahe liegendes Kaffeehaus, wo ich unter dem Eindruck dieses flauen Erlebnisses einen Akt zu schreiben begann, der zum erstenmal matt genug den skeptisch-lebemännischen Ton der »Anatol«-Szenen anklingen läßt. Erst Monate oder Jahre später schrieb ich den Schluß, benannte das Ding mit schnöder Ironie »Treue« und legte es zu den vielen anderen Manuskripten, die ich wahrlich nicht aus

Stolz auf meine dichterischen Anfänge, sondern aus einer Art von autobiographischer Pedanterie aufbewahrt habe.

Schon bei früherer Gelegenheit habe ich erwähnt, daß ich bei meinem Vetter Louis Mandl, wie übrigens auch auf öffentlichen und privaten Tanzunterhaltungen öfters mit seinen Cousinen zusammentraf, den hübschen halb- und ganzerwachsenen Töchtern des mit dreizehn oder vierzehn Kindern gesegneten Ehepaares Adler, die an manchem Abend, freilich nicht alle, aber doch mindestens ein Vierteldutzend stark zur Stelle und sämtlich in ihren hübschen, sanften, mit der Zunge anstoßenden und platonisch paschahaften Cousin verliebt waren oder, wie ich mich wissenschaftlich ausdrückte, deren Sinnlichkeit sich auf ihn objektiviert hatte. Doch war diese Objektivierung weder so dauernd noch so streng, daß es von den lüsternen Mädchenseelchen nicht rings im Kreise nach allen Seiten geflackert und gestrahlt hätte, und insbesondere zwei von ihnen, Gisela und Emma, ließen in diesen und auch späteren Jahren mir gegenüber an Zutunlichkeit weniger zu wünschen übrig als ich an der Kunst, die Gelegenheit zu benützen. An einem jener geselligen Abende im Hause des blinden alten Doktors muß es wohl – natürlich nur in Worten und Blicken – noch lebhafter und ausgelassener hergegangen sein als sonst. Denn ich hielt es für angemessen, mich im Nachhausegehen zu meinem Kameraden Petschek in wichtigtuerisch despektierlicher Weise über den Ton und das Benehmen der jungen Damen zu äußern, aus deren Gesellschaft wir eben geschieden waren. Ein paar Tage drauf fiel es mir auf, daß mein Freund, Kollege und Vetter Louis den kordialen Blick, mit dem ich ihn in einer Vorlesung von Bank zu Bank begrüßte, ernst und fremd erwiderte. Als ich ihn gleich nachher deswegen zur Rede stellte, war ich recht erstaunt, nicht so sehr, daß ihm Petschek meine dummen Bemerkungen, mit denen er im Lauf unseres Nachtgespräches ganz einverstanden geschienen, wortgetreu hinterbracht hatte, als vielmehr darüber, daß Louis in seiner Eigenschaft als Vetter der jungen Damen und Sohn des Gastgebers sehr geneigt schien, die Sache krumm zu nehmen. Durch meine Versicherung, daß meine spaßhaft gemeinten Worte völlig mißverstanden worden seien, ließ er sich bald beruhigen, und wäre nicht jene so rasch verschwundene Mißhelligkeit zwischen ihm und mir in meiner Erinnerung haften geblieben, so wüßte ich mich heute jener törichten Äußerungen überhaupt nicht mehr zu erinnern, ja ich würde sie, wenn man mir sie zuschreiben wollte, einfach als böswillig erfunden erklären. So wenig ist und war es auch schon damals in meiner Natur gelegen, mich moralisch zu entrüsten, und nun gar in einem Falle, in dem ich selbst von den bescheidenen Ursachen dieser Entrüstung einigen Vorteil gezogen.

Wenige Wochen nach meinem Wiedereintritt ins Zivilistendasein, am 10. November 1883, notierte ich einige teils historische, teils höchst persönliche Tatsachen mit chronikalischer Kürze in mein Tagebuch wie folgt: »Luthers 400. Geburtstag – Fünfzigjähriges Doktorjubiläum meines Großvaters – Kegelpartie arrangiert von Leopold Rosenberg – Animierter Abend bei Richard – Alle Vorlesungen bisher regelmäßig besucht außer Augenheilkunde« – und dazwischen die Bemerkung: »Gisela F.s Lippen sind süß.« Diese Gisela Freistadt war ein hübsches Judenmädel, die mit ihrer Familie an der Grenze des Ghettos im wörtlichen und übertragenen Sinn zu Hause war. Wir trafen uns zu gemeinsamen Abendspaziergängen, auf verschiedenen Kränzchen, auch verkehrte ich bei ihren kleinbürgerlichen Eltern, die außer Gisela noch zwei Kinder hatten, eine zweite, noch hübschere, erst sechzehnjährige Tochter und einen älteren Sohn, Bankbeamter, meist ohne Anstellung, doch mit einem Hang zum Schuldenmachen und zu kleinen Betrügereien, die ihn bald darauf mit den Gerichten in Konflikt brachten. Bekanntlich hegen jüdische Eltern, ganz besonders in so kleinen, fast sorgenvollen Verhältnissen, keinen heißeren Wunsch, als ihre Töchter möglichst bald unter die Haube zu bringen. Und so wunderte ich mich nicht, als mir Gisela eines Tages von den Bewerbungen eines Leobner Weinhändlers um ihre Hand Mitteilung machte, den sie nicht leiden konnte, und ebensowenig, als ich schon ein paar Tage später ihre gedruckte Verlobungsanzeige erhielt. Am Faschingssonntag, und zwar in Begleitung meines Freundes Jacques Pichler, der bei dieser Gelegenheit wieder wie aus einer Versenkung hervortaucht, machte ich meinen Gratulationsbesuch und überreichte ihr ein Veilchenbouquet. »Sie sind ja fast welk«, rief sie aus, worauf ich im Stil jener Tage zu erwidern nicht umhin konnte: »Wie Ihre Liebe zu mir, mein Fräulein.« Sie flüsterte mir zu, daß das keineswegs der Fall sei, und als ich sie ein paar

Wochen darauf wieder besuchte, seufzte sie in einem dunkeln Zimmer an meinem Halse: »Wenn ich meinen Bräutigam nur halb so lieb haben könnte als Sie.« Der Bräutigam war meist in Leoben; die Eltern hatten, da ja die Heirat feststand, gegen meine Besuche nichts einzuwenden, auch der Bruder Szigo war um die Ehre seiner Schwester nicht sonderlich besorgt, es waren also weder Skrupel der Vorsicht noch des Gewissens, die mich hinderten, das anmutige kleine Abenteuer zu dem schicksalsgebotenen Ende zu führen, sondern nur Gleichgültigkeit und Bequemlichkeit. Die Hochzeit war für den 22. April festgesetzt, und gleichsam zur Vorfeier wurde am Sonntag vorher ein Nachmittagsausflug in den Prater unternommen, an dem das Brautpaar, der Bruder der Braut, Jacques und ich teilnahmen. Der Bräutigam, ein unansehnlicher Herr, in Aussehen und Gehaben ganz der kleine jüdische Geschäftsmann aus der Provinz, langweilig und ahnungslos, ließ es ruhig geschehen, daß ich seiner Zukünftigen nicht von der Seite wich; und daß wir, als es dunkler ward, die Finger ineinander verschränkt, zärtlich miteinander flüsterten, schien er nicht zu merken. Man begab sich endlich in ein Stadtcafé; und auf einer dämmerigen Wendeltreppe, die den unten gelegenen Billardsalon mit den oberen Räumen verband, vergaßen Gisela und ich in einem langen Kuß den Bräutigam und die übrige Welt. Doch auch die nächsten Tage ließ ich ungenützt verstreichen, wofür vielleicht als Entschuldigung gelten konnte, daß zu kurzem Aufenthalt Else v. Kolsch wieder in Wien erschienen war, gänzlich unbeschwert von den tugendhaften Vorsätzen, die ein Jahr vorher die Ursache unserer Trennung gewesen waren. Am Hochzeitstag stand ich im Tempel Gisela gegenüber, während sie mit dem Bräutigam die Ringe tauschte, und am Abend brachte ich dem jungen Paar persönlich meine Glückwünsche dar. Ehe die Neuvermählte mit ihrem Gatten das Elternhaus verließ, versprach sie mir Briefe und mehr und Besseres, als Briefe seien. Im Vorzimmer, schon zur Abreise fertig, fiel sie ihrer reizenden Schwester um den Hals und weinte bitterlich. Als die jungen Eheleute endlich verschwunden waren, vermochte ich meinen Zorn – Schmerz war es wohl kaum – nicht länger zu beherrschen, flüchtete in ein leeres Zimmer und stampfte mit dem Fuß auf, eine kleine Komödie vor mir selbst und vor Mela, die mir gefolgt war. Dann setzte ich mich düster in eine

Ecke, die Hand vor den Augen, Mela, unter Tränen lächelnd, nahm meine Hand, zog sie mir gelinde fort, und ich küßte die ihre. Mehr ereignete sich nicht, doch tags darauf ersuchte mich die Mutter in einem höflichen Schreiben »wegen des Geredes meine Besuche einstellen zu wollen«. Der Wunsch war begreiflich, da Mela noch nicht verlobt war. Nun wäre es freilich schön, hier mit den Worten zu enden: Ich habe die beiden reizenden Schwestern niemals wiedergesehen. Aber leider entspräche es den Tatsachen nicht. Einige Jahre später, nachdem Gisela mir vorher anonym geschrieben, sich mir endlich entdeckt hatte und mit mir gelegentlich in Kaffeehäusern und zu Spaziergängen zusammengetroffen war, erschien sie unter dem Vorwand von Halsschmerzen in meiner Ordination als Mutter einiger Leobner Kinder, brave Hausfrau, aber sichtlich bereit, ihr Versprechen vom Hochzeitstag treulich einzulösen. Doch hatte sie längst aufgehört, mir zu gefallen. Ihre langweilig-banale, keineswegs jargonfreie Sprechweise tat ein übriges, mich abzukühlen, und ich zog mich in mein Ärztetum zurück mit so völligem Gelingen, daß sie ihre Besuche bald gänzlich wieder einstellte. Etliche Jahre später meldete sich auch Mela wieder bei mir, sie war zwar unglücklich verheiratet, doch gleichfalls Mutter einiger Kinder und stand im Beginn einer Theaterlaufbahn. Da ich damals schon ins literarische Leben eingetreten war, hatte ihr Besuch den Zweck, mich zu werktätigem Interesse aufzurufen, für das in jeder Weise sich erkenntlich zu zeigen sie keinen Moment gezögert hätte. Sie war noch immer sehr hübsch, etwas geschminkt und, trotzdem sie allem Anschein nach auf ihre kommende Künstlerschaft hin schon einigen Sündenvorschuß und sogar einen Bühnennamen angenommen hatte, von etwas ärmlich-kleinbürgerlichem Aussehen. Auch in diesem Fall war ich bequem und vorsichtig genug, nicht nachzuholen, was ich vor mehr als einem Jahrzehnt versäumt hatte. Nirgends so sehr als in Liebesdingen gilt jener weise alte Spruch: »Was du heute kannst besorgen ...«

Noch einige Mädchennamen finde ich etwa zu gleicher Zeit in meinem Tagebuch verzeichnet; so den einer gewissen Charlotte, einer üppigen Blondine, die aus ganz ähnlichen Kreisen stammte wie jene beiden Schwestern, jedoch, wenn nicht gerade unzärtlicher Natur, viel bürgerlicher und zurückhaltender, dabei immer etwas empfindlich und ohne jede

Berechtigung ziemlich eifersüchtig war. Auch sie heiratete bald, bekam etwa ein halb Dutzend Kinder, und ich begegnete ihr immer wieder, endlich als einer dicken, verblühten, verhärmten alten Frau. Zuweilen erbat sie Theaterbillets zu meinen Stücken und zeigte sich – denn wir verbleiben alle in unserem Stil, ob es sich um kleine oder große Dinge handelt – tief gekränkt, wenn ich außerstande war, ihren Wunsch zu erfüllen oder gar versäumt hatte, ihr zu antworten, was sie dann veranlaßte, sich über meine »beleidigende Ignoranz« zu beklagen. Aber wer die hübsche, schwarzäugige Agnes war, mit der ich mich »in ein Vorstadtidyll hineinempfinden« hätte können, und wie ich mir ein Fräulein Rosa vorzustellen habe, von der ich einmal einen Brief erhielt, in dem sie viel von großer Liebe und einiges vom Heiraten schrieb, das ist mir völlig aus der Erinnerung verschwunden.

Auch Fännchen schied nicht gänzlich aus meinem Dasein; immer wieder begegnete ich ihr auf Bällen, und hatten wir auch einander viele Wochen vorher nicht gesehen und kaum aneinander gedacht, so konnte es doch gelegentlich auf einer Galerie der Sofien- oder der Blumensäle geschehen, daß sie mir unter heißen Küssen versicherte, sie werde noch an mir zugrunde gehen, was ich zwar mit mäßig geschmeicheltem Jünglingsstolz, aber im übrigen nicht ernsthafter hinnahm, als es gemeint war.

Ungefähr gleichzeitig mit meiner Beziehung zu Gisela Freistadt, doch in seelisch höheren Regionen, spielte sich eine andere ab, zu der sanften dunkelblonden Charlotte Heit, in deren Familie ich übrigens schon zwei Jahre vorher eingeführt worden war. Der Vater war ein gutgestellter Kaufmann und als Präsident eines jüdischen Begräbnisvereines offizieller Teilnehmer an allen besseren Leichenbegängnissen, was einen zweifellos ernsten, aber mir nicht ganz verständlichen Geschmack verriet; die Mutter eine stille, langweilig-würdige Frau, das ganze Haus von einem wohlanständig-behaglichen und – den beiden Töchtern zuliebe, von denen Charlotte, die ältere, eben ins heiratsfähige Alter getreten war – heitergesellligen Charakter. Den Eindruck meines ersten Besuches hielt ich mit den Worten fest: »Die Tochter des Hauses wunderhübsches Mädchen – ein paar liebe Leute – die Zigarren hätten besser sein können.« In dieser letzteren Hinsicht war man nämlich zu jener Zeit etwas verwöhnt; und wir

Tanzjünglinge, deren Taschengeld selten auf Havannas reichte, betrachteten es durchaus als nicht unehrenhaft, an Ballabenden, ganz abgesehen von der Souper-Zigarre, die wir an Ort und Stelle genossen, eine kleinere oder größere Anzahl aus den braunen Schachteln in unsere Fracktaschen verschwinden zu lassen, und rühmten uns gelegentlich vor dem Gastgeber selbst dieser kleinen Mausereien. Die Minderwertigkeit der Zigarren hinderte mich übrigens nicht, das Haus weiter zu frequentieren, in dem auch für Anregungen höherer Art gesorgt war; so las man damals den »Julius Cäsar« mit verteilten Rollen, führte das einaktige Lustspiel »Ehrgeiz in der Küche«, in dem ich den Vater spielte, und den »Toten Mann« von Hans Sachs auf, worin ich, schlecht vorbereitet, genötigt war, meine Rolle hervorzunehmen und mit dem Rücken zum Publikum abzulesen, was dem Erfolg keinen Abbruch tat. Doch erst zwei Jahre später, nachdem sich meine Schwester mit Charlotte inniger befreundet hatte, wurde ich ein häufigerer Gast im Hause und begann mich mit Charlotte, die nicht von sehr lebhaftem, aber anmutig-klugem Geiste und mir als Tischnachbarin mindestens so wert war wie als Tänzerin, immer besser zu verstehen. Als sie mir einmal während eines Soupers die unschuldig-naive Geschichte ihrer ersten Liebe erzählte, die damals schon verschmerzt war, sah ich mich veranlaßt, mich mit einem gleichen Beweis des Vertrauens zu revanchieren, und so hatten sich unsere Herzen beinahe schon gefunden, noch ehe neue Theaterproben, diesmal zu der französischen Bluette »Eine Tasse Thee«, ihre oft bewährte freundlich-kupplerische Macht entfalten. Ich spielte den Henri, Charlotte natürlich meine Gattin, die komische Rolle des Camouflet war Herrn Ferdinand Neumann zugewiesen, einem liebenswürdig-zerstreuten Gesellschaftsmenschen, demselben, der zwei Jahre früher bei jener bescheidenen Orgie im Kärntner Hof mein Kamerad gewesen, – dem ich noch immer das Geld für meinen Anteil schuldig war und zeitlebens schuldig geblieben bin. Übrigens war das Haus Heit nicht das einzige, in dem ich meine schwachen schauspielerischen Talente leuchten ließ, erst im Jahre vorher war ich bei Horns zweimal in der ordinären Posse »Zwei Taube« aufgetreten, einmal als der junge Liebhaber, der sich taub stellt, und das zweite Mal als der alte, der von seiner Taubheit durch eine Wunderkur geheilt wird. Der Henri in der »Tasse Thee« war in jedem Sinn eine dankbare Rolle, denn hier hatte ich Gelegenheit, den berühmten Hofburgschauspieler Ernst Hartmann zu kopieren, womit ich auch ohne weitere theatralische Umrahmung in Gesellschaft stets meines Erfolges sicher sein durfte. Charlotte hatte noch weniger Talent als ich, sah aber schön aus, Ferdinand Neumann wirkte dadurch in der gewünscht komischen Weise, daß ihm überhaupt jede Spur von Talent fehlte, und so konnten wir uns über Mangel an Beifall bei dem wohlgelaunten Publikum nicht beklagen. Der erfreulichere Teil des Abends war aber trotzdem, für mich wenigstens, das Souper, bei dem ich natürlich an der Seite meiner »Theetassen«-Hermante saß, und der Champagner, vielleicht auch die Nachwirkung ihres künstlerischen Erfolgs, ihr Worte auf die Lippen lockte, vor deren Aufrichtigkeit sie unter alltäglicheren Umständen wohl selbst erschrocken wäre. Sie fragte mich im Laufe des Gesprächs, wie ich mir ihr Ideal vorstelle. Ich redete hin und her, wahrscheinlich nicht viel tiefsinniger, als man auf solch eine Frage eben antworten kann, bis sie plötzlich mir alle weiteren Geistreicheleien mit den überraschenden Worten abschnitt: »Wenn Sie nur um ein paar Jahre älter wären, ich heiratete Sie auf der Stelle.« Die Tafel wurde aufgehoben, ich blieb an Charlottens Seite, der Tanz begann, und sie flüsterte mir zu: »So hab' ich noch mit niemandem getanzt als mit Ihnen.« Und wie ich mich bei alldem benahm?, so fragte ich mich selbst am Morgen drauf in meinem Tagebuch, das bei dieser Gelegenheit noch ein wenig affektierter klingt als in dieser ganzen, mehr unsicheren als unreinen Epoche meines Daseins, und das überdies mit französischen Romanphrasen durchsetzt ist, vielleicht weil mir die deutsche Sprache, in der ich doch ein Dichter werden wollte, für dergleichen zu gut erschien; – und ich erteilte mir die Antwort: »Weiß selber nicht. Ich glaube doch verliebt, aber doch entsetzlich ruhig.« Dies war ich denn auch im Grunde meiner Seele. Und auch Charlotte, nachdem der Champagner- und Theaterrausch verflogen war, schien ihr gewohntes Gleichmaß wiedergefunden zu haben, wenn sie sich auch bei meinem nächsten Besuch im Hause unendlich freundlich erzeigte und ihr Bedauern über ihre bevorstehende Abreise nicht verhehlte. Sie fuhr mit ihrer Mutter nach Arco, und ich dachte ihrer während ihres Fernseins um so weniger, als indes Gisela

Freistadts Zeit gekommen war. Charlotte kehrte wieder; Gisela heiratete und entschwand mir, und an einem schönen Maientag mit ein paar befreundeten Familien war es, daß ich Charlotte endlich wieder zu einer innigeren Aussprache begegnete. Ich weiß nicht mehr, wohin die Wanderung ging, weiß nicht mehr, was wir einander zu sagen wußten; und so wäre mir auch von diesem holden Frühlingstag, in dessen Duft und Zauber zwei junge Herzen miteinander glücklich waren, wie von so manchem andern nicht die leiseste Erinnerung verblieben, wenn nicht in meinem Tagebuch ein paar Worte darüber verzeichnet stünden: »Alles schürzte sich weiter und entwickelte sich bis an einen Punkt, wo mein reservierter Egoismus und ihre Schüchternheit Halt geboten.« So wechseln in jenen Blättern romantisierend-süßliche Ergüsse immer wieder mit Feststellungen von aktenmäßiger Trockenheit. Wenige Tage darauf wurde Charlottens 18. Geburtstag gefeiert. Es war ein schöner, sommerlich warmer Nachmittag, ich stand mit ihr und anderen auf dem Balkon ihrer Stadtwohnung, von dem aus man auf die arme, grüne Anpflanzung hinabschaute, die inmitten der hohen, schmucklosen Häuser des Rudolfsplatzes ein Stück Natur vorzutäuschen sucht, und war mir allzu deutlich bewußt, nichts Rechtes zu empfinden. Beim Abendessen saß ich wie gewöhnlich ihr zur Seite, im Gespräch klangen unsere Seelen wieder leise zusammen, nachher wurde getanzt, und während ich zwischen zwei Walzertouren Arm in Arm mit ihr durch den Salon spazierte, ließ ich beiläufig die Bemerkung fallen, die mir mehr aus dem Kopf als aus dem Herzen kam und in der die spärlichen, aber dichtgedrängten Erfahrungen meiner jungen Jahre sich altklug kundgaben: daß ich niemals heiraten wolle, da ich allzu eifersüchtiger Natur und von keiner Frau vorauszusetzen imstande sei, sie würde mir die Treue länger halten als zwei Jahre, es wäre denn nach harten inneren Kämpfen; denn es müßte doch in dieser Frist einer kommen, der mit reicheren inneren und äußeren Vorzügen ausgestattet sei als ich. Charlotte widersprach lebhaft: »Das reden Sie sich ein. Ihre Frau würde Ihnen sicher treu bleiben.« – »Das glauben Sie jetzt, heute«, warf ich hin, und ein anderer Tänzer entführte mir meine Begleiterin. Schon nach wenigen Minuten trat sie wieder auf mich zu und sagte weich, leise: »Gerade heute hätten Sie mir das nicht sagen sollen.« Mir wurde etwas wirr im Herzen. »Es ist eine fixe Idee von mir«, sagte ich in dem Bedürfnis, mich zu entschuldigen. »Vielleicht bin ich ein Narr.« Wir saßen zusammen in einer stillen Ecke. Aus einer Unterhaltung in der Nähe klang das Wort »Selbstmord« zu uns her; ich nahm es auf, und in einem schon damals sehr regen dialektischen Drang, mich wahrscheinlich mit Absicht in Widerspruch zu einem der Gesprächsteilnehmer setzend, plädierte ich eifrig für das Recht jedes Menschen seinem Leben, ohne Rücksicht auf andere, wann es ihm immer beliebte, ein Ende zu machen. Charlotte schlug sich zur Gegenpartei und als wir nach vielfältiger Hin- und Widerrede unser Gespräch zu zweien weiterführten, wandte sie sich in ihrer sanften Art zu mir mit den Worten: »Sehen Sie, Arthur, nach alldem, was Sie heute abend zu mir gesagt, habe ich keine Hoffnung mehr denjenigen zu heiraten, der allein mich glücklich machen könnte. Und doch werde ich mich nicht töten, sondern versuchen, an der Seite eines andern weiterzuleben, den ich jedenfalls nicht lieben werde.« Daß ich an diesem Abend wirklich, wie mein Tagebuch in verdächtig romantischer Stilisierung meldet, kein Wort mehr gesprochen, will ich nicht beschwören; daß ich nichts Gescheites erwiderte, wohl auch nicht zu erwidern vermochte, halte ich für unzweifelhaft; – ob es aber mehr Vorsicht als Gleichgültigkeit, mehr Absicht als Zufall war, daß ich in der nächsten Zeit Charlotte nicht wiedersah, das weiß ich nicht zu entscheiden. Jedenfalls übersiedelte Charlotte mit den Ihren bald aufs Land, wo ich ihnen in Gesellschaft meines Bruders in den ersten Julitagen einen formellen Besuch abstattete und Charlotte bei dieser Gelegenheit von anmutigem und zutraulichem Wesen fand. Wenige Wochen darauf fuhr ich nach Ischl, wo wir damals eine hübsche Wohnung am Stefanie-Quai gemietet hatten und ich mich in Sommerfrischenmuße für die letzten Rigorosen vorbereiten sollte. Beim Öffnen meines Koffers fiel mir alsbald ein offener Brief in die Augen, den bestimmt nicht ich dahingelegt hatte: es war ein Brief Charlottens an meine Schwester, den diese mit offenbarer Absicht unter meine Sachen eskamottiert hatte und der nichts war als ein einziger Ausbruch von Liebesleidenschaft, über dessen Gegenstand ich nicht in Zweifel sein konnte und sollte. Auch hievon blieb ich ziemlich unberührt und kann diese Herzensträgheit nicht einmal mit der flüchtigen halbplatonischen

Beziehung zu einem anderen weiblichen Wesen rechtfertigen, das ich kurz vor meiner Abreise nach Ischl kennengelernt, von dem ich nicht mehr zu sagen weiß, als daß es – »impertinenterweise«, wie ich ausdrücklich in mein Tagebuch vermerkte – gleichfalls den Namen Charlotte trug. Deutlich aber erinnere ich mich, daß wir jungen Leute gerade in diesem Sommer allabendlich mit besonderer Begier auf wohlfeile Liebesjagden umherstreiften, ohne daß mir das Glück sonderlich hold gewesen wäre, ja daß eine bildhübsche Kammerjungfer mich durch ihre zweckbewußte Sprödigkeit vielmehr in gelinde Verzweiflung brachte.

Kurz nach unserer Rückkehr erlitt meine gute Großmutter, deren durch auffallende Gedächtnisstörungen charakterisierter Zustand uns schon in Ischl beunruhigt hatte, einen Schlaganfall. Eine Woche lang lag sie bewußtlos. Ich fühlte eben ihren Puls, als sie nach einem ergreifenden Augenaufschlag, in dem sie die Umstehenden wiederzuerkennen und von ihnen Abschied zu nehmen schien, ihren letzten Seufzer aushauchte. Meine Aufgabe war es, von dem erfolgten Hinscheiden den Großvater zu benachrichtigen, der vorher stundenlang in seinem Zimmer ruhelos auf und ab geschritten war und nun die Todesnachricht mit einem stummen, wie verdrossenen Kopfnicken entgegennahm. Ich hatte nun zum ersten Mal einen Menschen sterben gesehen.

Dieser Trauerfall, wenn auch ich persönlich ihn bald verschmerzt hatte, verdüsterte die Atmosphäre unseres Hauses recht sehr; die Nähe der Prüfungen tat ein übriges, um mich herabzustimmen, und ohne tiefere Anteilnahme erfuhr ich, daß Charlotte gemütskrank sei, nachtwandle, viel weine und trotz dringenden Zuratens zu einer entschiedenen Ortsveränderung nicht zu bewegen sei. An einem späten Novembertag trat meine Schwester plötzlich zu mir ins Zimmer und erklärte mir, ich sei in Charlotte verliebt und solle sie heiraten. Wenige Tage darauf erschien Richard Tausenau bei mir, der sich sonst um ans Legitime grenzende Liebesangelegenheiten wenig zu kümmern pflegte, und wies mir den Brief einer intimen Freundin Charlottens vor, worin jene ihn dringend bat, mich zu einem Besuch bei Charlotte zu veranlassen, er täte ein gutes Werk damit. Ich blieb stark oder schwach, wie man will, und ließ mich bei Charlotte nicht blicken. Eines

Tages im Fasching erfuhr ich, daß sie den kaufmännischen Ball besuchen werde. Eine solche Gelegenheit, sie auf neutralem Boden wiederzusehen, wollte ich doch nicht versäumen – oder sollten noch andere Lockungen im Spiele gewesen sein? Ich weiß es nicht mehr. Jedenfalls warf ich mich in Frack, und während wir für den Sofiensaal Toilette machten, berichtete mir mein Bruder, daß ihm neulich eine junge Dame seiner Bekanntschaft den eigentlichen Anlaß von Charlottens Erkrankung mitgeteilt hätte. Nach unserem Besuch in Vöslau war ihre Mutter plötzlich mit der Frage an sie herangetreten, ob sie mich liebe; und auf Charlottens rückhaltloses Eingeständnis hatte ihr die Mutter mit Heftigkeit klarzumachen versucht, daß ich in keiner Weise zu ihrem Gatten tauge. Nach dieser Auseinandersetzung, die Charlottens Hoffnungen offenbar gründlicher zerstörten, als es meine Äußerungen an ihrem Geburtstag und mein ganzes darauffolgendes Verhalten zu tun vermocht hatten, wäre sie in jenem Zustand von Melancholie verfallen, von dem ich nun schon zum soundsovielten Male Kunde erhielt, – und in dem ich sie endlich auch eine Stunde nachher, nach so vielen Monaten im Sofiensaal antreffen sollte. Unser Wiedersehen schien kaum den geringsten Eindruck auf sie zu machen. Ein traurig-starres Lächeln lag auf ihren Lippen, ihre Sprache war langsam, tonlos, müde, und was für Themen ich auch anzuschlagen mich bemühte, ihr Lächeln blieb trüb, ihre Rede teilnahmslos, ihr Blick fern und leer. Am sonderbarsten aber berührte mich ihre Art zu tanzen; – ob nun ich oder ein anderer ihr Partner war, sie schwebte, glitt, schleifte wie im Schlaf dahin; – nur zuweilen, wenn sie im Arm eines andern an mir vorüberkam, streifte sie mich mit einem Blick voll Innigkeit und Wehmut, als erwachte sie für eine flüchtige Sekunde aus einem Traum, um gleich wieder darein zu versinken.

Wenige Tage nach diesem Ball reiste sie nach Venedig, und nach ein paar Wochen kehrte sie von dort, wie sie meiner Schwester gleich nach der Heimkunft verkündete, frisch und fröhlich wieder. So hatte sie's nicht einmal nötig gehabt, sich gesundzuheiraten, wie ich es ihr im stillen unter jenem letzten Balleindruck edelmütig-zynisch gewünscht; – sie war schon längst völlig hergestellt, als sie noch im gleichen Jahre einem hübschen, jungen, tüchtigen Fabrikanten zu einer glückversprechenden und, wenn nicht alles trügt, dies Versprechen im vollsten Ausmaß haltenden Ehe ihre liebe sanfte Hand reichte.

Zu den gelegentlichen Gästen des Hauses Heit gehörte auch mein Kollege und Kamerad Hiero Stössel, was keiner weiteren Erwähnung wert wäre, wenn ich nicht hier ein Beispiel seiner Lügenhaftigkeit als das vielleicht schlimmste anzuführen hätte, das mir je in meinem Leben vorgekommen ist. Er hatte einen Oberarzt, Dr. Josef Zeisler, bei Heits eingeführt, mit dem auch ich ziemlich befreundet war, und dieser nahm mich eines Tages beiseite, um mir unter der ehrenwörtlich abgeforderten Bedingung, ich dürfe keine weiteren Konsequenzen daraus ziehen, mitzuteilen, daß Hiero ihm anvertraut, er habe mit Charlotte ein Liebesverhältnis, was er ihm auf seine Zweifel hin mit allen möglichen Details zu bekräftigen suchte, sogar mit Bezeichnung des Hotels, in das er sie angeblich zu führen pflege. Die Verleumdung war für jedermann, der die Familie, das Mädchen und gar den Verleumder selbst nur oberflächlich kannte, so über alle Maßen läppisch, daß ich nach einer kurzen Aufwallung mich der Meinung Zeislers anschloß, der fand, man solle die Sache auf sich beruhen lassen, statt ihr durch eine ernsthafte Behandlung Bedeutung und, wie es dann kaum zu vermeiden war, eine Verbreitung zu verleihen, die gerade für die unschuldig Beteiligte am peinlichsten hätte werden müssen. So begnügte ich mich denn mit der Genugtuung, den jämmerlichen Aufschneider (der aber ein tüchtiger Fechter und überhaupt ein sogenannter forscher Bursche war) in tödlicher Verlegenheit und Angst zu sehen, als ihn Dr. Zeisler eines Abends im Café in meiner Gegenwart mit seinem angeblichen Glück bei Weibern aufzuziehen begann und, mit halbverräterischen Anspielungen immer weitergehend, ihn endlich zu der flehentlichen Bitte veranlaßte, der Herr Oberarzt möge doch der feierlich gelobten Diskretion nicht vergessen.

Übrigens glaube ich, daß es Individuen von der Art dieses Hiero Stössel wirklich nur auf das Lügen und nicht darauf ankommt, daß sie auch Glauben finden. Sie mögen auch zuweilen einen Zweck verfolgen, am häufigsten den einer momentanen Befriedigung ihrer Eitelkeit, aber das ist sekundär. Auch den Vorteil, der ihnen gelegentlich bei Dummen aus ihren Lügen erwächst, nehmen sie eben mit, ohne daß die Aussicht auf einen solchen Vorteil das Bestimmende für sie

gewesen wäre; das wesentlichste Moment bleibt der unwiderstehliche Zwang, der wie bei anderen Zwangsvorstellungen
und Zwangshandlungen je nach dem sonstigen Geistes- und
Charakterzustand des Betroffenen sich zuweilen korrigieren
und regulieren, aber kaum jemals völlig niederkämpfen läßt.

Charlotte Heit habe ich nach ihrer Verheiratung noch
einige Male von fern wiedergesehen, doch jedenfalls nur
flüchtig, ja ich glaube fast, niemals wieder gesprochen. Daß
ich mich ihrer Liebe gegenüber so lau, gegen ihre Eheabsich-
ten so spröd verhalten, habe ich niemals bereut; übrigens
wären auch meine Eltern kaum einverstanden gewesen, wenn
ich noch vor meinem Doktorat und noch für Jahre auf die
väterliche Unterstützung angewiesen, mich mit ihr verlobt
hätte; um so mehr, als sie zwar eine leidlich gute, aber nicht
gerade das war, was man eine glänzende Partie zu nennen
pflegt. Und ich halte es nicht für unmöglich, daß diese
Erwägung, freilich ganz nebenhin, damals auch für mich
mitspielte. Denn ich erinnere mich, daß ich mich, ungefähr
zur selben Zeit, über den Entschluß meines Onkels Felix ein
wenig wunderte, der statt einer schönen und reichen Pariser
Bankierstochter, die ihn gern zum Mann genommen hätte,
ein fast unbemitteltes junges Mädchen, seine Cousine Julie,
von der ich schon früher erzählt habe, als Gattin heimführte;
– und diese meine Verwunderung, deren ich mich noch so
deutlich zu erinnern vermag, ist mir ein Beweis nicht nur
dafür, wie tief ich damals noch in den bürgerlich-praktischen
Anschauungen befangen war, in deren Dunstkreis ich atmete,
sondern auch dafür, daß ich von Liebe im höheren Sinn
damals überhaupt noch nichts wußte oder nur verstand.

Auch die Verse, die ich zu jener Zeit verfaßte und mit den
Namen meiner wechselnden Flammen und Flämmchen zu
überschreiben pflegte, sind jedes tieferen Gefühles bar und
gefallen sich, mit wenigen Ausnahmen, ohne durch besondere poetische Vorzüge zu versöhnen, in einem ironisch-skepti-
schen, überlegen-witzigen Ton, zu dem die besungenen Damen allerdings einigen Anlaß boten. Auch was ich sonst vom
Freiwilligenjahr an bis zum Doktorat und noch eine Weile
später literarisch zu produzieren versuchte, scheint mir, auch
nur als Begleitzeichen meiner inneren Entwicklung genommen, kaum der Rede wert. Der Stoff des »Modernen Jugend-
lebens« beschäftigte mich weiter, ohne daß was Rechtes dabei

herauskommen wollte; eine novellistische Skizze, »Festmahl«, die einen durchgefallenen, seiner Gäste vergeblich harrenden Dramendichter sentimental und humorlos abzuschildern sucht, wurde allerdings nicht nur vollendet und sogar einigen Freunden einzelweise, darunter dem Pianisten Rosenthal, vorgelesen, sondern sogar durch Vermittlung Tausenaus, der sich irgendeiner journalistischen Beziehung rühmen durfte, der »Neues Freien Presse« angeboten; das Beginnen blieb ebenso erfolglos als es die kurz vorher gewagte Einsendung einiger Gedichte an die »Fliegenden Blätter« geblieben war. Diese kleinen Enttäuschungen empfand ich um so weniger schmerzlich, als ich in dieser Epoche meiner inneren Berufung um nichts sicherer geworden war.

Unsicher und schwankend war auch mein Verhältnis zur Medizin geblieben. Und gerade die aus äußeren Gründen immer dringender werdende Notwendigkeit des Studierens machte, daß ich mich bald mit besonderer Heftigkeit abgestoßen, bald angelockt und bis in die Wurzel meines Wesens angerührt fühlte. Dies glaube ich heute, nach so vielen Jahrzehnten, da meine seelische Beziehung zur Medizin, ungetrübt durch jeden äußeren Zwang und jede praktische Betätigung, sich in einer fast experimental zu nennenden Reinheit entwickeln durfte, entschiedener zu wissen, als ich es damals gewußt habe. Dabei will ich das Interesse für Nerven- und Geisteskrankheiten, das ich als das einzige in mir zweifellos vorhandene empfand, nicht einmal sonderlich hoch bewerten, da es nicht so sehr im eigentlich Medizinischen als im Poetischen oder doch Belletristischen wurzelte. Jedenfalls aber war es die innere Medizin in ihrem ganzen Umkreis, die mich stärker anregte als die chirurgischen Disziplinen, gegenüber denen ich ein Gemisch von Scheu und Widerwillen verspürte und mit denen sich meine hypochondrische Anlage in einen oft fast krankhaften Widerspruch setzte. Die Vorlesungen besuchte ich im ganzen unregelmäßig, wobei die chirurgischen bei Albert und Billroth, die ich durch die üblichen Operationskurse an der Leiche zu ergänzen trachtete, noch schlechter wegkamen als die internen bei Nothnagel. Nicht fleißiger fand ich mich auf der geburtshilflichen Klinik bei Späth ein, und auch der Okulist Stellwag, an dem ich nebstbei zu bemängeln hatte, daß er zum Salonrock gelbe Schuhe trug, sah mich nicht oft in seinem Hörsaal. Ähnlich hielt ich es mit den theoretischen Fächern, der pathologischen Anatomie bei Kundrat, der allgemeinen Pathologie bei Strikker und der gerichtlichen Medizin bei Hofmann; und so hatte ich auf allen Gebieten tüchtig nachzuholen, wenn ich bei den Prüfungen bestehen sollte. Daher gesellte ich mich, als es soweit war, gewissenhafteren Kollegen zu, mit denen der Stoff gemeinsam durchgearbeitet wurde, und unschätzbar ward nicht nur für mich, sondern auch für Louis Mandl, der sich übrigens im Lauf der Jahre zu einem arbeitsfreudigeren Studenten entwickelt hatte, die Mithilfe eines Mediziners, der als der tüchtigste des Jahrgangs gelten durfte, meines späteren Schwagers Marcus Hajek. Einige Jahre vorher war er, ein blutarmer Junge, aus seiner Heimatstadt Temesvar mit Empfehlungen in das Haus meiner Eltern gekommen, wo er seither wöchentlich einige Mal an unserem Mittagstisch teilnahm. Seine naturwissenschaftliche Begabung war hervorragend, sein Fleiß und seine Bedürfnislosigkeit geradezu bewundernswert, und wir andern durften ihn, da er unseren Kenntnisssen weit voraus war, fast mehr als Lehrer denn als Studiengenossen betrachten. Aber da schlechte Gesellschaft auch die besten Sitten verdirbt, fügte es sich, daß er nicht nur unseren Lehr- und Lernkameraden, sondern manchmal auch unseren Kumpan beim Kartenspiel abgab, und einmal, leichtfertiger- und gewissenloserweise, ließen wir es geschehen, daß er in einer Nacht beim Einundzwanzig sein ganzes, durch Lektionen mühselig zusammengespartes Rigorosengeld an uns wohlsituierte Jünglinge verlor. Das hinderte ihn nicht, einige Monate vor uns beinahe mit lauter Auszeichnungen sein Doktorat zu machen, wie er auch seine Ehre dareinsetzte, ohne etwa gemahnt zu werden, seine Spielschuld zu bezahlen.

Auch ich schnitt bei den Prüfungen besser ab, als ich erwartet und verdient hatte. Am 21. Oktober 1884 bestand ich mein Praktikum aus pathologischer Anatomie, am 22. November das aus der internen Medizin, am 28. November das zweite Theoretikum mit zum Teil ausgezeichnetem Erfolg, im Frühjahr 1885 legte ich die praktischen Prüfungen aus Gynäkologie, Augenheilkunde und Chirurgie, am 28. Mai mein drittes, letztes theoretisches Rigorosum ab und promovierte am 30. mit Louis Mandl, Armin Petschek und zehn anderen Kollegen zum Doktor der gesamten Heilkunde. Die Stimmung jener Maitage, in denen ich mich zu der

letzten Prüfung vorbereitete, scheint mir in einer Tagebuchnotiz mit solcher Wahrheit festgehalten und im Ausdruck so
charakteristisch, daß ich am besten zu tun glaube, wenn ich
damit diesen Abschnitt beschließe.

»Ich vergesse ganz, was und wer ich bin«, heißt es unter
dem Datum des 7. Mai, »dadurch spüre ich, daß ich nicht auf
der richtigen Bahn bin. Ich glaube nicht, daß mir meine
Objektivität verlorengegangen wäre durch den leicht begreiflichen Widerwillen gegen die Examina (übermorgen habe ich
wieder eins zur Abwechslung und zwei, drei Wochen später
hoffentlich mein letztes), aber ich habe das entschiedene
Gefühl, daß ich, abgesehen von dem wahrscheinlichen materiellen Vorteil, ethisch einen Blödsinn begangen habe, indem
ich Medizin studierte. Nun gehöre ich unter die Menge.
Kommt dazu noch erstens meine Faulheit, als zweiter und
wohl noch ärgerer Nachteil die schändliche Hypochondrie,
in die mich dies jämmerliche Studium, jährlich in Beziehung
auf das, wo es hinweist und was es zeigt, gebracht hat. Ich
fühle mich häufig ganz niedergebügelt, mein Nervensystem
ist dieser Fülle deprimierender und dabei ästhetisch niedriger
Affekte nicht gewachsen. Ich weiß es noch nicht, weiß es
heute, wo ich wohl in der Blüte geistiger Jünglingskraft
stehen sollte, noch nicht, ob in mir ein wahres Talent für die
Kunst steckt, daß ich aber mit allen Fasern meines Lebens,
meines höheren Denkens dahin gravitiere, daß ich etwas wie
Heimweh nach jenem Gebiet empfinde, das fühl' ich deutlich
und hab' es nie deutlicher gefühlt als jetzt, da ich bis über den
Hals in der Medizin stecke. Ob ich elastisch genug bin,
wieder aufzuschnellen über kurz oder lang? Es entwickelt
sich was in mir, das so aussieht wie Melancholie, und doch,
ich habe so 'ne gewisse Sympathie für den Menschen, der
mein Ich repräsentiert, daß ich manchmal denken mag, es
wär' doch schad' um ihn. Aber es ist doch auch nichts um
mich, das mich irgendwie hinaufbringen könnte. Ich muß
gestehen: Meine Eitelkeit sträubt sich manchmel recht inten-
siv dagegen, wenn ich sehe, wie so 'ne ganze Menge von
Leuten, die der Zufall, mein Lebens- und Studienwandel in
meine Nähe, ja an meine Seite gebracht hatte, sich ganz
verwandt mit mir fühlt und gar nicht daran denkt, daß ich
vielleicht doch einer anderen Klasse angehören könnte. Fiel'
einem von diesen (manchen recht lieben Leuten) durch Zufall

dieses Blatt in die Hände, so dächt' er wohl, der Kerl ist doch arroganter, als ich bisher glaubte. – Und doch, woher sollen sie denn nur wissen, daß in mir vielleicht was vorgeht, wovon sie nie und nimmer eine Ahnung haben können; – vergesse ich's in der letzten Zeit schier selbst – Und am End' ist's wirklich nichts als eine Art von Größenwahn ... Ich bin heute unklarer noch, als ich es seinerzeit war, denn das, als was ich heute gelte, bin ich ja doch nicht – am Ende noch weniger. Nun, es kommt bald die Zeit, in welcher ich mir Gewißheit über mich selbst verschaffen werde. Warte, Kerl, ich muß dir noch auf den Grund kommen.«

Gar oft seit diesen Tagen, auf der Fahrt über dunkle Lebensfluten, war ich versucht, das Senkblei oder gar den Anker auszuwerfen – ohne daß mir Gewißheit wurde, ob er auf den Grund meines Wesens gegriffen, sich in eine trügerische Sandbank eingegraben oder gar nur in rätselvolles Pflanzenschlingwerk verstrickt hatte.

FÜNFTES BUCH

Mai 1885 bis April 1886

Da die letzten Examina, insbesondere das dritte Theoretikum, das die Reihe abschloß, an einen Kandidaten von nur mäßigem Ehrgeiz, wie ich einer war, keine übergroßen Anforderungen stellten, war meine Zeit auch in jenen Maitagen nicht ausschließlich durch das Studium in Anspruch genommen; und es blieb mir, wie zu allerlei anderem, auch Muße genug zu den gewohnten Abendspaziergängen. Bei einer solchen Gelegenheit, zwei Tage vor dem letzten Rigorosum, geschah es, daß in einer Volksgartenallee ein junges Mädchen, Jüdin, mehr rassig als hübsch, höchst ungezwungen mit mir anknüpfte, indem sie im Vorübergehen meinen Namen flüsterte. Auf meine Frage, woher sie mich kenne, erhielt ich die Antwort, daß sie mich auf der Poliklinik gesehen habe, wohin sie eine leidende Freundin begleitet hätte; sie selbst stellte sich als angehende Schauspielerin vor und bewies mir ihr Talent schon bei unserem nächsten Beisammensein, indem sie Miene machte, sich im Bett mit ihren aufgelösten schwarzen Haaren zu erdrosseln, was nur zum geringeren Teil Hysterie und zum größeren Komödie war. Dieses unbequeme Betragen veranlaßte mich zu einem schleunigen Abbruch der Beziehungen, der übrigens dadurch erleichtert wurde, daß Pepita, wie sie sich nannte, als Choristin in ihr Sommerengagement an eine österreichische Provinzbühne abging. Von dort aus verfolgte sie mich anfangs mit leidenschaftlich-erpresserischen Briefen, indem sie mir unter anderem androhte, sich vor meiner Wohnungstüre zu erschießen, stand aber, nach Empfang einer kleinen, meinen Verhältnissen entsprechenden Geldsumme, von diesem düsteren Vorhaben ab und ließ mich bald darauf in einem vergnügteren Schreiben wissen, daß sie eine künstlerische Tournee als Tanzsängerin angetreten habe, worauf sie für mich endgültig verschollen blieb. Dieses Abenteuer, von dem ich einen üblen Nachgeschmack zurückbehielt, steht kläglich und lächerlich zugleich am Eingang meiner Doktorjahre.

Die eigentlichen Doktorferien wurden in wechselvoller Weise zugebracht. Von einem kurzen Ausflug Ende Juni mit meinem Bruder nach Ungarn entsinne ich mich eines Rundgangs, den wir durch die Nachtlokale der Haupt- und Residenzstadt, und zwar unter sehr kundiger Leitung, unternahmen, so daß wir, von den niedersten zu immer höheren aufsteigend, einen fast polizeimäßigen Einblick in diese öffentlich-geheimen Winkel des Budapester Lebens gewannen. Von den Eindrücken jener Nacht ist mir am deutlichsten das Bild eines dunkeln, von hohen fensterlosen Mauern umstandenen Gärtchens in Erinnerung verblieben, wo sich Küchengerüche und allerlei süßliche Parfums wundersam vermischten und halbnackte Weiber mit unbedenklichen Herren in nicht gänzlich verschwiegenen Bosketts von Zeit zu Zeit verschwanden. Den nächsten Tag waren wir zu Besuch bei Verwandten am Plattensee und kehrten noch am gleichen Abend, weniger bereichert als abgehetzt, nach Wien zurück.

Die erste Hälfte des Juli verbrachten wir Kinder mit der Mama zu Reichenau im Thalhof, an derselben Stätte also, von der aus ich in nun längst verflossenen Knabenjahren, als Teufel verkleidet, mit meinem Freund Felix Sonnenthal die Eroberung der Welt in Angriff hatte nehmen wollen. Diesmal hätte ich mich mit einer geringeren Siegesbeute zufriedengegeben: eine hübsche, kokette Witwe entflammte mein Herz mehr zu Eifersucht als zu Liebe; und unvergeßlich bleibt mir der spöttische Weibchenblick, mit dem Frau Betty, in Gesellschaft meines von mir als begünstigt angesehenen Bruders, aus dem Walde zurückkehrend den schmachtenden Liebhaber begrüßte, der die Spaziergänger auf einer Bank in der Nähe des Hauses, ein Buch in der Hand, mit qualvoller Ungeduld erwartet hatte. Ich selbst war mir des eingebildeten Zwangs-, ja Krankhaften meiner Neigung völlig bewußt, ohne daß diese Einsicht zur Linderung meiner Pein im geringsten beigetragen hätte.

Während unseres Reichenauer Aufenthaltes erkrankte meine Schwester an einer Rippenfellentzündung, die auch mein Vater, sowenig geneigt er war, ernstere Erkrankungen in seiner näheren Umgebung und gar in der eigenen Familie nur für möglich zu halten, notgedrungen als vorhanden feststellen mußte. Der Fall nahm einen leichten Verlauf, und da die rauhe Luft, die abends aus der zum Schneeberg führenden

Talenge geweht kam, der Rekonvaleszentin nicht zuträglich war, reisten wir, sobald es anging, nach Wien zurück. Meine Leidenschaft für Frau Betty begann schon in der Eisenbahn abzuflauen und verschwand daheim binnen kürzester Frist völlig; während ich einer süßen Speise, die sie sich täglich zu bestellen gepflegt, Schokoladetorte mit Erdbeeren und Obersschaum, und der wir den Namen der anmutigen Näscherin beigelegt hatten, eine dauernde Zärtlichkeit bewahrte.

Der ungarische Ausflug und der Reichenauer Aufenthalt hatten beide nur Auftakte zu der eigentlichen großen Ferial- und Doktorreise bedeutet, die ich Mitte August in Gesellschaft eines noch jugendlichen Freundes, eines einstigen Gymnasialkollegen meines Bruders, antreten durfte. Max Weinberg war der Sohn eines reichen Rumänen, der als Witwer, Privat- und Lebemann, sich vor Jahren mit seinen Kindern in Wien ansässig gemacht hatte; ein gutmütiger, gefälliger, nicht übermäßig kluger Junge von zerstreut-hastigem Wesen und für harmlose Späße sehr eingenommen, die er, ob nun als Spaßmacher in eigener Person oder als Publikum, mit einem törichten, fast schwachsinnigen Lachen zu begleiten pflegte. Daß ich gerade ihn zu meinem Reisegefährten erkoren, lag wohl, sowenig wählerisch ich damals in meinem Umgang war, hauptsächlich daran, daß ihm von seinem Vater die nötigen Geldmittel für die Reise zur Verfügung gestellt werden konnten. Übrigens war er mir mit all seinen Schwächen gerade in seiner Harmlosigkeit ein keineswegs unsympathischer Begleiter, und auf der vierzehntägigen Reise, die uns von Ischl aus über Innsbruck, Zürich, Luzern, den Sankt Gotthard nach den italienischen Seen und nach Mailand führte, vertrugen wir uns aufs beste. In Mailand traf ich verabredetermaßen mit den Meinigen zusammen; die Freude des Wiedersehens war dadurch etwas getrübt, daß ich meinen Vater sogleich um einige hundert Francs angehen mußte, die ich im Luzerner Kasino beim Pferdchenspiel verloren hatte und Max schuldig geworden war, den das Glück mehr begünstigt hatte als mich.

Von Mailand ging es über Innsbruck nach Ischl und am letzten Augusttag nach Wien zurück.

Hier traf ich Anfang September im Allgemeinen Krankenhause als Aspirant ein; zunächst auf der internen Abteilung des Primarius Standthartner, der sich in der Wiener Gesellschaft als Musikfreund und Wagner-Enthusiast (Wagner hatte öfters bei ihm in Wien gewohnt) kaum eines geringeren Ansehens erfreute, denn als Arzt. Der Pflichtenkreis eines Aspiranten war ziemlich eng begrenzt, und ich war nicht dazu angelegt, mich auch nur der erlaubtesten Überschreitungen schuldig zu machen. Hatte ich an der Morgenvisite mit größerer oder geringerer Aufmerksamkeit teilgenommen und, soweit es der Dienst erforderte, Krankengeschichten aufgezeichnet und ergänzt, so begab ich mich meistens ins Kaffeehaus, um Zeitungen zu lesen oder mit irgendeinem Bekannten, damals meist mit einem älteren Herrn namens Wolf, eine Kegelpartie auf dem Billard zu absolvieren unter Bevorzugung des sogenannten Kalakaux, eines Spiels, das durch seine vertrackten Regeln meiner Hazardfreudigkeit am ehesten entgegenkam. Um die Mittagsstunde verfügte ich mich auf die Poliklinik, wo ich bei dem Nervenpathologen, Professor Benedikt, hospitierte, der, ebenso gelehrt als von sich eingenommen, in einem seltsam leiernden Tone seine anregenden, anekdotisch gewürzten, zuweilen mehr phantasievollen, als wissenschaftlich fundierten Vorlesungen abhielt. Benedikt gehörte zu meines Vaters intimsten und, was ja nicht immer dasselbe bedeutet, treuesten Freunden, deren er weniger besaß, als er wußte oder sich eingestehen mochte. Die Poliklinik selbst aber war teilweise die Schöpfung und jedenfalls das große Erlebnis meines Vaters; sie war das Unternehmen und zugleich das Prinzip, an dem sich sein tiefstes Wesen entwickelte, ausdrückte und durchsetzte. Und an dieser Stelle meiner Aufzeichnungen, wo man mich selbst in bescheidener Nebenrolle die Schwelle eines Hauses überschreiten sieht, das meinem Vater so viel und auch mir in einer gewissen Periode meines Lebens nicht wenig bedeutete, ziemt es sich wohl, mit ein paar Worten vorerst der Anfänge dieses Institutes zu gedenken. In der hier folgenden Darstellung sind zum Teil Artikel meines Vaters und seines Kollegen Prof. Reuss benützt worden.

Die Poliklinik wurde im Jahre 1872 von zwölf jungen Dozenten der Medizin, darunter meinem Vater, gegründet, die sich für ihre Lehrtätigkeit, um dem mißlichen Gastverhältnis an den staatlichen Kliniken zu entgehen, eine eigene Stätte des Lehrens, Lernens und Heilens zu schaffen wünschten. In einem alten Hause der Wipplingerstraße mieteten sie eine Hofwohnung, aus der sie schon zwei Jahre später, mit Rücksicht auf den Andrang der Kranken und die steigende Hörerzahl, in ein geräumigeres Lokal in der Oppolzergasse übersiedelten. Die Behörden zeigten sich entgegenkommend, an Gönnern fehlte es nicht; und da sich überdies ein Prinz des kaiserlichen Hauses, der treffliche Erzherzog Rainer, entschlossen hatte, das Protektorat des Institutes zu übernehmen, so schienen die günstigsten Bedingungen für dessen ungestörte und gedeihliche Fortentwicklung gegeben. Da begannen plötzlich, vor allem aus den Kreisen der praktischen Ärzte, die damals ökonomisch unter den Nachwirkungen der Börsenkatastrophe von 1873 zu leiden hatten, Klagen, Anklagen, Verdächtigungen, Verleumdungen laut zu werden, die allmälig durch publizistische Beihilfe faktiöser Art den Charakter einer regelrechten, in ihren Mitteln recht unbedenklichen Hetze annahmen. Die Poliklinik, so hieß es, bedeute den Ruin der praktischen Ärzte, da in ihren Räumen auch bemittelte Patienten behandelt würden; sie sei im Grunde nichts als eine Reklameanstalt für die Dozenten, von denen sie gegründet worden; die scheinbar offiziellen Angaben über Zahl der Kranken und Hörer seien gefälscht, überdies bedeute diese im Mittelpunkt der Stadt gelegene Sammelstelle von Leidenden als vorbestimmter Epidemienherd eine ernste Gefahr für den Gesundheitszustand der ganzen Stadt. Man schritt bei den Behörden wegen Schließung des Institutes ein, Subventionen wurden entzogen, Gönner fielen ab; und endlich begehrte die Poliklinik selbst, die, schon gewillt, sich aufzulösen, vom Erzherzog Rainer zu weiterem Ausharren veranlaßt worden war, eine behördliche Untersuchung der gerügten Mißstände. Wie natürlich, fiel diese durchaus zugunsten der verdächtigen Anstalt aus. Die Gemüter beruhigten sich, die Poliklinik gedieh immer mehr zu einem unschätzbaren Bestandteil der medizinischen Fakultät sowohl in akademischer als in praktisch-ärztlicher Beziehung; und im Jahre 1880 bezog sie ein von einem ihrer Mitglieder, dem Kinderarzt Professor Monti, für sie erbautes Privathaus in der Schwarzspanierstraße. Während jener Kämpfe war es vor allem mein Vater gewesen, der die Sache des Institutes, dessen Mitbegründer und Vorstandmitglied er war, als Redakteur der »Medizinischen Presse« der Öffentlichkeit gegenüber vornehm, gewandt und temperamentvoll vertreten hatte; und es sollte nicht lange dauern, daß er sich genötigt sah, die Fehde von neuem aufzunehmen; diesmal nicht nur gegen den immerhin entschuldbaren Brotneid schlechtgestellter praktischer Ärzte und gegen die abergläubische Ängstlichkeit einfältiger Seelen, also gegen Anschuldigungen, die schon vor den Erwägungen der Vernunft, wie erst vor einer behördlichen Untersuchung (oder wäre vielleicht die umgekehrte Reihenfolge die richtigere?) in nichts vergehen mußten, sondern gegen kleinliche, erbärmliche Intrigen, die im Professorenkollegium selbst ausgeheckt worden waren, dessen Stellungnahme gegenüber den jungen poliklinischen Dozenten schon zur Zeit jener früheren Kämpfe keine durchaus freundliche oder auch nur ehrliche gewesen war. Einige von den erbgesessenen Herren hatten das immer stolzere Aufblühen des Institutes, die wachsende Berühmtheit einiger dort wirkender außerordentlicher und Titularprofessoren und ganz besonders derren um sich greifende Praxis seit langem mit Mißgunst betrachtet; nun endlich entschloß man sich, sozusagen offen gegen die gefährliche Konkurrenz aufzutreten, und nach längeren Debatten wurde in einer Sitzung eine Resolution gefaßt, des Inhalts, daß erstens die Vereinigung der Polikliniker in die Funktionen des akademischen Senates eingreife, indem sie das Vorlesungsprogramm durch ihre eigene (poliklinische) Direktion habe ankündigen lassen, daß sie zweitens (aus irgendwelchen schwerverständlichen formalen Gründen) überhaupt gar nicht das Recht habe, sich Poliklinik zu nennen; – und endlich wurde, gewissermaßen offiziell, die Befürchtung ausgesprochen, daß sich aus der Poliklinik, die ja sogar (man denke!) die Gründung eines Spitals anstrebe, eine zweite »freie« Universität entwickeln könnte, was unter keinen Umständen geduldet werden durfte. Aus der unglaublichen, gleichsam stammelnden Ungeschicklichkeit dieser Anklagen, von denen die letzte eigentlich einer empörten Anerkennung gleichkam, war ohneweiters zu ersehen, daß sich geschicktere eben nicht vorbringen ließen, und daß die wirklichen Ursachen für die latente und nun akut gewordene Feindseligkeit des Kollegiums gegen die Poliklinik solche waren, die man weder Feinden noch Freunden, ja, wenn es irgend angeht, auch sich selber nicht gerne eingestehen mag. Mein Vater – in einer vorzüglichen Entgegnung, die Anfang 1886 in der »Medizinischen Presse« erschien – deutet jene mehr oder minder verborgenen oder verleugneten Motive, insbesondere jenes, das sich bei jedem Konkurrenzkampf, heute noch wie damals, mit einer oft elementaren Schamlosigkeit geltend zu machen pflegt, am Schluß seiner Ausführungen leise an, wenn es von »gewissen Strömungen, die mitunter auch die intelligentesten Kreise mitreißen«, und »von dem Geist der Unduldsamkeit« spricht, »der auch an der medizinischen Fakultät immer weiter um sich greife, seit der Geist Rokitanskys (des großen pathologischen Anatomen) nicht mehr über ihr walte«. Es sei hier noch bemerkt, daß Theodor Billroth der einzige war, der in jener Fakultätssitzung gegen die Resolution aufgetreten war und sich entschieden für die Poliklinik eingesetzt hatte; – neben ihm, wie übrigens selbstverständlich, Benedikt, der gerade damals als der normierte Vertreter der außerordentlichen Professoren im Kollegium saß.

In die Räume der Poliklinik selbst war jener Geist der Unduldsamkeit bisher noch nicht eingedrungen; Juden und Christen (die letzteren befanden sich allerdings in der Minderzahl) wirkten vorläufig einträchtig zusammen und hielten sich geschlossen gegen ihre Widersacher, die auch diesmal gegen das Institut als solches Wesentliches nicht auszurichten vermocht hatten und sich weiterhin damit begnügen mußten, von Fall zu Fall gegen den einzelnen zu intrigieren, der ihnen just im Wege war.

Mein Vater war nicht nur journalistisch-polemisch, sondern im Verein mit einigen andern (die sich später freilich zum Teil gegen ihn stellen sollten) auch gesellschaftlich werbend für das Institut unermüdlich tätig, das er immer mehr als seine ureigenste Schöpfung empfand und wohl auch empfinden durfte.

Zu der Zeit, von der hier die Rede ist, Mitte der achtziger Jahre, stand mein Vater auf der Höhe seiner Wirksamkeit. Als einer der ersten Kehlkopfspezialisten übte er seine Praxis nach wie vor hauptsächlich in Sänger- und Schauspielerkreisen aus; aber auch von Mitgliedern des reicheren und des mittleren Bürgerstandes, der Aristokratie, des Hofes, selbst von fremden Fürstlichkeiten wurde er gern als Konsiliarius herangezogen, war überdies in zahlreichen Familien als Hausarzt gern gesehen und, wie man in Hinblick auf seine angenehme, meist leicht ironisch gefärbte Plauderkunst sagen darf, auch gern gehört. Seine außerordentliche Beliebtheit und Popularität verdankte er, außer der manchmal bezwingenden Liebenswürdigkeit seines Wesens, der beruhigenden Wirkung, die von seiner optimistischen Grundstimmung ausging, seiner Gutmütigkeit, die beinahe schon Güte war und seiner Noblesse in Geldsachen, von der manche seiner Patienten, besonders aus Künstlerkreisen, in übertriebener Weise zu profitieren verstanden. Inmitten seiner praktisch-ärztlichen vernachlässigte er keineswegs seine wissenschaftlich-schriftstellerische Tätigkeit und veröffentlichte zahlreiche, kurzgehaltene Aufsätze, meist kasuistischen Inhalts, die von seinem diagnostischen Scharfblick, seiner therapeutischen Einsicht, der Raschheit seines Urteils in einem flüssigen und klaren Stil Zeugnis gaben. Durfte man ihn auch nicht als einen tiefschürfenden Forscher bezeichnen, so mußte er doch als ein vorzüglicher Beobachter und Zusammenfasser gelten; wies er zwar keinen völlig neuen Weg, so hielt er sich doch hart hinter denen, die als Führer voranschritten und war vielleicht manchmal – mit der Agilität und Leichtigkeit seiner glücklichen Natur – so flink hinter neuen Errungenschaften her, als käme es ihm mehr darauf an, seine Flinkheit als den Wert der neuen Errungenschaften zu erweisen.

Ich selbst hatte früh die Empfindung, daß er weder als Gelehrter noch als Arzt, bei allen äußeren verdienten Ehren, in absolutem Sinne so weit gelangt war, als es ihm bei völliger Entfaltung seiner reichen Fähigkeiten wohl hätte beschieden sein können. Was ihn an einer solchen Entfaltung und damit an der Hervorbringung stärkster Leistungen und am Aufstieg zu wirklicher Größe hinderte, war der Mangel an jenem höchsten Ernst, dessen Voraussetzungen Sachlichkeit, Unbeirrbarkeit und Geduld heißen. Von allen diesen Eigenschaften besaß er wohl etwas, aber nicht genug; hatte sie von Fall zu Fall, aber nicht eingewurzelt als unveränderliche Bestandteile seiner Persönlichkeit. Daher haftete seiner Tätigkeit, vom strengsten Standpunkt aus gesehen, zuweilen etwas Oberflächliches, seinem Wesen gelegentlich etwas Frivoles an. Mein Eindruck, daß er es manchmal mit Angelegenheiten der Desinfektion, zum Beispiel dem Reinigen der Spiegel nach Gebrauch und dergleichen, nicht so genau nahm, als ich es für geboten erachtete, lag vielleicht daran, daß er noch einer älteren, ich schon der jüngeren, in antiseptischen

Prinzipien aufgewachsenen Schule angehörte; nicht verein-
barlich mit den Begriffen von ärztlicher Diskretion erschien
mir seine Neigung, das Ordinationsprotokoll, in dem neben
den Namen der Patienten die Diagnosen vermerkt standen,
unversperrt auf dem Schreibtisch liegen zu lassen oder auch
(was ich übrigens ein einziges Mal miterlebte) die ihm als
behandelnden Arzt bekanntgewordene sexuelle Minderwertigkeit eines Patienten einer koketten jungen Frau mit
scherzhaften Worten anzudeuten, der jener Patient den Hof
machte. Sehr charakteristisch war mir auch seine Haltung,
als ich selbst ihm einmal eine Sache mitzuteilen hatte, an
deren Geheimhaltung mir gelegen war und ich ihm ein hierauf bezügliches Ehrenwort abforderte. Er zeigte sich nicht
nur ablehnend, sondern sogar ärgerlich; nicht so sehr, weil
er sich durch mein Mißtrauen etwa verletzt gefühlt hätte, als
vielmehr darum, weil er mein Ansinnen und, wie ich mir nicht
verhehlen konnte, Diskretion und Ehrenworte im allgemeinen
etwas abgeschmackt zu finden nicht umhin konnte. Daß er
schließlich von einer gewissen Eitelkeit nicht ganz frei war,
darf einem Mann kaum als Fehler angerechnet werden, der es
in seinem Beruf zu einem so glänzenden Namen, in der
Gesellschaft zu einer so bevorzugten Stellung gebracht hatte
wie er, und sich auf der Höhe seines Lebens mit Stolz sagen
durfte, daß er aus engen, dürftigen Verhältnissen hervorgegangen, alles, was er erreicht, nur seinem Talent, seinem Fleiß und
seiner Energie zu verdanken hatte. Ein Teil seiner Klientel,
besonders aus den »höheren Kreisen«, sollte sich wohl in den
nächsten Jahren verlieren, und auch der Glanz seines Namens
trübte sich um ein weniges, woran nicht nur das Nachdrängen
erfolgreicherer jüngerer Spezialärzte, sondern außer den allgemeinen Gesetzen, die über dem Alternden stehen, das Über-
handnehmen jener Strömungen Schuld trug, von denen sich,
wie es in jener oben angeführten Streitschrift hieß, auch die
»intelligentesten Kreise öfter mitreißen lassen«, – wenn sie
nicht gar vorziehen, wie ich hinzufügen möchte, diese Strö-
mung mit tüchtigen Ruderschlägen zu fördern.

Schon vor Erlangung meiner Doktorwürde hatte ich öfters Gelegenheit gehabt, meinen Vater mitten in seiner ärztlichen Tätigkeit auf seiner poliklinischen Abteilung zu beobachten, hatte ihn im Verkehr mit seinen zahlreichen in- und
fremdländischen, hauptsächlich englischen und amerikani-

schen Kursisten und mit seinen Patienten gesehen, die hier durchaus den unbemittelten Kreisen angehörten, und ihn als vorzüglichen Lehrer und als ebenso tüchtigen wie menschenfreundlichen Arzt kennengelernt. Nun, da ich promoviert war, durfte ich ihn zuweilen auch in der Hausordination vertreten. Mit meinem Wissen – von meiner Erfahrung gar nicht zu reden – war es allerdings nicht zum besten bestellt; aber ich wußte zum mindesten in jedem Fall, wann ich verpflichtet war, die Verantwortung an eine höhere Instanz zu übertragen; und auch die Gewandtheit meiner Lebensformen ließ wenig zu wünschen übrig, wenn ich es auch an Liebenswürdigkeit, zumindest an der fast unerschütterlichen, wie sie meinem Vater zu Gebote stand, mit ihm keineswegs aufzunehmen vermochte. Insbesondere wenn er mich – was damals noch nicht häufig geschah – in eines seiner »Häuser« als Vertreter entsandte, lag mir vielleicht allzuviel daran, die Leute merken zu lassen, daß ich ferne davon war, mich aufdrängen zu wollen; und meine Zurückhaltung mochte beinahe wie Hochmut wirken, besonders wenn ich zu vermuten Ursache hatte, daß man mich eben nur als den Sohn meines Vaters mit Herablassung oder gar mit leiser Ironie zu empfangen und zu behandeln beliebte.

Vorerst hielt sich diese meine privatärztliche Tätigkeit natürlich in den engsten Grenzen, und genaugenommen führte ich eigentlich mein Studentenleben weiter – ein junger Mann aus gutem Hause, der ein paar Stunden des Tags in Spital und Poliklinik oder auch im Laboratorium für pathologische Histologie beschäftigt war, fleißig Theater, Konzerte und Gesellschaften besuchte, einen allzu großen Teil seiner freien Zeit im Kaffeehaus mit Freunden hinbrachte und immer nur von seinem Taschengeld lebte, mit dem er selbstverständlich niemals auskam.

Diese Freunde schieden sich, wie das immer der Fall gewesen war, in einzelne, nicht ganz scharf umrissene, öfters ineinander verfließende Gruppen. Mit Richard Tausenau hatte ich mich neuerdings intimer an einen unserer einstigen Gymnasialkollegen angeschlossen, Louis Friedmann, der zusammen mit seinem jüngeren Bruder Max die Maschinenfabrik seines verstorbenen Vaters, des liberalen Abgeordneten Alexander Friedmann, leitete, während der jüngste Bruder Emil, sonderlingshaft und großstadtscheu, von Arbeit und

Arthur Schnitzler, Louis Friedmann (Mitte)
Richard Tausenau (rechts) um 1885

Geschäft abgewandt, in Baden bei Wien lebte und seine Tage
mit Philosophiestudien und Schachspiel hinbrachte. Louis
und Max aber führten am Tabor im eigenen, der Fabrik
benachbarten Hause eine Art von Junggesellenwirtschaft; ich
erinnere mich wenigstens kaum, bei ihnen je ihrer Mutter
begegnet zu sein, die ein anderes Stockwerk bewohnte und
sich bald wieder verheiratete oder vielleicht schon damals
wieder verheiratet hatte. Sowohl Louis als Max waren sehr
tüchtig und fleißig in Beruf und Geschäft; Louis vorwiegend
nach der technisch-erfinderischen, Max nach der administra-
tiv-praktischen Seite hin veranlagt; dieser von etwas vorsich-
tigerer, jener von unternehmenderer Natur, beide ebenso
klug als korrekt, so daß trotz gelegentlicher Differenzen
zwischen ihnen die Fabrik unter ihrer gemeinsamen Führung
bald einen beträchtlichen Aufschwung nahm und sich in
ihrem Spezialgebiet, der Erzeugung von Lokomotivinjekto-
ren, zu einer der bedeutendsten in Österreich-Ungarn entwickelte. Beide von einem jüdischen Vater und einer christlichen Mutter stammend, waren auch körperlich sehr wohlge-
bildet, insbesondere Louis war ein auffallend hübscher Junge,

eben mittelgroß, schlank, von anmutsvoller Lässigkeit der Bewegungen, immer gut angezogen und sportlich ungewöhnlich begabt. Als Alpinist erfreute er sich eines Rufs weit über die Grenzen seines Vaterlandes, war vielfach preisgekrönter Eisläufer und auch ein Fechter von Rang, wenn er freilich in diesem Fach seinen jüngeren Bruder nicht erreichte, der hier als Meister galt. Man kann sich denken, wie solche Erscheinungen, insbesondere die des älteren Bruders, in der Schneidigkeit, Eleganz und Wohlhabenheit ohne jede Protzerei und Geckenhaftigkeit sich aufs angenehmste vereinigten, dem Geschmack meines Freundes Richard behagen mußten, aber auch ich verstand mich mit den Brüdern, vor allem mit Louis, aufs allerbeste. Schon im Winter vorher hatten wir manche vergnügte Abende miteinander verlebt, und einen von diesen, an dem Richard sowohl wie Louis je ein hübsches junges Ding zur Seite hatten, aber auch ich als Elefant besser wegkam, als es dergleichen unglückseligen Tieren sonst vergönnt zu sein pflegt, habe ich in einem humoristischen Gedicht aufbewahrt.

Im Winter 85/86 fügte es sich nun, daß Richard und ich beinahe allsonntäglich in den späteren Nachmittagsstunden bei Friedmanns zusammentrafen, um nach etlichem Geplauder in einem Stadtrestaurant zu soupieren und nachher ein Vergnügungslokal, etwa eine Singspielhalle oder auch nur ein Kaffeehaus, zu besuchen, wo eine Billardpartie den Beschluß des Abends zu machen pflegte. Vom Hazardspiel hielten sich beide Brüder, besonders Louis, möglichst fern; nicht nur aus Gleichgültigkeit, sondern auch aus Klugheit, da sie als die einzigen Besitzenden in unserem Kreise gegenüber ihren Partnern in offenbarem Nachteil gewesen wären. Außer Richard und mir fand sich an jenen Sonntagnachmittagen am häufigsten ein blonder Geologe namens Geyer ein, ein junger Mensch von knappen Einkünften, der auch etwaigen Ansprüchen an Eleganz nur in bescheidenstem Ausmaße genügen konnte, immer wohlgelaunt, von unbefangenstem und dabei tadellosem Betragen, verläßlich und ohne Prätentionen, einer von den seltenen Kameraden, bei denen man sicher sein konnte, daß er niemals einen Kreuzer Geld schuldig bleiben und sich nie einer Taktlosigkeit schuldig machen würde. Zwischen ihm und Louis Friedmann bestand eine jener Freundschaften, die in ihrer völligen materiellen und seelischen Uneigennützigkeit beiden zur Ehre gereichen und in weiterem Umkreis eine reine und reinigende Atmospähre verbreiten. – Karl Diener, der spätere Professor der Geologie an der Wiener Universität, der sich auch manchmal am Tabor sehen ließ, wirkte, trotz überragenden Verstandes, in seiner Schärfe und Trockenheit auf mich damals nicht ebenso erfreulich wie sein Berufskollege Geyer. Eine unbeträchtlichere, aber beliebtere Figur in unserem Kreise war unser einstiger Gymnasialkollege Hermann Eissler, in dessen gastfreundlichem Haus wir drei, Richard, Louis und ich, früher einmal, hauptsächlich um seiner kaum hübschen, aber nicht uninteressanten ältesten Schwester Laura willen, verkehrt hatten, – ein komischer, kleiner Kauz, der ebenso gern selber Witze machte, als er sich die freundschaftlichen Spöttereien der anderen gefallen ließ. Insbesondere seine Beziehung zu der Gouvernante seiner Schwester wurde höchst humoristisch aufgefaßt und besprochen, ohne daß der detaillierenden Aufrichtigkeit seiner Berichte und unseren unbedenklichen Randbemerkungen dazu, im Augenblick selbst oder auch nur in der Erinnerung, etwas Peinliches anhaften konnte: von

Der Schulkollege Hermann Eissler

einer so unbedingt alles ins Harmlose auflösenden Atmosphäre war der gutmütige, häßliche Krauskopf umgeben, den wir nach einer von ihm gern gebrauchten Redewendung, mit der er auch, wie zum Motto, seine Photographie unterzeichnete, »Halt Ignaz« zu nennen pflegten.

Zuweilen gesellten sich auch noch andere junge Leute zu uns, Kameraden aus Louis Friedmanns Freiwilligenjahr oder Sportgenossen, wie der junge Diamantidi, der Sohn des berühmten Bergsteigers, und der Kavallerieleutnant Milanich; aber wie und wo immer sich die Gesellschaft zusammenfand, ihre Zusammenkünfte ermangelten bei allem gelegentlichen Übermut jedes lebemännischen oder gar aufhauerischen Charakters; wie auch die Weiblichkeit nur manchmal und dann ausschließlich durch Louis' Geliebte, das schlanke, sanfte, schöne Fräulein Valeska vertreten war. Aber Louis, der, ohne eigentliche Leidenschaft und durchaus egoistisch, die Liebe damals bestenfalls als einen hübschen Zeitvertreib behandelte, um erst später als verheirateter Mann sich zum Frauensammler und Berufseroberer, kurz, auch auf erotischem Gebiet sich zum Sportsmann heranzubilden, war seiner Freundin bereits etwas müde geworden und versuchte vorerst, sie durch Kühle und Vernachlässigung, ohne jede Anwendung von Brutalität, loszuwerden. Eines Wintersonntags, als wir eben vom Tabor aufbrachen, um, nach unserer Art langsam durch die Straßen flanierend, dem Leidinger, unserem bevorzugten Gasthaus, zuzustreben, erschien ungerufen Fräulein Valeska, schön und sanft wie immer. Doch ihre in Demut zur Schau getragene Liebe war dazu angetan, jeden anderen eher zu rühren als ihren gelangweilten Liebhaber, der ihr in seiner höflich-ablehnenden, liebenswürdig-schnöden Art, mit seiner zugleich hohen und weichen, etwas verletzenden und etwas verführerischen Stimme zu verstehen gab, daß ihm für heute abend ihre Gesellschaft nicht erwünscht sei. Sie folgte uns auf die Straße; Louis, ohne sich im geringsten um die Geliebte zu kümmern, ging mit den andern voraus, Max und ich blieben mit Valeska zurück, die nur mit Mühe ihre Tränen unterdrückte und uns ein bißchen leid tat. Ob der Plan, der noch am gleichen Abend zur Ausführung gebracht wurde, mit Vorbedacht von uns ausgeheckt war oder ob er einem zufälligen Zusammentreffen von Umständen seine Entstehung verdankte, weiß ich nicht mehr: sicher ist nur, daß Max

und ich Fräulein Valeska mit einem gutaussehenden Fiakerkutscher bei Leidinger in einem Cabinet particulier zu plazie-
ren wußten, demjenigen gegenüber, in dem unsere ganze
Gesellschaft soupierte, daß einer von uns, scheinbar zögernd
und überrascht, Louis von der sonderbaren Nachbarschaft
wie von einer Entdeckung verständigte, die wir im Vorbeige-
hen an der für eine Sekunde lang zufällig offenstehenden Tür
gemacht; – und daß bald darauf, entweder von uns veranlaßt
oder durch Louis selbst hereinbeschieden, Valeska den abgeschlossenen Raum betrat, wo wir andern tafelten. Ein paar
Minuten nach ihr stürzte wie ein Rasender der Kutscher
herein, den man am Ende auch für einen vorstädtischen
Hausherrnsohn halten konnte, schlug, getreu der von uns
Verschwörern erteilten Ordre, einen mächtigen Skandal und
stellte sich an, als wollte er sich seiner Soupergenossin mit
Gewalt wieder bemächtigen. Nun war es köstlich anzusehen,
wie Louis in all seinem beleidigten Männerstolz den unwür-
digen Rivalen mit diabolischem Hohn abzutun, Valeska mit
unsäglicher Verachtung zu strafen und den Ironisch-Über-
legenen so lange zu agieren suchte, bis er, wahrscheinlich
durch das unzeitige Gelächter von uns Eingeweihten, zu
merken anfing, daß man ihn zum besten hatte, worauf der
Spaß ohne richtigen Schlußeffekt verpuffte. Er verlief folgen-
los in jedem Sinn. Denn Valeska wandelte nicht nur ohne den
Fiaker, sondern auch ohne Louis heimwärts, der das Verhältnis mit ihr immerhin noch durch ein paar Monate weiter-
führte. –

Louis war zu jener Zeit, ungeachtet seiner Abstammung,
überzeugter Antisemit, so zwar, daß er beschlossen hatte,
ledig oder doch kinderlos zu bleiben, um das verhaßte jüdische Blut nicht fortzupflanzen, das vom Vater her durch seine
Adern floß. Es bereitete mir, der sich über dieses Thema
häufig mit ihm auseinandergesetzt hatte, eine gewisse Genugtuung, als ich einmal in einem Eisenbahncoupé, scheinbar
schlafend, das Gespräch einiger Alpinisten belauschte, die
sich über ihren nicht anwesenden Klubkollegen unterhielten
und von denen einer, bei aller Anerkennung der Friedmanni-
schen Leistungen auf touristisch-sportlichem Gebiet, seiner
Antipathie gegen ihn mit der prinzipiellen Bemerkung Ausdruck verlieh, daß er die Juden nun einmal nicht leiden
könne. Ich weiß eigentlich nicht, warum ich Louis Fried-

mann, weder damals noch später, je von diesem Erlebnis Mitteilung gemacht habe.

Eine andere Freundesgruppe, ich nehme das Wort in seiner leichtesten und leersten Bedeutung, stellten die Ischler Sommerbekanntschaften vor. Was hier eine Art von Gemeinsamkeit vortäuschte, war weniger Naturfreude und Wanderlust, die im ganzen mit kleinen Ausflügen und Spaziergängen ihr Auslangen fand, sondern wieder einmal das leidige Hazardspiel, zu dem sich auf dem Land noch mehr Muße und Gelegenheit ergab als in Wien. Unter diesen »Makao«- und »Poker«-Gefährten war es vor allem ein gewisser Benvenisti, mit dem ich auch in der Stadt öfters zusammentraf. Chemiker von Beruf, aus wohlhabender spaniolischer Familie, der nach dem kürzlich erfolgten Tod seines Vaters mit Mutter und mit Schwestern zusammenlebte. Gutmütig, beschränkt und liebenwürdig, hielt er seine Bekannten gerne frei, besonders wenn es Kavallerieoffiziere und Sportsleute waren, durch deren Umgang er sich geschmeichelt fühlte, und verschwendete überhaupt sein väterliches Erbteil in der törichtesten Weise. Ich erinnere mich eines Gelages nach einem Rennen bei Sacher, wo ich, verspätet erscheinend, meinen Freund schon in ziemlich betrunkenem Zustand unter Zechgenossen antraf, die seiner Geliebten, einer hübschen Blondine mit Namen Heli, in höchst ungezwungener Weise schön taten, was er, obwohl innerlich kaum sehr erbaut, sich mit seinem gewohnten albernen Lachen gefallen ließ. Ich selbst, der in diesem Kreise außer Benvenisti kaum einen näheren Bekannten und gewiß keinen Freund hatte und, wie an dem kühlen Empfang zu merken war, der mir zuteil wurde, heute ganz besonders ungern gesehen war, entfernte mich, als das »Baccarat« mit hohen Einsätzen begann, an dem ich mich ohnedies nicht hätte beteiligen können und bei dem Benvenisti, Nixl genannt, gewiß auch heute, wie immer, bestimmt war, die »Wurzen« abzugeben. Das Trinken hatte er sich kaum aus angeborener Neigung, sondern vielmehr aus Snobismus angewöhnt und übertrieb es eben darum ins Maßlose, so daß er einmal im halben Delirium, als ihn der Hausbesorger zu lange hatte warten lassen, im Flur mit seinem Revolver herumschoß, was ihn beinahe mit der Polizei in Konflikt gebracht hätte. Kam der Katzenjammer über ihn, so zeigte er sich meinen Mahnungen und Warnungen zugänglich und gelobte

Besserung, um meistens schon nach wenigen Stunden seine guten Vorsätze wieder in den Wind zu schlagen.

Eines Tages, auf Zureden seines Vormundes oder seiner Mutter, entschloß er sich, sein kostspieliges und sinnloses Wiener Leben aufzugeben, in einer chemischen Fabrik zu Lodz eine Stellung anzunehmen und sich Heli so bald als möglich nachkommen zu lassen. Mir, für den er eine besondere Sympathie hegte, die ich aus unerklärlichen Gründen erwiderte, überließ er für die nur kurz bemessene Dauer der Trennungszeit die Sorge um Heli. Schon vorher hatte ich öfters mit ihm zusammen Heli besucht, die in der Rotenturmstraße bei ihrer Mutter ein sehr bescheidenes Zimmer bewohnte, und war manchmal Zeuge von Zwistigkeiten geworden, im Verlauf deren Nixl es angemessen fand, seine ungebärdige Geliebte zu erinnern, aus welcher Welt, ja aus welchem Hause er sie geholt und zu sich emporgezogen habe. Sie war ein sehr hübsches, graziöses, grundverdorbenes Geschöpf, die geborene Kokotte; und während Nixl in Lodz sich aufhielt und ich öfter als unumgänglich nötig in der Rotenturmstraße vorsprach, mich nach dem Befinden meiner Schutzbefohlenen zu erkundigen, lag es nicht eben an ihren Grundsätzen und kaum an den meinen, sondern nur an einer, durch mir bekannte Tatsachen wohlbegründeten Vorsicht meinerseits, daß ich es jedesmal für richtig hielt, mich im letzten oder vorletzten Moment von ihr zu verabschieden. Kaum vierzehn Tage, nachdem Nixl Wien verlassen, sandte er mir eine Geldsumme mit der Weisung, für Heli allerlei einzukaufen, was sie zur Reise nach Lodz und zum Aufenthalt dort benötige, sie in den Waggon zu setzen und so in die Arme ihres sehnsüchtigen Liebhabers zu spedieren. Da Heli aber nicht die geringste Lust zeigte, sich spedieren zu lassen, entschloß sich Nixl, sie persönlich abzuholen, und ein Telegramm von ihm ersuchte mich, ihn zu einer bestimmten Stunde auf dem Nordbahnhof mit Heli zu erwarten. Wir waren beide pünktlich zur Stelle, sie aber, statt den Geliebten freudig oder doch wenigstens höflich willkommen zu heißen, benahm sich ihm gegenüber von dem Augenblick an, da er das Coupé verließ, im Wagen und schließlich zu Hause so übellaunig und unwirsch, behandelte mich dagegen mit so absichtsvoller, ja verdachterregender Freundlichkeit, daß Nixl mit einem immer verdutzteren und unglücklicheren Gesicht

dasaß und ich mich endlich in einem unbelauschtenMoment
veranlaßt sah, ihm ungefragt zu versichern, ich verstünde
Helis Benehmen sowenig als er selbst; und es sei während
seiner Abwesenheit zwischen Heli und mir nichts von dem
vorgefallen, was er offenbar vermuten mußte. Er erklärte, daß
er in mich und meine Worte keine Zweifel setze, und reiste
wenige Tage später in Helis Begleitung nach Lodz ab, um
schon nach einigen Wochen wieder mit ihr nach Wien zurückzukehren und, wie es schien, in besserem Einvernehmen
als vorher. Ich für meinen Teil hielt es schon darum für
richtig, mich von den beiden zurückzuziehen, weil gute
Freunde bemüht waren, Nixls Mißtrauen gegen mich zu
nähren oder jetzt erst ernstlich zu erwecken. Gegen Abschluß
des Winters hatte er mit einem seiner Trunk- und Spielgenossen, einem Husarenoberleutnant, ein Pistolenduell zu bestehen, weil dieser sich antisemitisch-beleidigende Äußerungen
über Nixls Familie erlaubt hatte. Am Morgen, da das Duell
stattfand, erhielt ich einen Brief von ihm, in welchem er mich
bat, für den Fall seines Todes die Nachricht seinen Angehörigen, vor allem Heli zu übermitteln und mich der verlassenen
Freundin anzunehmen, die er übrigens materiell sichergestellt
habe. Falls bis zwölf Uhr keinerlei Nachricht von ihm an
mich gelangt sei, wäre der Augenblick zur Erfüllung meiner
Mission gekommen. In einer offenbar erträglichen Aufregung, die mir durch eine Billardpartie noch weiter zu be-
schwichtigen gelang, – vielleicht nur darum so erträglich, weil
ich von einem glücklichen Ausgang völlig überzeugt war, –
wartete ich verabredetermaßen im Arkadencafé die Mittagsstunde ab. Wenige Minuten vor der bestimmten Zeit kam
Nixl hereingestürzt, im Jagdanzug, den er zur Täuschung der
Seinigen hatte anlegen müssen, höchst aufgeräumt, fiel mir
um den Hals und berichtete, daß der Kugelwechsel resultatlos
verlaufen sei. Das Testament samt dem Legat für Heli war
somit vorläufig gegenstandslos geworden und wurde es immer mehr, da Nixl binnen der nächsten Monate den Rest
seines Vermögens bis auf den letzten Heller durchbrachte
und sich endlich doch genötigt sah, in Lodz oder anderswo
eine Stellung anzunehmen. Mein Verkehr mit ihm beschränkte sich bald nur auf Zufallsbegegnungen, seine Beziehungen
zu Heli dürften wohl gleichzeitig mit dem Erlöschen seines
Bankkontos zu Ende gewesen sein. Geschäftlich kam er nicht

recht vorwärts, und ich glaube, daß seine materiellen Verhältnisse durch seine, ein paar Jahre später erfolgte Heirat mit einer alternden Operettensängerin sich eher verbessert haben.

Heli hatte aber nun mit Entschiedenheit die ihr vom Schicksal vorbestimmte Laufbahn angetreten oder fortgesetzt, sie wurde nun wirklich eine sozusagen große Kokotte und durfte sich, wie manche größere und kleinere ihres Berufs, einer flüchtigen Beziehung zu dem Serbenkönig Milan rühmen, was sie denn auch mir gegenüber, als sie mir ein paar Jahre später blaß, hellblond, geschminkt, mit großen blauen Steinen in den Ohren, vor der Oper begegnete, zu tun keineswegs unterließ.

Über diesem studentisch-junggesellenhaften Treiben wurde der Verkehr mit solideren weiblichen Elementen nicht versäumt, der in der Faschingszeit, die sich bekanntlich nicht streng an den Kalender hält, seinen eigentlichen Reiz und Sinn bekam. Schon in den vorhergehenden Jahren hatte neben Charlotte, unter den jungen Damen der Gesellschaft ein Fräulein Helene Herz mich am stärksten angezogen; und in diesem Winter 85/86 gab es beim Tanz und auf der Eisenbahn für mich neben ihr keine ernste Rivalin mehr. Von allen jungen Mädchen, die mich bisher interessiert und mein Interesse erwidert hatten, war sie zweifellos nicht nur die Schönste, sondern auch – das war ihr besonderer Reiz – die Jungmädchenhafteste in Erscheinung und Wesen; und in der Erinnerung sehe ich die schlanke, zarte, wohlgebildete Gestalt kaum anders vor mir als im duftigen, weißen Tüllkleid, mit freiem Hals und Schultern, eine Schwebende, Unberührte. Sie hatte eine ganz eigene Art zu reden; geschwind, unbefangen, nicht sehr geistvoll, doch meist vernünftig, wenn auch manchmal etwas unzusammenhängend; mit einer dunklen, zuweilen wie gebrochenen Stimme; ihre langwimperigen, schwarzen Augen blitzten dabei auf und verdämmerten gleich wieder unter rasch gesenkten Lidern, was aber keineswegs als ein geheimnisvolles Zeichen innerer Unruhe, sondern nur als Ausdruck einer gewissen Fahrigkeit und Zerstreutheit aufzunehmen war. Diese allerdings ging so nah an die Grenze das Pathologischen, daß ich, obwohl Helene mir im übrigen besonders gut gefiel, und so unverkennbar sie mich vor ihren übrigen Hofmachern bevorzugte, mir kein rechtes Herz zu ihr fassen konnte.

Eine hübsche Brünette aus gleichen, nur weniger begüterten Kreisen, freier und aufgeweckter und von humorhafterem Wesen, Anni Holitscher, war in Peter Altenberg verliebt, der damals noch Richard Engländer hieß; und da sie eine seltsame innere Ähnlichkeit zwischen mir und ihm zu entdecken behauptete, fiel ein Strahl ihrer Sympathie für ihn auch auf mich. Wie für einen Europäer bei oberflächlicher Betrachtung ein Neger wie der andere aussieht, so mag auf ein junges Mädchen, das mit solchen Menschenexemplaren noch nicht viel zu tun gehabt hat, anfänglich auch ein Dichter genauso wie der andere wirken. Dies traf sonderbarerweise in diesem Falle zu, obzwar damals weder ich noch P.A. als Dichter in der Öffentlichkeit hervorgetreten waren und wenigstens in weiteren Kreisen kaum noch im Verdacht solcher Bestrebungen standen. P.A. besonders galt nur als geistreicher Sonderling und gebärdete sich in einer mir nicht ganz echt erscheinenden Weise als berufsmäßiger Neurastheniker, was ich ihm auch gelegentlich ins Gesicht sagte, ohne daß er es mir übelgenommen hätte. Ob er zu jener Zeit überhaupt schon eine Zeile geschrieben hatte, ist mir nicht bekannt; was man etwa von meinen Versuchen in der Gesellschaft erfahren haben mochte, wurde von keiner Seite ernst genommen; und immer wieder blieb es der einzigen Fanni Mütter vorbehalten, mich ermutigend und mahnend auf meine eigentliche innere Berufung hinzuweisen, an deren Betätigung und Bestätigung mir selbst vorläufig so wenig zu liegen schien.

Auch in diesem Jahr erblühte mir eine erhöhte Stimmung nur selten aus eigenem Schaffen oder Schaffensdrang. Die stärksten Anregungen, ja ein ahnungsvolles Gefühl meines eigenen, noch unerschlossenen Wesens und damit allerlei gute, nur etwas vage Vorsätze verdankte ich den Kunsteindrücken, die mir durch Theater und Konzertaufführungen geboten wurden. Unter diesen sind mir die sieben zyklischen Klavierabende Rubinsteins vor allem unvergeßlich geblieben.

Freilich blieb ich schriftstellerisch nicht ganz müßig, und eine Novelle, die mich diesen Winter über beschäftigte, so dilettantisch sie am Ende auch geriet, dürfte um ihrer Grundidee willen eine kurze Betrachtung verdienen, da, ehe Ibsen in Deutschland bekannt geworden war, das Problem der Belastung in rationalistisch-romantischer Weise durch sie gespenstert. Ihr Inhalt ist folgender: Ein neuropathisch veranlagter

Dichter, Freund eines Arztes, liebt ein junges Mädchen aus gleichfalls belasteter Familie. Der Arzt, der die Unzulänglichkeit alles ärztlichen Könnens längst mit Schmerzen erkannt hat, wünscht in diesem Einzelfalle wenigstens, eine gewissermaßen ärztliche Pflicht zu erfüllen und im Interesse der kommenden Generation eine Verbindung zwischen den beiden Belasteten zu verhindern. Es fehlt ihm zuerst an dem grausamen Mut, den Freund mit wissenschaftlichen Gründen zur Ehelosigkeit zu bestimmen, doch als die Braut Miene macht, in einer Art von hysterischem Anfall sich dem Arzt an den Hals zu werfen, fühlt dieser sich verpflichtet, oder benützt vielmehr die Gelegenheit, den Freund vor Ella, zwar nicht als vor einer Kranken, doch als vor einer Ungetreuen zu warnen. Benno erklärt ihm erschüttert, diese Warnung komme zu spät; vor wenigen Tagen sei die Braut seine Geliebte geworden und daher müsse und wolle er unbedingt sein Eheversprechen einlösen. Er verschwindet eilends mit ihr aus der Stadt, Doktor Flimmer aber segelt eine Weile als Schiffsarzt über die Meere, kehrt in die Heimat zurück, übt ein paar Jahre seine ärztliche Praxis aus, gibt sie auf und wird endlich Erzieher des Erbprinzen, dem er, gelegentlich mit ihm im Park lustwandelnd, jenes traurige Jugenderlebnis anvertraut. Der Prinz ist ein Melancholiker, grübelt dem Problem des allgemeinen Glückes nach, und genau an dem Tage, da der Fürst, ein heiterer Lebemann, das fünfundzwanzigjährige Jubiläum seines Regierungsantrittes feiert, bricht beim Sohn der Wahnsinn aus. Er tritt auf den Balkon des Schlosses, hält eine Rede vor versammeltem Volk an die Menschheit, in der er sie seiner Liebe versichert und sie um Gegenliebe anfleht. An seinem Krankenbett und ihn für bewußtlos haltend, erzählt nun der Fürst dem Erzieher, daß Marcel nicht sein, des Fürsten, sondern der Sohn eines andern sei, der ihn, den Fürsten, bei seiner Frau betroffen und ihn durch Todesdrohungen zu dem Schwur gezwungen, seinen eigenen, kürzlich geborenen Sohn als Erbprinzen aufziehen zu lassen. Ahnungsvoll frägt Doktor Flimmer nach dem Namen jenes sonderbaren Eifersüchtigen und vernimmt in tiefster Bewegung den seines Jugendfreundes. Der Fürst verläßt das Zimmer, Marcel hat alles gehört, dankt dem Arzt mit den Worten »Edler Mann, du wolltest mich vor dem Unglück bewahren, zu leben« und verliert endgültig den Verstand.

Noch hoffnungsloser als dichterisches Produkt, wenn auch nicht so kindisch-verworren, präsentiert sich ein anderes, das auch mit dem Problem der Belastung, freilich in leichterer und in ganz unbewußter Weise zusammenhängt und in dem, um den Parallelismus zu vollenden gleichfalls ein fünfundzwanzigjähriges Jubiläum eine Rolle spielt: Es ist das Festspiel, das ich zum 6. Januar 1886 verfaßte, an welchem Tag mein Vater den fünfundzwanzigsten Jahrestag seiner Promotion und seines Eintritts in die Redaktion der »Wiener Medizinischen Presse« in der etwas solennen Weise feierte, die seinem Geschmack entsprach. Um die Mittagsstunde, im Frack und mit sämtlichen Orden angetan, stand er im Salon, umgeben von Familienmitgliedern, Assistenten und Freunden, ließ sich Adressen überreichen und nahm Ansprachen entgegen, auf die er in freien, doch wohl vorbereiteten und formklaren Reden erwiderte, in denen es an Hinweisen auf die Kämpfe nicht fehlte, die er für seine geliebte Poliklinik zu bestehen gehabt hatte und die noch immer fortdauerten. Gewiß bedeutete die Feier dieses Tages nicht nur einen Triumph seiner Eitelkeit, sondern auch den eines wohlberechtigten Stolzes auf all das, was er nicht nur zu eigenem Ruhm, sondern auch zum Wohl der anderen geleistet und geschaffen; und einem Manne, der fortdauernd so vielen Angriffen und Anfeindungen von Übelwollenden und Neidern ausgesetzt war, mochte es wohl gegönnt sein, sich seine Verdienste einmal ohne jeden kritischen Mißklang laut und vor aller Welt bestätigen zu lassen. Da auch Journalisten zur Stelle waren, die die Reden stenographisch aufnahmen, war für den nötigen Widerhall in ausreichendem Maße gesorgt.

Am gleichen Abend wurde mein Festspiel aufgeführt – vor einem Kreise, den die Blätter, die auch hievon Notiz nahmen, einen illustren zu nennen allen Grund hatten, da sich unter den Anwesenden nebst vielen der berühmtesten Schauspieler und Sänger, wie Charlotte Wolter, Adolf Sonnenthal, Gustav Walter, auch der Fürst Ferdinand von Koburg (der künftige König von Bulgarien), Graf Mensdorff (der spätere Botschafter in England), der Dompropst Marschall, der dem Kuratorium der Poliklinik angehörte, und die Fürstin Metternich befanden. Mein Stück, mit dessen Regie sich neben mir auch mein Onkel Edmund Markbreiter befaßt hatte, zerfiel in drei Bilder: das erste, im Riedhof spielend, zeigte meinen Vater als jungen Doktor im Kreise von Kollegen und Studenten, denen er von seiner Verlobung Mitteilung macht, – das zweite führte ihn als Redakteur, jungen Ehemann und Doktor ohne Patienten vor, – im dritten erschien er als das, was er indessen wirklich geworden, als Professor und Regierungsrat unter seinen Patienten. Ich stellte ihn, meine Schwester Gisela seine Gattin, unsere Mutter, dar, in Nebenrollen wirkte mein Onkel Peter von Suppé als verbummelter Student, sowie etliche Vettern, Basen und sonstige Bekannte mit, unter denen meine Cousine Olga Mandl als Konservatoristin und Herr Fritz Fürst durch eine Sonnenthal-Kopie auffielen; ein Scherz, den uns Sonnenthal sonderbarerweise ein wenig übelnahm. Wohlfeile Gelegenheitsspäße regten das freundliche Publikum zu Heiterkeit und Beifall an, wozu das völlig humorverlassene, offenbar ganz stimmungslos hingeschleuderte Werkchen sonst keinen Anlaß geboten hätte.

Lese ich heute Novelle und Festspiel durch, so überrascht mich nicht einmal so sehr der scheinbare Mangel aller Anzeichen von dichterischer oder nur schriftstellerischer Begabung (nach Anfängen, die im »Aegidius« z.B. immerhin etwas versprochen hatten), als vielmehr die geistige Unreife, die in jenen Versuchen zutage tritt und die bei einem Vierundzwanzigjährigen, der in jungen Jahren frühreif gewesen war, fast wie ein Naturspiel anmutet.

Nach diesem Fest- oder Naturspiel also folgte das Souper von mehr als hundert Gedecken; Toaste, ernste und humoristische, unter denen der des Dozenten Urbantschitsch den größten Beifall fand, wurden auf den Jubilar ausgebracht, der auf jeden im angemessenen Ton gewandt und unermüdlich zu erwidern wußte. So stellte dieser Tag mit all seinen Ehren und Freuden gewiß einen der glücklichsten im Leben meines Vaters vor; und auch ich blieb nicht ungerührt, wenngleich ich schon damals nicht recht begriff, was einem klugen und tätigen Manne an dergleichen Feierlichkeiten besonderen Spaß bereiten konnte.

Der Winter ging weiter hin in mäßiger Arbeit, mancherlei Vergnügen und viel Zerstreuung, und im Karneval wurde reichlich getanzt, wie gewöhnlich. Auf einem Kostümball im Musikvereinssaal begegnete ich, als Wiener Strizi verkleidet, dem unvergessenen, wenn auch vernachlässigten Fännchen, das als Wäschermädel erschienen war, so daß wir an diesem

Abend besonders gut zusammenpaßten; auf einem der Privatbälle, die ich besuchte, hatte ich, nachdem ich monatelang vergeblich nach einem sogenannten Abenteuer ausgeschaut, den Vorzug, der französischen Gouvernante des Hauses zu gefallen, doch war sie nur einen Nachmittag lang meine Geliebte, denn erstens war sie verlobt, zweitens war ich nicht der einzige, mit dem sie ihren Bräutigam hinterging, und endlich hatte sie nur alle vierzehn Tage Ausgang, Gründe genug für sie, mit ihrer Zeit hauszuhalten.

Auch in den Fasten und im herannahenden Frühling wollten die Lustbarkeiten, die sich heuer ganz besonders drängten, kein Ende nehmen, und eben hatten die Proben zu einem kindischen Stück meines Jugendfreundes Emil Brüll begonnen, in dem mir die Rolle eines Greißlers zugeteilt war und dessen Aufführung für Anfang April bevorstand, als ein Ereignis, das, so allmälig es sich vorbereitet hatte, doch unerwartet eintrat und diesen Proben, wie überhaupt dem ganzen Lauf meiner Existenz mit drohender Gebärde Einhalt gebot. Seit Beginn des Jahres etwa hatte sich an meiner linken Halsseite eine Lymphdrüse bemerkbar gemacht, die allmälig und doch verhältnismäßig rasch fast bis zu Kindsfaustgröße anschwoll.

Wie es gerade Hypochondern zuweilen passiert – weil sie eben Hypochonder sind – nahm ich die Sache, die mir als Fachmann von vornherein hätte bedenklich scheinen müssen, nicht recht ernst, behandelte sie mit Jodpinselungen und Umschlägen und ließ mich in meiner sonstigen Lebensweise nicht im allergeringsten stören. Auch mein Vater hätte nach seiner Art von der unbequemen und peinlichen Tatsache, daß ein Familienmitglied und gar sein Sohn wirklich krank sein konnte, am liebsten keine Notiz genommen; endlich aber ließ er sich durch meinen Kollegen Marcus Hajek, der, mit meiner Schwester insgeheim verlobt, damals schon viel in unserem Hause verkehrte, bestimmen, den Chirurgen Professor Albert zu Rate zu ziehen. Eines Nachmittags, gegen Ende März, begab ich mich mit meinem Vater in die Ordination des vortrefflichen Arztes und versuchte ihm vorerst dadurch eine milde Diagnose zu entlocken, daß ich, freilich ohne innere Überzeugung, einen kariösen Zahn als ursächliches Moment der Drüsenschwellung anschuldigte, eine Auffassung, die der Professor mit einer fast unwirschen Entschiedenheit ablehnte. Zwar erklärte er, vorläufig von einer Inzision absehen zu wollen, obwohl an einer Stelle schon leichte Fluktuation nachzuweisen wäre, bestand aber auf sofortiger Einstellung des Spitalsbesuches, mahnte zu geordnetem Lebenswandel und riet endlich nebst allerlei diätetischen Maßnahmen zu einem mehrwöchentlichen Aufenthalt im Süden. Daraufhin sah ich mich doch veranlaßt, ihn zu fragen, ob er die Erkrankung als eine tuberkulöse ansehe, worauf er einfach erwiderte: »Sie müssen jedenfalls so leben, als wenn Sie tuberkulös wären.« Das war deutlich genug, auch für meinen Vater, der dann noch für eine Weile bei Professor Albert zurückblieb, während ich allein und in unbelauschten Tränen die Treppen hinunterging. Doch hielt diese Betrübnis nur eine ganz kurze Zeit an; eine Viertelstunde später saß ich schon in dem lichtlosen, rauchigen Halbstock des Arkadencafés bei einer Pokerpartie mit ein paar Freunden, unter denen sich Louis Mandl und Richard Tausenau befanden, spielte wider meine Gewohnheit mit ausgesprochenem Glück und bekam einmal sogar vier Könige in die Hand.

Am nächsten Morgen verabschiedete ich mich von meinem liebenswürdigen Chef, dem Primarius Standthartner, auf dessen Abteilung ich mich wahrscheinlich infiziert hatte und der mir mit freundlich-besorgter Miene baldige Wiederherstellung wünschte, verblieb noch ein paar Tage in Wien, erschien sogar blaß und mit schwarz verbundenem Hals auf dem poliklinischen Kränzchen; und, nachdem ich meine Rolle in »Mein Mausi« mit Bedauern in die Hände des Verfassers zurückgelegt, trat ich an einem der letzten Märztage die anbefohlene Reise nach dem Süden an.

Im vergangenen Sommer in Reichenau, wenn ich nach dem Abendessen mit der koketten Witwe vor dem Thalhof auf und ab spazierte, hatte sich zuweilen auch die junge Wirtin zu uns gesellt, die im Gegensatz zu dem etwas ländlichen Gehaben ihres wohlgewachsenen, gleichfalls noch jungen Gatten sich mit gutem Recht als die Dame von Welt zu geben liebte. Denn wenn sie auch als die älteste Tochter des in seiner Art berühmten Stefanskeller- und Südbahnwirtes glänzend die Küche zu führen verstand, wo die Intimen sie gelegentlich am blinkenden Herd besuchen und bewundern durften – sie konnte es an Geschmack und allgemeiner Bildung und besonders an äußeren Vorzügen mit der Mehrzahl ihrer weiblichen

Gäste aufnehmen. Schon im Alter von sechzehn Jahren hatte sie geheiratet, war nun als Zweiundzwanzigjährige Mutter von drei Söhnen; und wenn sie ihren Gatten überhaupt jemals geliebt hatte (was von niemandem behauptet wurde), es war unschwer zu merken – und Frau Olga brachte es manchmal vielleicht allzu deutlich zum Ausdruck –, daß ein tieferes Einvernehmen zwischen den Eheleuten heute keineswegs mehr vorhanden war. Da ich in jenem Sommer innerlich nur mit der koketten Witwe beschäftigt gewesen war, so hatte ich mich um Wesen, Ruf und Schicksal der schönen Wirtin nicht sonderlich bekümmert, immerhin hatte es schon einige Anknüpfungspunkte zwischen uns gegeben. So hatte sie einmal, ganz wie Anni Holitscher, die Bemerkung gemacht, meine Art gemahne sie an Richard Engländer (der öfters mit Eltern und Geschwistern im Thalhof gewohnt hatte, wie man später aus den schönen Büchern von P. A. auch in weiteren Kreisen erfuhr); überdies wußte sie sich zu erinnern, daß wir beide, sie und ich, als Kinder zu Vöslau in der Villa Rademacher (die später meinem Onkel Mandl gehörte) miteinander gespielt und uns sogar geprügelt hatten, was mir völlig aus dem Gedächtnis geschwunden war. Ungeachtet so bedeutungsvoller Zusammenhänge hatte ich damals den Eindruck, ihr im Grunde nicht einmal recht sympathisch zu sein; und als ich ihr ein halbes Jahr nachher am ersten Tag meines Meraner Aufenthaltes auf der Straße begegnete, begnügten wir uns beide – sie war übrigens in Gesellschaft einer bekannten Familie – mit einem höflichen Gruß von ferne. Nun fügte es sich, daß mir der Gasthof, in dem ich abgestiegen war, nicht behagte, und so übersiedelte ich in einen andern, den Tiroler Hof, wo ich an der Table d'hôte Frau Olga zum zweitenmal erblickte und ein paar gleichgültige Worte mit ihr wechselte; nach Tisch aber plauderte ich mit der Mutter und den Schwestern meines Freundes Nixl, die zufällig gleichfalls im Tiroler Hof wohnten. Bei dieser Einteilung blieb es auch in den nächsten Tagen, in denen sich nichts weiter veränderte, als daß von den Gästen, die an der Table d'hôte zwischen Frau Olga und mir saßen, einer nach dem andern, wie auf Verabredung, abreiste, so daß wir uns endlich lächelnd als Tischnachbarn begrüßen konnten. Wenn das allmälige Verschwinden unserer Zwischenmänner und -damen auch auf ganz natürliche Weise vor sich gegangen war, es gefiel uns bald, unser

Entgegen- und Näherkommen als vom Schicksal gewünscht und gefördert anzusehen, und es kam zwar etwas unvermittelt, aber doch nicht überraschend von ihren Lippen, als sie mich schon bei unserer ersten Tischunterhaltung ihres Vertrauens versicherte. »Komisch, daß ich Ihnen das selbst sage«, setzte sie hinzu, und bescheiden erwiderte ich, daß ich mich dieses Vertrauens noch mehr freuen würde, wenn ich es nicht – denn wieder hatte sie von jener ihr auffallenden inneren Verwandtschaft zwischen mir und Richard Engländer gesprochen – als eines aus zweiter Hand empfinden müßte. Im Lauf des Gespräches kamen wir auf das Thema vom Aberglauben. So frei ich mich davon wußte oder glaubte, ich mußte doch zugestehen, daß ich für gewisse Zahlen eine ausgesprochene Vorliebe hegte; so seit einiger Zeit für die Zahl sechsundzwanzig, und zwar aus einem ganz bestimmten Grunde, der mit meiner Turfpassion zusammenhing. Mein Bruder und ich hatten bei irgendeiner geselligen Zusammenkunft der Verlosung eines Blumenstraußes beigewohnt, der auf nicht ganz korrektem Wege der Frau des Kapellmeisters Robert Fuchs auf die Nummer sechsundzwanzig zugefallen war. Daraufhin hatten wir beschlossen, bei dem tags darauf stattfindenden Derby das Pferd mit der Startnummer sechsundzwanzig zu wetten. Zufällig trug sie der Favorit Buzgó, und wir gewannen einen nicht sehr beträchtlichen Betrag. Ich drückte nun Frau Olga gegenüber mein Bedauern aus, daß ich hier im Gasthof nicht das Zimmer sechsundzwanzig bewohne, sondern Numero fünf. »Und Sie, gnädige Frau?« – »Einundzwanzig«, erwiderte sie. - »Einundzwanzig und fünf sind sechsundzwanzig«, stellte ich fest, und so hatte uns das Schicksal neuerdings ein Zeichen gegeben. Wir sahen einander lange in die Augen und wußten plötzlich, wie wir zueinander standen.

Frau Olga stellte mich einigen Bekannten vor; so einer Wiener Fabrikantenfamilie Salcher, einem recht gewöhnlichen, dicken Ehepaar mit zwei ebenso unbedeutenden, mageren Töchtern, in deren Gesellschaft nunmehr Spaziergänge und Ausflüge unternommen wurden. Der erste führte uns ins Naiftal, Olga und ich hatten zwar kaum Gelegenheit, miteinander zu reden, aber es war jenes Schweigen, in dem man sich nur immer näher zueinanderfindet und das wunderbarer und reiner in uns nachtönt, als Worte zu tun vermögen. Am Tag darauf fuhren die Eltern Salcher nach Bozen, wir andern verließen das Coupé schon in Sigmundskron, wanderten im Wald umher, lagerten am Hang eines Weinbergs, stiegen auf zur Burg, wobei Olga, eine kühne Kletterin und Jägerin, und ein bißchen stolz darauf, daß sie es war, absichtlich einen sehr schmalen Weg über Geröll und Steine wählte. Sie glitt aus, Steine rollten unter ihr fort, ich faßte rasch ihre Hand, und sie meinte, nicht ganz ernsthaft: »Was wäre daran gelegen, wenn ich hinabgestürzt wäre?« Dann stiegen wir wieder zu Tal, fuhren im Wagen nach Bozen, wo die alten Salchers unserer warteten; bald saß man im Eisenbahncoupé, Olga mir gegenüber, unsere Augen sanken ineinander, und ich empfand schmerzlich-erschreckt, daß auch diese Minuten zur Vergänglichkeit bestimmt seien. Sie wandte sich immer wieder zurück nach Sigmundskron, das abwechselnd unsichtbar und wieder sichtbar wurde, um sich endlich unseren Blicken gänzlich zu entziehen. Eine halbe Stunde nach unserer Ankunft in Meran saßen wir alle zusammen an der Table d'hôte, Olga aber, während die Schüsseln gereicht wurden, flüsterte mir zu: »Ich wollte, alles um uns sänke in die Erde und wir zwei blieben allein auf der Welt.« Nach Tisch, wie ich schon abends vorher getan, phantasierte ich in meiner dilettantischen, aber angenehmen Art auf dem Piano, Salchers und andere dämmerten und dümmelten im Saal, Olga aber saß mir gegenüber, süße Trauer in den Zügen, und ich wußte, daß diese Trauer mir galt, denn der morgige Tag war bestimmt, der letzte meines Meraner Aufenthaltes zu sein.

Und er kam wolkig und schwül. Man spielte Croquet im Hotelgarten; sie, ich und die beiden Fräulein Salcher. Wenn die Wolken sich verzogen, stach die Sonne heftig und böse auf den Spielplatz; die Partie wurde abgebrochen, und Olga forderte mich zu einem kleinen Spaziergang auf. Das Gespräch war anfangs mühselig und stockte mehr als einmal. Endlich, wie nach einem Entschluß, sagte sie, die Augen zu Boden geheftet: »Um eines wollte ich Sie bitten, kommen Sie nicht vor Herbst nach Reichenau.« Und sie erzählte mir von der Eifersucht und dem Mißtrauen ihres ungeliebten und sehr verliebten Mannes, der Strenge ihres Vaters und von einer Geschichte, die im zweiten oder dritten Jahre ihrer Ehe, also vor beinahe fünf Jahren, sich ereignet hatte, zwischen ihr und – hatte ich es nicht längst vermutet! – jenem Richard, der mir

Der Thalhof in Reichenau
mit handschriftlicher Notiz von Peter Altenberg

angeblich so ähnlich war. Es war ein höchst unschuldiges
Verhältnis gewesen, durch gemeinsame Lektüre gefördert,
und die höchste Zärtlichkeit, die sie ihm gewährt hatte, war,
so erzählte sie, ein Kuß auf ihre Hand gewesen. Der Gatte
aber erklärte ihr eines Tages, er werde den jungen Mann
erschießen, wenn er sich noch einmal im Thalhof blicken
ließe; sie entschloß sich daher, ihm einen Abschiedsbrief zu
schreiben, und Richard war genötigt, Reichenau zu verlassen.
Von diesem Tage an, so erzählte sie weiter, hatte sie ihrem
Gatten die Treue gehalten, ja war fest entschlossen, sie ihm,
soweit er sie fordern durfte, auch weiterhin aufs strengste zu
bewahren, und mit einer süßen, bebenden Stimme schloß sie:
»Ich möchte Ihnen also meine Freundschaft anbieten, – anderes als Freundin kann ich Ihnen ja nicht sein. Eine metaphysi-
sche Freundschaft sozusagen. In jedem Schmerz, in jeder
Freude sollen Sie denken: Es ist eine da, die mit Ihnen sich
freut, mit Ihnen leidet. Wollen Sie diese Freundschaft anneh-
men?« Und sie streckte mir ihre kühle, weiße Hand entgegen,
die ich mit Inbrunst küßte.

Am Nachmittag trafen wir uns verabredetermaßen im Lesesaal des Kurhauses und wanderten gegen Sankt Valentin. Wie ist es denn nur gekommen zwischen uns? fragten wir einer den andern eins ums andere Mal. Und mit einer kindischen, so nah vor dem Scheiden wahrhaft grausamen Freude riefen wir uns die einzelnen Momente, die wir miteinander verlebt, in denen wir einander gefunden, ins Gedächtnis zurück. »Erinnern Sie sich«, fragte sie, »an unsere Partie im Naiftal vor sechs Jahren?« – Und ich darauf: »Und Sigmundskron vor fünf, war es da nicht noch schöner?« Und wir sprachen vom vorigen Sommer, der nach dieser Berechnung einige tausend Jahre zurücklag und vielleicht noch weiter, da wir uns ja damals noch nicht geliebt hatten; und von der ersten, halbfremden Begegnung in Meran auf der Straße und von dem schicksalhaften Verschwinden unserer trennenden Table-d'hôte-Nachbarn und von den zwei Salcher-Mädeln, der hübschen Dreizehnjährigen und der langweiligen Siebzehnjährigen, und von dem eleganten, höflichen Herrn Basin mit der kranken Lunge, der nur mehr ein oder zwei Jahre zu leben hätte, und von dem gefährlichen Weg längs der Mauer von Sigmundskron, und natürlich von der geheimnisvollen, glückbringenden Nummer sechsundzwanzig oder vielmehr einundzwanzig plus fünf, – da es doch niemals zur Addition gekommen war. Wir saßen auf der Terrasse von Sankt Valentin, blickten talwärts und wünschten, daß die Minuten ewig dauerten. Sie trug einen Pelzüberwurf mit Quasten, ihrer Gewohnheit nach spielte sie mit ihnen, ließ sie durch die Finger gleiten und führte sie an die Lippen. Eine riß sie ab und schenkte sie mir. Ich habe sie viele, viele Jahre hindurch wie ein Kleinod verwahrt. Endlich mußten wir fort. Auf dem Nachhauseweg bat sie mich, abends nicht Klavier zu spielen. »Mir ist, als sprächen Sie da zu mir, Sie verstehen, was ich meine.«

Das Abendessen wurde wie immer an der gemeinsamen Tafel genommen, und nachher saßen wir, Olga und ich und der todgeweihte, elegante Herr Basin – aber war nicht Todgeweihtsein schon an und für sich die höchste Eleganz, die einem Menschen beschieden sein konnte? –, noch längere Zeit plaudernd im Speisezimmer. Endlich entschloß man sich allseits zum Gute-Nacht-Sagen. Und wie mit Absicht, denn zuweilen überkommt auch die kältesten Philisterherzen unbewußt eine Art Andacht vor der Heiligkeit eines großen Gefühls – verschwanden die andern, und ich blieb mit Olga allein in dem großen und schwach beleuchteten Raum zurück. Ich küßte ihr zu endgültigem Abschied die Hand, plötzlich aber lagen wir uns in den Armen mit einem langen, heißen Kuß. Sie riß sich los und ging auf Zimmer Numero einundzwanzig. Ich auf ein anderes. Die Summe stimmte allerdings.

Der Morgen brachte kalten Wind und Regen, der mir peitschend ins Gesicht schlug. (Ja, so war es wirklich – denn zuerst war die Natur, dann kam die Novelle.) Zum letztenmal trat ich aus dem Tor des Tiroler Hofs, die Kappe in die Stirn gedrückt, mit aufgestelltem Kragen, – denn damals pflegte man als Reserveoffizier aus Ersparungsrücksichten (man zahlte auf der Eisenbahn halben Preis) in Uniform zu reisen –; und als ich mich von der Straße aus noch einmal umwandte, stand Olga auf dem Balkon ihres Zimmers (es hätte am Ende auch Numero zweiundzwanzig sein können), einen Shawl um Kopf und Schultern geschlagen, und nickte mir ernst und traurig einen Abschiedsgruß zu. Ich eilte zum Bahnhof, weinte im Wartesaal, weinte im Coupé und weinte noch in Franzensfeste vor dem Mittagessen. Auf dem Perron hin und her gehend traf ich einen flüchtigen Kaffeehausbekannten aus Wien, einen harmlosen Bankbeamten, namens Kuranda. Es tat mir wohl, ein paar Worte mit ihm zu reden. Ich sehe ihn seither, es sind über dreißig Jahre seitdem verflossen, von Zeit zu Zeit immer wieder in der Bank über sein Pult gebeugt, und wir grüßen uns höflich-verständnisvoll, ohne jemals ein Wort miteinander zu wechseln. Aber ich bilde mir noch heute ein, daß er damals meine Tränen bemerkt, meinen Schmerz geahnt und daß dieses Zusammentreffen in Franzensfeste auch für ihn irgendeine romantische Erinnerung geblieben ist. Und er sieht heute für mich noch genauso aus wie vor dreißig Jahren.

SECHSTES BUCH

April 1886 bis August 1887

Meine Drüsenschwellung war während meines Meraner Aufenthaltes erheblich zurückgegangen, aber keineswegs geschwunden; jedenfalls legte mein Vater, der schon meine Erkrankung so ungern gesehen, Wert darauf, mich an seinem Geburtstag zum 11. April wieder zu Hause zu haben, und seine Vorhersage, daß der Rückbildungsprozeß der Drüse auch in Wien fortschreiten werde, traf ein. Immerhin blieb ein Rest durch viele Jahre tastbar, der manche meiner Kollegen, mich aber nicht im geringsten mehr bedenklich machte.

Sofort nach meiner Rückkehr trat ich meinen Spitalsdienst wieder an, doch tat ich in meinem medizinischen Beruf auch weiterhin eben nur das Nötigste. Eine bisher völlig ungewohnte Sehnsucht nach Landleben, nach Umherstreifen im Grünen hatte mich überkommen, mehr als je zuvor empfand ich mich als Künstlernatur, und wenn ich mir auch nicht verhehlte, daß Leichtsinn, Unbeständigkeit, Lebesucht, unter der ich keineswegs eine banale Genußsucht verstanden haben wollte, und vor allem die Gabe, alles Künstlerische um mich herum tief und mit Lust aufzunehmen, stärker in mir entwickelt waren als das eigentliche Talent – ich bekam für eine Weile meiner Umgebung, insbesondere meinen tüchtigen Kollegen gegenüber, ein so zwingendes Gefühl der Überlegenheit, daß es mich auch den wiederholten Tadel meines Vaters, der mir nicht mit Unrecht Mangel an wissenschaftlichem Ernst vorwarf, minder schmerzlich empfinden ließ. Nach wie vor blieb ich dem Studium der Medizin dankbar dafür, daß es mir den Blick geschärft und die Anschauung geklärt hatte; – daß ich sie aber als Beruf gewählt, sah ich vor allem mit Rücksicht auf meine hypochondrischen Anlagen als eine arge und leider nicht wiedergutzumachende Dummheit an. Über die eigentliche Richtung meines Wesens glaubte ich nun klar zu sein; das Streben, das schon die Seele des Achtzehnjährigen angerührt, durchdrang sie nun bewußter und entschiedener; – und wenn mir als verblassendes Symbol jener Knabenzeit das blonde Fännchen vorschwebte, so stand mir nun als das meiner Jünglingsjahre die wunderbare Frau vor Augen, mit der ich Arm in Arm an einem unvergeßlichen Frühlingsabend von Sankt Valentin aus gegen Meran heruntergewandert war.

Sie endlich leibhaftig wiederzusehen, – dieser Gedanke, diese Hoffnung, vorläufig durch keinen Brief, kein sonstiges Zeichen der Verständigung, nur durch das Vertrauen auf einen glücklichen Zufall aufrechterhalten, bildete in diesen Wochen meinen eigentlichen Lebensinhalt. Und ein Frühlingsfest, das Ende Mai im Prater stattfand, brachte mir endlich eine erste bescheidene Erfüllung. Mit Eltern und Geschwistern nahm ich am Blumenkorso teil, da begegneten wir im Gedränge der Wagen demjenigen, in dem Frau Olga mit ihrer jüngeren Schwester Gabriele saß. Sie hatte mich nicht einmal bemerkt, doch da Blumen ohne Unterlaß wahl- und ziellos von Gefährt zu Gefährt flogen, tauschten auch wir, sie unbewußt, ich bewußt, auf diese Art einen Gruß. Mich aber hielt es nicht länger bei den Meinen, ich stieg aus und ging zu Fuß dem Strom der Wagen entgegen, in der Richtung, von wo der ihre wiederkommen mußte. Und schon erblicke ich sie, – bleibe am Rand des Weges stehen; – da faßt mich eine plötzliche Angst vor dem ersten Wiedersehen nach den himmlischen Meraner Tagen, und ich senke den Blick zu Boden. Gabriele aber macht ihre Schwester auf mich aufmerksam, Olga wendet sich nach mir um, dunkel errötend, hastig winkt sie mir, ich eile in ihre Nähe; über eine Wagenreihe, die uns trennt, werfe ich ihr eine Blume in den Schoß, und mir zu Füßen, aus ihren Händen, flattert eine gelbe Rose. Wir danken einander wortlos, ohne Lächeln, mit dem ganzen heiligen Ernst einer jungen Liebe, ich folge, so lange es irgend angeht, ihrem Wagen, bis er mir im Gewühl entschwindet. Die gelbe Rose aber bewahrte ich bei ihren Briefen auf, bis sie zu Staub zerfiel, ein Schicksal, das der Spenderin noch um vieles früher bestimmt sein sollte.

Am nächsten Tag, wie ich gehofft und erwartet, begegnete ich ihr auf dem Rennplatz. Sie befand sich in Gesellschaft ihrer Schwester Gabriele, der ich bei dieser Gelegenheit vorgestellt wurde, und man tauschte freundliche, etwas befangene Worte. Ihr Vater, untersetzt, martialisch und mit seinem weißen Schnurrbart nicht wie ein Gastwirt, sondern

Olga Waissnix

eher wie ein pensionierter General aussehend, trat herzu, ich wurde in die Loge eingeladen, nahm Platz hinter Olga, verfolgte die Rennen wohl zum erstenmal in meinem Leben ohne sonderliche Anteilnahme, redete nicht viel und gewiß nichts Kluges; Olga erwähnte einige Bücher, die ich ihr in Meran empfohlen und die sie seither gelesen hatte. Plötzlich, ohne daß ich recht zum Bewußtsein der Seligkeit gekommen war, die ich – wie es in einem meiner blasierten Gedichte aus früherer Zeit hieß – »hätte empfinden können«, war der »Zauber«, so lautete eines ihrer Lieblingsworte, zu Ende, man verließ die Loge, ich begleitete den Vater und seine zwei Töchter zum Wagen, der zu den berühmtesten Wiener »Zeugeln« gehörte, und hatte nur noch Gelegenheit, ein paar flüchtige Worte mit Olga zu wechseln. »Wieder ein neues Kapitel«, sagte sie, auf unsere scherzhafte Meraner Gewohnheit anspielend, nach der wir unser beginnendes Verhältnis novellistisch einzuteilen liebten. – »Rennen.« Ich darauf: »Und wann werden wir das rekapitulieren?« – Sie: »In Reichenau.« – Ich: »Sie nehmen also Ihr Verbot zurück, gnädige Frau, nach dem ich erst im Herbst hätte hinauskommen dürfen?« Sie nickte zustimmend und drückte innig meine Hand zum Abschied. Der Wagen fuhr davon, ich sah ihm nach, so lange ich vermochte, halb toll vor Verliebtheit.

Schon eine Woche darauf, am Pfingstsonntag, fand ich mich im Thalhof ein, und ohne mich zu melden, nahm ich im

Speisesaal Platz. Olga erschien mit dem gleichen Hut, den sie in Meran getragen. Sie trat an meinen Tisch, ich erhob mich. »Ich wußte, daß Sie heute kommen werden«, sagte sie. Ein paar beiläufige Worte gingen hin und her, dann mußte Frau Olga andere Gäste begrüßen, und ich beendete mein Mittagmahl mit der berühmten Torte, die nun gewissermaßen offiziell den Namen der koketten Witwe vom vorigen Jahr trug. Am Nachmittag durfte ich der Wirtin in ihrem eigenen Heim einen Besuch abstatten, wo ich auch Verwandte antraf, die die Feiertage in Reichenau verbrachten und als gute Bekannte in den Privatgemächern der Wirtin-Hausfrau Karten spielten: meinen stets zum Hazardieren geneigten Onkel Edmund, seine dicke dumme Frau, deren zierliche, nicht unhübsche Schwester Dora mit ihrem Mann. Olgas Gatte, den sie, wie um ihn in eine andere, höhere Sphäre zu heben, ein für allemal Charles nannte, welcher Name ihm, wenn man sich auch ein wenig darüber lustig machte, allgemein verblieben war, ließ sich nicht blicken; aber man fühlte nicht nur, daß er nicht da war, sondern auch, daß er nicht da sein wollte, da er das gesellschaftliche Gebaren seiner Frau aus mannigfachen Gründen durchaus mißbilligte. So waren wir, Olga und ich, da sich die anderen im Kartenspiel nicht stören ließen, ziemlich für uns. Aber es wollte uns doch beiden nicht recht wohl und sicher zumute werden. Erst als sie aus der Fülle von Photographien, die auf Tellern herumlagen, ein Bild hervorsuchte, es mir reichte und ich unser Sankt Valentin erkannte, da grüßten sich unsere Blicke im aufschimmernden Glanze der Erinnerung. Nach dem Abendessen, der alten Hausordnung gemäß, geradeso wie im Sommer vorher, promenierte man vor der Veranda auf und ab; ich meist an Olgas Seite; doch nun war auch der Mann zur Stelle oder vielmehr, was stets ein Gefühl der Unruhe verursachte, er war manchmal da, verschwand dann im Saal, in der Küche, im Keller, vielleicht auch nur im Schatten der Bäume, kam plötzlich wieder zum Vorschein, ließ sich für ein paar Sekunden oder Minuten ins Gespräch ziehen und war wieder davon. Nur in einer pantomimischen Handlung taten wir einander kund, daß sich seit Meran in unseren Gefühlen nichts geändert: ich reichte ihr jene Pelzquaste, die sie mir zum Andenken gelassen, sie weihte sie mit einem neuen Kuß, den ich mir geschwind von derselben Stelle wieder nahm.

Am nächsten Vormittag blieb sie unsichtbar; erst nach dem Essen, an der Tür des Speisesaals, erschien sie flüchtig, wir waren nicht allein, ein junges Mädchen namens Clara, von deren Existenz ich keine Ahnung mehr hätte, fände ich ihren Namen in meinem Tagebuch nicht verzeichnet, mischte sich in unser Gespräch; auch sie hatte in Meran ein Herzensabenteuer erlebt, und so schwebten allerlei Anspielungen durch unser Geplauder, die jeder verstehen konnte, wie er wollte. Als Olga wieder verschwunden war, gesellte sich ein junger Studiosus medicinae zu mir, Richard von Weiss, den ich vom vorigen Jahr her kannte. Ahnungslos, in der Quatsch- und Klatschlust junger und alter Leute, begann er sofort von der interessanten Hausfrau zu reden; zu meiner Qual auch von ihr zu erzählen, und weihte mich vor allem in die Geschichte ihrer Jugendliebe zu Richard Engländer ein. Das war immerhin noch zu ertragen, da diese Liebe ja für mich kein Geheimnis war und ich sie aus Olgas Mund selbst erfahren hatte. Nun aber tauchte noch eine andere Gestalt aus Olgas Vergangenheit empor, viel bedenklicher als jene des Neurasthenikers und Poeten, der sich nach einem platonischen Kuß auf die Hand der Angebeteten für immer aus ihrem Leben davongestohlen hatte (wenn er auch später wieder darin oder wenigstens im Thalhof oft genug gastlich aufgenommen wurde); – dieser andere aber war ein Lebemann, ein Kavalleriefreiwilliger, ein Schuldenmacher, ein Elegant, ein Duellant, wenn er auch vielleicht noch nie ein Duell gehabt hatte, – ein Jäger, der sogar mit Olga gemeinschaftlich gejagt hatte auf den steilen Wänden des Schneebergs und der Rax, schlank, hager, schneidig, mit keiner Wimper zuckend, zwar ein Jude, aber die täuschend geratene Kopie eines österreichischen Aristokraten, sich von einem solchen nur durch Verstand und Witz vorteilhaft unterscheidend, ein junger Herr, den ich kannte, mit dem ich sogar entfernt verwandt war, Rudi Pick mit einem Wort, des berühmten Gustav, der ein Vetter meiner Mutter war, jüngerer Sohn. Und nicht nur Richard Engländer, den Dichter, sondern, so erzählte mir dieser fürchterliche Herr von Weiss, auch sein Widerspiel, den Mann der Tat, Rudi Pick, hatte Olga geliebt, und auch dieses Jünglings weitere Besuche im Thalhof hatte sich der Gatte verbeten und wahrscheinlich mit mehr Recht als die des Dichters; und was das Schlimmste war, – von diesem Menschen hatte Olga kein

Sterbenswörtchen zu mir gesprochen. War es nicht in diesem Augenblick, da ein schwatzhafter Mediziner, mit dem ich vorher kaum je ausführlich gesprochen, nur um sich und mir eine Nachmittagsstunde zu verkürzen, von den zwei Erlebnissen der Thalhofwirtin berichtete, ohne zu ahnen, daß ich wünschte, ihr drittes, vielmehr ihr zweites, nein, eigentlich ihr erstes zu bedeuten, – war es nicht damals, daß in schimmernden Zukunftsnebeln Beatricens Bild zum erstenmal in meinen Sinnen aufschwebte, um deren Seele ewig vergeblich und um deren holden Leib nicht ebenso erfolglos der Dichter und der Herzog den großen sinnlosen Kampf immer von neuem zu bestehen haben? Und wenn ich auch dem Dichter, von dem damals noch keiner wußte, daß er einer war, den Rang abgelaufen hatte oder vielmehr an seine Stelle getreten war, – war ich nicht jedenfalls bestimmt, dem Herzog zu unterliegen, der, wenn er auch in seiner Inkarnation als Kavalleriefreiwilliger dem Gatten, nicht mir, vorläufig das Feld hatte räumen müssen, – doch früher oder später in einer anderen Erscheinung wiederauftauchen würde? Denn daß Olgas Neigungen zwischen Geistigem und Sinnlichem, Künstlerischem und Mondänem, Romantischem und Sportlichem in beunruhigender Weise hin und her schwankten, daß diese feine, ja beinahe edle Frau den Lockungen des Snobismus zu widerstehen weder Kraft noch Lust besaß, darüber durfte ich mich keiner Täuschung hingeben, und auch die neugeweihte Pelzquaste, die ich krampfhaft zwischen den Fingern preßte, vermochte mir das verlorene Gefühl der Sicherheit nicht wiederzuverleihen. Abends aber, als ich mit Olga, Dora und Fräulein Clara zusammensaß und die Unterhaltung sich leichter, vieldeutiger, anspielungsreicher emporschwang und die kupplerische Sorgfalt, mit der Frauen jede im Entstehen begriffene Liebesbeziehung zu hegen und einzuhüllen lieben, auch die unsere zu umschmeicheln begann, ward mir wieder wohler und hoffnungsvoller zumute. Nun war jedenfalls ich und kein anderer da; – Olgas Blicke, was immer in dieser dunkeln Augen Tiefe für Erinnerungen und Möglichkeiten träumen mochten, – nun sanken sie mit dem Ausdruck völligen Hingegebenseins in die meinen. Daß der Gatte immer in unserer Nähe umherschlich, schüchterte mich keineswegs ein, sondern erhöhte meine Stimmung, und ich fühlte mit Befriedigung, daß ich, wenn schon nicht einen glücklichen, so doch einen guten Abend hatte. – Plötzlich aber naht irgendein dienstbarer Geist. Charles läßt seine Gattin zu sich bescheiden, sie geht, ich sehe sie mit ihm verschwinden, und sie kommt im Laufe des Abends nicht mehr zum Vorschein. Die Ketten rasseln wieder, dachte ich, er ist doch der Stärkere, und mit meiner guten Laune war es vorbei. Am nächsten Tag – ach, ich hatte es nicht anders erwartet – war Frau Olga nicht zu sehen. Man hörte, sie sei leidend, und vermutete, daß wieder einmal eine häusliche Szene vorgefallen sei. Ich rührte mich aus der Nähe des Hauses nicht fort, um nicht am Ende die Minute zu versäumen, in der Olga doch vielleicht sichtbar werden würde. Aber nur Charles hielt sich fast ununterbrochen in meiner Sehweite, als Wächter seines Hauses und seiner Ehre. Zeitweise streifte er mich mit einem bösen Blick, richtete aber, obwohl reichlich Gelegenheit dazu gewesen wäre, kein einziges Mal das Wort an mich. Nachmittags, ohne Olga in Küche oder Saal oder an ihrem Fenster erspäht zu haben, tief bedrückt, reiste ich nach Wien zurück.

Erst fünf Wochen später, am achtzehnten Juli, wiederholte ich meinen Besuch. In den wenigen ungestörten und unbelauschten Minuten, die uns vergönnt waren, mahnte mich Olga zur Vorsicht, da wir von allen Seiten beobachtet seien und, wie sie sagte, »alle es wüßten«. Der bäuerisch-frostige Gruß des Gatten ließ an Verständlichkeit nichts zu wünschen übrig. Die Ahnungsvollste aber von allen schien Frau Dora Kohnberger zu sein, die mich mit den Worten begrüßt hatte: »Wir haben Sie erwartet«, und die damals wie später kein größeres Vergnügen kannte, als Liebesangelegenheiten, nicht etwa klatschhaft-böswillig, sondern sachlich und wohlwollend zu erforschen, zu bereden und, wo es anging, zu protegieren. Manchmal hätte man glauben können, daß sich in solchen Gesprächen, die sie mit Feinheit und Witz zu führen verstand, alles, was ihr Leben an Lebens- und Liebestrieben in sich barg, erschöpfte. Immerhin glaubten viele, daß mein Onkel Edmund, der große Verteidiger, dem graziösen, rothaarigen Geschöpf mit der etwas gespaltenen Oberlippe, die ihrem lebhaften Gesichtchen einen Reiz mehr verlieh, zur Zeit, da es als Mädchen bei ihm im Hause gewohnt, mehr als schwägerlich zugetan gewesen war. Sie selbst aber sprach gern von ihrer Tugendhaftigkeit, nicht so sehr mit Stolz als mit Verwunderung. Denn daß sie keine Prinzipien hatte, leugnete sie keineswegs; und unter den Herren, mit denen sie ihre zuweilen höchst equivoken Gespräche führte, fehlte es nicht an gewiegten Herzensbrechern und Verführern, denen wohl zuzumuten war, daß sie eine theoretische Unterhaltung über Liebesabenteuer und verwandte Themen im geeigneten Moment auch ins Praktische zu steigern verstanden hätten. Jedenfalls aber blieb Frau Dora – wenn sie es überhaupt jemals wurde – Liebende und Geliebte nur im Nebenfach, und ihrer wahren Anlage und Neigung nach war sie Ratgeberin und Vertraute, sogar die ihres humoristisch-phlegmatischen Ehegatten, der sich durch den ebenso unwahrscheinlichen als unverdienten Namen Innocenz auszeichnete und dem sie einmal, wie sie mir nicht ohne Genugtuung erzählte, ihre Pflege anläßlich einer Erkrankung angedeihen ließ, die Ehegatten vor ihren Frauen sonst lieber geheimhalten.

Als ich endlich Anfang August in Reichenau zu längerem, nur immer wieder für Tage unterbrochenem Aufenthalt eintraf, fand ich Dora nicht nur als Ahnende, sondern, wie mir bald klar wurde, als Eingeweihte wieder. Ich hatte im Laufe der ersten Tage eben nur Gelegenheit gehabt, in geflüsterten Worten Olga meiner Liebe zu versichern und von ihr die gleiche Versicherung zu empfangen. Die Saison war auf ihrer Höhe angelangt, Olga nicht nur als Wirtin, sondern auch als Hausfrau vielfach in Anspruch genommen, denn immer gab es eine Anzahl von Gästen im Thalhof, zu denen sie auch in gesellschaftlichen und fast freundschaftlichen Beziehungen stand. Überdies hatte sie neue Gründe, sich gerade mit mir nicht auffallend zu beschäftigen, worüber mir Dora nähere Mitteilungen machte, während ich mit ihr abends vor dem Hotel auf und ab spazierte, – Arm in Arm, ein – freilich etwas schwächlicher – Versuch, der zur Irreführung des Gatten unternommen wurde. Olga hatte nämlich die Torheit begangen, Charles von allen ihren Meraner Bekanntschaften zu erzählen, nur von meiner Person keine oder allzu beiläufige Erwähnung zu tun, so wie sie wieder mir gerade ihre Beziehung zu Rudi Pick verschwiegen hatte. Nun hatte der Gatte von irgend jemandem erfahren, daß wir in Meran, natürlich mit noch anderen Leuten, aber immerhin zusammen bei einer Zigeunermusik gewesen waren (von der ich in meiner Erinnerung nichts wiederfinde). Er hatte ihrem Vater geschrieben, den er in solchen ehelichen Zwistigkeiten gern zu Hilfe rief; der gestrenge Mann war im Thalhof erschienen, und es war ein furchtbarer Skandal erfolgt, der in einer doppelten Drohung ausklang: der des Gatten, er würde die Frau aus dem Hause jagen, der des Vaters, daß die Tochter in einem solchen Falle auch in dem seinen keine Heimstatt finden würde. Es konnte mir immerhin schmeichelhaft sein, daß Olga unter solchen Umständen sich meine weiteren Besuche nicht lieber verbeten hatte, aber um so verzeihlicher durfte mir ihre Vorsicht erscheinen; und es mußte meinem Zärtlichkeitsbedürfnis genügen, als wir nachher im Klavierzimmer dem Gesang einer jungen Dame, einer Cousine Richard Engländers, lauschten, daß Olga mir gegenübersaß und mir still und unverwandt ins Auge sah. Und noch näher waren wir uns, – und sie fühlte, daß ich ihr auf diese Weise Leidenschaftlicheres als in Worten sagen konnte, – als ich mich dann selbst an den Flügel setzte und, in meiner mehr stimmungs- als kunstvollen Art, zu phantasieren anfing, – vor allen anderen und doch nur für sie allein.

Am nächsten Morgen fuhr ich wieder nach Wien. Denn mein offizieller Urlaub hatte noch nicht begonnen, und am ersten Juli war ich zum provisorischen Sekundararzt auf der Abteilung Standthartner ernannt worden. Am gleichen Abend aber machte ich einen Besuch in Baden, wo die Familie Adler zur Sommerfrische wohnte und eine der zwölf Töchter, Gisela, mit der ich mich längst gut verstanden, die Frage an mich richtete, warum ich so kühl gegen sie geworden sei. Ich bewies ihr in den dunklen Alleen des Gartens mit leidenschaftlichen Küssen, daß sie sich irrte. Sie küßte mich wieder und weinte bitterlich. Der Rest der schwülen Sommernacht bis zum Morgengrauen und Vogelgezwitscher wurde in Gesellschaft älterer Damen mit Pokerspiel hingebracht, in dem ich gerechterweise verlor.

Am nächsten Abend fuhr ich wieder nach Reichenau, zufällig in Frau Doras Gesellschaft, die mir nun in aller Muße erzählen konnte, was während meiner kurzen Abwesenheit im Thalhof vorgegangen war. Als Charles vernommen hatte, daß ich ein Zimmer zu längerem Aufenthalt bestellt, war er in Wut geraten, hatte mich einen Menschen genannt, der durch sein Klavierspiel den Weibern die Köpfe verdrehe, und dringend gefordert, daß mir sofort abtelegraphiert werde. Daraufhin hatte Olga Morphium genommen, allerdings nicht so viel, daß der rasch herbeigerufene Arzt sie nicht außer Gefahr hätte bringen können. Nun war Dora für sie eingetreten, es war ihr gelungen, den Gatten zu beruhigen oder wenigstens einigermaßen zur Vernunft zu bringen, wovon ich mich noch am Abend meiner Ankunft überzeugen konnte; denn während ich beim Nachtmahl saß, kam er in Person an meinen Tisch und begrüßte mich höflich, ja mit leidlicher Freundlichkeit. Auch der nächste Tag hob unter den günstigsten Zeichen an. Schon des Morgens, freilich ganz flüchtig, sprach ich die Geliebte, Gerettete, die durch ihren Selbstmordversuch, ob er nun ernst gemeint gewesen war oder nicht, für eine Weile die Oberhand gewonnen und mir so mit heiterer Unbefangenheit entgegentreten konnte. Am Nachmittag trafen wir uns auf neutralem Boden, in Frau Doras Salon, und ich erhielt von Olga ein kleines Medaillon mit einem vierblättrigen Kleeblatt, das sie selbst gepflückt hatte. Und dann gab es einen kleinen Spaziergang, wohin, weiß ich nicht mehr – und habe es damals wahrscheinlich auch nicht gewußt. Frau Dora hielt sich mit Fräulein Mizi, der Sängerin von neulich, die ob ihres nüchtern-klugen Wesens die »Weise von Reichenau« genannt wurde, in gemessener Entfernung, so daß wir, Olga und ich, endlich, endlich wieder ganz ungestört miteinander plaudern, in Meraner Erinnerungen schwelgen und von unserer Liebe reden konnten. Auch vom Morphium und von der Szene mit ihrem Mann erzählte sie, nichts von der Versöhnung, die wohl auch, nach seiner Beruhigung zu schließen, erfolgt sein dürfte. Ich weiß nicht, ob eine solche Versöhnung eine schlimmere Treulosigkeit bedeutet hätte oder hat als meine Küsse im Badener Garten; jedenfalls machte ich mir über Olgas Beziehungen zu ihrem Gatten, die doch zu dieser Zeit gewiß keine platonischen waren, keinerlei Skrupel oder eifersüchtige Gedanken; hingegen war es mit meiner guten Laune, mit meinem ganzen Glücksgefühl zu Ende, als ich, in den Thalhof zurückkehrend, als neuesten Besucher Rudi Pick erblickte. Soeben war er mit seinem Vater eingetroffen. Aber ich gehörte zu denjenigen, die nicht mit der Wimper zuckten, und verstand, ebenso höflich-kühl und undurchdringlich zu sein wie er, sogar an Eleganz vermochte ich es mit ihm aufzunehmen, wenn es auch eine andere Art von Eleganz war, mit einem ganz leichten Stich ins Künstlerische; nur freilich so schlank, so heiter und so beiläufig zu sein, das war mir versagt. Am selben Abend noch begleiteten wir alle Rudis Bruder, den Gerichtsadjunkten Alfred, zur Bahn. Auf dem dunkeln Perron schwebte die ganze Gesellschaft hin und her, und Olga hatte sogar die Kühnheit, mit mir Arm in Arm auf und ab zu spazieren. »Was war das heute für ein glücklicher Tag, Arthur«, sagte sie; worauf ich sie unverzüglich wegen Rudi zur Rede stellte. Sie schüttelte den Kopf, gekränkt, aber gütig. Es war nämlich kein Wort wahr. Wie mir nur so etwas einfallen könnte, und ob ich denn nicht wüßte, daß sie niemanden liebe, niemanden geliebt habe als mich? »Wenn wir nur immer so weiterwandern könnten«, sagte ich, als wir vom Perron aus auf der Bahnstrecke weiter ins Dunkel schritten, ohne uns um die andern zu kümmern. Und sie: »Warum reden Sie von einem solchen Glück, das uns ja doch niemals werden kann.« So sprach sie, während hinter uns auf dem Bahnsteig die andern den Zug erwarteten, der uns Alfred entführen sollte. Rudi, schlank, heiser, blond und undurchdringlich, plauderte mit Frau Dora und Mizi, der Weisen von Reichenau. Es war Olga offenbar vollkommen gleichgültig, was er sich von uns beiden dachte. In diesem Augenblick, darüber gab es keinen Zweifel, war ich der Sieger über alle. Und als die ganze Gesellschaft unter einem dunkelblauen Nachthimmel im Hotelwagen nach dem Thalhof zurückfuhr, saß Olga an meiner Seite. – Welch ein Tag! Und nun war er zu Ende.

Am nächsten, zum schwarzen Kaffee, war man im Salon der Hausfrau versammelt. Anwesend waren, außer mir, Frau Dora, Pick-Vater und Pick-Sohn, die Weise von Reichenau, und es gab ein tiefsinnig-geistreiches Gespräch über die Liebe. Ich weiß nicht mehr, wie sich die andern zu dem Thema geäußert haben, Gustav Pick war es, der das große Wort führte, und ich erinnere mich noch, wie er in einem pathetisch-sentimentalen, etwa an Sonnenthal gemahnenden Ton bemerkte: »Wenn ich gewollt hätte, ich hätte mehr Glück bei Frauen haben können als ein Husarenleutnant.« Aber an solchen Leutnantseroberungen war ihm nichts gelegen. Nicht auf die Quantität, auf die Qualität kam es ihm an. Auf das Seelische vor allem. Kurz, er gab sich als eine Art Frauenlob zu erkennen, und die Damen waren hingerissen. Er war damals ein großer, stattlicher Mann in der Mitte der

Fünfzig, mit edlem, grauem Bart, noch immer schön, und sah im ganzen sehr aristokratisch und dazu ein ganz klein wenig wie ein jüdischer Patriarch aus. Er war auch, obwohl Jude und so etwas wie Agent höheren Stils, in der Aristokratie nicht nur gern gesehen, sondern auch gesellschaftlich von ihr aufgenommen; insbesondere mit dem Grafen Wilczek verkehrte er auf vertrautem Fuß. Nach ihrem Aussehen hätte man sie beinahe für Stiefbrüder halten können. Schon als Dreißiger verwitwet, lebte er mit seinen beiden Söhnen, Rudi und Alfred, als Geschäfts- und Lebemann und Musikdilettant. Als guter Klavierspieler und Vetter meiner Mutter war er in frühesten Jahren auch in unser Haus gekommen, bis mein Vater, dem dieses Vierhändigspielen des Ritters Frauenlob mit meiner Mama nicht paßte, die weiteren Besuche des gefährlichen Vetters abzustellen für gut befand, was die Mama, die sich gewiß nie was Böses dabei gedacht hatte, uns oft mit Stolz erzählte. Gustav Pick verfaßte auch Couplets in wienerischer Art, zu denen er hübsche Tanzmelodien komponierte; am berühmtesten wurde sein Fiakerlied, das Girardi bei irgendeinem Wohltätigkeitsfest zuerst in die Öffentlichkeit brachte und das dem geschickten Verleger Hunderttausende, dem Dichterkomponisten aber gar nichts eintrug, worüber er sich noch als Achtziger, nicht mit Unrecht, immer wieder bitter zu beklagen pflegte. Daß er das Urbild des alten Eißler in meinem Roman »Der Weg ins Freie« vorstellt, wie sein Sohn das des Willy, werden Kenner jenes Werks schon bemerkt haben. Er hat meine Kühnheit zu ihrer Zeit mit mehr Humor aufgenommen, als es manche seiner Schicksalsgenossen getan haben. – Doch in wie ferner Zukunft lag noch mit manch anderen Wegen auch der ins Freie an jenem Augustnachmittag in Frau Olgas bürgerlich-vornehmem Salon, während man von der Liebe im allgemeinen und insbesondere von der der alternden Männer sprach! Gustav Pick erzählte von irgendeinem Franzosen, zu dem eine junge Frau gesagt hatte: »Sie sind ja verliebt wie ein Dreißigjähriger.« Dieser hätte darauf erwidert: »Nein, gnädige Frau, wie einer von fünfzig, et vous savez, Madame, c'est pire«, ein Satz, der seither in unserem Reichenauer Kreise bei allen passenden und unpassenden Anlässen zitiert wurde. So klingt mir von jenem Nachmittag heute kaum mehr etwas anderes nach als eben dieser Satz, der von der sonoren Stimme des alten Pick gleichsam über die Jahrzehnte getragen wurde, und was ich vor mir sehe, ist Frau Doras kennerisch-schlürfender Blick, mit dem sie an des alternden Frauenlob Lippen hing. Aber was ging mich und Frau Olga die Liebe der Fünfzigjährigen an – und was Fünfzigjährige darüber dachten? Hatte sie mir nicht eben ein rotgebundenes Büchelchen mit Paul Heyses »Meraner Novellen« übergeben, in denen ein paar Stellen zwei- und dreimal unterstrichen waren, die ich rasch gelesen und die mir schmerzlich-beseligend auch während jener theoretischen Unterhaltung durch den Sinn schwebten? »O Schwesterherz«, lautete die eine dieser Stellen, »was ich ihm für weise Dinge gesagt habe, an die ich selbst nicht glaubte, was für rechtschaffene Gemeinplätze, während das arme gequälte Herz in mir stöhnte und schrie und alle diese tapferen Sprüche Lügen strafte.« Und dann eine andere Stelle: »Er war so liebenswürdig. Warum darf ich ihn nicht lieben? So unglücklich. Warum darf ich ihn nicht glücklich machen? Ich habe dann meine heißgeweinten Augen an den Blumen gekühlt, die sind nun alles, was ich von ihm bewahren darf.«

Die Novelle hieß »Der gute Kamerad«. Solch ein Kamerad, nichts anderes, nicht mehr durfte, wollte Olga mir sein. Hatte sie mir es nicht schon in Meran gesagt, und war ich nicht darauf eingegangen? Und war ich nicht damit zufrieden gewesen, daß unsere Blicke, wenn wir fern voneinander weilten, sich oben auf dem Sternbild der Kassiopeia zu gleicher Stunde treffen sollten?

Das sommerliche Treiben im Thalhof wurde immer lebhafter und erreichte seinen Höhepunkt in einer Art von Ball. Während ich mit Olga eine Quadrille tanzte, sagte sie zu mir: »Nun erst beginne ich zu verstehen, was Eifersucht heißt. Ich kann's nicht ausdenken, daß Sie einmal heiraten sollten. Haben Sie denn gar nicht bemerkt, wie ich mir neulich die Lippen blutig biß, als man von einem jungen Mädchen sprach, dem Sie im vorigen Winter den Hof gemacht haben sollen?« Freilich hatte ich es bemerkt. Aber hatten diese Blutstropfen, die ich auf ihren Lippen schimmern gesehen, – oh, ich hütete mich wohl, diesen Zweifel auszusprechen – hatten diese Blutstropfen nicht doch einen allzu großen Aufwand bedeutet im Verhältnis zu dem, was Olga empfand? Es mag wohl sein, daß mir im gleichen Moment das Morphiumfläschchen wieder einfiel. Ich trank an diesem Ballabend etwas zuviel, was im Grunde auch ein bißchen Pose war, und befand mich in übler Verfassung, als Olga mich am nächsten Morgen an meinem Frühstückstisch begrüßte, an dem Frau Dora mir Gesellschaft leistete. Sie schien von meiner Art, die ihr neu sein mußte, befremdet, verschwand bald und erklärte mir abends, es sei die unglücklichste Stunde ihres Lebens gewesen, als sie mich so verstimmt gesehen. Und am Morgen darauf, als ich Reichenau wieder für ein paar Tage verließ, um in Wien die Ordination für meinen Vater abzuhalten, klagte Olga bitter: »Ist es denn möglich, daß Sie fortgehen? Ich kann es nicht glauben.«

Aber die Seele war schon damals ein weites Land, und so flog ich gleich am ersten Abend meines Wiener Aufenthaltes nach Baden, um in den dunkeln Gartenalleen mit Gisela und ihrer noch hübscheren Schwester Emma Zärtlichkeiten zu tauschen. Tränen gab es diesmal von keiner Seite. Am nächsten Abend besuchte ich die Meinigen, die in Vöslau zum Sommeraufenthalt wohnten, am dritten war ich wieder in Reichenau, und nach dem Souper gab es den üblichen Spaziergang, an dem diesmal mit Frau Dora und anderen auch Charles teilnahm. Olga und ich waren eben daran, eine Korrespondenz zu verabreden, als Charles plötzlich verschwunden war. Olga war hievon unverhältnismäßig erregt; da er nicht wieder erschien, entschloß sie sich nach einiger Zeit, auf ihr Zimmer zu gehen, gleich darauf stürzte ihr Gemahl an mir vorbei ihr nach. Dora und ich waren sehr beunruhigt, aber am Ende blieb auch uns nichts anderes übrig, als gleichfalls unsere Zimmer aufzusuchen. Am nächsten Morgen erfuhren wir – Dora von Olga, ich von Dora –, daß es wieder eine furchtbare Szene gegeben, Charles wollte gehört haben, wie ich mit Dora schon über Scheidung (natürlich zwischen ihm und Olga) geflüstert, flehte die Gattin an, ihn nicht zu verlassen, sank wie ein Toter zusammen, was uns als offenbare Komödie nicht sonderlich rührte und uns kaum gerührt hätte, wenn es eine wirkliche Ohnmacht gewesen wäre. Denn Liebende sind im allgemeinen nur gut, soweit es den Gegenstand ihrer Liebe betrifft; in Hinsicht auf alles andere und gar auf Menschen, von denen sich ihre Liebe irgendeiner Störung versehen muß, hart bis zur Grausamkeit. Und unbekümmert um den Komödianten, wie ich es für meinen Teil auch um den Toten gewesen wäre, spazierten wir

abends im Mondenschein wieder auf und ab. Olga und ich; zu
Dora und Mizi aber hatte sich wieder eine Neuerscheinung
gesellt, die schöne Eveline Brandeis-Weikersheim, eine Engländerin, bereit wie die andern, meiner ach nicht allzu sündi-
gen Liebe für die anmutige Thalhofwirtin ihren Schutz angedeihen zu lassen. Dora aber war doch die Gefälligste von
allen. Am nächsten Tage ließ sie Olga und mich, von denen sie
unbegreiflicherweise zu gleicher Stunde Besuch erhielt, eine
Weile allein, um im Nebenzimmer einen Brief zu schreiben.
Wir aber fanden uns in einem minutenlangen Kuß um so
leidenschaftlicher, als meine Abreise nach Ischl für den nächsten Tag bevorstand. »Wenn ich glaube«, sagte sie, »daß ich
mich werde beherrschen können, komme ich morgen herun-
ter.« Sie kam, beherrschte sich, schenkte mir eine Rose, ihr
Gatte stand daneben, und beide gaben mir eine Strecke weit
das Geleite; einem harmlosen Hotelgast, der abreiste und von
den Wirtsleuten mit Höflichkeit behandelt wurde. Sie war
nicht am Morphium gestorben, er war nicht toll geworden
vor Eifersucht, und auch ich befand mich am Ende für einen
glücklich-unglücklichen Liebhaber nicht so übel, als man
hätte denken sollen.

Von Ischl aus sandte ich einen humoristisch-sentimentalen
Brief in Versen an Frau Dora ab, den ich in seiner fast
tagebuchartigen Genauigkeit hier einschalten will.

August 1886.

Verehrte würdige Freundin,
Geschätzte gnädige Frau,
Da sitz' ich einsam in Ischl
Und träume von Reichenau.

An schwülem Sonntagsabend
Empfing mich das Rauschen der Traun,
Es lag ein Dunst und Nebel
Rings über den grünen Au'n.

Der erste, der mich begrüßte,
Dieweil im Café ich saß,
Ein Mann war's mit falschem Barte –
Von Alfred Pick ein Spaß.

Heut' büßt er seine Witze
Und tut, was ihn nicht freut:
In Wolfgang geigen die Schrammeln, –
Und er – weilt in Bayreuth.

Im Kurhaus auf der Terrasse
Da spielten Zigeuner auf, –
Die Geigen jauchzten und lachten,
Das Cymbal klagte drauf.

Ich saß vor meinem Weine
– Somlauer war es nicht –,
Ich lauschte und hielt die Hände
Vor Augen und Gesicht.

Das Cymbal und die Geigen
Erzählten einen Roman; –
Ich hört' ihn an bis zu Ende –
So war der Abend vertan.

Am nächsten Tag, einem Montag,
– Nie sah einen blauern ich je –
Fuhr ich zum Männergesange
Hinüber nach Ebensee.

Mit zweien guten Kumpanen
Lauscht' ich dem Liederklang
Und trank ein gräßlich Gebräue,
Bis wieder der Tag versank.

Nach Montag kam Dienstag wie immer
– Die Wochen sind so trivial –,
Da fuhr ich nach Kammer hinüber
Mit Mutter und Schwester zumal.

Cousinen und Tanten erschienen
Und Vettern, – ja Onkeln beinah',
Nichts war zu erspäh'n als Familie,
So weit das Auge sah.

Die Frauen spielten Angehn,
Ich freilich nur Klavier;
Viel Töne waren zerschlagen,
Nur wenige blieben mir.

Jetzt sind auch die vernichtet,
O herrliche Villeggiatur!
Nun birgst du, glückseliges Kammer,
Eine stumme Klaviatur.

Nun kam des Kaisers Geburtstag,
In Gmunden verbracht' ich den;
Da hab' ich manch holde Frouwe
Und Magedin gesehn.

Des Abends stand ich am Ufer,
Da wogten in bunter Reih'
Viel festlich leuchtende Kähne
Rotschimmernd an mir vorbei.

Und in dem mächtigen Nebel
Raketen stiegen hinan,
Die flirrten und knallten und starben, –
Wie Menschenglück und Wahn.

Sie sprühten so überlustig.
Schier jubelnd ertönte ihr Knall,
Dann stoben die Funken gen unten, –
Versanken ins Wasser all.

Da kam die Melancholia
Wie einem Fünfziger mir; –
Doch nein: wie einem Jüngling,
Vous savez, Madame, c'est pire.

So klagt der Träumer in Ischl,
Dieweil in Reichenau
Gewiß schon zum Feste sich rüstet
Gar manche schöne Frau.

Doch kommt zum Fest nicht der Träumer,
So kommt er später bestimmt;
Und längstens kommenden Dienstag
Schneedörfl er wieder erklimmt.

Das Leben ist wie ein Kreuzzug
In das gelobte Land –
Und bis ich es wieder erschaue
Grüß' alles ich, was mir bekannt.

Sie, reizende Dora, vor allen
Die liebenswürdigste Frau;
Dann Minnie, die Kleine, und Mitzka,
Die Weise von Reichenau.

Der schönen Frau Eveline
Ergeben mein Grüßen gilt,
Ich küsse die Hände Frau Olga,
Der Wirtin wundermild.

Herrn Charles empfehl' ich mich bestens,
Auch Rettinger sei gegrüßt,
Von einem, der all seine Sünden
Im öden Ischl büßt.

Ich schließe somit, denn in kurzem
Bin ich ja wieder retour –
Und mündlich sinkt Ihnen zu Füßen
Ihr treuer Freund Arthur.

Von Herrn Rettinger, dessen Name in dem vorstehenden
Brief zum erstenmal erscheint, wäre nun ein Wort zu sagen.
Das war der Buchhalter, Geschäftsführer, Vizedirektor des
Thalhofes; ein kleiner, dicker, beweglicher Mann in den
Dreißigern, aber jederzeit ohne Kragen und Halsbinde. Er
hatte eine spaßige, geschwinde Art zu reden, war das Fakto-
tum, der Vertraute und mehr oder weniger auch der Spion des
Gatten, was ihn nicht hinderte oder vielleicht erst recht dazu
veranlaßte, mit Frau Olga auf freundschaftlichem Fuß zu
stehen, die ihm keineswegs traute, aber eine gewisse Sympathie für ihn hegte. Er war der Unentbehrliche des Hauses, in
dessen Kanzlei alle Fäden zusammenliefen, geschäftliche und
private; er erledigte die Korrespondenz, wies die Zimmer an,
stellte die Rechnungen aus, hatte immer alle Hände voll zu
tun, war für die Intimen des Thalhofes jederzeit zu sprechen,
zuvorkommend gegen jedermann, immer gut aufgelegt und
nicht gerade viel falscher, als bei den verwickelten Verhältnissen dieses sonderbaren Wirtshauses unumgänglich nötig
schien, dessen Wirtin zugleich Hausfrau, Köchin, Dame von
Welt, und dessen Wirt zugleich eine Art von kleinem Guts-
herrn, Hotelier, Bauer und eifersüchtigem Ehemann war. So
gleichmäßig sich Rettinger in seinem Benehmen gegenüber

den Gästen gab, es war nicht zu verkennen, wo er eine Vorliebe hegte und wo er sich veranlaßt sah, seine Vorbehalte zu machen; und daß er zum Beispiel den oft witzigen und stets gemütlichen Gerichtspraktikanten Alfred Pick höher schätzte als mich, der irgendwie ein störendes Element bedeutete, konnte ich ihm um so weniger übelnehmen, als er mich's im Grunde kaum merken ließ. Zu jener Zeit schien er in keiner Weise auf seinen materiellen Vorteil bedacht. Erst später wurde es üblich, insbesondere wenn in der Saison die Zimmer knapp wurden, sich durch kleine Geldgeschenke oder große Trinkgelder mit ihm gutzustellen.

Das kleine Fräulein Minnie, dem ich gleichfalls in jenem Briefe einen Gruß übermittelte, die jüngere Tochter einer Frau Marianne Benedict, war damals ein bildhübsches, dunkeläugiges Kind von fünfzehn Jahren, von zigeunerisch-zierlichem Aussehen, ein bißchen altklug und witzig vor der Zeit und jedenfalls viel reizvoller als ihre ältere Schwester, die gerade auch nicht übel, aber ein wenig verwachsen war. Rufe ich mir das erste Bild zurück, in dessen Rahmen Minnie sich mir zeigt, so ist es der besonnte Tennisplatz hinter dem Thalhof, wo sie mir die Anfangsgründe des Spiels beizubringen sucht, von dem auch sie noch wenig verstand; ihre noch jugendliche, hübsche Mama, die aber in ihrem früh ergrauten Haar mir Vierundzwanzigjährigem wie eine Matrone erschien, schaut gelassen zu. Im Hintergrunde aber, dem Schneeberg zu, steigt dunkler Tannenwald hügelan.

Das Fest, zu dem man mich erwartet, hatte ich also versäumen müssen. Und so waren fast acht Tage vergangen, als ich endlich wieder – nicht etwa Schneedörfl erklomm, wie es in jenem Gedicht hieß, sondern – nach elegantem Reichenauer Brauch vom Payerbacher Bahnhof aus in einem feschen Fiaker nach dem Thalhof fuhr, wo nach verrauschtem Festjubel alles wieder beim alten war und ich allerseits mehr oder minder aufrichtig willkommen geheißen wurde. Das erste, was mir Frau Dora zu erzählen wußte, war, daß Olga nach meiner Absage in Wut einen Teller zerbrochen hatte. Immerhin nur einen Teller, aber wäre es ein ganzes Porzellanservice gewesen, so hätte logischerweise auch eine gewisse Morphiumlösung stärker sein müssen, als sie nun einmal gewesen war; und da Olga über meine Wiederkunft so glücklich schien, als hätte sie aus Ärger über mein Fernbleiben mindestens einen Suppentopf zertrümmert, so konnte ich mich am Ende nicht beklagen. Doch das Mißtrauen des Gatten war während meines Fernseins offenbar noch gewachsen; und da ich meine Gefühle immer weniger zu verbergen vermochte, und da auch Olga es zuweilen, sooft sie mir auch, wenn Gefahr in der Nähe war, ein hastiges »take care« zuflüsterte, an dauernder Vorsicht und Verstellungskunst fehlen ließ, so wurde die Atmosphäre immer schwüler und bedrohlicher; und wenn der Gatte und ich einander begegneten und mit stummen Blicken maßen, drängte sich mir das vielleicht etwas zu großartige Bild auf, daß sich zwei Tiger auf dem Sprung gegenüberlägen.

Der Bekannten-, Freundes- und Besucherkreis erweiterte sich immer mehr, und so kam es, daß Olga und ich niemals auch nur eine Minute lang wirklich allein waren. Um so mehr mußte jede Gelegenheit wahrgenommen werden, auch unter ungünstigen Umständen in größerer, gleichgültiger, anödender Gesellschaft einander doch wenigstens nahe zu sein; und man ließ sich am Ende auch von einem gutmütigen Dilettanten, wie dem alten Baron Erlanger, eine läppische Novelle vorlesen, oder von einem kleinen, dummen Leutnant Klavier vorspielen, wenn damit nur eine Stunde gewonnen war, in der man sich durch einen Blick, durch ein Lächeln schweigend miteinander verständigen konnte. Immer neue Erscheinungen tauchten auf, auch interessantere und bedeutungsvollere. So kam nach der jüngsten Schwester Fanny, einem freundlichen, bürgerlich-netten, ziemlich reizlosen Geschöpf, einem von jenen, die zur alten Jungfer geboren scheinen und manchmal zwischen dreißig und vierzig heiraten – wie es endlich auch ihr geschah –, die mittlere zu Besuch, Gabriele, die zwar nicht so schön wie Olga selbst war, aber noch um einiges mondäner, dabei lebhaft, entschieden, hochmütig und fest entschlossen, nicht unter einem Grafen zu heiraten, – der denn auch nach wenigen Jahren ganz nach Wunsch in Gestalt eines preußischen, stockkonservativen, sechs Fuß hohen Junkers sich einstellte. Da gab es denn wieder Spaziergänge zu fünf, sechs, acht Personen, und hatte man Glück, so standen wir beide wohl auch ein paar Sekunden lang, losgelöst von den andern auf einem Bergabhang mit der Aussicht gegen das abendliche Tal; Olga zeichnete mit der Schirmspitze Linien in

die Luft, als erläuterte sie mir die Gegend und flüsterte dazu:
»Sagen Sie mir noch einmal, daß Sie mich lieben, – ich kann es
tausendmal hören, – wenn Sie wüßten, wie ich Sie anbete.«
War es die Rax oder der Schneeberg, der da vor mir in den
rötlichen Himmel ragte? Ich hab' es damals und noch Jahre
lang nicht gewußt und verwechselte sie immer wieder, wie ich
mich überhaupt kaum je eine Viertelstunde weit von dem
Haus entfernte, an dessen Türe, auf dessen Veranda, in dessen
Hof oder Garten die Angebetene jeden Augenblick erscheinen konnte. Rax, Schneeberg, die Waldwege, die Wiesenplät-
ze, der Himmel darüber, all das war damals kaum Landschaft
für mich; Kulissen waren es, Hintergründe, – ja, statt meine
Sehnsuchtsqual im Freien spazierenzuführen, lag ich manche
Stunde in meinem Hotelzimmer auf dem Bett mit schmerzen-
der Stirn, in Verzweiflung, daß die Geliebte heute morgen,
wenn auch gezwungenermaßen, in kühlem Ton zu mir gesprochen; – in peinlicher Spannung vor allfälligen, feindseli-
gen Unternehmungen des Gatten, – entnervt von dem ewigen
Komödienspiel, zu dem ich nicht einmal geschickt genug
war; und manchmal auch so zerbrochen und müde, daß sogar
die Tränen versagten.

Eines Tages kamen wir, Olga und ich, ich weiß nicht wie,
auf den Einfall, Schach zu spielen. Und nun saßen wir jeden
Abend von fünf Uhr an im sogenannten Hof, der übrigens
gegen die eine Seite ganz offen war, an einem kleinen Tischchen gleich neben dem rückwärtigen Hoteleingang. Hier war
ein ununterbrochenes, wenn auch nicht allzu lebhaftes Hin
und Her; Wagen fuhren aus und ein; Gäste kamen und
gingen, Bedienstete des Hotels, der emsige Herr Rettinger,
auch Charles' wortkarger Vater, der alte Waissnix, mit dem
weißen Kaiserbart und dem bäuerisch-spöttischen Zug um
die Lippen, – und natürlich Charles selbst, auf dem Weg zu
oder von den Wirtschaftsgebäuden oder Ställen, wurden
immer wieder auf Minuten sichtbar; Frau Dora, Fräulein
Mitzka, die kleine Minnie, der Leutnant Latinovics, Baron
Erlanger und wer immer wollte, blieb für kürzere oder
längere Zeit neben unserem Tischchen stehen und warf einen
flüchtigen, zuweilen etwas lächelnden Blick auf das Schachbrett, auf dem übrigens die Figuren in kürzeren und langen
Pausen wirklich, gelegentlich sogar ganz der Regel nach, hin
und her zogen. Konnte es etwas Harmloseres geben als solch

ein Spiel? Im Freien, im Hof, am Hoteleingang, angesichts der ganzen Welt gewissermaßen? Und wenn beim Rücken der Figuren die Finger der beiden Spieler flüchtig sich berührten, konnte das überhaupt irgendwem auffällig vorkommen? Und wenn dann ein Zittern durch unsere Glieder lief, unsere Wangen sich röteten, unsere Blicke feucht schimmerten, war das durch die Erregung des Spiels nicht ausreichend erklärt? Und wenn man etwa von weitem, von einem der Fenster im ersten oder zweiten Stock gewahrte, daß unsere Lippen sich leise bewegten, konnte ein gutwilliger Mensch ahnen, daß dieses Lippenbeben nicht bedeutete »Schach dem König«, sondern vielleicht: Ein Augenblick neben Ihnen, Arthur, wiegt mir alle Schmerzen auf, die ich Ihretwegen zu leiden habe. Nicht »Schach der Königin«, sondern: Ich möchte Ihnen zu Füßen sinken, Olga, und weinen. – Nein, niemand ahnte dergleichen, denn sie waren ja alle harmlos, soweit sie nicht etwas boshaft waren... der geschäftige Rettinger, die gefällige Dora, der spöttische alte Waissnix und Onkel Minnie, wie wir das kleine Zigeunermädel aus unbekannten Gründen nannten; und was Charles anbelangt, er mochte noch so sehr Tyrann sein, er konnte doch seiner Gattin nicht verbieten, nach der Tage Mühen mit einem jungen Herrn aus gutem Hause, der hier im Hotel wohnte und pünktlich seine Zeche zahlte, vor aller Leute Augen eine Partie Schach zu spielen.

Eines Tages, mitten in unserem Spiel, während ich eben nicht von der Gegenwart, sondern von der Vergangenheit, natürlich nicht von meiner, sondern von ihrer, und nicht von dem längst erledigten Neurastheniker Richard Engländer, sondern von dem Kavallerieleutnant in der Reserve Rudi Pick sprach, rollte, wie es öfters geschah, ein offener Fiaker in den Hof herein. Und ihm entstieg liebenswürdig, aber darum nicht minder undurchdringlich, der, von dem ich eben nicht allzu heiter und vertrauensvoll gesprochen, – Rudi Pick, in dem elegantesten Sommeranzug, der sich erträumen ließ; nahm gleich neben uns Platz, war amüsant, bezwingend, blond, schlank und heiser; – und obwohl er von ganz anderen Dingen redete und insbesondere das Schachbrett nur eines sehr flüchtigen Blickes würdigte, wußte ich doch, daß er weder an das Schachspiel glaubte, noch an die Treue der Frauen, ganz gewiß aber nicht daran, daß Olga mich wirklich liebte, oder gar mehr liebte, als sie ihn zu jener Zeit geliebt, da sie mit ihm auf die Gamsjagd gegangen war. Und die Gamsjagd in den einsamen Bergen – der Gedanke lag in diesem Moment besonders nah, sowohl mir als ihm – hatte allerlei Vorteile gegenüber dem Schachspiel in einem offenen, umfensterten Hof. Aber wir waren Männer von Welt, beide, und keiner ließ den andern merken, was ihm durch den Kopf ging, und Olga war nicht nur eine Dame von Welt, sondern sogar eine Frau von Herz; und in den ziemlich unglückseligen zwei Tagen, während deren Rudi im Thalhof verblieb, tat sie das Menschenmögliche, um mich zu beruhigen und in Ruhe zu halten. Ihre Blicke waren verheißender, ihre Worte leidenschaftlicher als je, und da ihr Gatte gerade in diesen zwei Tagen viel unbekümmerter, ja aufgeräumter schien, als wenn er mir die Anwesenheit Rudis von Herzen gönnte, so brauchte sie sich auch weniger Zwang aufzuerlegen als sonst und weniger oft jenes warnende »take care« zu flüstern, das mir die heißesten Worte auf den Lippen ersterben ließ. »Ich könnte weinen, wenn ich Sie traurig sehe«, sagte sie. »Wissen Sie denn, wie wahnsinnig ich Sie liebe? Jede Minute meines Lebens, meines Denkens gehört ja Ihnen nur allein«. Rudi aber schien während dieser zwei Tage jedenfalls der bestgelaunte und war gewiß der amüsanteste von sämtlichen Beteiligten und Unbeteiligten. Er erzählte allerlei Anekdoten, trug auch selbstverfaßte Schnurren vor, wie zum Beispiel einen jüdischen »Wilhelm Tell«, aus dem ich mich noch eines Ausrufs des entrüsteten Landvogts Geßler erinnere: »Bin ich e Ritter« – und war auch der witzigste Kopf bei Gesellschaftsspielen, zum Beispiel beim Sekretär, das nach den Mahlzeiten die allgemeine Zerstreuung bildete. Dieses Spiel besteht bekanntlich darin, daß jemand einen Namen aufschreibt (meist den eines der Anwesenden), der nächste Spieler, ohne zu wissen, welchen Namen sein Vorgänger aufgeschrieben, eine Eigenschaft hinzusetzt, der nächste den Namen einer Frau, die zu dem noch immer Unbekannten in Beziehung gebracht werden soll, der nächste den Charakter dieser Beziehung, wieder der nächste die Meinung der Welt, worauf noch allerlei Rubriken ausgefüllt werden, ohne daß jemand etwas anderes zu sehen bekommt, als was er selbst niedergeschrieben. Endlich wird das Papier entrollt, das Ganze verlesen, wobei sich manchmal lustige, zweideutige oder bedenklich zutreffende Steckbriefe und Verdächtigungen ergeben. »Ich kann mir sehr gut denken«, bemerkte Rudi Pick einmal am Schluß des Spiels mit heiserer Düsterkeit, »sehr gut kann ich mir denken, daß man von so einem Sekretärspiel mit ein paar Pistolenforderungen nach Hause geht.« – Hm, dachte ich, gleich mit ein paar! und fand ihn ein klein wenig übertrieben. Aber so war er nun einmal. Ein Duell, was wollte das weiter sagen? Er hatte übrigens noch immer keines gehabt. Aber er wäre selbstverständlich jeden Augenblick bereit gewesen. Wer zweifelte daran? Und wie er den Frauen gefiel! Da war zum Beispiel die schöne Frau Eveline, seine Tante, eine etwas zu junge Tante und eine Engländerin noch dazu, mit der er eines Abends auf einer Bank saß, kaum hundert Schritt weit vom Hotel; aber die Bank stand am Waldrand und verschwamm im Dunkel. Evelinens Mann war früher Dragonerleutnant gewesen, vielleicht nur in der Reserve, aber immerhin Dragonerleutnant, ein großer, dicker Mensch, vielleicht hatte er einen Beruf, man merkte aber nichts davon, jedenfalls galt er als Nichtstuer und Spieler. Sein Lieblingspartner war ein Vetter unseres Charles, der berüchtigste Lump von Reichenau, ein schöner Kerl, sah etwa aus, wie man sich einen Wilderer vorstellt, was er unter anderem auch gewesen sein dürfte, hieß Romanus, hatte drei Jahre beim Militär gedient und war später Fiakerkutscher in Wien. Ich erinnere mich einer Pokerpartie bis tief in die Nacht hinein in Rettingers Kanzlei, an der Evelinens Gatte, Innocenz, Romanus und ich beteiligt waren, kurz, es war eine nette Gesellschaft; und es ist nicht weiter verwunderlich, daß ich bei diesem Spiel nicht der Gewinner war. An jenem Abend aber, da jene Bank mit Eveline und Rudi im Dunkel verschwamm, saß ich allein mit Herrn Weikersheim vor dem Hotel, er rauchte eine riesige Zigarre, hatte das eine, kürzlich gebrochene und noch etwas steife Bein auf einem Sessel ausgestreckt, und wir plauderten weiß Gott wovon, als er plötzlich wie beiläufig fragte: »Wo ist denn eigentlich meine Frau?« Höflich und ohne böse Absicht erwiderte ich, daß sie mit Rudi dort auf der Bank säße. Dort – jawohl – ich deutete hin, – man konnte freilich nicht genau sehen, wo. Herr Weikersheim plauderte weiter, als kümmere ihn das nicht besonders, aber es dauerte keine zwei Minuten, als er beiläufig äußerte: »Na, gehen wir auch hin« und in meiner Begleitung, steif, auf seinen Stock gestützt, auf die Bank zuging, wo seine Gattin mit dem Neffen plauderte, uns, aus dem Dunkel auftauchend, lächelnd empfing, worauf sich ein allgemeines, natürlich ganz harmloses Gespräch entwickelte. Eine Pointe hatte die Geschichte leider oder Gott sei Dank nicht, – außer in meinem verstehenden Herzen. Doch wenn auch die Herzen nach den uralten Gesetzen der Liebe und Eifersucht zukken mochten, die Wimpern rührten sich nicht. Das gehörte mit zur Eleganz.

Einen eigentlichen Beruf übte Rudi Pick damals nicht aus. Er dilettierte wohl schon als Maler, kam aber erst viel später, insbesondere als Sport- und Karikaturenmaler, zu einem ansehnlichen Ruf. Zu jener Zeit zog er auch die Möglichkeit einer militärischen Laufbahn in Betracht. An einem dieser Tage – was fiel in diesen zweimal vierundzwanzig Stunden nicht alles vor – so viel ganz Unwichtiges, was mich nebstbei gar nichts anging, und wie hat es sich mir eingeprägt! – an einem dieser Tage also war des alten Baron Erlanger Sohn, ein Ulanenleutnant, zu Besuch im Thalhof, ein getaufter Jude, schneidig, ja etwas frech, mit einer riesigen Säbelnarbe auf der Stirn. Diesen Fachmann fragte Rudi in meiner Gegenwart um Rat, ob er sich »aktivieren« lassen solle. Der Baron schüttelte bedenklich den Kopf. Die Sache sei nicht so einfach. Im Offiziersstand, besonders bei Kavallerieregimentern, wäre es schwer (– als Jude, auch als getaufter, denn ungetauft hätte man ja überhaupt keine Aussicht –), Konflikten mit den Kameraden auszuweichen. Er selbst habe ja leider öfter als einmal Gelegenheit gehabt... Er brauchte wirklich nicht mehr zu sagen. Die Narbe auf seiner Stirn glänzte blutrot und beweiskräftig genug. Rudi Pick nickte nur, er hätte sich vielleicht damals sogar zum Übertritt verstanden, aber ihm fehlte, um sich als getaufter Jude unter seinen kavalleristischen Kameraden zu behaupten, was der Baron Erlanger eben vor ihm voraus hatte – die Million. So entschloß er sich denn, Zivilist zu bleiben, und hat es wohl um so weniger bedauert, als er um seiner übrigen Eigenschaften und allmälig auch um seiner Künstlerschaft willen in den aristokratischen und Sportkreisen Aufnahme fand, in die es ihn von Jugend auf gezogen hatte. Er wurde auf Magnatenschlösser geladen, reiste mit einem Fürsten nach Afrika zur Löwenjagd und machte sich in witzig-feschen Aquarellen über Fürsten, Löwen, Pferde, Jockeys, diese ganze Welt, die er so liebte, und wohl auch ein wenig über sich selbst, lustig.

Am Abend nach Rudis Abreise wurde Olga nicht, wie es sonst regelmäßig der Fall war, für ihren Bekanntenkreis im Speisesaal oder auf der Veranda oder im Freien sichtbar, und man erfuhr, daß sie sich nicht ganz wohl befinde. Am nächsten Morgen erschien sie blaß, winkte mich in ihre Nähe, flüsterte mir zu »Kommen Sie in fünf Minuten in meinen Salon« und entfernte sich sofort. Mich schwindelte. Was hatte das zu bedeuten? Schlimmes? Gutes? Nach abgelaufener Frist folge ich ihr. Sie steht, ans Klavier gelehnt, noch bleicher als vorher, ich rasch auf sie zu, sie sinkt in meine Arme, küßt mich mit Inbrunst. »Sie müssen fort«, sagt sie dann. »Er will Sie töten. Gestern abend, wie Sie meinem Stubenmädchen nachgegangen sind (das ich nach ihrer Herrin gefragt hatte), wollte er hinunter, Sie erschlagen. ›Erschlag mich lieber selbst‹, hab' ich ihm gesagt.« Ich sinke ihr zu Füßen. Ich kann mich nicht entschließen, zu gehen, vielmehr zu fliehen. Mit einer allzu bewußten Großartigkeit erkläre ich, daß ich es als ein hohes Glück empfände, für sie zu sterben. Immerhin suchen wir nach einer anderen Lösung. Und in einer hastigen, immer wieder durch die zärtlichsten Küsse unterbrochenen Unterredung entwickle ich ihr einen Plan, der ihre Billigung findet und den ich unverzüglich zur Ausführung bringe. Ich lasse mich bei Herrn Charles melden und stelle ihn zur Rede, warum er seine edle Frau mit unbegründeter Eifersucht quäle, ihre unschuldigen freundschaftlichen Unterhaltungen durch Mißtrauen störe und vergälle, und ersuche ihn, auf einer verfrühten Abreise meinerseits, die ohnedies programmgemäß in einigen Tagen erfolgen müßte, wie ihm ja bekannt sei, als peinlich und auffallend, schon um seinetwillen, nicht zu bestehen. Er erwiderte mir ziemlich ruhig, und nur seine zermarterten Züge, die schmalgewordnen Wangen, die rotgeränderten Augen mit den lefzenartig heruntersinkenden Mundwinkeln – Jagdhundgesichter pflegte später einer meiner Freunde solche eifersuchtverzerrte Physiognomien zu nennen – verrieten seine, mir freilich sehr gleichgültige oder gar lächerliche innere Pein. Er sei fern davon, sagte er, seine Frau ernstlich zu verdächtigen, und was ihr »G'speanzel« mit mir anbelange, so solle ich ja nicht glauben, daß ihm das etwas Neues sei. »Mit dem Richard Engländer und mit dem Rudi

Pick«, setzte er mit einem wohlgezielten Nebensatz hinzu, »hat sie's genauso getrieben wie mit Ihnen.« Es ist wohl denkbar, daß nun auch meine Züge ins Jagdhündische zu spielen anfingen. »Aber«, setzte er hinzu, »ich lasse mir's nicht gefallen. Es paßt mir nicht, daß die Leut' reden. Sie haben's damals getan und tun's jetzt wieder.« Immerhin nahm nun unser Gespräch eine Wendung ins Leichtere, fast Gemütliche. Durch die Bemerkung über die früheren Anbeter seiner Frau hatte er mich gewissermaßen zu seinem Schicksalsgenossen gemacht. Es war klar, erschlagen wollte er mich nicht, dann doch noch eher, dachte ich bei mir, den Rudi Pick; und meine Abreise brauchte ich nicht für einen Tag früher anzusetzen, und gegen anständige Unterhaltungen von seiner Frau in Gesellschaft habe er nichts einzuwenden. Kurz, ich hatte so ziemlich alles erreicht, was ich wollte – aber, daß ich mich als Sieger fühlte, kann ich nicht behaupten. Nicht als ich mit einem kordialen Händedruck von ihm Abschied nahm und nicht einmal am Abend bei einem improvisierten Tänzchen im Klubzimmer, als Olgas Wangen sich mit den meinen berührten und sie mir Liebesworte ins Ohr flüsterte. Ich vergalt es ihr, indem ich sie am nächsten Tag beim Schachspiel mit den hämischen Bemerkungen ihres Gatten quälte, die sie nur als seine Rache wollte gelten lassen.

Da ich mich durch meinen Ischler Brief als begabter junger Dichter ausgewiesen hatte, war mir auch die ehrenvolle Aufgabe zugefallen, zum Geburtstag der Frau Eveline, Rudis schöner englischer Tante, ein Gelegenheitsstück zu verfassen. Und ich tat es um so lieber, als Olga sich bereit erklärte, eine Rolle, und zwar die des Thalhof-Genius, zu übernehmen, die ich unter anderen Umständen gar nicht geschrieben hätte. Die kleine Minnie war für den Genius der Schönheit wie geschaffen, – wer England darstellte, habe ich vergessen, vielleicht war es Minnies ältere Schwester Emmi; – mir selbst, dem einzigen mitwirkenden Herrn, teilte ich den Genius von Wien zu. Daß alle diese Genien ihr Anrecht an Eveline geltend machten und die Schönheit endlich über alle triumphierte, versteht sich von selbst. Geprobt wurde zum erstenmal am Vortag der Aufführung, an dem das Stück eben fertig geworden war, ebenso am nächsten Vormittag; und am Nachmittag schrieb ich die Verse in der Kanzlei für den Souffleur ins Reine. Diese sonst etwas langweilige Beschäftigung wurde mir dadurch versüßt, daß Olga von Zeit zu Zeit hereinkam, sich über die Blätter beugte und ich ihr die Hände küßte. Abends endlich, nur vor den nächsten Bekannten, fand die Vorstellung statt. Wir sahen alle nicht übel aus, die Damen in hübschen Kostümen, ich ersetzte durch ein übertriebenes Wienerisch und eine Verkleidung ins Strizihafte – das Virginiastroh hinter dem Ohr fehlte nicht – was mir an schauspielerischem Genie mangelte. Olga sprach ihre Verse damenhaft mit dunkler Stimme und ohne Talent, der fünfzehnjährigen Minnie Worte aber: »Ich komme aus entfernten Gau'n – Nach meinem lieben Kind zu schau'n – Gemach, ich ford're nichts zurück – Wir nicht, die Erde braucht das Glück« – diese Worte klingen mir heute noch in dem kindlich-bewußten, wohllautenden Tonfall der Sprecherin im Gedächtnis nach.

Dann kam das Geburtstagssouper und endlich der Tanz, von dessen Lust und Qual ich mich immer wieder zu meinem Weinglas rettete; denn heute, heute war ja der letzte Abend meines Reichenauer Aufenthaltes, das Ende dieser wunderbaren glückselig-unglückseligen, sehnsucht- und leidenschafterfüllten Sommertage, in denen, wenn auch die letzten und heißesten Wünsche nicht gestillt waren, ich an Liebeserfahrung und Wissen um die Seele von Männern und Frauen und vor allem an Wissen um mich selbst weiter vorgeschritten war als in irgendeiner früheren Epoche meines Daseins. Wenn ich auch fühlte, daß es zwischen Olga und mir keineswegs für immer vorbei war, daß wir uns bald und vielleicht oft wiedersehen würden, und wenn sogar kühnste Hoffnungen für spätere Zeit in mir lebendig waren und lange blieben, – die Ahnung, daß das Schönste, das in einem tieferen Sinn Schönste, das Unwiederbringliche und Einzige dieser Beziehung mit dem heutigen Abend erledigt war, diese Ahnung umschattete meine Seele düsterer, als es irgendeine banale Abschiedsstimmung getan hätte; – und in dieser letzten Thalhof-Nacht weinte ich Tränen, die zu den bittersten, verzweiflungsvollsten meiner Jugend gehörten.

Und am nächsten Morgen fuhr ich nach Wien; Olga zugleich mit mir, was weiter nicht auffiel, da sie ja öfters ihren Vater, den Besitzer der Südbahnhofrestauration, besuchte und bei ihm auf einige Tage Wohnung nahm; überdies fuhr im gleichen Coupé mit uns Innocenz, der sein ganzes Einverständnis und seine ganze Gutmütigkeit bewies, indem er sich von Gloggnitz an schlafend stellte. Da sonst niemand im Coupé war und man bei jemandem, der sich schlafend stellt, nicht fürchten muß, daß er zur Unzeit erwacht, war unsere Reise bis Meidling nichts als ein einziger, inbrünstiger, langer Kuß. In dieser Station aber schlug Innocenz so geräuschvoll als möglich die Augen auf und entschuldigte sich, ohne mit der Wimper zu zucken, wegen seines unhöflichen Betragens.

Schon am nächsten Sonntag war ich wieder in Reichenau. Aber ich hatte nicht viel Glück. Dora empfing mich mit der Kunde, daß Olga krank sei und sich weinend in ihrem Zimmer aufhalte. Ohne sie zu Gesicht bekommen zu haben, fuhr ich abends wieder nach Wien und ließ einen Zettel für sie zurück mit verzweifelten, vielleicht sogar bitteren Worten, da Rudi Pick gleich mir im Thalhof verweilt hatte; – aber nicht zugleich mit mir abreiste. In Wien war ich indes wieder jener Lolotte begegnet, die ich im Sommer vorher flüchtig kennengelernt hatte, und die eine Liebesstunde, die ich mit ihr verbrachte, kostete mich nicht mehr und nicht weniger als eine Perle, die gewiß ohne Lolottens Schuld aus der Fassung des einzigen je von mir getragenen Rings auf Nimmerwiedersehen in den Fugen eines schlechten Hotelbetts verschwunden war. Vor wenigen Wochen erst, mit Beziehung auf allerlei Lolotten-Möglichkeiten, hatte Olga geseufzt: »Was für Rechte hat denn eine Frau wie ich?« Sie hätte mir also wahrscheinlich nichts übelgenommen, aber über den Verlust der Perle hätte sie sich gewiß gefreut.

Am nächsten Samstag schon fuhr ich wieder hinaus, diesmal mit meinem Bruder zum Besuch unserer Mutter, die sich für ein paar Tage, vielleicht nicht ohne mein Dazutun, im Thalhof eingemietet hatte. Den Meinigen war es natürlich nicht unbekannt geblieben, was mich immer wieder nach Reichenau hinausgezogen und im eben verflossenen Sommer so lange draußen festgehalten hatte, und aus halben Andeutungen meines Vaters konnte ich entnehmen, daß man, mit Rücksicht auf die bekannte Brutalität des Gatten, noch mehr um mein leibliches als um mein seelisches Wohl besorgt war. Während meiner diesmaligen Anwesenheit ereignete sich übrigens nichts, das meiner Mutter hätte auffallen oder sie gar beunruhigen können. Frau Olga, die auf einer Hochzeit in Wien gewesen war, zeigte sich erst, als unsere ganze Gesellschaft nach dem Souper im Klavierzimmer versammelt war, und ich hatte gerade nur die Möglichkeit, sie in einem unbelauschten Moment zu fragen, ob sie mich liebe. »Sie wissen es ja«, erwiderte sie, doch es klang herb, heiser; sie gab vor, sich nicht wohl zu fühlen, und zog sich zurück. Am nächsten Tag erzählte mir Dora, daß in der verflossenen Woche Olgas Vater wieder dagewesen und es neuerdings meinetwegen zu einer bösen Szene gekommen sei; doch schlimmer als diese Nachricht empfand ich, was mir Dora aus eigenen Beobachtungen mitzuteilen nötig fand: daß Olga kein Temperament besitze, daß sie mich wohl so liebe, wie sie überhaupt einen Menschen lieben könne, aber zu einer großen Leidenschaft nicht geschaffen sei. Ich versuchte, mich damit zu trösten daß Olga ihrer Freundin natürlich nicht alles berichtet hatte, was zwischen uns beiden vorgegangen war; und am Abend, während eines Gesellschaftspieles, ergriff ich die Gelegenheit, Olga einen Zettel mit liebestollen Worten zuzustecken. Am Morgen drauf, vor meiner Abreise, erschien sie am Fenster, den weißen Spitzenschleier um den Kopf, so wie ich sie an jenem Meraner Regen- und Abschiedsmorgen gesehen. Lange starrte sie mich an, ihre Blicke verschleierten sich, sie strich mit dem Spitzentuch über ihre tränenden Augen und verschwand.

Nun hob unser Briefwechsel an. »Ich werde im October Wien wenig besuchen«, schrieb sie mir im ersten Brief, »daher auch nicht das Vergnügen haben, Sie zu sehen. Frau Kohnberger ist so gütig, Ihnen alles Nähere mitzuteilen. Bewahren Sie, lieber Herr Doctor, mir Ihre freundschaftlichen Gesinnungen und nehmen Sie herzlichen Dank für gar manche genußreiche Stunde, die mir Ihre liebe Gesellschaft im Laufe des Sommers bereitet hat. Ich hoffe, wir sehen uns im Winter als gute Freunde wieder. Erlauben Sie mir noch eine Bitte: quälen Sie sich und andere nicht mit unnötigen, unwahren Ideen, ich selbst weiß nur zu gut, daß vieles im Leben häßlich eingerichtet ist, und das, was man für das größte Glück hielt, nichts als eine lange Reihe der Qualen bedeutet. Ich habe es aber immer für den größten Triumph gehalten, mit mir selber fertig geworden zu sein. Hoffentlich sprechen Sie mir noch über dieses und jenes und sind Sie mir nicht zu böse. Ich sage Ihnen nicht adieu, sondern auf Wiedersehen. Herzliche Grüße von Olga Waissnix. Ich würde mich sehr freuen, wenn ich von Ihnen hie und da ein schriftliches Lebenszeichen erhielte (das Wort »schriftliches« war nachträglich dazugefügt). Darf ich Sie darum bitten?«

Ein Abschied also, dachte ich, und in höchster Unruhe eilte ich zu Dora, die mich anfangs zwar zu überreden versuchte, daß ich Olgas Brief in meiner Aufregung mißverstanden, die mir aber sonst nicht viel Trostreiches zu sagen wußte. Olga würde mir nie etwas anderes sein als eine Freundin; – wenn ihr Vater – vom Gatten war weniger die Rede – von ihr kategorisch den Abbruch jeglicher Beziehung zu mir fordern würde, oder schon gefordert hätte, so müßte ich mich eben darein ergeben. Verzweifelter als ich gekommen, verließ ich Dora, und es half mir nicht viel, daß ich mir all die innigen und leidenschaftlichen Worte, die verheißungsvollen Blicke und Küsse in die Erinnerung zurückzurufen versuchte, die mir den Glauben an Olgas Liebe wiedergeben und mich mit schönen Hoffnungen erfüllen sollten. Auf ihren Brief antwortete ich mit der gebotenen Zurückhaltung und Vorsicht, da ich gefaßt sein mußte, daß sehr unberufene Augen darin Einblick erhalten könnten; immerhin ließ ich durchschimmern, daß ich ihre tugendhaften Vorsätze nicht als unwiderruflich ansähe.

Ihre nächsten Briefe schlugen einen leichteren, wärmeren Ton an und waren nicht arm an Anspielungen, die ich zu meinen Gunsten deuten konnte. Insbesondere kehrte ein Zitat aus jener Heyse'schen Novelle »Gute Kameraden« unter Anführungszeichen immer wieder: »Wenn ich könnte, wie ich wollte.« Sie berichtete mir von einsamen Spaziergängen und Jagdpartien, auch von ihren Kindern, die ich draußen fast nie gesehen und mit deren Erziehung und Unterricht sie sich in dieser Zeit angeblich viel beschäftigte; und gepreßte Herbstblumen, die sie selbst gepflückt, zierten arabeskenhaft die geliebten Blätter, die ich mit Sehnsucht erwartete und mit Entzücken empfing. Meine Erwiderungen waren in sentimental-humoristischem Ton gehalten. Ich erzählte nicht mit unbedingter Aufrichtigkeit von meiner einförmigen Existenz innerhalb und außerhalb der Spitalsmauern, entwarf eine Schilderung des Zimmers im Allgemeinen Krankenhaus, wo ich am ersten November als wirklicher zweiter Sekundararzt der psychiatrischen Klinik Einzug gehalten, und ließ es an ironischen Bemerkungen über Olgas bekannte Vorliebe für den Jockeyklub und die mit dieser Institution zusammenhängenden Eleganzen nicht fehlen. Aber obwohl sie öfters nach Wien fuhr, wo sie in der väterlichen Wohnung in ihrem alten Mädchenzimmer hauste, Einkäufe besorgte und gesellschaftliche Beziehungen pflegte, blieb unser Verkehr vorläufig ausschließlich aufs Schriftliche beschränkt, und bestenfalls fand ich mit einiger Phantasie in Frau Doras Salon den Parfum wieder, den Olga bei ihrem letzten Besuch dort zurückgelassen hatte. Dieser Duft aber war ein um so geringerer Trost, als Dora immer von neuem mit meinen Hoffnungen aufs grausamste verfuhr und mir endlich, wie eine für mich bestimmte Botschaft, das furchtbare Wort Olgas hinterbrachte, sie wolle mich überhaupt niemals mehr sehen, ihr einziges Ziel sei, eine anständige Frau zu bleiben. »Und da sie kein Herz hat«, setzte die Freundin hinzu, »wird ihr das auch nicht sonderlich schwerfallen.«

Da lief Anfang Dezember folgende Depesche bei mir ein: »Mittwoch kleine Schlittenpartie. Abfahrt Wien, Mittwoch früh, sieben Uhr, eventuell Dienstag nachmittag. Wären erfreut, wenn Sie kämen. Bitte Antwort. Waissnix.« (Ohne Vornamen.) Meine Antwort fiel nicht abschlägig aus. An einem schönen Mondscheinabend kam ich in Reichenau an und fuhr den winterlich weißen Weg nach dem Thalhof. Das Ehepaar begrüßte mich freundlich, man begab sich in die wohlgeheizte Kanzleistube, wo ich von Rettinger bewillkommt wurde, der mir in der Erinnerung zuweilen wie die »lustige Person« aus einer Altwiener Posse erscheint; bald aber war ich mit Olga allein. Sie saß mit ververschlungenen Händen auf einem Schemel zu meinen Füßen, und mich drängte es natürlich vor allem, ihr von meinen, durch Doras Äußerungen wachgehaltenen, ja eigentlich verursachten Zweifelsqualen zu berichten. Sie schien verwundert. Wie ich solche Dinge nur glauben könne? Selbstverständlich erzähle sie Dora und Eveline nicht alles; ganz im Gegenteil, sie lege es darauf an, die andern irrezuführen, und nun sei sie froh, zu hören, daß ihr die Komödie, die sie den Leuten vorspiele, so trefflich geglückt sei. Auch dem Gatten gegenüber, wie es den Anschein hatte, denn das gemeinsame Nachtmahl in der einsamen Wirtsstube verlief so heiter und harmlos als möglich.

Am nächsten Tag führte uns ein Schlitten durch die klirrblanke Winterlandschaft ins Höllental. Ich saß mit Olga im

Wagen, wie Prinz und Prinzessin, der Gatte beim Kutscher
auf dem Bock, als wäre er der Lakai. Gesprochen wurde nicht
gar viel, ja wir sahen einander kaum recht an, da Charles,
lauschend aufgerichtet, nicht gewillt schien, sich nur ein Wort
entgehen zu lassen, sich manchmal auch umwandte, um
irgendwelche überflüssige Bemerkung über Wetter oder
Landschaft zum besten zu geben. In einem Wirtshaus am
Taleingang wurde eine Weile gerastet. Dann fuhren wir zurück in sinkender Dämmerung durch den leuchtenden
Schnee. Zum Abendessen war ich in die Privatwohnung
geladen. Die Hausfrau empfing mich im Salon, und wir
blieben vorerst eine Weile allein. Ich spielte Klavier oder
schlug wenigstens ein paar Töne und Akkorde an, sie stand
mir gegenüber, wir sprachen nicht viel, aber endlich wieder –
unbelauscht und ungesehen, wie wir wenigstens dachten, von
Angesicht zu Angesicht, im Widerschein unserer Blicke – die
Worte, die auszusprechen, die vom andern zu hören, jeder
sich in den langen Monaten des Getrenntseins so sehr gesehnt
hatte. Dann gab es ein Souper von besonderer Köstlichkeit,
dem Fräulein Hann beiwohnte, ein gutmütiges, etwas dürfti-
ges Ding, Erzieherin, Hausdame, fast Freundin, eines von
jenen Geschöpfen, die, zum alternden Mädchen vorbestimmt, den Sinn ihres Lebens in der Verehrung für eine
andere, vom Schicksal des Lebens begnadete Frau zu finden
verstehen und meist ein glücklicheres, weil verantwortungs-
loseres und bescheideneres Dasein führen als die bewunderte
oder insgeheim beneidete Freundin. Auch die englische
Sprachlehrerin, die während des Winters im Hause wohnte,
nahm an dem Mahl teil, das kaum zu Ende war, als das
Wirtspaar unerwartet und plötzlich verschwand. In erheblich
herabgeminderter Laune versuchte ich, die Unterhaltung mit
den beiden zurückgebliebenen Damen weiterzuführen, bis
Olga nach endlosen zehn Minuten wieder erschien, meinen
fragenden Blicken vorerst die Antwort schuldig blieb und mit
offenbarer Absicht, in einer rätselhaften, wie resigniert-ver-
zweifelten Stimmung, sich ein Glas Wein nach dem andern
einschenkte und hinunterstürzte. Auch Charles hatte sich
wieder an den Tisch gesetzt mit einem unverkennbaren Jagd-
hundgesicht, das Gespräch nahm einen gezwungenen Fortgang, riß jeden Augenblick ab, knüpfte mühselig wieder an.
Plötzlich erhob sich Charles so unerwartet wie früher, verließ

das Zimmer, auch Fräulein Hann und die Engländerin verschwanden, rasch raunte Olga mir zu: »Er hat alles gehört, il sait, que je vous aime, jetzt ist alles aus.« Ehe sie mehr sagen konnte, war er wieder da, nahm zwischen uns Platz, bot mir eine Zigarre an, als wenn er eben nur die aus dem Nebenzimmer geholt hätte, plauderte und war von einer ganz merkwürdigen Freundlichkeit, an deren Echtheit zu zweifeln ich alle Ursache hatte. Der Wagen wartete, es war höchste Zeit zum Wegfahren, wenn ich meinen Zug erreichen wollte; Olgas Stummheit, die Starrheit, mit der sie in der Sofaecke lehnte, fast lag, Charles tückische Beflissenheit, die Unklarheit der ganzen Situation war so beklemmend, so unerträglich, daß ich, um der Pein so oder so ein Ende zu machen, mit einer verlegenen, jedenfalls sehr ungeschickten Bemerkung über sein mißtrauisches Wesen, ihn schlankweg aufforderte, mich auf die Bahn zu begleiten. Er lehnte höflich ab, forderte mich endlich, von seiner Frau unterstützt, kühl, aber liebenswürdig zum Wiederkommen auf, und in der nächsten Minute, wie ein zum besten Gehaltener, ja wie einer, mit dem ein zur Rache Entschlossener vorerst ein höhnisches Spiel treibt, saß ich allein im Schlitten, der mich durch die sternbeglänzte, kalte, weiße Nacht zum Bahnhof brachte.

Am nächsten Tag hatte ich Journaldienst im Krankenhaus, und während ich mit der Aufnahme der Kranken, ihrer flüchtigen Untersuchung und ihrer Zuweisung an die einzelnen Abteilungen beschäftigt war, erwartete ich von Stunde zu Stunde entweder den beleidigten Gatten selbst oder seine Kartellträger eintreten zu sehen. Doch ich wartete vergebens. Der ganze und auch der nächste Tag verging ohne einen solchen Zwischenfall oder sonst eine Kunde aus dem Thalhof, bis endlich am dritten Morgen ein Brief von Olga eintraf, in dem sie mir mitteilte, sie sei etwas unwohl gewesen und hoffe zuversichtlich, wie schon früher besprochen, mir im Hause Benedict an einem Abend zu begegnen, zu dem wir beide schon seit längerer Zeit geladen waren.

So geschah es auch. – Wir hatten alle Muße, uns miteinander auszusprechen, und sie erzählte mir nun, daß ihr Gatte wie er bald hatte zugeben müssen, zwar nichts von dem gehört, was wir neulich im Salon am Klavier miteinander geredet, doch daß er während dieser Unterredung von einem Dach gegenüber, auf dem er sich wahrscheinlich öfter auf-

hielt, als man bisher geahnt, in das erleuchtete Zimmer ge-
späht und unsere lebhaften Gebärden beobachtet hatte. Da
diese Gebärden im ganzen doch unverfänglich gewesen waren, schien es der Gattin gelungen zu sein, ihn zu beruhigen;
und sie getraute sich sogar, mir im Laufe des Winters einige
kurze Begegnungen zu bewilligen, wie sie am Ende auch der
Zufall hätte herbeiführen können: Ich durfte auf dem Ring
eine Viertelstunde mit ihr promenieren oder sie nach dem
philharmonischen Konzert durch die Heugasse bis in die
Nähe ihrer Wiener Wohnung zum Südbahnhof begleiten.

Am Abend meiner Heimkehr von jener Reichenauer
Schlittenpartie war mein Vater zu einem Konsilium an die
Riviera gereist, ich übernahm, wie immer in solchen Fällen,
seine Klientel und machte auf diese Weise in der Hausordination die Bekanntschaft eines ungarischen Judenmädchens,
das mit seiner Mutter nach Wien gekommen war, um sich zur
Sängerin auszubilden und nun ohne Mutter in Wien verblieben war. Sie zog meine Behandlung offenbar der meines
Vaters vor, und nachdem dieser zurückgekehrt war und seine
Patientin wieder übernommen hatte, ordinierte ich ihr in
meiner behaglichen, ungestörten Spitalsstube weiter, besuchte sie auch zuweilen (wie ich nur mehr aus ihren noch
vorhandenen Briefen entnehme) in dem kleinen Kabinett, das
sie bei irgendwelchen gleichgültigen Leuten bewohnte. Sie
war leidlich hübsch, kokett, hysterisch, affektiert, verlogen,
aber dabei ziemlich gutmütig und warf sich mir an den Hals,
wie sie sich jedem jungen Mann unter den gleichen Umständen, wahrscheinlich auch einem Juristen oder Theologen, an
den Hals geworfen hätte, und erfreute mich eines Tages mit
der Mitteilung, daß sie von mir in der Hoffnung sei. Ihr
Bruder, der angeblich Oberleutnant, vielleicht aber auch nur
Handlungsgehilfe in einem Modewarenhaus war, würde sie
nun wahrscheinlich töten, wie sie behauptete, – und mit
tragikomischer Wirkung, wozu der ungarische Akzent das
Seinige beitrug, wiederholte sie ein ums andere Mal: »Ein
Duell ist unvermeidlich.« Schon vorher hatte ich sie schlecht
genug behandelt, da mir ihr Wesen im Grunde unleidlich war,
hatte sie beschimpft, von mir gestoßen, sie hatte mir zahlreiche Abschiedsbriefe geschrieben und in ihnen die Hoffnung
geäußert, daß sie in der Kunst Ersatz für den treulosen
Liebhaber finden werde, – war aber immer wieder gekommen

und mit himmelnden Augen vor mir auf den Knien gelegen. Ihre neuesten Lügen und Drohungen aber, beide vielleicht halb unbewußt und ohne böse Absicht ausgesprochen, ließen es ratsam erscheinen, nun ein entschiedenes Ende zu machen. Es gelang nicht sofort. Zwar reiste sie im Frühjahr nach Budapest, schrieb mir von dort und von Gödöllö, wo sie Sommeraufenthalt nahm, verzweifelte, verliebte, resignierte, sehnsüchtige Briefe, die ich selten beantwortete; sechs Wochen nach ihrem Scheiden aber erschien sie plötzlich wieder in meinem Spitalszimmer. Ich empfing sie so ungnädig, daß ich sie nun endlich ein für allemal los zu sein hoffte. Um Mitternacht desselben Tages spazierte ich durch den Krankenhausgarten meiner Behausung zu, als mich der Nachtwächter anrief und mir mitteilte, daß mich seit zwei Stunden eine junge Dame erwarte. Und richtig, unter meinem Fenster, auf einem Mauervorsprung, sitzt Helene, erhebt sich bei meinem Kommen und offenbart ein so sanftes, schmerzlich hinschmelzendes Wesen, daß ich mich nicht imstande fühle, sie in die Nacht hinauszuweisen, und sie mit mir auf meine Stube nehme.

Des Morgens erst erfolgte der Abschied, auf ewig, wie gewöhnlich. Am nächsten Tag flehte sie meinen Freund, Fritz Kapper, um Fürsprache bei mir an, am Morgen darauf, ich lag noch zu Bett, war sie wieder bei mir, wies Zeugnisse von Gesangslehrern vor, für ihre Verwandten bestimmt, die die materielle Sorge für ihre Ausbildung tragen sollten, warf sich auf mein Bett und jammerte: »Seien Sie barmherzig«, was ich in diesem Augenblick möglicherweise nicht nur auf die kärglichen Almosen meiner Zärtlichkeit beziehen sollte.

An diesem Morgen sah ich sie zum letztenmal für lange Zeit und hörte auch lange nichts mehr von ihr. Sechs Jahre später, im Jahre dreiundneunzig, traf ich mit ihrem Onkel (woher kannt' ich ihn wohl?) in einem Praterwirtshaus, der sogenannten Czarda, zusammen und erfuhr von ihm, daß seine Nichte vor fünf Jahren im Wahnsinn gestorben sei. So hatte ich einigen Anlaß, zu staunen, als ich, wieder zwei Jahre später, einen Brief von ihr erhielt, in dem sie mich um meine Fürsprache beim Direktor des Carltheaters, Jauner, ersuchte. Bald darauf erschien sie persönlich bei mir, ärmlich, verblüht und immer noch auf der vergeblichen Suche nach einem Engagement begriffen. Und wieder nach einigen Jahren wandte sie sich, angeblich im Auftrage eines Budapester Verlages, wegen Überlassung eines Manuskripts an mich und schloß ihren Brief mit den Worten: »Wir Budapester sind in steter Bewunderung für Sie und Ihre schätzenswerten Werke...«

Auf Frauenlippen verlischt das Lächeln der Erinnerung niemals völlig. Sie sind rachsüchtiger, aber auch dankbarer, als Männer zu sein pflegen. Sie rächen sich manchmal für die Zärtlichkeiten und für die Opfer, die man ihnen dargebracht, und sind – auch nach Jahrzehnten noch – dankbar für die Enttäuschungen und Beleidigungen, die sie erlitten haben.

Wenn dies ein Satz ist, der auch im »Anatol« stehen könnte, so mag dafür als Rechtfertigung gelten, daß dieser Bericht mitten durch diejenige Epoche meines Lebens läuft, aus der jenes, vielleicht stellenweise unangenehme, aber doch in vieler Hinsicht charakteristische Buch hervorgegangen ist, und es müßte verwunderlich erscheinen, wenn nicht auch in dieser Nacherzählung etwas von der Atmosphäre jener verklungenen Zeit zu spüren wäre. Daß diese Atmosphäre nicht sehr rein und erquicklich war, erkenne ich nicht einmal so sehr an einzelnen Erlebnissen, ja an meiner ganzen Lebensführung in jener Periode, als vielmehr aus dem Ton meiner damaligen Tagebücher, der von Affektation und sogar von einer gewissen Geckerei sich keineswegs freizuhalten vermag. Als die schlimmste Stelle erscheint mir heute diejenige, wo ich flüchtig »der langweiligen Verliebtheit meiner Schwester in einen jungen Doktor« gedenke als einer Mitursache an der üblen Stimmung in unserem Haus, die übrigens hauptsächlich durch Unzufriedenheit meines Vaters mit mir und durch seinen berechtigten Ärger über die finanzielle Inanspruchnahme von seiten defraudierender und bankerotter Verwandter erzeugt war, denen er immer wieder beistehen mußte.

Am ungetrübtesten finde ich mein Wesen immer noch in meinen Briefen an Olga wieder, gewissermaßen auch in den ihren. Nicht etwa, als ob ich mich ihr gegenüber aufgespielt hätte, wenn es auch nicht gänzlich ohne Pose abging, – sondern weil ich, nach dem immanenten Gesetz solcher Beziehungen, gar nicht anders konnte, als im Verkehr mit ihr meine eigentliche Natur in ihrer angeborenen Richtung, aber ins Edlere und Höhere zu steigern.

Im Frühjahr hatte ich Gelegenheit, Olga öfter zu sehen als

vorher, doch selten für mehr als für Viertelstunden; – auf dem Ring, in Gemäldeausstellungen, wo wir einander immerwieder unserer Liebe versicherten und uns, zum mindesten beim Abschied, mit dem vertraulichen Du anredeten. Zu Beginn des Sommers ward mir sogar das Glück eines zufälligen Zusammentreffens in einem Eisenbahncoupé, wo wir zwischen Wien und Baden allein blieben und ich mir in ihren Küssen wieder einmal einbilden wollte, daß wir für alle Ewigkeit verbunden wären. Doch zu einer wirklichen Zusammenkunft, wie ich sie immer dringender forderte, wollte sie sich erst recht nicht verstehen. »Ich habe Angst vor Ihnen und vor mir«, sagte sie. Und so überließ sie mich weiterhin – wissend natürlich, aber ohne sich Gedanken zu machen – den unbekannten Helenen, Malvinen, Lolotten und gänzlich Namenlosen, mit denen ich mich mehr oder minder platonisch vergnügte und langweilte. Meinem Herzen war ja bisher keine gefährlich geworden, auch unter den jungen Damen der Gesellschaft nicht, von denen mir einige um so mehr Freundlichkeiten erwiesen, als ich ja als Heiratskandidat immer ernsthafter in Betracht zu kommen anfing. Helene Herz, jungmädchenhaft und herb, war mir nach wie vor die Sympathischeste. Ein lebhafter Verkehr entwickelte sich auch mit Fräulein Rosa Sternlicht, die in einer Dilettantenaufführung des Winters meine Partnerin gewesen war. Das Stück war, wie nicht anders möglich, von Emil Limé-Brüll und hieß »Der grollende Löwe«. Die Mitwirkenden traten als Hofschauspieler auf, ich exzellierte in meiner berühmten Hartmann-Kopie, Fräulein Rosa war damals ein nettes, nicht gerade dummes, mäßig hübsches, höchst affektiertes Geschöpf und verschwendete, wie sie mir natürlich erst viel später eingestand, ihr halbes Taschengeld auf Zuckerbäckereien, die sie mir bei meinen Besuchen anbot, um mich günstig zu stimmen. Aber unsere Beziehung gedieh trotzdem nicht weiter als bis zu einer Kahlenbergpartie in Familienbegleitung, mit Naturschwärmerei, Souper im Freien, Momentphotographieaufnahmen und insgeheim, während eines Tanzes, zu einem flüchtigen Kuß, von dem wir beide sozusagen nichts bemerkt hatten.

Das Haus Benedict war mir vor allem wert durch die freilich selten sich verwirklichende Möglichkeit, dort mit Olga zusammenzutreffen; aber auch die beiden Haustöchter gefielen mir nicht übel. Emmy, die als gescheit galt, aber nur altklug und vorlaut war, ganz besonders aber Minnie, der ich sogar eine Mazur unter dem Titel »Onkel Minnie« widmete, während ein Walzer, »Die Reichenauer« derjenigen, der er rechtens zugehörte, nicht erst namentlich zugeeignet werden mußte.

Indes war ich fünfundzwanzig Jahre alt geworden, ein Einschnitt, der zu Rückblick und Vorschau manchen Anlaß bot. »Was habe ich mir als Achtzehnjähriger alles eingebildet«, schrieb ich in mein Tagebuch, »was würde ich in diesem Alter schon geleistet haben« und zog flüchtig die Bilanz. »Ruf eines gescheiten, aber arroganten Menschen bei Fernerstehenden, eines Lebemanns bei einigen, was Papa ärgert, – bei guten Bekannten eines geistreichen, sehr veranlagten, aber sich zu nichts aufraffenden Menschen. Und doch ist's nur die Phantasie allein«, so schloß ich, »die mich vielleicht noch zu etwas bringt. Gewiß nicht die Medizin, wenn ich mich zuzeiten auch merkwürdig hineinlebe.«

Tat ich das wirklich? Ich hatte auf der psychiatrischen Abteilung des Professor Meynert, dem sogenannten Beobachtungszimmer, ein halbes Jahr als Sekundararzt verbracht und war auch dort kaum fleißiger gewesen, als es der Dienst eben forderte. Es gab natürlich immer wieder Fälle, die mich interessierten; ich führte meine Krankengeschichten in anständiger Weise, nahm an den Visiten teil, las allerlei Einschlägiges, von eigentlicher wissenschaftlicher Arbeit aber war keine Rede. Von meinem Chef, dem berühmten Professor Meynert, hatte ich wenig Anregung, was vielleicht nicht ausschließlich meine Schuld war. Er war ein großer Gelehrter, ein vorzüglicher Diagnostiker, als Arzt im engeren Sinn, im persönlichen Verkehr mit den Kranken, zum mindesten auf der Klinik – in der Privatpraxis habe ich ihn nie gesehen –, rang er mir keine Bewunderung ab. So überlegen er immer dem Krankheitsfall gegenüberstehen mochte, – vor dem kranken Menschen erschien mir seine Haltung manchmal kühl, unsicher, wenn nicht gar ängstlich und am meisten befremdete mich sein Vorgehen, wenn er, wie es manchmal geschah, einem unheilbaren Patienten eine fixe Idee mittelst Vernunftgründen auszureden versuchte. Heute frage ich mich allerdings, ob es den naseweisen Jünger mit seiner billigen Skepsis nicht eher hätte ergreifen sollen, wenn er einen alten, weltberühmten Irrenarzt den tausendmal als aussichtslos erkannten Kampf gegen eine Wahnidee mit solcher Verbissenheit immer wieder aufnehmen sah, als müßte sich doch endlich einmal das Naturgesetz vor der Energie eines menschlichen Willens beugen.

In Doktor von Pfungen besaß die psychiatrische Klinik einen tüchtigen, liebenswürdigen, aber nicht sehr bedeutenden Assistenten, der übrigens selbst, wie so viele Ärzte – ich hatte schon früher Gelegenheit, es zu erwähnen – in kleinen, in diesem Fall unschuldigen, therapeutischen Monomanien befangen war. Zu jener Zeit war es das Problem der Peristaltik, von dem er erfüllt war; später glaubte er, in der leidigen Gewohnheit der Rückenwaschungen die eigentliche Ursache des Bronchialkatarrhs entdeckt zu haben und ging so weit, daß er allen Ernstes die rechte Seite seltener erkrankt zu finden behauptete, weil die linke, schwächere und trägere Hand die rechte Rückenhälfte nicht so schonungslos zu behandeln pflege, als dies auf der linken durch die stärkere rechte Hand der Fall sei.

Von der Klinik Meynert wurde ich am ersten April eintausendachthundertsiebenundachtzig auf die Abteilung für Hautkrankheiten und Syphilis versetzt. Sie wurde von Professor Isidor Neumann geleitet, der wissenschaftlich kaum Hervorragendes geleistet hatte, aber sich als Praktiker, besonders als Diagnostiker, eines nicht unbegründeten Rufes erfreute. Daß an manchen Arbeiten, die in späterer Zeit unter seinem Namen erschienen, der eine oder andere seiner Schüler stärker beteiligt war als er selbst, wurde von niemandem bestritten. Er sah weniger einem Gelehrten als einem Börsenmann gleich, fast einem, wie ihn die Witzblätter mit antisemitischer Tendenz darzustellen lieben, und hatte auch im Jargon, Wesen und Gebaren mehr von einem Angehörigen dieser Menschengruppe an sich, als einem Arzt und gar einem klinischen Professor wohl anstehen mochte. Jovial, zuvorkommend, wenn man will, sogar gutmütig, war er doch, soweit es sein Mangel an innerer Sicherheit und Courage zuließ und soweit nicht Geschäft, Ruf oder zufällige persönliche Anteilnahme in Frage standen, rücksichtslos egoistisch und von einer grenzenlosen Gleichgültigkeit gegenüber dem Schicksal seiner Kranken. Auf der Abteilung stand er, zum Glück für die Patienten, unter einer gewissen Kontrolle von seiten seines vortrefflichen Assistenten Ehrmann und der anderen Abteilungsärzte, aber auch da ließ er sich oft genug gehen, und ein Augenblickserfolg bei seinen Hörern, ob dieser nun einer kleinen Operation oder einem schlechten Witze galt, war ihm wichtiger als das Wohl seiner Schutzbefohlenen. Er untersuchte oberflächlich und erschien mir stets weit mehr besorgt, eine persönliche Ansteckung als die Übertragung einer Infektion von Patienten zu Patienten zu verhüten. Aus seiner Privatpraxis wurden die unglaublichsten Geschichten, nicht etwa klatschhaft, sondern mit Beweiseskraft erzählt, unter denen die von der monatelang fortgesetzten operativen Behandlung gummöser (syphilitischer) Hautgeschwülste, die er bei einem Balkanfürsten vornahm, als Standardgeschichte aufbewahrt zu werden verdient. Dabei ausgezeichneter Gatte und Familienvater, gehörte er im ganzen doch zu jener Sorte von Juden, die nach einer oberflächlich typischen Redensart den Antisemitismus begreiflich erscheinen lassen, und sein Bild wäre nicht vollständig, wenn nicht gerade er immer wieder behauptet hätte, daß er vom Antisemitismus, überhaupt für seine Person, niemals das geringste zu bemerken oder gar zu spüren bekommen habe; und als Beweis dafür, welcher Achtung er sich auch in katholischen Kreisen erfreue, führte er gerne an, daß ihn Aristokraten zur Jagd zu laden pflegten. Mir, als dem Sohn eines befreundeten Professors, kam er mit besonderer Freundlichkeit entgegen, ohne sich ernstlich um meine hilfsärztliche oder wissenschaftliche Tätigkeit zu kümmern, die ich hier in zweckbewußterer Weise auszuüben gedachte, als ich es bisher getan. Auf Vorschlag meines Vaters lenkte ich mein Hauptaugenmerk auf die luetischen Erkrankungen des Rachens und des Kehlkopfes, indem ich eine gewisse Zeit hindurch alle unsere Kranken mit dem Kehlkopfspiegel untersuchte. Aber mein Eifer hielt auch diesmal nicht lang genug vor, um eine, wenn auch nur statistisch verwertbare Leistung zustande zu bringen. In einem Atlas über die Erkrankungen der Nase, des Rachens und des Kehlkopfes, dessen Herausgabe mein Vater vorbereitete, sollte mir das Syphiliskapitel zufallen. Es war nur zum Vorteil des Werkes, daß die endgültige Ausführung auch dieses Abschnittes von dem anderen Mitherausgeber übernommen wurde, meinem Schwager Hajek, neben dem ich, höchst unverdienterweise, wie ein Gleichberechtigter auf dem Titelblatt genannt stand und noch immer stehe.

Seit dem 1. Januar 1887 zeichnete ich übrigens auch als Redakteur der von meinem Vater gegründeten »Internationalen Klinischen Rundschau«, der die Leitung der »Medizinischen Presse«, und zwar aus einem ziemlich lächerlichen Grunde, in andere Hände hatte übergeben müssen. Die Verleger dieser Zeitung, Urban & Schwarzenberg, hatten bei dem Festmahl anläßlich des Jubiläums meines Vaters am 6. Januar 1886 nicht an der Haupttafel, sondern an einem der zwei großen Nebentische ihre Plätze erhalten, was natürlich keine Zurücksetzung bedeuten sollte, aber von ihnen, besonders von dem eitlen und empfindlichen Herrn Schwarzenberg, als solche aufgefaßt wurde; und sie übten Vergeltung, indem sie den eben abgelaufenen Vertrag mit meinem Vater nicht mehr erneuerten und einen neuen Leiter für ihr Blatt engagierten. Sie waren zu einer Abfindungssumme verpflichtet, wohingegen mein Vater gebunden war, eine Reihe von Jahren nicht als Herausgeber einer anderen medizinischen Fachzeitung zu zeichnen. Doch mein Vater, der weder auf seine journalistische Tätigkeit, noch auf den damit verbundenen Einfluß zu verzichten gesonnen war, dessen er weniger für sich als für die Poliklinik bedurfte, umging die Vertragsbestimmung, indem er eine neue Zeitung, eben die »Internationale Klinische Rundschau«, ins Leben rief und mich veranlaßte oder nötigte, neben einem anderen braven, aber gänzlich indifferenten Herrn, Dr. Bela Weiss, einem praktischen Arzt aus Mariahilf, der aussah wie ein Zigeunerprimas, meinen Namen als den des Redakteurs unter den Titel zu setzen. Jedermann wußte, daß Bela Weiss und ich im Grunde nur Strohmänner waren und das neue Blatt durchaus im Geist und im Sinn meines Vaters geführt und größtenteils von ihm gemacht werden sollte. Ich freute mich wohl, daß so der boshafte Racheakt des Herrn Schwarzenberg fürs erste pariert schien – um so mehr, als unter den Gründen für die Unzufriedenheit mit der Redaktionsführung meines Vaters auch angeführt war, daß dieser einen Gymnasiasten an seinem Blatt hatte mitarbeiten lassen (nämlich mich, der vor acht Jahren einen Bericht über den Amsterdamer medizinischen Kongreß verfaßt hatte), trotzdem empfand ich das Vorgehen meines Vaters, wenn auch juridisch nicht faßbar, ethisch doch nicht ganz einwandfrei und machte ihm auch kein Hehl aus meiner Ansicht, die er aber sehr übel aufnahm und nur als Zeichen von mangelndem Mut wollte gelten lassen. Die öffentlichen Angriffe allerdings, auf die ich gefaßt gewesen war, blieben aus, aber man unterließ doch nicht, besonders in gewissen, von vornherein nicht günstig gestimmten Kreisen, ärgerliche Vergleiche zu ziehen zwischen dem Vorgehen meines Vaters und dem des politischen Journalisten Szeps, der kürzlich in ganz analoger Weise, einen Vertrag umgehend, das »Wiener Tagblatt« als Konkurrenzunternehmen des »Neuen Wiener Tagblattes« gegründet hatte. Meiner Rolle in der ganzen Angelegenheit wurde ich um so weniger froh, als die kleinen medizinisch-journalistischen Alltagsarbeiten, die ich nun in noch höherem Maß als früher zu leisten hatte, mir gerade auch nicht besonderen Spaß verursachten. Hauptsächlich war ich kompilatorisch tätig, verfertigte Auszüge aus Artikeln, die in anderen Fachblättern erschienen waren, aus in- und ausländischen Sitzungsberichten, las Korrekturen, schrieb hie und da ein kleineres oder größeres Referat, für das mir gelegentlich wohl ein Lob meines Vaters zuteil wurde, zeichnete mich im ganzen aber auch auf medizinisch-journalistischem Gebiet so wenig aus wie auf allen anderen, die ich bisher betreten, und schien so immer noch, und mehr denn je, verdammt, als der »Sohn meines Vaters« meine Erdenbahn durchlaufen zu müssen.

Immerhin hatte ich indes auch als Belletrist einen neuen Schritt in die Öffentlichkeit unternommen. Ende 86 hatte die »Deutsche Wochenschrift« ein paar Aphorismen sowie eine Skizze von mir abgedruckt, die den Titel führte: »Er wartet auf den vazierenden Gott«. Der Herausgeber, Dr. Neisser, bat mich zu sich und äußerte sich hoffnungsvoll über die Weiterentwicklung meiner Beziehungen zu seinem Blatt, die aber mit den eben genannten Beiträgen ein für allemal abgeschlossen waren; – um so unwiderruflicher, als die »Deutsche Wochenschrift« bald darauf zu erscheinen aufhörte.

Mit größeren Arbeiten wollte es noch immer nichts Rechtes werden. »Das Mysterium der Ehe«, jener Komödienstoff, mit dem ich mich schon vor sechs Jahren beschäftigt hatte, trat nun unter neuer Beleuchtung in meinen Gesichtskreis, doch kam ich über einen skizzenhaften ersten Akt und den Beginn des zweiten nicht hinaus. »Gabrielens Reue« oder »Reue der Unschuld« war der Titel einer Novelle, in der ich eine junge Frau für jahrelang geübte Tugend in den Armen eines Geliebten Sühne tun ließ; doch in der Kunst des Erzählens war ich noch weniger gewandt als in der Führung des Dialogs, und so geriet mir auch hier nur ein sentimentales, hie und da geistreichelndes, trotz des starken Erlebnisses, unter dessen Zeichen es empfangen war, und mir vielleicht gerade darum nahezu widerwärtiges, jedenfalls völlig dillettantisches Produkt.

Mein Vertrauter in Sachen der Poesie und des Herzens war in jener Zeit nach längerer Pause wieder Fritz Kapper. Er erschien mir als ein warmer, mitempfindender Mensch, in Reden und Stimmungen fand ich ihn angenehm extravagant und war geneigt, auch seine Intelligenz zu überschätzen, wie es einem mit Stichwortbringern manchmal, und wie es mir gerade in jener Zeit auch mit anderen Leuten, z.B. mit dem eben wieder für eine Weile auftauchenden Jugendgenossen Adolf Weizmann erging. An schönen Sommerabenden, da mir als Vertreter meines auf Urlaub befindlichen Vaters der Wagen zur Verfügung stand, nahm ich Fritz zuweilen mit mir aufs Land, und wir beschlossen unsere Spazierfahrten am liebsten in der »Rohrerhütte« bei panierten Schnitzeln und Gurkensalat. Damals bemühte sich Fritz eben, sein Verhältnis mit Fräulein Amy zu lösen, worin ich ihm dialektischen Beistand leistete, etwa so wie er es mir bei Helene Kanitz getan. Sie liebte ihn sehr, schwor, sich umzubringen, wenn er sie verließe; er verließ sie trotzdem, – und tatsächlich entdeckte ich schon zwei Jahre darauf bei einem guten Bekannten, einem Amateurphotographen, ein wohlgetroffenes Bild von ihr, auf dem sie so ziemlich allen irdischen Tand von sich geworfen hatte, im übrigen aber beinahe so fidel aussah wie der Leutnant, in dessen Gesellschaft sie sich hatte abkonterfeien lassen.

Unter den sonstigen Freunden stand mir immer noch Richard Tausenau am nächsten, der mir wie durch sein Wesen so auch durch seine Erlebnisse der merkwürdigste blieb. Vor kurzem war ihm eine Geliebte gestorben, die Maitresse eines polnischen Abgeordneten, mit dem er um dieser Frau willen beinahe ein Duell oder, wie er sich elegant und beiläufig ausdrückte, eine Schießerei gehabt hätte. Vom Begräbnis aus kam er geradenwegs ins Arkadencafé, setzte sich zu uns an den Spieltisch und nahm ohneweiters an unserer Pokerpartie teil, was wir mit mißbilligendem Schauer, aber respektvoll geschehen ließen. Übrigens war er aus früher genannten Ursachen ein höchst unwillkommener Spielpartner, wie er sich auch allerlei andere kleine Unkorrektheiten und Schmutzereien zuschulden kommen ließ, z.B. scherzweises Einstecken von Banknoten, die nicht ihm gehörten, Entleihen von Lackstiefeln, die gleichfalls nie zurückgegeben wurden, – ohne daß es darum irgendeinem der Geschädigten eingefallen wäre, den Verkehr mit ihm endgültig aufzugeben. Jetzt stand er vor dem letzten Rigorosum, das er nach zweimaliger Reprobation immer wieder hinausschob, hatte sich mit seinen Eltern überworfen, wohnte in einer Art Studentenquartier oder Absteigbude in der Wickenburggasse und erhielt von Louis Friedmann eine monatliche Unterstützung von hundert Gulden, die natürlich nicht für alle seine Bedürfnisse ausreichen konnte.

Durch Louis Friedmann waren Richard und kurz darauf ich bei einem jungen Paar eingeführt worden, das damals in einer glücklichen, bereits mit zwei Kindern gesegneten Ehe lebte. Herr Kniep, Prokurist eines großen Hauses, war ein gutaussehender, leidlich eleganter Herr mit geschäftlichen und gesellschaftlichen Ambitionen, die eines snobistischen Charakters nicht ganz entbehrten, seine Gattin eine hübsche, angenehme, ganz kluge, im Benehmen eher zurückhaltende Frau. Sie sahen gerne Gäste bei sich, vorzugsweise aus industriellen Kreisen mit besonderer Bevorzugung des christlichen Elements, wie denn über ihre durch kaufmännische und soziale Erwägungen gemilderte antisemitische Gesinnung ein Zweifel kaum bestehen konnte. Mit den Brüdern Friedmann und ihrem Anhang war in das bis dahin immer noch bürgerlich stille Familienleben ein lebemännisch-freieres Junggesellentum eingezogen, ja eingebrochen, das bald genug seine zersetzende Wirkung auszuüben begann. Derjenige, der sich vor allem um die junge Frau zu bemühen anfing, – die ihren Gatten zu lieben schien und jedenfalls keinen zwingenden Grund hatte, ihn zu hintergehen – war, wie natürlich, unser Freund Richard, und nach dem nicht nur in der Physik, sondern auch in menschlichen Beziehungen geltenden Gesetz des beschleunigsten Falles konnte bei der zunehmenden freundschaftlichen Intimität zwischen dem jungen Mann und der jungen Frau der natürliche Abschluß nicht lange auf sich warten lassen. Die Freunde sahen der allmäligen Entwicklung des Verhältnisses mit Spannung und Vergnügen zu und erwiesen sich, als Richard sich dem Ziele seiner Wünsche nahe sah, als seine treuen Verbündeten und Helfer. Auf einer kleinen Reise, an der ich nicht teilnahm, geschah es, daß das junge Ehepaar und die fröhlichen Junggesellen, von denen es begleitet war, in einem Hotel am Fuß eines Berges übernachteten, der am nächsten Morgen bestiegen werden sollte. Der Gatte mit zwei Herren der Gesellschaft, die in ihm, wie manche andere sportliche Neigung, wohl auch den Touristenehrgeiz erweckt hatten, brachen in aller Frühe auf, die Gattin und zwei andere Herren zogen es vor, im Tal zu verweilen. Der eine von den Herren aber begleitete die Wanderer ein Stück Wegs in den Sommermorgen, blieb dann zurück, sah den Emporschreitenden eine Weile nach, und als die Möglichkeit einer Umkehr ausgeschlossen schien, gab er dem andern Zurückgebliebenen – es war Richard, der bei einem Fenster danach ausspähte – ein verabredetes Zeichen, worauf dieser sich unverzüglich aus seinem Zimmer in das der jungen Frau begab, die ihre Türe nach dem Fortgehen des Gatten nicht wieder zugeschlossen hatte. Diese Geschichte mag einen Begriff geben, vielleicht nicht so sehr von der Frivolität und Indiskretion, als von der außerordentlichen Leichtigkeit, mit der in diesem Kreise dergleichen Abenteuer behandelt und beurteilt wurden, – und erwägt man weiter, daß an dieser Intrige auch ein so durchaus ehrenhafter und ernster Mensch wie der brave Geologe Geyer beteiligt war, und daß die bis dahin tugendhafte junge Frau nicht nur selbst einverstanden war, sondern auch alle ihre Hausfreunde eingeweiht wußte, so mag man ermessen, was für unwiderstehliche Macht die eigentümliche Atmosphäre eines Kreises, ganz unabhängig von den Eigenschaften seiner Mitglieder, vorzustellen und auszuüben vermag. Diese Atmosphäre, mag man sie nun als unmoralisch, unbeschwert oder einfach nur als wahr empfinden, ist es, in der sich die Vorgänge meiner Tragikomödie »Das weite Land« abspielen, wie auch manche Figuren dieses Kreises umgestaltet, vielleicht auch erhöht, und manche Situationen, die im Hin- und Widerspiel der Figuren sich ergaben, verändert oder stilisiert in jenem Stück wiederkehren. Manche Bemerkung, die ich dem Helden, Friedrich Hofreiter, in den Mund legte, habe ich fast wörtlich zu verschiedenen Epochen von den Lippen seines Urbilds vernommen, und wenn Hofreiter den Liebhaber seiner Frau über eine Wiese in den Garten seiner Villa huschen und durch das Schlafzimmerfenster verschwinden sieht, so habe ich dabei Richards gedacht, der, als das Ehepaar Kniep im Sommer auf dem Lande wohnte, den Weg zu der Geliebten in gleicher Weise zu finden wußte. Übrigens war es weder diese noch manche andere im Beisein des Gatten verübte Unvorsichtigkeit, welche die bei dem Leichtsinn Richards, der Mitwisserschaft so vieler Unbeteiligter und der allmälig einsetzenden Eifersucht des Ehemanns unausbleibliche Entdeckung zur Folge hatte; – diese geschah vielmehr dadurch, daß Herr Kniep, dessen Verdacht immer neue Nahrung erhalten hatte, den Schreibtisch seiner Gattin erbrach und die Briefe des Liebhabers vorfand.

Es war an einem Herbstmorgen des selben Jahres, ich lag noch zu Bett, als Richard oder Kuwazl, wie er in unserem Kreis genannt wurde, in mein Krankenhauszimmer trat und mir mit dem kurzen, galgenhumoristischen Lachen, das ich nun schon so gut kannte, mitteilte, daß er eben den höchst unerwünschten Besuch des betrogenen Ehegatten erhalten habe. Vorläufig war die Sache zwar noch glimpflich genug ausgefallen. Herr Kniep hatte ihn weder tätlich insultiert noch ritterliche Rechenschaft von ihm gefordert, sondern ihm nur, allerdings unter sehr ehrenrührigen Beschimpfungen, das Ehrenwort abverlangt, daß er niemals wieder versuchen werde, sich seiner Frau zu nähern. Denn mit Rücksicht auf die Kinder hatte Herr Kniep den Entschluß gefaßt, die treulose Gattin nicht aus dem Haus zu jagen, sondern vor der Welt in äußerlicher Gemeinschaft mit ihr weiterzuleben. Ihm war es leichter, diesen Entschluß auszuführen, als meinem Freund Richard, das gegebene Wort nicht zu brechen. Schon wenige Wochen nach der Entdeckung war das Verhältnis zwischen Richard und Frau Kniep wieder in vollster Blüte und dauerte noch geraume Zeit fort. Es blieb nicht das letzte der schönen Frau, vielleicht nicht einmal das letzte, das ihr Gatte entdeckte. Jedenfalls fand er sich mit Anstand darein und begnügte sich damit, seine Revanche zu nehmen. Nach außen hin blieb es eine gutbürgerliche Ehe, und im Laufe der Jahre, als die Leidenschaften dahin waren, wurde es vielleicht wirklich eine. Das Haus wurde in musterhafter Weise geführt, die Kinder wurden vortrefflich erzogen, Herr Kniep machte eine große Carriere, erhielt später sogar den Adel, und Frau Kniep zeichnete sich nach Verabschiedung ihres letzten Liebhabers nicht nur durch einen tadellosen Lebenswandel, sondern durch eine sichtbare, von politischen Seitenblicken nicht ganz freie Frömmigkeit aus. Mit Beziehung auf sie sagte mir Louis Friedmann, der ihr zweiter Liebhaber wurde: »Ich halte es überhaupt für sehr einseitig, die Frauen nur aufs Erotische hin zu beurteilen. Wir vergessen immer wieder, daß es im Leben jeder Frau, auch wenn sie Liebhaber hat, eine Menge Stunden gibt, in denen sie an ganz andere Dinge zu denken hat als an die Liebe. Sie liest Bücher, musiziert, veranstaltet Wohltätigkeitsakademien, sie kocht, erzieht ihre Kinder, sie kann sogar eine sehr gute Mutter sein, ja manchmal auch eine vortreffliche Gattin und hundertmal wertvoller als eine sogenannte anständige Frau.«

Es sind die Worte, die Friedrich Hofreiter im vierten Akt des »Weiten Lands« ausspricht, was ihn bekanntlich nicht davon abhält, im fünften den Liebhaber seiner Frau totzuschießen, um nicht der Hopf zu sein, wie er sich ausdrückt. Ein Widerspruch? Keineswegs! Gefühl und Verstand schlafen wohl unter einem Dach, aber im übrigen führen sie in der menschlichen Seele ihren völlig getrennten Haushalt.

Ich selbst war zu dem Hause Kniep, wenn auch häufig dort geladen, im Verhältnis eines Außenseiters geblieben; und ebenso oberflächlich-flüchtigen Charakters war mancher andere Verkehr, der sich in diesem Sommer, besonders während meines kurzen Ischler Sommer- und Ferienaufenthaltes anknüpfte und in der Stadt weiterspann. Sehr gut war ich in der Familie Cohn aufgenommen, bei der Freund Fritz, als Bräutigam der hübschen älteren Tochter Adele, mich eingeführt hatte. Dem Vater, einem beinahe noch jungen Mann, der sich an der Seite seiner stillen, dummen und reizlosen Frau als Junggeselle, fescher Kerl und Don Juan fühlte und gebärdete, schloß ich mich in Ischl gelegentlich auf abendlichen Pirschgängen an, die für mich meist harm- und resultatlos endeten, abgesehen von einer angenehmen halben Stunde, in der ich mir von einem netten kleinen, gefälligen Dinge gerne weismachen ließ, daß es eine Schauspielerin sei, als wenn durch eine solche Vorspiegelung gewisse, stets von mir gefürchtete Gefahren erheblich vermindert wären. Meist aber befand ich mich in gesitteter Gesellschaft, die sich in ferneren oder näheren Kreisen um das Brautpaar gruppierte. Da war vor allem Frau Koritschoner und ihre drei hübschen Töchter; die Älteste, damals schon seit zwei Jahren verheiratet, Frau Glogau, die anmutige Lili und die schnippische, backfischhafte Leonore. Ein paar junge Ärzte, wie Otto Zuckerkandl und Oskar Krauss, nahmen an Ausflügen und Spaziergängen teil. Kleine Pokerpartien, die, wie im Hause Szeps, sich manchmal bis zum Morgen ausdehnten, wurden auch nicht verschmäht; ein charmantes junges Frauchen Hirsch schwebt und schwimmt heute noch mit lachendem Gesicht in ihrem schwarzen, aber nicht sehr düsteren Badeanzug durch meine Erinnerung. Eine ungarische Malerin, Vilma Parlaghy, galt trotz Schönheit und Künstlerschaft für unnahbar, ihr herbes, etwas rätselhaftes Wesen zog mich an, mir ahnte, daß es mit ihrer Tugend nicht allzu streng bestellt sei, mir gegenüber blieb sie verschlossen, doch um ihre Lippen sah ich es manchmal wie leisen Spott zucken, der meiner möglicherweise unangebrachten Schüchternheit gelten mochte. Eine junge Amerikanerin, Cora Cahn, erst sechzehn Jahre alt, die mit ihren Verwandten in Ischl weilte, zog mich durch ihren Akzent, ihre Laune, ihre Koketterie lebhaft an. In einem Tunell zwischen Gmunden und Ebensee wurde es beinahe bedenklich, aber Tunelle sind kurz und ein Ischler Aufenthalt kaum viel länger, besonders, wenn gar zu vieles darin unterzubringen ist; und so verschwebte auch dies Abenteuer in nichts dahin. Die eindrucksvollste Erscheinung aber war ein Fräulein Nelly, die jüngere Schwester der schönen Frau R., die, wie jeder wußte ihren kleinen unansehnlichen Mann mit eleganten Aristokraten zu betrügen pflegte. An einem schönen Sommernachmittag spazierten wir in größerer Gesellschaft an den Nussensee. Nelly und ich liefen den anderen voran, küßten uns, wo immer wir den Blicken verschwanden, sie plauderte mir allerlei vor, wovon junge Mädchen sonst nicht zu plaudern pflegen, – von ihrer schönen weißen Haut, von ihren Nachthemden, wir küßten uns noch feuriger, hundert- und hundertmal, und ich prophezeite dem mehr aufreizenden als reizenden Geschöpf, dankbar wie Psychologen zu sein pflegen, eine große Kokottenlaufbahn, was sie geschmeichelt entgegennahm. Ich sah Nelly nach diesem Sommer – vielleicht nach diesem Tage – niemals wieder, erfuhr aber nach Jahren, daß meine Prophezeiung sich aufs glänzendste erfüllt hatte. Das Nachbild Nellys schwebt unter dem Namen Judith durch eines meiner Dramen, das im Augenblick, da ich diese Zeilen schreibe, noch nicht vollendet ist.

Dora Kohnberger, die sich während dieses Sommers in Ischl aufhielt, begleitete ich auf einem peinlichen Gang ins Hotel Bauer, wo wir bei einem guten Freunde für meinen Onkel Edmund Markbreiter, Doras Schwager, der wieder einmal vor dem Ruin, wenn nicht gar vor dem Kriminal stand, als Bittsteller vorsprachen. Es handelte sich um ein paar tausend Gulden, die durch eine Sammlung aufgebracht werden sollten, an der sich hauptsächlich Verwandte beteiligten, soweit sie nicht schon müde geworden waren, dem unverbesserlichen Verschwender und Börsenspieler, der zugleich ein so großer Advokat war, aber persönlich allen Kredit verloren hatte, beizustehen. Herr Cz., ein reicher Kunsthändler, Junggeselle, Freund der Familie und – ohne Erfolg natürlich – ein Kurmacher der Frau Dora, entschloß sich nach einer längeren Unterredung, die von ihm nicht durchaus mit Geschmack, von Dora nicht ohne Würde geführt wurde, während ich mich ziemlich schweigend verhielt, zu einer Spende von fünfhundert Gulden. Ich weiß nicht, ob es gerade diese Summe war, die meinen Onkel für diesmal noch rettete, jedenfalls war die Katastrophe nun hinausgeschoben.

Und schaute in dieses hundertfach zerstreute Dasein eines jungen Arztes, Dichters und Lebemanns, der in Medizin, Poesie und Leben in bösen Stunden stümperte, in guten bestenfalls dilettierte, dessen Wesen von niemandem gekannt, von ihm selbst kaum geahnt wurde, – der, umgeben von Dutzenden von Freunden, deren keinem er ganz, zwischen vielen Mädchen und Frauen, deren keine ihm völlig gehörte, der, zwar zweifellos unzufrieden, aber nicht ohne selbstgefällige Regungen, sich fast ausschließlich mit sich selber beschäftigte, – fiel in dieses innerlich von so vielen flackernden Lichtern unsicher erhellte Dasein kein mächtiger Schein von draußen, vor dem jene kleinen Lichterchen wenigstens für Minuten verlöschten? Rührten ihn die großen, die ewigen Fragen nicht an? Und wenn es schon keinen Gott gab, in dem man sich beruhigt und beschlossen fühlte, gab es nicht eine Heimat, aus deren Boden man Kraft und Leben sog, kein

Vaterland, als dessen Bürger man sich, ob nun mit oder ohne Stolz, fühlen durfte, gab es nicht Geschichte, Weltgeschichte, die ja niemals stillestand und die um unsere Ohren bläst, während wir durch die Zeit rasen? Freilich gab es all das, aber die Heimat war eben nur Tummelplatz und Kulisse des eigenen Schicksals; das Vaterland, ein Gebild des Zufalls, – eine völlig gleichgültige, administrative Angelegenheit, – und das Weben und Walten der Geschichte drang doch nur, wie es uns Gegenwärtigen meist passiert, in der mißtönigen Melodie der Politik ans Ohr, der man nur ungern lauschte, wenn man nicht gerade zu denjenigen gehörte, die beruflich oder geschäftlich an den politischen Ereignissen interessiert waren. Und doch war es, wenn mir recht ist, gerade in jenen Sommertagen 1887, daß es nur an einem Haare hing, und wir jungen Leute wären in den Wirbel der Politik und Geschichte hineingerissen worden. Die Gefahr eines Krieges mit Rußland lag nahe, Mobilisierungsgerüchte schwirrten durch die Luft, es gab ein paar Tage, da man als Reserveoffizier der Einberufung innerhalb vierundzwanzig Stunden gewärtig sein mußte. Heute, da wir wieder einmal wissen, was ein Krieg bedeutet, erscheint es kaum faßbar, daß man sich über solche Möglichkeiten keineswegs aufregte, kaum sonderliche Gedanken darüber machte. Immerhin erhielten die Reserveoffiziere hektographierte Rundschreiben, in denen ihnen der Ankauf eines bestimmten, für Feldzwecke sehr geeigneten Felleisens angeraten und ihnen nahegelegt wurde, beim Ergänzungsbezirkskommando rechtzeitig die Bestellung aufzugeben. Ich für meinen Teil besorgte das in formloser Weise auf einem Briefpapier, wurde daraufhin in die Kaserne befohlen, erhielt von dem diensttuenden Oberleutnant einen freundschaftlichen Rüffel und zugleich den außerdienstlichen Rat, jenes angeblich geeignete Felleisen als weder preiswert noch praktisch nicht anzuschaffen, sondern lieber ein anderes, das da und dort käuflich zu erwerben sei. Ich dankte gehorsamst und dachte, was man sich heiter und traurig so oft bei kleinen und großen Gelegenheiten in unserem schönen Vaterland denken mußte, – o du mein Österreich! Jedenfalls beschloß ich, den Ankauf des Koffers bis zur Kriegserklärung aufzuschieben, die sich bekanntlich noch geraume Zeit verzögerte, aber dann zu um so gründlicheren Resultaten führte.

SIEBENTES BUCH

September 1887 bis Juni 1889

An einem Septemberabend des Jahres 87 stand ich mit meinem Freund Kuwazl auf der Plattform einer Pferdebahn, die eben vom Ring in die Universitätsstraße einbiegen wollte, als wir unter der Menge, die die Fahrbahn überschritt, eine hübsche junge Dame gewahrten, dem Ansehen nach besseres Ladenfräulein oder Probiermamsell, die unsere galant bewundernden Blicke mit einem nicht unfreundlichen Lächeln erwiderte. Da wir beide, was manchmal vorkam, eben nichts Wichtigeres zu tun hatten, sprangen wir ab und trugen der jungen Dame höflich unsere Begleitung an. Wir wurden nicht abgewiesen, setzten den Weg nun gemeinsam fort, und auf der kurzen Strecke vom Schottentor bis zum Krankenhaus machte die Bekanntschaft so rasche Fortschritte, daß das Fräulein, das offenbar gleichfalls nichts Wichtigeres zu tun hatte, unserer, oder vielmehr meiner Einladung folgend, sich mit uns beiden in meine Spitalswohnung begab, wo jederzeit eine Flasche Cognac und etwas Bäckerei für vorher- und unvorhergesehene Gäste bereitgehalten war. Außerdem gab es an stimmungsvollen Dingen ein Pianino, einen Bett-Teppich, in den zwei spielende Kinder gestickt waren, eine rotgrüne Ampel, die von der Decke herabhing, und auf dem Fensterbrett, als Prunkstück, dem elterlichen Salon entstammend, stand eine halbzerbrochene Alabastervase mit einem Makartbouquet.

Man aß und trank ein wenig, unterhielt sich in heiterer, aber ganz gesitteter Weise, entfernte sich endlich zu dritt; ich aber hatte die Ehre, das Fräulein bis an ihr Haustor in der Zimmermanngasse zu begleiten, und sie war so freundlich, mir beim Abschied für den übernächsten Tag ihren Besuch zu versprechen.

Ich erwartete sie, auf meinem Pianino phantasierend, in angenehmer Erregung, sie erschien mit verheißungsvoller Pünktlichkeit, lagerte sich zu meinen Füßen nieder, was mich freilich ein wenig am Pedalnehmen hinderte; aber da ich

Jeanette Heeger, 1887

meine Finger bald statt über die verstimmten Tasten über die
blonden Haare meiner Besucherin streichen ließ, hatten Spiel
und Vorspiel ohnehin bald ein Ende. Wie ernst das Spiel noch
werden sollte, ahnten wir an jenem Abend freilich beide
nicht.

Zwei- bis dreimal wöchentlich kam Jeanette des Abends zu
mir. Manchmal nachtmahlten wir vorher zusammen in irgendeinem Restaurant, – im Römischen Kaiser oder im Riedhof, anfänglich, an schönen Herbstabenden in Pratergärten; –
die Nacht verbrachte sie in meiner Spitalsstube, ließ sich auch
im Schlaf nicht stören, wenn ich auf die Abteilung ging,
meinen Dienst zu versehen, und es war mir eine rechte Lust,
wenn ich gegen Mittag wiederkehrte, mein süßes Mädel, zu
neuer Zärtlichkeit bereit, auf den zerwühlten Polstern wie-
derzufinden. In der Rückerinnerung eines solchen Morgens
war es, daß ich dieses Schmeichelwort vom süßen Mädel zum
erstenmal in mein Tagebuch schrieb, ohne zu ahnen, daß es
bestimmt war, einmal gewissermaßen literarisch zu werden.
Und damals mag es wohl auch, zum mindesten meiner Empfindung nach, auf Jeanette nicht so übel gepaßt haben.

Eine kurze Trennung gleich in den ersten Wochen unseres
Glücks sollte unsere Verliebtheit nur noch höher anfachen.
Mit meinem Vater, der mich auf alle Weise und von jeder Seite
her in die Medizin einzuführen trachtete, fuhr ich nach

Wiesbaden zur Naturforscherversammlung. Er mußte vor mir nach Wien zurück; ich verbrachte einen Tag allein in Rüdesheim in einem Wirtshausgarten am Ufer des Rheins, schrieb dort Briefe, nicht nur an Jeanette, sondern auch an Olga, an diese natürlich einen viel schöneren, und erlebte in dieser Stunde den einzigen Moment der Reise, dessen ich mich noch heute mit vollkommener Lebhaftigkeit entsinne. Auf der Rückfahrt hielt ich mich in Frankfurt auf, wo es mir beliebte, auf Goethes Jugendspinett ein paar Wiener Walzer anzuschlagen; und in München, ohne von den Gemälden, die ich sah, und Theateraufführungen, die ich besuchte, irgend stärkere Eindrücke mit nach Hause zu nehmen. Nicht nur Sehnsucht, auch Unruhe jagte mich zurück. Damit, daß Jeanette mit ihren zweiundzwanzig Jahren ihre Tugend nicht bis zu dem Tage bewahrt hatte, an dem sie mir begegnet war, hatte ich mich abfinden müssen. Sechs oder sieben Liebhaber hatte sie mir eingestanden; was sie mir aber sonst noch und Ausführlicheres von ihrem Liebesleben erzählt hat – es dürfte wohl nicht viel und kaum völlig wahr gewesen sein – ist mir völlig entschwunden. Sie lebte zusammen mit drei Schwestern und einem Bruder in einer sehr bescheidenen Wohnung in der Zimmermanngasse; die älteste Schwester, damals gewiß nicht älter als fünfundzwanzig oder sechsundzwanzig, aber reizlos und verblüht, führte die Wirtschaft und verdiente wohl auch etwas durch Näharbeiten, meine Jeanette, die zweite, war Kunststickerin (ich bewahre heute noch Proben ihrer Fertigkeit auf) und arbeitete meist zu Hause für größere Geschäfte, die dritte, Tini, kaum zwanzig, war abwechselnd Kindermädchen und Ladenmamsell und sah auch nach nicht Besserem aus, an die vierte, Ritschi, habe ich überhaupt keine Erinnerung bewahrt, so wenig als an den Bruder Theobald, der bald von den Schwestern fortzog und mir eigentlich nur in Zusammenhang mit der Geschichte von einer versetzten Uhr und zehn Gulden, die man ihm schuldig war, einigermaßen wirklich und lebendig wird. Die Jugendgeschichte Jeanettens, die wie ich in meinem Tagebuch bemerkte, viel Anziehendes und Rührendes hatte, habe ich gleichfalls völlig vergessen. Aus ihren noch vorhandenen Briefen geht nur hervor, daß irgendwo in der Provinz ein Vater lebte, von dem übrigens nie die Rede war, und daß vierzehnhundert Gulden von einem Onkel-Finanzrat vorhanden waren (wenn diese Summe nicht die Abfindungssumme eines der sechs Liebhaber vorstellte), die mit dem, was die Geschwister verdienten, dem Haushalt zugute kamen. Jedenfalls stellte Jeanette in den ersten Monaten nicht nur keinerlei finanzielle Ansprüche an mich, sie lehnte es geradezu ab, von derlei Dingen zu reden, und ich halte es für möglich, daß sie in jenem ersten Winter unserer Liebe nicht nur uneigennützig, sondern auch, wenigstens im üblichen Wortsinn, treu gewesen ist. Auch wenn ich aus Gesellschaften oder aus dem Theater kam, das ich sehr oft, manchmal mit Bekannten, aber niemals mit Jeanette besuchte, pflegte sie mich in meinem Spitalzimmer zu erwarten und blieb bei mir, bis im Morgendämmer oder noch in tiefer Dunkelheit die alte gute Bedienerin eintrat, Frau Ettel genannt, um uns das Frühstück zu bereiten. Es würde einmal was Schönes zum Erinnern sein, so dachte ich mir in jener Zeit; und das wäre es auch gewesen, wenn ich nur verstanden hätte, zur rechten Zeit ein Ende zu machen. Aber immer heftiger schloß ich mich an sie an, immer törichter wühlte in mir die Eifersucht auf ihre Vergangenheit, immer unfaßbarer wurde mir der Gedanke, mich jemals von ihr trennen zu müssen. Nicht immer blieben wir zu zweit. Richard zog ich zu unseren kleinen Soupers aus begreiflichen Gründen allerdings nicht mehr zu; anfangs war Fritz manchmal mit uns zusammen, der mit Amy endgültig gebrochen hatte, aber als glücklicher Bräutigam immer seltener für uns Zeit hatte; an seine Stelle trat ein alter Bekannter, Schulkollege meines Bruders, der sich mir, ich weiß kaum mehr recht, warum, in der letzten Zeit näher angeschlossen hatte.

Rudolf Spitzer war der einzige Sohn eines wohlhabenden, frühverwitweten Kaufmannes, der ihn von Kindheit auf verwöhnt und gewissermaßen für den Dichterberuf erzogen hatte. Als Beispiel dafür mag gelten, daß er seinen Sohn einmal zum Geburtstag mit einer gedruckten Ausgabe von dessen gesammelten deutschen Aufsätzen überraschte. Über die deutschen Aufsätze war Rudolf Spitzer, der sich für seine literarische Laufbahn den besser klingenden Namen Lothar gewählt hatte, längst hinausgekommen, er verfaßte Gedichte, Novellen, Romane, Dramen, Kritiken, Essays, alles schon damals mit jener wunderbaren Oberflächlichkeit, die er sich bis in sein reifes Alter zu erhalten und, wenn man so sagen darf, zu vertiefen verstanden hat. Denn der Grundzug seines

Wesens war Oberflächlichkeit, was sich gewissermaßen schon in seiner Art zu reden ausdrückte, die durch die Eilfertigkeit, mit der er zehn, hundert, tausend Einfälle, Neuigkeiten, Halbwahrheiten, Unwahrheiten, an die er zuweilen selber glaubte, vorzubringen und durch das häufige Lachen, mit dem er sich zu unterbrechen pflegte, manchmal nahezu unverständlich wurde. Auch seine Gutmütigkeit an der nicht zu zweifeln war, kam nicht so sehr aus der Reinheit einer Kinderseele, obzwar er im wesentlichen ein naiver und ziemlich neidloser Mensch war, sondern eben aus seiner Oberflächlichkeit; – ebenso wie seine Gefälligkeit, für die auch ich ihm oft dankbar zu sein hatte, mehr in seiner Betriebsamkeit und Wichtigtuerei als in Güte und Altruismus begründet war. Damals wohnte er in der schönen väterlichen Wohnung in der Asperngasse und sah zuweilen gleichstrebende und schon weiter gelangte Freunde bei sich, Journalisten, Schriftsteller, wie Ludassy (der indes, im Dezember des Jahres 87, meine Cousine Olga Mandl geheiratet hatte), Fuchs-Talab und auch J. J. David, dem ich dort zum erstenmal begegnet bin. Schon damals hatte Lothar seine Beziehungen zur Presse (es bestand eine weitläufige Verwandtschaft zwischen seinem Vater und einem der Chefredakteure) und den redlichen Willen, sie auszunützen. All dies sah sich zu jener Zeit noch recht harmlos und gelegentlich etwas spaßig an. In meinem Tagebuch finde ich verzeichnet, daß er einmal mir und Richard Tausenau ein Stück vorlas, von dem ich aber weiter nichts zu vermelden weiß, als daß es »Der Zauberlehrling« hieß. Hingegen ist mir der schöne Wintertag unvergeßlich geblieben, an dem ich mit ihm und seinem ehrgeizigen Vater einen Ausflug nach Baden unternahm, um der Premiere eines von ihm verfaßten sozialen Dramas »Die Tantaliden« beizuwohnen. Auch für den Erfolg sorgte er in seiner Weise und erbat vom Vater in meiner Gegenwart einen kleinen Betrag zum Ankauf von Sitzen für die Claque. Lothar wurde oft und stürmisch gerufen und mit ihm der Vertreter der Hauptrolle, ein gewisser Herr von Varndal, der, an die Rampe tretend, gewaltige Sätze gegen die Besitzenden ins Parkett zu schleudern hatte, ohne daß übrigens davon für die Hausbesitzer in der Asperngasse eine weitere Gefahr erwachsen wäre. Aber noch weit begabter als das Stück war der Bericht, den Lothar selbst über die begeisterte Aufnahme verfaßte und in verschiedene Wiener Blätter einrücken ließ, womit allerdings die Bühnenlaufbahn der »Tantaliden« endgültig beschlossen war.

Dieser liebenswürdige, heitere und rührige Jüngling, dessen eigentliches Talent ich aber auch in jener kurzen Blütezeit unserer Freundschaft nicht sehr hoch einzuschätzen vermochte, hatte sich nun in den Kopf gesetzt, mich literarisch zu managen, wobei es ihm freilich weniger auf meine persönlichen Erfolge als auf das Vergnügen des Managens angekommen sein dürfte. Ich selbst hatte mich in der letzten Zeit wieder damit begnügt, als Poet nur im engeren Kreise zu wirken. Meine beiden Novellen »Menschenliebe« und »Gabrielens Reue« hatte ich an Olga Waissnix nach Reichenau gesandt und freundliches, ja begeistertes Lob dafür geerntet; die zweitgenannte Novelle hatte ich überdies Dora Kohnberger unter vier Augen vorgelesen; aber, von begründetem Mißtrauen gegen den Wert dieser dichterischen Produkte erfüllt, in der Öffentlichkeit nichts weiter für sie unternommen. Indes waren auch ein paar kleine novellistische Skizzen entstanden, »Erbschaft« und »Der Wahnsinn meines Freundes Y.« sowie ein Akt unter dem Titel »Das Abenteuer seines Lebens«. Hier in Kürze der Inhalt: Ein junger Mann hat eine Geliebte, Nähterin oder dergleichen, und betet zugleich eine junge Frau an, die er als das Abenteuer seines Lebens bezeichnet. Eines Abends erscheint sie unerwartet in seiner Studentenbude, findet vorerst nur sein Liebchen vor, da er selbst sich eben entfernt hat, um ein kaltes Abendessen zu besorgen, bald aber kehrt er zurück, und da auch der »Freund« nicht lange auf sich warten läßt, entwickelt sich ein Verlegenheitssouper zu viert, an dessen Ende der Liebesdilettant, von beiden Frauen verlassen und vom Freunde milde verspottet, den Beschluß faßt, sich zum Ersatz für die Verlassenen eine oder vielmehr – wie er um der Schlußpointe willen ausruft – zwei andere zu suchen. Aus diesem an sich keineswegs unfruchtbaren Einfall, dessen Erlebnisquellen nicht erst erforscht werden müssen, hatte ich freilich nichts gemacht als eine leere, ungeschickte, ziemlich witzlose Posse, deren Dialog öfters klingt wie eine steife Übersetzung aus dem Französischen. Schon tragen Held und Vertrauter die Namen Anatol und Max; von dem allerdings auch in den späteren Einaktern nur stellenweise angenehm wirkenden Geist und der bescheidenen Poesie der beiden Figuren ist noch wenig zu verspüren, wenn sich auch Max als Dichter vorstellt und es an Aphorismen nicht mangelt, die zuweilen ihrer eigenen Schiefheit zu spotten scheinen. Lothar hielt aber nun den Augenblick für gekommen, etwas Entscheidendes für mich zu tun. Er übergab das Stückchen dem schon damals ziemlich berüchtigten Theateragenten O. F. Eirich, dieser nahm es gegen Bezahlung der Druckkosten in Vertrieb, und das Erscheinen dieses »Lustspiels in einem Aufzug« als »Bühnenmanuskript« bildete einen Abschnitt in meinem Literatenleben, den ich als solchen stärker empfand, als ich manchen weit bedeutungsvolleren später empfunden habe; und mit einiger Selbstironie, als wollte ich das Schicksal nicht gar zu kühn versuchen, schrieb ich anläßlich dieser ersten Drucklegung eines eigenen Theaterstückes in mein Tagebuch: »Am Ende werd' ich gar aufgeführt.« Wie sich das ein paar Jahre später wirklich, gerade mit dem »Abenteuer seines Lebens« ohne mein Dazutun und jedenfalls ohne mein Verdienst zutrug, soll an seiner Stelle erzählt werden.

Mein Vater stand meinen schriftstellerischen Versuchen (er bekam natürlich nicht alle zu Gesicht) nach wie vor ohne Sympathie gegenüber, und mit Rücksicht auf meinen ärztlichen Ruf, der sich aus guten Gründen noch immer nicht befestigen wollte, wünschte er damals, daß ich als Belletrist mindestens nicht unter meinem Namen hervortreten sollte. Daß er meinem ganzen Treiben in Literatur, Medizin und Leben ohne Freude zusah, war ihm wahrhaftig nicht übelzunehmen. Insbesondere meine Beziehungen zum weiblichen Geschlecht, über die er natürlich nur vage unterrichtet war, erfüllten ihn mit wachsender Sorge. Zu dieser oder einer etwas späteren Zeit geschah es, daß ich einmal mit ihm nach dem Theater im Restaurant zusammensaß und wir in eine vertrautere Unterhaltung gerieten, als sie sonst zwischen uns üblich war. Im Verlauf unseres Gesprächs drängte sich mir die Frage auf die Lippen, wie es denn eigentlich ein junger Mensch anstellen solle, um nicht entweder mit den Forderungen der Sitte, der Gesellschaft oder der Hygiene in Widerspruch zu geraten. Verführung, Ehebruch seien unerlaubt, Verhältnisse mit Kokotten und Schauspielerinnen bedenklich und kostspielig, dann gab es noch eine gewisse Sorte von sozusagen anständigen Mädchen, die zwar schon vom Pfade der Tugend abgewichen waren, bei denen man aber geradeso wie bei einer Verführten nach dem Ausdruck meines Vaters »hängenbleiben« könne; so blieben also wirklich nur Dirnen übrig, was immer, selbst wenn man sich gesundheitlich zu schützen wisse, eine recht widerwärtige Angelegenheit zu bedeuten habe. Und ich stellte an meinen Vater das Ansinnen, mir selber einen Rat zu geben. Mein Vater ließ sich auf Erörterungen nicht ein, sondern mit einer erledigenden Handbewegung bemerkte er einfach und dunkel zugleich: »Man tut es ab.« Damit war mir freilich wenig geholfen, und er mochte wohl selbst fühlen, daß ich zum »Abtuer« in diesem und in jedem Sinn nicht geboren sei. Am liebsten hätte mein Vater gewiß gesehen, daß ich ein wohlhabendes Mädchen aus guter Familie zur Frau nehme; aber dazu war es noch etwas zu früh, und überdies wußte er, wenn auch sonst nichts Genaueres, daß ich allzu tief in einem Verhältnis mit einem Geschöpf unter meinem Stande verstrickt und Vernunftgründen unter den gegenwärtigen Umständen nicht zugänglich sei. Peinlich hatte ihn berührt, daß ich einmal, als er mich des Abends im Krankenhaus auf meinem Zimmer besuchen wollte, ihn an der Tür empfangen und bitten mußte, nicht einzutreten; und in diesem Augenblick vielleicht gedieh sein schon früher gehegter Entschluß zur Reife, mich zu weiterer medizinischer Ausbildung, insbesondere auf spezialistisch laryngologischem Gebiet, für einige Zeit ins Ausland zu schicken.

Am 1. Januar 88 war ich auf die chirurgische Abteilung Professor Weinlechners versetzt worden, wo ich mich noch weniger zu Hause fühlte und noch weniger leistete als in meinen früheren sekundarärztlichen Stellungen. Von einer eigentlichen chirurgischen Tätigkeit hielt ich mich so fern als möglich und erinnere mich nur daran, daß ich einmal eine Fettgeschwulst des Oberarms operierte, ein anderes Mal einem Betrunkenen, der bei einem Raufhandel verletzt worden war, die Oberlippe zusammennähte (die zu meinem Erstaunen ohne Narbe verheilte). Außerdem extrahierte ich Zähne, wenn ich die Ambulanz abzuhalten hatte, und hatte allen Grund, mich bei solchen Gelegenheiten über die Geduld meiner Patienten zu wundern. Auf die Visite kam ich öfters zu spät und meist in verschlafenem Zustand, was den Chef veranlaßte, mich für einen Alkoholiker zu halten, und schrieb dienstgemäß meine Krankengeschichten, doch in einer äußeren Form, die Weinlechners Beifall so wenig fand, daß er einmal mit den heftigsten Worten über meine »hundsmiserable Schrift« loszuziehen anfing. Ich verbat mir seinen Ton energisch, daß er es vorzog, sich von diesem Moment an überhaupt nicht mehr um mich zu kümmern, was mir, bei meinem Verhältnis zu seiner Person im besonderen und zur Chirurgie im allgemeinen, nur recht sein konnte. Er war übrigens ein sehr tüchtiger Praktikus, hatte aber im Wesen und Gebaren mehr vom Bader als von einem Arzt, und sein vielleicht nur ungeduldiges, aber zuweilen wie Herzensroheit wirkendes Benehmen gegenüber Patienten, die vor einer lebensgefährlichen Operation standen, ist mir in peinlicher Erinnerung geblieben. Unter diesen Umständen konnte es mir nur lieb sein, von seiner Abteilung zu scheiden, und auch abgesehen davon hätte die Aussicht auf eine Reise nach Berlin, Paris, London viel Verlockendes für mich gehabt, wenn nicht der Gedanke, für mindestens ein halbes Jahr

Arthur Schnitzler um 1887

Jeanette allein oder wenigstens unbehütet in dem gefährlichen Wien zurücklassen zu müssen, mich in lebhafte Unruhe versetzt hätte.

Für Anfang April war die Abreise in Aussicht genommen. Jeanette und Lothar begleiteten mich in einer frühen Morgenstunde auf den Nordbahnhof, zu meinem Mißvergnügen fanden sich vor Abgang des Zuges dort, gegen ihr ausdrückliches Versprechen, auch meine Eltern ein, so daß ich genötigt war, Jeanette, die bei dieser Gelegenheit von meinem Vater zum erstenmal und ohne Sympathie in Augenschein genommen wurde, mit Lothar heimzuschicken. Gleich beim Einsteigen gab es einen Zank mit einem mitreisenden Berliner, der sich aber im Verlauf der Reise als ein sehr umgänglicher, nur allzu trinkfreudiger Herr erwies. In Berlin angelangt, stieg ich in dem eben eröffneten Hotel Continental ab, wo ich zum erstenmal ein Zimmer mit elektrischer Beleuchtung bewohnte, die nicht nur für mich, sondern für die gesamte mitteleuropäische Menschheit im Jahre 88 noch etwas ziemlich Neues bedeutete.

Am nächsten Tag schon machte ich mich auf die Wohnungssuche, fand bald zwei hübsche Zimmer in der Dorotheenstraße sechzig, gab pflichtgemäß meine Karten bei einigen Professoren der medizinischen Fakultät ab, bei Senator, Lazarus, Fränkel, Tobold, dem sogenannten Vater der Laryngologie, belegte bei Fränkel einen laryngologischen Kurs, den einzigen, den ich mit leidlicher Regelmäßigkeit, aber ohne Gewinn besuchte, besah mir auch einzelne Abteilungen in der Charité und im Friedrichshauser Krankenhaus und wohnte sogar einer Sitzung in der Gesellschaft für interne Medizin bei, womit ich meine äußeren Verpflichtungen gegenüber dem Studium und meinem Vater so ziemlich abgetan glaubte.

Beinahe jeden Abend besuchte ich irgendein Theater; die stärksten Eindrücke nahm ich von einigen Vorstellungen des Deutschen Theaters, von Kainz, Siegwart Friedmann, Sommerstorff, der Sorma und der Geßner mit nach Hause. Auch an manche Persönlichkeiten der Schriftsteller- und Bühnenwelt war ich empfohlen, und so fand ich mich ein oder das andere Mal bei Julius Rodenberg, Karl Emil Franzos, Siegwart Friedmann zu Gaste, auch bei dem mir aus Wien bekannten Komiker Tewele, wo ich zum ersten- und auf lange

Zeit zum letztenmal mit Josef Kainz zusammentraf, der damals am Beginn seiner ruhmvollen Laufbahn stand und sich noch zwanzig Jahre später erinnerte, daß ein junger Landsmann nach dem Mittagessen sein wienerisches Herz durch das Vorspielen von Walzern gerührt hatte, der aber keine Ahnung mehr hatte, daß dieser junge Wiener ich gewesen war.

Mit dem »Abenteuer seines Lebens« unternahm ich einige schüchterne Versuche, übersandte es zuerst an Siegwart Friedmann, der weiter keine Notiz davon nahm, dann an Tewele, der als Freund unseres Hauses sich immerhin veranlaßt fühlte, ein paar freundliche Worte darüber zu äußern. Dem Direktor Lautenburg war das Stück schon von Wien aus durch Eirich übermittelt worden. Er hatte bisher nichts darüber verlauten lassen, doch als Lothar aus Wien eintraf, wurde ein Rendezvous mit Lautenburg bei Krziwanek, in einem bekannten Wiener Restaurant, verabredet, und Lothar wußte das Gespräch bald in feiner Weise auf mein Lustspiel zu bringen. Lautenburg wollte sich zuerst nicht recht besinnen; ich kam seinem Gedächtnis zu Hilfe; nun erinnerte er sich plötzlich, ließ einen höflich-mitleidigen Blick auf mir ruhen, schüttelte den Kopf und ließ nichts vernehmen als das eine Wort: »Schrecklich.« Nach einigen Minuten erst, wie zum Trost, fügte er hinzu: »Wohl Ihr erster Versuch?« Da ich nicht einmal das zu meiner Entschuldigung anführen konnte, schien er mich als Literaten endgültig aufzugeben, und das Gespräch wandte sich anderen Dingen zu.

Die Stimmung der Hauptstadt war in jenen Wochen durch die hoffnungslose Krankheit des Kaisers Friedrich verdüstert. Ein berühmter englischer Arzt, Mackenzie, war zu Rate gezogen worden und hatte zum eifersüchtigen, aber wohl begreiflichen Ärger der deutschen Ärzteschaft die Behandlung des Kranken übernommen. Man warf ihm, nicht ganz mit Unrecht, vor, daß er eine Radikaloperation des Kehlkopfkrebses, an dem der Kaiser litt, unterlassen oder gar hintertrieben hatte, zu einer Zeit, wo vielleicht noch Rettung möglich gewesen wäre. Daß politische Erwägungen in die therapeutischen hineinspielten, war kaum zweifelhaft; eine unerquickliche Polemik dampfte aus Zeitungsspalten um das Leidenslager des edlen und geduldigen Sterbenden; nicht nur medizinische, auch Tagesblätter ergriffen Partei; und Mackenzie war von einem journalistischen, gewissermaßen offiziösen Stab umgeben, dessen Mitglieder von der gegnerischen Seite als »Pressereptilien« bezeichnet wurden.

Eines Tages traf Ernst von Rosenberg in Berlin ein, ein Jugendbekannter, der älteste Sohn eines kürzlich verstorbenen Patienten meines Vaters; ein törichter, stutzerhafter, zudem schon in seinen jungen Jahren sehr schwerhörig gewordener junger Mensch; Mitherausgeber einer zu Wien in französischer Sprache erscheinenden politischen Korrespondenz. Er wünschte, für sein Blatt Mackenzie zu interviewen, und hatte meinen Vater, als einen Wiener Kollegen Mackenzies, um eine Empfehlung ersucht, die ihm in meiner Begleitung Zutritt zu dem berühmten englischen Arzt verschaffen sollte. Sobald Mackenzie uns zu sich beschieden hatte, beeilte sich Ernst von Rosenberg, für einen Tag eine herrliche, mit blauer Seide ausgeschlagene Privatequipage zu mieten, und am 24. April 88 fuhren wir beide am Tor des Charlottenburger Schlosses vor, von wo wir, nicht ohne uns vorher ausreichend legitimiert zu haben, bei dem Arzt des Kaisers Zutritt erhielten. Es war ein weitläufiger, etwas dämmriger Raum, in dem Mackenzie uns empfing und einlud, Platz zu nehmen. Ernst von Rosenberg nahm Anlauf zu einer wohleinstudierten Rede, in der er vor allem die Bedeutung seines Blattes herauszustreichen notwendig fand und, sich auf dem Sessel hin und her wiegend, einige Sätze hintereinander mit den Worten begann: »Die ›Correspondance de l'Est‹ ist ein Blatt, welches . . «, »Die ›Correspondance de l'Est‹ macht es sich zur Aufgabe . . .«, »Die ›Correspondance de l'Est‹ würde es sich zur Ehre rechnen, wenn . . .« – Mackenzie wurde sichtlich ungeduldig, er wurde es um so mehr, als er merkte, daß der Herausgeber der »Correspondance de l'Est« die freilich sehr diplomatisch gehaltenen Auskünfte, die ihm erteilt wurden, teils aus Taubheit, teils aus mangelhafter Kenntnis der englischen Sprache nicht recht verstand, und bat endlich mich, da er weder deutsch noch laut reden konnte oder wollte, dem Interviewer das Gesagte zu verdolmetschen. Ich tat es so gut, als ich vermochte, wozu ich zum größeren Teil erst in der blauseiden ausgeschlagenen Equipage Gelegenheit fand, die uns kaum eine Viertelstunde nach unserem Eintreffen vom Charlottenburger Schloß wieder in die Stadt zurückbrachte. Ich weiß nicht, ob Rosenbergs offizieller Bericht im Sinne Mackenzies ausfiel; –

jedenfalls waren sowohl er als auch ich bereits wenige Tage später in den dem englischen Arzt feindlich gesinnten nationalistischen Zeitungen mit Namen als neue Mitglieder der »Reptilienpresse« angeführt, wogegen ich in einer Berichtigung für meinen Begleiter und mich öffentlichen Einspruch erhob, auf den nichts weiteres mehr erfolgte.

Aber Ernst von Rosenberg war nicht nur Doktor juris, Journalist und Herausgeber der »Correspondance de l'Est«, sondern auch Lebemann, und so fügte es sich, daß wir manche Abende gemeinsam in Vergnügungslokalen, selten ohne weibliche Gesellschaft, verbrachten. Unter den freundlichen Damen, die uns einige Abende verkürzten, erinnere ich mich nicht ungern eines ganz jungen Geschöpfs, das eben erst am Anfang seiner Liebescarriere stand. Wir vertrauten einander unsere Herzensgeschichten an. Sie erzählte mir von einem Medicinae Studiosus Rudolf Gottlieb aus Wien, zufällig einem meiner guten Bekannten, mit dem sie den verflossenen Winter durchlebt und durchliebt und den sie, wie sie mir versicherte, niemals vergessen würde. Als ich ihm, einem sehr braven, fleißigen Muttersöhnchen, ein paar Monate später einen Gruß von ihr überbrachte, tat er so, als verstünde er mich nicht recht, und brachte das Gespräch auf ein anderes Thema. Ich wieder sprach zu Lizzi von der Heißgeliebten, die ich in Wien zurückgelassen, und noch klingt mir der leidenschaftliche Ton im Ohr, mit dem sie mir in der ersten und zugleich letzten Nacht, die wir miteinander verbrachten, beinahe drohend ins Gesicht rief: »Du denkst an die andere!« Wahrscheinlich hatte sie recht. Denn es gab kaum eine Stunde, in der ich dieser anderen nicht gedacht hätte. In Sehnsucht und Erregung erwartete ich allmorgendlich ihre Briefe, in denen sie mir außer ihrer Liebe und Treue viel von allerlei körperlichen Leiden, wie Herzklopfen, Kopfschmerzen, Blutspucken, Zahnweh, Rotlauf sowie von ihren kleinen häuslichen und geschäftlichen Verdrießlichkeiten zu erzählen wußte. Ich wiederum quälte sie in meinen Briefen unablässig mit mißtrauischen Gedanken, die sie als »Hexen« zu bezeichnen pflegte und durch immer wiederholte Beteuerungen ihrer unverbrüchlichen Zärtlichkeit zu verscheuchen suchte. Und für Augenblicke gelang es mir, wirklich an ihre Treue zu glauben, sowenig ich selbst, bei all meiner Liebe zu ihr, imstande war oder mich nur im geringsten bemühte, ihr

Treue zu bewahren. Fräulein Lizzi, das Berliner süße Mädel, war keineswegs die erste und einzige gewesen, in deren Armen ich Jeanettens gedacht hatte. Vorher schon, an einem der ersten Abende meines Berliner Aufenthaltes, hatte ich, in der Nähe eines Vorstadttheaters, auf der Straße Bekanntschaft mit einer sehr hübschen, eleganten jungen Dame angeknüpft, die mir zwar ohne weiteres in meine Behausung folgte, die aber, wie ich schon tags darauf in ihrer Wohnung merkte, in ihrem übrigens unzweifelhaften Beruf doch etwas Höheres vorstellte, als ich zuerst angenommen. Es schmeichelte mir fast ein wenig, als, während ich mit ihr die Jause nahm, ein Wagen vorfuhr, dem ich vom Fenster aus zwei höchst elegante Herren entsteigen sah, und ich wie ein richtiger Amant de cœur über die Hintertreppe verschwinden mußte; und als ich ein paar Tage später einem in Berlin lebenden Bekannten mein Abenteuer erzählte, erfuhr ich, daß die junge Dame, deren Namen er mir nach Angabe der Adresse aus dem Mund nahm, zur Zeit als eine der bestausgehaltenen Kokotten bekannt und ihr Name in Berliner Lebekreisen fast berühmt sei. Noch einmal gab sie mir ein Stelldichein am Brandenburger Tor, wo sie in einer Droschke zweiter Güte meiner wartete; wir speisten in einem Cabinet particulier, doch heute gefiel sie sich darin, die Spröde zu spielen, erklärte das Erlebnis von neulich für ungültig, und wir sahen uns niemals wieder.

Eines Tages erschien Herr Cohn, der künftige Schwiegervater meines Freundes Fritz, in Berlin, auch mit ihm verbrachte ich einige Abende von der Art, die man als lustige zu bezeichnen pflegt; so soupierten wir einmal mit drei jüdischen Chansonnetten, den Schwestern Neumann, und zugleich mit deren brav-patriarchalischen Eltern; in den Blumensälen, einem berüchtigten Tanzlokal, spähten wir nach hübschen Frauenzimmern aus; Herr Cohn, der ein wenig wie ein rastaquère aussah und sich eines kühn hinaufgezwirbelten, schwarzen Schnurrbartes und glühender Augen erfreute, walzte unermüdlich mit einer besonders hübschen Person durch den Saal und verschwand endlich mit ihr. Ich wunderte mich ein wenig über seinen Leichtsinn, was ich hinsichtlich des meinen in dieser Zeit allzuoft zu vergessen pflegte; das Wesen des fünfundvierzigjährigen, verheirateten Mannes wurde mir aber erst ganz verständlich, als ich ein paar Jahre später erfuhr, daß er zu jener Berliner Zeit sich eben im Höhestadium einer kürzlich erworbenen Lues befand und ihm daher die Gefahren nicht mehr drohten, von denen mir die kleinen Abenteuer der Stunde vergällt wurden und die mich manchmal auf sie verzichten ließen. Dem Beneidenswerten konnte gewissermaßen nichts mehr geschehen, höchstens, daß er eine Gehirnerweichung bekam, ein Schicksal, das ihn tatsächlich schon nach wenigen Jahren ereilen sollte.

Aber Herr Cohn war an jenen Berliner Abenden nicht nur mein Kumpan, er war auch sozusagen mein Berater und Freund. Daß ich in Jeanette in so lächerlich-ernster Weise verliebt war, schien ihn zu bekümmern; daß sie nicht das Geschöpf war, an das ein vernünftiger junger Mann aus guter Familie sein Geschick knüpfen durfte, war ihm vielleicht nicht so sehr aus meinen als aus seines Schwiegersohnes Fritz Berichten klargeworden, und so schrieb er mir sofort nach seiner Wiederankunft in Wien einen Brief mit wohlgemeinten Warnungen, die mich aber erst recht zur Verzweiflung brachten.

Es fügte sich, daß Mitte Mai mein Onkel Felix aus London in Wien eintreffen sollte, und so wurde entgegen den ursprünglichen Absichten meines Vaters bestimmt, daß ich von Berlin vorerst heim und dann erst mit Onkel Felix nach England reisen sollte. Ein paar Tage, ehe ich Berlin verließ, zog ich in meiner Art eine Bilanz meines inneren und äußeren Lebens, die wieder einmal recht übel ausfiel und in der vor allem ich selbst schlecht genug wegkam. Ich war zu keinem rechten Behagen gekommen, und wie mir wohl bewußt war, nur um der unruhvollen Sehnsucht willen, die mich zu Jeanetten rief, und mußte mir dabei selber eingestehen, daß es das weitaus klügste gewesen wäre, schon vor meiner Abreise kurzweg abzubrechen. So viele Leute ich in Berlin auch flüchtig kennengelernt hatte, fruchtbare Beziehungen hatten sich nach keiner Richtung hin entwickelt, und weder von Menschen noch Dingen glaubte ich nachhaltige Eindrücke empfangen zu haben. Als Hauptgrund meiner Verstimmung aber mußte ich außer einer frühen Blasiertheit, die ich mir übrigens nur einbildete, meinen Beruf ansehen, vielmehr die Überzeugung, daß zu der Ausübung dieses Berufes mir ebenso der redliche Wille als das wirkliche Talent fehlten. Da es mir überdies, wie ich zu fühlen glaubte, an der nötigen Spannkraft gebrach, unter der Last der medizinischen Ein-

drücke die rechte Freiheit zu dichterischer Betätigung aufzubringen, und ich mich als einen hypochondrischen, übersen-
siblen Menschen zu erkennen vermeinte, der ohne Funken
von wahrhafter Tatkraft lächerlich an seinen kleinen und
großen Gewohnheiten hing, so war ich trotz einer leisen
tröstlichen Ahnung, daß doch etwas Gutes in mir vorhanden
sein mochte, nahe daran, mein Leben, in dem ich innerlich
keine Fortentwicklung, äußerlich kein Weiterkommen zu
sehen imstande war, als ein völlig verfehltes zu beweinen und
mich endgültig aufzugeben.

Am 12. Mai fuhr ich nach Dresden, besuchte die Galerie,
speiste auf der Brühl'schen Terrasse, unternahm einen Ausflug nach Blasewitz, ging ins Theater, wo man den »Bureaukraten« von Moser gab; nach dem Abendessen – sonst wäre
der Tagesablauf nicht vollständig gewesen – knüpfte ich
Bekanntschaft mit zwei jungen Damen an und trat eben mit
einem Droschkenkutscher in Verhandlungen ein, der mich
und meine Begleiterinnen, ich weiß nicht mehr, wohin, bringen sollte, als ich mich umwendend zu meinem Ärger und
Staunen gewahrte, daß die beiden Damen während dieser
wenigen Sekunden auf dem großen, fast menschenleeren,
weiten Platz spurlos verschwunden waren. Um eine Phrase
ganz zu verstehen, muß man sie erleben. An jenem Dresdner
Abend war ich überzeugt, daß Menschen wirklich in den
Erdboden versinken können. Trotzdem möchte ich nicht in
Abrede stellen, daß die beiden geheimnisvollen Damen während meiner Unterhaltung mit dem Kutscher in einer anderen
Droschke davongefahren waren. Bescheidener als mein Held
aus dem »Abenteuer seines Lebens« versuchte ich, mich mit
einer einzigen zu trösten, – die dafür allerdings Elvira hieß. Es
war das erste und letzte weibliche Wesen dieses Namens, das
mir jemals begegnet ist, und auch dieses dürfte in der Taufe
einen anderen erhalten haben.

Am nächsten Abend kam ich in Wien an. Jeanette erwartete mich an der Bahn, blaß und etwas verhärmt, wir verbrachten die Nacht in ihrem kleinen ärmlichen Zimmer, dessen
einziges vergittertes Fenster auf den Stiegengang hinaussah.
Den nächsten Abend war ich bei der Familie Cohn zu Gaste
und durfte mich am Bräutigamsglück meines Freundes Fritz
erfreuen, am darauffolgenden Abend wurde am häuslichen
Herd mein sechsundzwanzigster Geburtstag gefeiert, und am

16. fuhr ich nach Reichenau. Olga empfing mich zärtlich, versicherte mich ihrer Liebe, erklärte jedoch, daß sie niemals die Meine werden wolle, und prophezeite mir, daß ich Minnie Benedict heiraten werde. In Wien auf dem Bahnhof erwartete mich wieder Jeanette, die es wußte oder wenigstens ahnte, daß ich von einem Besuch bei der Kleeblatt-Frau kam, wie sie meine geheimnisvolle Reichenauer Freundin nach dem Anhängsel nannte, das ich als teures Geschenk an meiner Uhrkette trug. Am nächsten Abend – ich wurde wie ein vornehmer Gast auf der Durchreise behandelt – war ich mit den Eltern im Prater, stahl mich aber bald von ihnen fort, um in der Hauptallee nahe dem dritten Kaffeehaus wieder mit Jeanette zusammenzutreffen und sie nach Hause zu begleiten. Und Fest folgte auf Fest. Der Abend des Neunzehnten versammelte die ganze Familie, diesmal zu Ehren von Onkel Felix und Tante Julie, bei meinem Onkel Edmund Markbreiter, wo man – freilich vom Geld der Gläubiger – vorzüglich aß, trank und rauchte; der nächste Abend wurde in gleicher Gesellschaft im Prater verbracht bis zu der Minute, in der ich wieder in Jeanettens Arme floh, wie ich das im Laufe dieser Woche in gehetzten Stunden auch tagsüber mehr als einmal getan hatte; am nächsten Tag endlich – und in allem Trennungsschmerz atmete ich befreit auf – reiste ich mit Onkel und Tante im Expreßzug nach Paris ab.

Am Montag, dem 21. Mai, gegen Abend, kamen wir dort an. Ein Abend, eine Nacht und ein Tag für die Wunderstadt – es war nicht viel. Wo ich gewohnt habe, weiß ich nicht mehr; etwas deutlicher, doch wie aus einem Traum, entsinne ich mich, wie wir alle, Felix, Julie, meine Pariser Verwandten Sandor und Mathilde Rosenberg (ein Name, der jetzt natürlich französisch ausgesprochen wurde) und der Hauptlump der Familie, der kleine, häßliche, stutzerhafte Szigo Jellinek, in den Vergnügungslokalen der Champs-Elysées umherzogen, unter freiem Himmel – bei den Ambassadeurs – soupierten und endlich über die strahlenden Boulevards in später Stunde heimwärtswanderten.

Am nächsten Tag sah ich, was in der Hast eben zu sehen war – ohne zu ahnen, daß mir wenige Jahre später für all das mehr Zeit gegönnt sein sollte – Panthéon, Louvre, Bastille –, und am Abend erfolgte die Abreise nach London, wo ich nach angenehmer See- und Bahnfahrt mit den englischen Verwandten am Dreiundzwanzigsten morgens eintraf.

Wir stiegen in Herne Hill aus, denn das Wohnhaus meines Onkels, wo ich für die ersten Tage Quartier finden sollte, befand sich auf dem Lande, in Honor Oak, nicht allzuweit vom Crystal Palace. Es war eine hübsche, wohleingerichtete Villa, in der eben Raum genug für das Ehepaar, die zwei kaum dem Säuglingsalter entwachsenen kleinen Kinder und den Neffen Otto, Edmund Markbreiters Sohn, war und in der mir übrigens ein bequemes Fremdenzimmer zur Verfügung stand. Der Blick ging nach allen Seiten ziemlich frei über Villen ins Grüne, der Garten, nicht allzu gepflegt, mäßig ansteigend, grenzte an Feld- und Wiesenland. Ich nahm mir an diesem ersten Morgen eben nur Zeit, mich vom Reisestaub zu befreien, und fuhr auch schon mit Onkel Felix und Otto in die Stadt. Bei London Bridge stiegen wir aus, und eine Minute später nahm uns der ungeheure Menschenstrom auf, der über die Riesenbrücke der City zustrebte. Ich begleitete meine Verwandten bis zu ihrem Bureau, der Filiale des Pariser Bankhauses Dreyfus, dessen Londoner Chef Felix war, trieb mich eine Weile allein oder unter Ottos Führung in den Straßen umher, nahm die Eigentümlichkeiten der Stadt, soweit sie sich in den ersten Stunden erschließen konnten, Verkehr, Lärm, Omnibusse, Riesengebäude, Policemen, mit der geforderten Bewunderung, aber ohne inneres Behagen zur Kenntnis und erstattete sofort in meinem Brief an Jeanette Bericht von meinen Eindrücken. In irgendeinem unansehnlichen, dämmerigen, aber belebten Lokal, unter eiligen Geschäftsleuten und Börsenmännern, wurde der Lunch genommen. Mein Onkel bestellte Porter-Bier, es wurde in Bechern serviert, die mir in der Erinnerung wie silberne erscheinen. »Wie schmeckt's?« fragte Onkel Felix mit pfiffigem Lächeln. Ich schüttelte mich, so widerlich war mir der süßlich prickelnde Geschmack. Onkel Felix lachte. »Probier's nur«, sagte er, »es wird schon gehen.« Beim nächsten Schluck kam ich auf den Spaß. Es war nicht Porter-Bier, es war Sekt, mit dem ich bewirtet wurde. Oft seither nahm ich Gelegenheit, die kleine Anekdote zu erzählen, die mir lehrreich dünkte wie eine gut erfundene Fabel.

Gleich nach dem Lunch – ich war aufgezogen wie ein Uhrwerk – machte ich mich auf den Weg zu dem Mann, dessen Besuch mir mein Vater am dringendsten ans Herz gelegt hatte, zu Felix Semon, einem in Deutschland geborenen und ausgebildeten Arzt, der nun als einer der ersten Laryngologen Londons galt. Mit seinem dichten dunklen Haupthaar, dem buschigen Schnurrbart, den schwarzen Augen sah er nicht so sehr einem deutschen Juden, der er war, sondern vielmehr einem Spanier ähnlich. Er nahm mich mit großer Freundlichkeit auf, verbarg mir aber nicht seine Mißbilligung, daß die »Internationale Klinische Rundschau« in der Angelegenheit der kaiserlichen Erkrankung, wenn auch nicht gerade gegen die deutschen Ärzte, so doch keineswegs gegen Mackenzie entschiedene Partei ergriffen hatte, war wohl auch unzufrieden, daß ich Mackenzie in Charlottenburg besucht hatte, und sprach sich aufs schärfste nicht so sehr gegen dessen wissenschaftliche Bedeutung als gegen sein Vorgehen in dem zur Sprache stehenden Einzelfalle aus. Daß Semons Stellungnahme von Eifersucht nicht ganz unbeeinflußt – wenn er auch sachlich im Recht sein mochte – und daß er jedenfalls ehrlich überzeugt war, Mackenzie habe den Kaiser falsch, – nämlich aus politischen, nicht ärztlichen Gründen, expektativ statt operativ behandelt, das war leicht zu bemerken. Auch über die meisten seiner engeren Londoner Kollegen äußerte sich Semon ohne Wohlwollen, ja über manche schonungslos, so vor allem über Lennox Browne. Er erzählte mir noch allerlei von den englischen medizinischen Studienverhältnissen, stellte sich mir zu Auskünften und Empfehlungen in jeder Weise zur Verfügung und lud mich für den nächsten Tag zum Frühstück ein, um mich nachher auf seine Spitalsabteilung zu führen.

Er lebte, wie mir bekannt war, in guter Ehe mit einer schönen Deutschen, die vorher Konzertsängerin gewesen war. Sie fehlte, als wir uns zu Tische setzten, und der Diener meldete, daß die junge Frau heute in der Stadt speise. Die Ruhe, mit der Semon diese Nachricht aufnahm, als wäre es etwas ganz Selbstverständliches, daß seine Gattin ganz nach Belieben außer Hause, in der Stadt ihre Mahlzeiten einnahm, berührte mich sehr. Wie kann er ihr so blind vertrauen? dachte ich und war ganz überzeugt, daß sie in diesem Augenblick ein Stelldichein mit einem Liebhaber hatte. Dabei bildete ich für meinen Teil mir zwar nicht gerade ein, daß ein gewisses Fräulein Jeanette, Kunststickerin, von höchst bewegter Vergangenheit, recht temperamentvoll und ohne sichere Einkünfte, ihrem in fernen Landen weilenden Geliebten die Treue halte, aber ich war doch weit davon entfernt, mir vorzustellen, als unbezweifelbare Tatsache vorzustellen, daß Fräulein Jeanette vielleicht zu eben dieser Stunde in Wien auch mit einem Liebhaber zu Mittag essen könnte, während ich einige tausend englische Meilen weit entfernt, bei Herrn Felix Semon meinen Lunch nahm – und selbstverständlich ohne weiteres bereit gewesen wäre, sie schon in der nächsten Stunde zu betrügen.

Das St.-Thomas-Hospital, wo Felix Semon als Spezialarzt für Kehlkopfkrankheiten wirkte, war in fünf imposante Pavillons geteilt und lag prächtig an der Themse, von Gärten umgeben. Semon geleitete mich durch die Krankenzimmer und stellte mir unter seinen Patienten ganz besonders einen vor, der geradeso wie der Kaiser an Kehlkopfkrebs erkrankt war und vom Schicksal bestimmt schien, mit unheimlichem Parallelismus die gleiche Krankengeschichte durchzumachen, wie Kaiser Friedrich. So vermochte mir Semon an diesem Kranken geradezu zu demonstrieren, daß er, Semon, sich mit einer ganz bestimmten medizinischen Behauptung (daß nämlich Perichondritis und Abstoßung von nekrotischen Knorpelteilen auch bei Karzinom vorkäme) unbedingt im Rechte und Mackenzie mit der gegenteiligen sich im Unrecht befinde.

Ich besuchte Semon noch zu öfteren Malen, wohnte auch gelegentlich seiner Privatordination bei; mit seinen Spitalskranken hatte ich kaum mehr etwas zu tun. Und es war diesmal nicht nur meine Nachlässigkeit, die mich veranlaßte, meine Spitalsbesuche nicht nur auf der Abteilung von Semon, sondern auch bei Lennox Browne und Butlin bald wieder einzustellen, sondern der Umstand, daß, anders als in Deutschland und besonders bei uns in Wien, die Patienten keineswegs gewillt oder wenigstens nicht angewiesen waren, Studierenden und Ärzten als Objekte zu dienen, so daß ich kaum je selbst in die Lage kam, den Kehlkopfspiegel anzuwenden, sondern mich meist damit begnügen mußte, hinter dem Rücken des Primarius stehend, in seinem Spiegel das Bild des Kehlkopfes zu erhaschen. Kurse in unserem Sinn gab es damals in London nicht. Nun erst wurde mir klar, warum die englischen und amerikanischen Ärzte nach Berlin und nach

Wien kamen, ja kommen mußten, um Laryngoskopie und mancherlei andere Disziplinen zu studieren, die eben nur am kranken Individuum, und nicht ganz ohne Unbequemlichkeit für dieses, zu erlernen sind. Über die Gutmütigkeit und Geduld unserer Wiener Patienten und Patientinnen hatte ich mich oft gewundert. Ja, viele hatten es geradezu mit Stolz zur Kenntnis genommen, daß sie als interessante Fälle galten oder auch nur, daß sie sich brav hielten oder daß man bei ihnen die Stimmbänder besonders gut sehen könne. Von solchem Ehrgeiz war bei den Londoner Kranken keine Spur zu finden.

So blieb Semon der einzige Londoner Arzt, mit dem ich eine Art von persönlichem Verkehr aufrechterhielt. Bei ihm lernte ich auch den zu jener Zeit sehr berühmten Maler Alma-Tadema flüchtig kennen, der damals eine kleine Zeichnung auf meiner Menukarte improvisierte, die mir leider in Verlust geraten ist. Von Semon erhielt ich auch einen Teil des Materials für die drei Londoner Briefe, die ich im Auftrag meines Vaters für die »Internationale Klinische Rundschau« schrieb. Der erste gab einen kurzen Abriß der englischen medizinischen Studienordnung, der aber viele Ungenauigkeiten enthielt, was mir Semon mit Recht verübelte; die beiden anderen Briefe legte ich ihm im Manuskript vor, insbesondere fand seinen Beifall der letzte, an dessen Schluß ich das glückliche England pries, »in dem unbehindert von staatlicher Machtvollkommenheit und kollegialen Rancunen Dutzende von Privathospitälern nebeneinander aufblühen und gedeihen durften als Zeugnis eines freiheitlichen Sinnes, für den in den Wiener maßgebenden Kreisen Verständnis zu erwecken, vorläufig ein vergeblicher Versuch bleiben müsse«. Dies war übrigens ein Satz, um dessentwillen mein Vater geneigt war, mir mancherlei zu verzeihen.

Nur die erste Woche meines Londoner Aufenthaltes wohnte ich im Hause meines Onkels, dann übersiedelte ich in ein Boarding-house, South Kensington, Cromwell Place 18, wo ich ein freundliches, hoch gelegenes Zimmer bewohnte und allmorgendlich durch einen Leierkasten mit stets denselben Melodien aus dem Schlaf geweckt wurde. Eine von ihnen aus einer damals vielgespielten Operette, »Dorothy«, klingt mir wieder im Ohr, während ich diese Erinnerungen niederschreibe. Am Vormittag versuchte ich, wenigstens anfangs, in der früher angedeuteten Weise den Forderungen meines Berufs gerecht zu werden oder besuchte die großen Museen und Galerien der Stadt, das Britische Museum, die Nationalgalerie, am häufigsten das nahe gelegene South-Kensington-Museum; zum Lunch war ich in der Pension, wenn ich es nicht eben vorzog, allein oder mit Bekannten in einem Restaurant der City oder, wie am Sonntag regelmäßig, in Honor Oak zu speisen, beteiligte mich, soweit es mir mein mäßiges Englisch gestattete, an der Tischunterhaltung, die die freundliche Dame des Hauses mit den üblichen Phrasen führte, wobei ihr einige andere Gäste, fast durchaus Damen mittleren Alters und ein deutscher, sehr laut redender, pensionierter Hauptmann, der noch schlechter Englisch sprach als ich, sekundierten. Die ersten Nachmittagsstunden verbrachte ich häufig in meinem behaglichen Zimmer, aus dessen Fenster mein Blick über die Dächer ins Weite ging, setzte die Lektüre französischer Romane und Dialoge fort, die ich in Honor Oak, da mir andere Bücher fehlten, aufgenommen hatte, schrieb Briefe und verfaßte einen Einakter; es war das kleine Stückchen, das später »Anatols Hochzeitsmorgen« betitelt war, obwohl die Hauptfigur in der ersten Fassung Richard hieß und nicht viel Besseres vorstellte als den alten französischen Schwankhelden in tausend Ängsten. Der Einfluß der Halévy'schen Dialoge, die ich eben kennengelernt hatte, »Monsieur et Madame Cardinal«, ist darin unverkennbar, aber noch nicht stark genug, um aus dem »Hochzeitsmorgen«, wenigstens der Form nach, eine annehmbare Komödie zu machen. Dies empfand ich selbst so sehr, daß ich mir die Aufführung dieses Stückes lange Zeit hindurch, auch schon nach dem Erfolg der »Liebelei«, verbat. Sonderbarerweise wurde das Stückchen früher in Paris als in Deutschland gespielt.

Das Dinner nahm ich meist in meinem Boarding ein, um gleich nachher, entweder mit Onkel und Tante oder mit flüchtigen Bekannten, ein Theater, eine Singspielhalle oder eine der drei Ausstellungen, die damals eröffnet waren, die dänische, italienische oder irische, zu besuchen. Um ernstere Darbietungen kümmerte ich mich weniger. Ein Konzert in der Albert Hall, wo ich unter Woods Leitung zum erstenmal die Pathétique von Tschaikowsky hörte, ein Hans-Richter-Konzert und ein großes Händel-Festival mit zweitausend Mitwirkenden im Crystal Palace wären als stärkere künstlerische Erlebnisse zu erwähnen. Am häufigsten aber, manchmal schon am frühen Nachmittag, öfters nach dem Dinner, besonders als die schwülen Sommerabende kamen, fuhr ich zu meinen Verwandten nach Honor Oak, wo ich immer gut aufgenommen war und mich am behaglichsten fühlte. Felix war ein etwas nervöser, von Selbstgefälligkeit nicht ganz freier, aber kluger und liebenswürdiger Hausherr, seine Gattin Julie – man erinnert sich ihrer noch aus einem früheren Kapitel – waltete still und fraulich mild in Küche, Haus und Garten und nahm sich meiner auch verwandtschaftlich an, wenn ich Einkäufe in der Stadt zu besorgen hatte; Otto, der Neffe, seelisch etwas dürftig und geistig ziemlich beschränkt, wirkte durch angenehmes Äußeres, leidliche Manieren und Jugend immerhin erträglich, so daß auch eine kleine Narrheit, die er mit einiger Pose zur Schau trug, nicht so sehr albern als humoristisch wirkte: er beschäftigte sich nämlich oder gab sich wenigstens den Anschein, sich sehr ernsthaft mit strategischen Problemen zu beschäftigen, und überhörte gern das Zeichen zum Mittagstisch, weil er sich allzu tief in irgendeine taktische Aufgabe verloren hatte. Daß ein hübscher, junger, lediger Mensch im Hause wohnte, ohne daß sich zwischen ihm und seiner jungen Tante auch nur die geringsten Anzeichen von Verliebtheit entwickeln wollten, damit freilich mußte sich meine nicht so sehr verdorbene als aufgerührte Phantasie erst abzufinden suchen. Denn mein Mißtrauen in Liebesdingen war universell. Treue zwischen zwei Liebesoder gar Eheleuten vermochte ich bestenfalls als einen glücklichen Zufall aufzufassen, von dem ich freilich immer gerne annahm, daß er sich gerade mir auch unter den unwahrscheinlichsten Umständen als günstig erweisen würde. Doch wenn es jemals ein Haus gab, das zu stetem Ehefrieden wie vorbestimmt schien, so war es Woodville Hall in Honor Oak, und die durchaus bürgerliche, vor allem völlig unerotische Sphäre geriet auch dadurch nicht in unruhigere Schwingungen, daß recht fleißig und zuweilen ganz gut Musik gemacht wurde. Meist waren es freilich Dilettanten, die sich im Kammerspiel an ihrer eigenen Kunst erfreuten und liebenswürdige Zuhörer sich daran freuen ließen; aber auch Berufsmusiker fanden sich, nicht nur als Besucher, sondern mitunter auch als Mitwirkende, ein. Mein Onkel, trotz vorwiegend klassischer Geschmacksrichtung, war moderneren Produkten keineswegs abgeneigt und tat sich vielleicht etwas darauf zugute;

wie er schon in frühester Jugend bedingungsloser Wagnerianer war, suchte er auch jetzt immer wieder neue musikalische
Talente zu entdecken, was ihm übrigens in jener Epoche, und
gar in England, nicht leicht gelingen mochte.

Auch ohne Musik, und abgesehen von ihr, war Woodville
Hall die Stätte angenehmer Geselligkeit. Ich erinnere mich
noch einiger Namen, sogar einiger Physiognomien von damals, ohne immer genau zu wissen, wie Physiognomien und
Namen miteinander in Übereinstimmung zu bringen wären.
So habe ich viele Stunden mit verschiedenen Mitgliedern der
Familien Ölsner und Cronbach verbracht, war bei ihnen zu
Gaste geladen, habe Spaziergänge und Ausflüge mit ihnen
unternommen, besitze noch Briefe, die sie mir später geschrieben haben, – und weiß doch heute nicht mehr von
ihnen, als daß es durchaus nette und freundliche Leute gewesen sind. Die Blässe meiner Erinnerung mag daher kommen,
daß all diese Menschen gleichsam in der Atmosphäre des
Hauses Markbreiter aufgingen und nun auch im Nachgefühl
gewissermaßen von ihr aufgesogen werden, während ich
einiger anderer Menschen, junger Leute, mit denen ich mehr
in Junggesellenart zusammenkam, mich viel deutlicher entsinne. So vor allem eines deutschen Kavallerieoffiziers namens Wien, eines blondern, schlanken, jungen Menschen in
Drap-Anzug, mit dem ich ein paarmal spazierenritt, wobei es
mir einmal passierte, daß mein zahmes Reitschulpferd zwischen Bahndämmen mit sausenden Zügen Miene machte,
scheu zu werden, was aber ohne weiteren Unfall für mich
ablief. In Gesellschaft dieses Herrn Wien unternahm ich auch
Ausflüge in die weitere Umgebung Londons, nachdem ich
von kleinen Spaziergängen nach Greenwich, in der Gegend
des Crystal Palace und vor allem in den wunderbaren Parkanlagen Londons viel Genuß gehabt hatte. Schon wenige Tage
nach meiner Ankunft in London war ich als alter Rennmann
in einer Mietskutsche mit einem halben Dutzend von Unbekannten nach Epsom zum Derby gefahren, hatte aber von den
Strapazen des Tages nur schlimme Kopfschmerzen davonge-
tragen. Mit Wien fuhr ich nach Richmond und Kew Gardens,
nach Hampton Court, wo wir von der Freundin Herrn
Wiens, einem blonden Fräulein Florence, begleitet waren,
von da nach Brighton, wo ich flüchtig Theodor Herzl sprach,
und endlich über Portsmouth nach der Isle of Wight, an deren

Ufern wir an einem stürmischen Abend eine kleine Segelfahrt unternahmen und ich, in der festen, noch jahrelang beibehaltenen Überzeugung, daß man nur auf einem großen Schiffe seekrank werden konnte, mich ausnehmend wohl befand.

Ist es nicht sonderbar, daß ich der schlanken Florence schmales, blondes Antlitz heute noch schärfer vor mir sehe als das Gesicht der hübschen Claire, die in London sozusagen meine Geliebte war? Sie war freilich nicht mehr als Aufwärterin und zugleich irgend etwas wie Oberaufseherin und Sekretärin im Boarding-house, das ich bewohnte, und stattete mir nachts in meinem Zimmer zärtliche Besuche ab; doch da sie immer besorgt war, man könnte sie einmal die Stiege herauf- oder herunterschleichen hören, so verlegten wir unsere Zusammenkünfte in einen miserablen Gasthof, den Claire jedenfalls von früheren Gelegenheiten her kannte. Fände ich die Portland Street, wo jener Gasthof gelegen war, nicht ein halbes Dutzendmal in meinem Tagebuch notiert, ich würde schwören, daß wir nicht mehr als ein einziges Mal zusammen dortgewesen sind. Auch in die italienische Ausstellung und in Music-halls führte ich sie, denn sie sah sehr anmutig und anständig aus und benahm sich höchst wohlerzogen. Gesprochen haben wir nur wenig miteinander, woran hauptsächlich meine mangelhafte Kenntnis der englischen Sprache schuld war, und ich denke, daß sie sich mit mir nicht viel weniger gelangweilt hat als ich mit ihr. Und da gewiß nie ernste Dinge zwischen uns verhandelt worden waren, so mußte ich einigermaßen erstaunt sein, als ich eines Tages in meinem Zimmer einen Brief Claires vorfand, in dem sie zarte Anspielungen auf die Zukunft machte und die Besorgnis aussprach »to come in trouble«. Trotzdem ich den Ausdruck nicht gekannt hatte, verstand ich ihn sogleich, und ich wurde nun noch kühler gegen sie, als ich es schon vorher gewesen war. Sie verschwand übrigens aus dem Boarding, noch ehe ich selbst, nach mehr als zweimonatigem Londoner Aufenthalt, am letzten Juli über Dover nach Ostende abreiste.

Es war bestimmt, daß ich dort einige Wochen bleiben und mit meiner Familie, die Mitte August erwartet wurde, nach Wien reisen sollte. Trotz meiner heftigen Sehnsucht nach Jeanette und trotz der Unruhe, die ich um sie litt und zu der auch ihre Briefe, so schön und liebevoll sie mich dünkten, mancherlei Anlaß gaben; – die Erholungspause zwischen

London und Wien in einem bewegten, eleganten Seebad kam mir keineswegs unerwünscht. In einem vornehmen Hotel, dicht am Kurhaus gelegen, stieg ich ab und bezog ein großes, zweifenstriges Zimmer im vierten Stock mit dem Blick aufs Meer, wofür ich rätselhafterweise nicht mehr als vier Francs zu bezahlen hatte. Ich nahm täglich mein Seebad, promenierte am Strande, nahm gelegentlich an einem Billardspiel im Kursaal teil, das Baraque hieß, freute mich meines weißen Flanellanzugs, den mein Onkel in London als höchst unpassend für einen jungen Arzt bemängelt hatte, und knüpfte gleich an den ersten Tagen in den Wogen mit zwei etwas dubiosen Frauenzimmern Bekanntschaft an. Die eine war Berlinerin, groß und blond, die andere, Frau Lösch, war klein, schwarz, polnisch-rumänische Jüdin. Um die Gunst dieser letzteren bewarb sich mit mir zugleich ein etwas langweiliger, düsterer Herr aus Wien, Heinrich Knepler. Als ich sie einmal abends bis zu ihrem Hause geleitete und der düstere Jüngling sich ungebeten anschloß, vermochte ich meine Ungeduld so wenig zu verbergen, daß der andere etwas ironisch fragte: »Ich störe wohl?« – »Ja«, erwiderte ich barsch, worauf jener stumm verschwand und sich, allerdings erst nach sieben Jahren, erschoß und ich als Sieger die Dame zum ersten und auch zum letzten Mal in ihre Wohnung geleitete. Dort las sie mir den eben eingelangten Brief ihres Gatten vor, worin sich Andeutungen finanzieller Mißhelligkeiten fanden, von denen ich keine Notiz zu nehmen vorzog, um so mehr, als mein Budget längst überschritten war und ich bis zum Einlangen meiner Eltern das Auskommen finden sollte. Frau Lösch wünschte aber von mir nichts anderes – und das auch erst am Tage darauf, so daß ich mir bis dahin einbilden konnte, um meiner selbst willen geliebt worden zu sein –, nichts anderes als ein Paar Stiefeletten, ein ganz bestimmtes, sehr hübsches, elegantes Paar Stiefeletten, das sie mir in einer Auslage zeigte. Es war etwas beschämend für mich, daß es mir völlig unmöglich war, ihren Wunsch zu erfüllen. Frau Lösch selbst insistierte nicht weiter, aber von ihrer blonden Freundin, die die Maitresse eines reichen Berliner Juden und viel praktischer angelegt war, bekam ich bittere Vorwürfe über meinen Geiz zu hören. Obwohl hiemit der Verkehr mit beiden Damen zu Ende war, sollte ich doch noch einen kleinen, mit dieser Bekanntschaft zusammenhängenden

Schreck erleben. Ein älterer Herr, der sich auch manchmal in unserer Badegesellschaft befunden hatte, äußerte, als Frau Lösch ein paar Tage später mit sehr flüchtigem Gruß an uns vorbeiging: »Von der habe ich sehr böse Dinge gehört.« Es ist leicht zu erraten, was für böse Dinge mir vor allem durch den Kopf fuhren und daß ich erleichtert aufatmete, als der alte Herr hinzufügte: »Sie ist nämlich eine Diebin.« Ich dankte ihm für seinen Wink und hatte es bei dem augenblicklichen Zustand meiner Finanzen nicht einmal notwendig, in meiner Brieftasche nachzusehen, ob mir etwas gestohlen worden war. Zehn Jahre später traf ich Frau Lösch in einem Berliner Varieté im Logengang wieder. Sie begrüßte mich wie einen lieben, alten Bekannten, erzählte mir, daß sie geschieden sei, und forderte mich freundlich auf, sie zu besuchen. Sie werde sich ein Vergnügen daraus machen, mich ein paar bildhübschen Damen aus besten Berliner Kreisen vorzustellen, die bei ihr verkehrten.

Am 13. August trafen meine Eltern und Geschwister in Ostende ein, die ich fast ein Vierteljahr nicht gesehen hatte. Nun führte ich eine Weile das Leben eines braven Familiensohnes, gemeinsame Ausflüge nach Blankenberghe und Brügge wurden unternommen, dieser letztere in Gesellschaft eines reichen Wiener Börsenmannes, dessen ältere Tochter nach meines Vaters niemals ausgesprochener, aber unverkennbarer Meinung keine üble Partie für seinen ältesten Sohn vorgestellt hätte; wie es denn überhaupt sein begreiflicher Wunsch war, mich aus den mannigfachen Fährlichkeiten des Junggesellenlebens in eine bürgerliche Ehe, aus meinen schriftstellerischen Liebhabereien in eine geordnete ärztliche Laufbahn und aus meiner finanziell ungesicherten Lage in wohlhabende oder reiche Verhältnisse eingehen zu sehen.

Nicht meine ganze Ostender Zeit widmete ich den Meinen. Noch vor ihrer Ankunft war ich mit einer jungen Frau bekannt geworden, die unter den Wiener Ball- und Modeschönheiten eines nicht unbegründeten Rufs genoß. Untadelhaft war vor allem ihre Gestalt, die sie im Bade absichtsvoll zur Geltung zu bringen wußte; und absichtsvoll wie jede ihrer Bewegungen war ihr Lächeln, das wie rätselvoll um ihre allzu roten Lippen spielte, ihr Blick, der wie hinter Schleiern zuckte und verdämmerte, ihre Stimme, die sie leidenschaftlich aufklingen und in dunkler Weichheit verhauchen ließ. Sie hatte kein anderes Gesprächsthema als die Liebe, vor allem die »grande passion«, an welchem Ausdruck sie sich geradezu berauschte, ohne daß jemals ein sonderlich kluges oder gar originelles Wort zu diesem oder einem andern Thema von ihren meist halboffenen, feuchten Lippen gekommen wäre; und sie hegte keinen anderen Wunsch, als zu gefallen; – und nachdem wir tagelang im Bad und auf Spaziergängen die banalen, geistreich-verlogenen Unterhaltungen geführt hatten, wie sie zwei Menschen verschiedenen Geschlechts als Einleitung zu kleinen Liebesabenteuern und zu großen Liebestragödien unerläßlich scheinen, forderte sie, ohne sich ihrerseits vorläufig zu etwas verpflichten zu wollen, ein offizielles Liebesgeständnis von mir, das ich aber verweigerte. Sie befand sich in Ostende mit ihrem Gatten und einem jungen Mann, der als ihr Liebhaber galt. Der Gatte war Kaufmann, ein hochgewachsener, höchst salopp gekleideter Herr von etwas gebückter Haltung und verdrossenen, ironischen Manieren, wie sie Ehemännern eignen, die eifersüchtig sind und sich's nicht merken lassen wollen, ihre Frau verachten und nicht von ihr loskommen. Der Liebhaber oder Liebende war ein reicher Wiener Fabrikant, der ein ungarisches Adelsprädikat trug, von der etwas mühseligen Eleganz wohlbeleibter Don Juans, der seiner Angebeteten mit Kalbsaugen nachsah, wenn sie ins Meer hinausschwamm, ergeben, korrekt, glücklich und sehr befreundet mit dem Gatten, der auch ihm die herzlichsten Sympathien entgegenbrachte, als wenn er sich mit dem einen nicht nur endgültig abgefunden, sondern ihm auch alle Verantwortung, alle Qual, alle Unannehmlichkeiten aufgebürdet hätte, die nach göttlichem und menschlichem Gesetz eigentlich er, der Ehemann, hätte tragen müssen.

Am 21. August nahm ich von der dämonischen Frau vorläufig Abschied mit angenehmem Ausblick auf das bevorstehende Wiener Wiedersehen, obzwar oder weil sie fand, es sei besser, daß wir uns in keiner Weise bänden; und begab mich mit den Eltern auf die Heimreise, die dem Programm nach mehrfach unterbrochen werden sollte. Ich selbst wäre freilich am liebsten geradenwegs nach Wien gefahren, denn meine Sehnsucht nach Jeanette war, trotz oder vielleicht wegen all der Zerstreuungen mehr oder minder harmloser Natur, in denen ich mich nicht einmal sonderlich behagte, in den letzten Tagen immer heftiger und unruhevoller geworden;

und wenn auch ihre Briefe mich mit der gleichen Sehnsucht nach Wien zu rufen schienen, so hatten doch im Laufe der drei Monate die »Hexen« immer stärkere Gestalt über mich gewonnen. Indes hatte Jeanette selbst begonnen, mir ihre finanziellen Verlegenheiten einzugestehen, und die Annahme der recht geringen Summen nicht verweigert, die ich ihr gelegentlich von London aus zur Verfügung stellen konnte. Ihre Handarbeit brachte ihr wenig oder nichts ein. Aus einem Sticksalon, wo sie für die mühselige Arbeit von acht bis eins und drei bis sieben einen Monatsgehalt von zwanzig Gulden bezogen hatte, war sie wegen Herzbeschwerden, Blutspukken, Kopfweh und Rückenschmerzen bald wieder ausgetreten, was mir schon darum recht war, weil sie nun wenigstens nicht allabendlich den für ihre zweifelhafte Tugend doppelt, sechs- und hundertfach bedenklichen Weg aus der Stadt nach Hernals wandern mußte. Nun stickte und häkelte sie zu Hause und lieferte ihre Arbeiten an Geschäfte ab, erhielt aber das ausbedungene Honorar meistens nur unter Schwierigkeiten oder gar nicht ausbezahlt. Wenn ich ihren Briefen glauben durfte, saß sie nun fast den ganzen Tag daheim, ging nur manchmal des Abends mit der zänkischen Schwester Emma spazieren, und es war schon ein Fest, wenn der Liebhaber dieser Schwester, ein unansehnlicher kleiner Beamter, in der Freude über eine geringe Gehaltserhöhung beide Damen zu einem Nachtmahl in den Prater abholte. Doch auch an merkwürdigeren Erlebnissen fehlte es nicht. So stellte sich eines Tages in ihrer Wohnung ein Herr Julius Herz aus Prossnitz vor, Buchhalter bei Haberfellner in der Burggasse, und hielt ohne weiteres um ihre Hand an. Sie aber – so schrieb sie mir – bedeutete ihm, daß sie einen Freund habe und lehnte den schmeichelhaften Antrag ab, was mich wieder zu einem Brief an sie veranlaßte, daß ich ihrem Glück nicht im Wege stehen wolle, um so weniger, als ich ja entschlossen sei, sie niemals zu heiraten, worauf wieder von ihr Versicherungen ewiger Liebe und Treue erfolgten. Es gab ferner eine Begegnung mit meinem Freund Richard Tausenau, der sie in seiner frivolen Art fragte, wie es denn mit der Treue stehe, was mich heftig irritierte; und endlich gab es Besuche bei einem Doktor auf dem Rennweg, einem für eine so schwer leidende junge Dame etwas entlegen wohnenden Arzt, der sie auslachte, weil sie an meine Treue glaubte womit er, wie ich mir gleich sagte, ihre

Bedenken zu seinen Gunsten – wahrscheinlich – nicht ohne Erfolg zu bekämpfen suchte. Daneben aber dürfte es noch allerlei andere Erlebnisse gegeben haben, von denen sie mir ebensowenig schrieb, wie ich ihr von den meinigen, und die sie sowenig abhielten, heftig in mich verliebt zu sein und vielleicht meine Treue im Bereich der Möglichkeit zu halten, wie ich mich durch meine nichtigen Abenteuer abhalten ließ, Jeanette zu lieben und sogar zuweilen an ihre Treue zu glauben.

Mein Vater wollte in meine alleinige Heimreise um so weniger willigen, als ihm ja der Grund meiner Hast nicht unbekannt und höchst widerwärtig war. So hielt ich mich denn mit den Meinen je zwei Tage in Brüssel und in Baden-Baden auf und bekam im Coupé knapp vor Wien von meinem Vater zu hören, einen wie wenig vertrauenswürdigen Eindruck die junge Dame auf ihn gemacht, die mich vor meiner Abreise nach Berlin in Wien zur Bahn begleitet hatte; und erst am Abend des 25. August war es mir vergönnt, mich in die Arme meiner Jeanette zu stürzen, die mich mit aller Zärtlichkeit und Leidenschaft empfing.

Abend für Abend waren wir nun wieder beisammen, doch es wollte kein Glück mehr werden. Ich quälte sie unablässig mit Eifersucht, aber sonderbarerweise nicht wegen der eben verflossenen Monate, sondern gerade wegen ihrer entfernteren Vergangenheit. Sie weinte, küßte mir demütig die Hände, doch das beruhigte mich wenig. Manchmal, nicht nur unter dem Einfluß einer nicht unbegründeten hypochondrischen Stimmung, glaubte ich, mich der Verzweiflung nahe zu fühlen, und angstvoll ward ich inne, wie nutzlos und unwiederbringlich die Jahre vergingen. Dahin war die Zeit, in der der begabte junge Mensch sich und andere Nichtigkeiten betrügen mochte; Leistungen wurden gefordert – und noch immer war ich unfähig oder wenigstens nicht in der Lage, mich mit solchen auszuweisen. Mein Vater, manchmal erbittert, öfter gekränkt, schaute zu, wie ich mich in Leben, Beruf und Kunst nicht zurechtfand und zwischen meinem tüchtigen, unsäglich fleißigen Bruder, meinem ausgezeichneten Schwager – beide Ärzte wie ich und von Mißbilligung gegen mich durchdrungen – eine wahrhaft klägliche Rolle spielte. Und während ich mich in meinem Tagebuch weitläufig und schonungslos über allen Zwiespalt und Jammer ausließ, war ich gleich wieder

Arthur Schnitzler um 1890

bereit, mich der Pose zu beschuldigen, glaubte mir in meinen inneren Kämpfen irgendwie zu gefallen, während ich sie niederschrieb, – und glich so ein wenig jenem Dichter aus der »Beatrice«, der zehn Jahre später ausrufen sollte: »Und quillt aus dieser Torheit – einmal ein Lied, so ist's der höchste Preis – Den mir das Leben hinwirft für die Schmach – Daß ich zu schwach bin, es mit Stolz zu leben.«

Als der Herbst weiter fortschritt, schlossen sich Jeanette und ich wieder inniger zusammen, und eine bessere Zeit, die freilich nicht lange dauern sollte, brach an. Lothar nahm zuweilen mit uns das Abendessen, entweder in Jeanettens Wohnung oder in einem Restaurant, wie er denn immer noch, ohne daß ich meine Meinung über ihn geändert hätte, mein vertrautester Freund geblieben war. Obwohl ich bald nach meiner Rückkehr Assistent an der Abteilung meines Vaters geworden war, im gleichen Hause mit ihm und im selben Stockwerk eine kleine Wohnung bezogen, in bescheidenem Maße meine Praxis auszuüben begonnen hatte und mich ernstlich mit dem Studium der Larynxneurosen und mit hypnotischen Versuchen zu beschäftigen anfing, so scheute Lothar doch nicht vor der Prophezeiung zurück, daß ich die Medizin über kurz oder lang an den Nagel hängen werde, womit er gewissermaßen die Verpflichtung auf sich genommen hatte, mich in meinen literarischen Angelegenheiten zu betreuen. Übrigens war ich selbst in diesem Herbst nach dieser Richtung hin nicht ganz untätig gewesen. Den »Hochzeitsmorgen« hatte ich gefeilt und mit einem neuen Schluß versehen und einen neuen Einakter geschrieben, »Episode« betitelt, den ersten, in dem die Figur des Anatol, wie hoch oder niedrig man sie menschlich-künstlerisch bewerten mag, und die eigentümliche Atmosphäre der »Anatol«-Szenen, ob man sich in ihr behage oder nicht, mit Deutlichkeit zu spüren ist. Auch ein Dialog, den ich schon ein paar Jahre vorher mit Hinblick auf Sonnenthal und Wolter entworfen, »Erinnerungen« betitelt (den Grundeinfall habe ich erst Jahrzehnte später in der »Stunde des Erkennens« dichterisch auszunützen verstanden), war neu bearbeitet worden, und ich trug mich mit der Idee, die folgenden vier Einakter »Abenteuer seines Lebens«, »Hochzeitsmorgen«, »Episode« und »Erinnerungen« unter dem Gesamttitel »Treue« herauszugeben. Ich fragte bei S. Fischer in Berlin an, der sich als Verleger der ersten Hauptmann'schen Dramen und anderer moderner Werke hervorgetan hatte, ob er sich zur Herausgabe meines Buches entschließen wollte; doch ohne den Wunsch nach näherer Kenntnisnahme zu äußern, lehnte er mit der Bemerkung ab, daß er sich von dramatischen Plaudereien kein Geschäft verspreche. Nun riet mir Lothar, meine Erzählung »Der Wahnsinn meines Freundes Y.« an die »Schöne blaue Donau« zu senden, die literarische Beilage der »Presse«, wo man sich angeblich gleichfalls für moderne Literatur interessiere, und diktierte mir, als ich mich unschlüssig zeigte, nicht nur einen Brief an den Redakteur Fedor Mamroth in die Feder, sondern gab das Manuskript sogar persönlich auf die Post. Wenige Tage später überbrachte mir mein Vater, während ich eben den Reflektor auf der Stirn, eine laryngologische Untersuchung vornahm, einen Brief auf die Poliklinik, auf dessen Umschlag als Absender die Redaktion der »Blauen Donau« verzeichnet stand; und nach Eröffnung des Kuverts hatte ich die Genugtuung, ihm nicht nur die Annahme meiner Erzählung mitzuteilen, sondern auch einige liebenswürdige

Zeilen vorweisen zu dürfen, in denen diese Annahme erfolgt und ich zu einem Besuch in der Redaktion eingeladen war. So begann ich, mich nicht nur in meinen eigentlichen Hauptinteressen hoffnungsfreudiger, sondern auch ganz im allgemeinen wohler und weniger hypochondrisch zu fühlen. Meine Beziehungen zu Jeanette, minder stürmisch, aber dafür auch weniger verquält als in den verwichenen Monaten, hoben sich auch äußerlich gleichsam in gesündere Sphären dadurch, daß sie nun in einem neubezogenen Quartier, Pelikangasse, ein recht hübsches, zweifenstriges Zimmer mit freier Aussicht bewohnte, und auch an anderen, stärkeren, wenn auch minder befriedigenden Anregungen von weiblicher Seite fehlte es nicht.

Anfang Oktober hatte ich an einem schon in Ostende vorherbestimmten Tag bei Frau Adele meinen Besuch gemacht und fand mich von nun an öfters in den Nachmittagsstunden in ihrem kleinen Salon ein, der so absichtsvoll auf sinnliche Stimmung hergerichtet war wie ihr ganzes äußeres und inneres Wesen. Wir spielten einander eine kleine Komödie der Verliebtheit vor, ohne uns gegenseitig zu überzeugen. Sie war zärtlich ohne Herz, dämonisch ohne Seele, lüstern ohne Leidenschaft und hingebungsvoll bis zu jener Grenze, wo ihrer Ansicht nach der eigentliche Ehebruch anfing, als wenn es sich nur darum handelte, ihrem Mann oder ihrem Liebhaber gegenüber nicht geradezu meineidig zu werden.

Auch Gisela Adler traf ich damals wieder öfters, doch immer nur unter Leuten, meist in einer unterirdischen Kegelbahn, wo wir uns in Händedrücken und Blicken unserer zärtlichen Gefühle stets neu bewußt wurden; auch das Wiedererscheinen des einstigen Fräulein Gisela Freistadt, der jetzigen Weinhändlersgattin aus Leoben, dessen ich schon an früherer Stelle gedacht habe, fällt in diese Epoche, und unter dem gleichen Datum, an dem ich diese banalen Erlebnisse in mein Tagebuch eintrug, am 10. Dezember 1888, stehen noch andere weibliche Namen dort aufgezeichnet, so der Fännchens, die im Herbst Herrn Simon Lawner geheiratet, der des Fräulein Rosa Sternlicht, die sich indes mit einem praktischen Arzt vermählt hatte, und endlich der schönen, jungmädchenhaften Helene Herz. Ihr begegnete ich immer wieder und wahrscheinlich lieber als jeder andern. Und eines Abends, mit ihrem Champagnerglas das meine berührend, halb schmerzlich, halb mitleidig, vielleicht nicht ganz ohne leise Verachtung, trank sie mir mit den Worten zu: »Darauf, daß Sie zielbewußter werden – in jeder Beziehung.«

Solche Tagebuchnotizen schrieb ich zuweilen in Jeanettens einfachem Zimmer nieder, während sie selbst emsig stickend mir gegenübersaß, manchmal zu mir herüberguckte und nichts ahnte, was ich eigentlich und insbesondere wie viele verschiedene Namen von Mädchen und Frauen ich auf die losen Blätter kritzelte.

Und doch, mit all meiner Ahnung und all meinem Wissen war ich nicht viel weniger ahnungslos als sie, die sich gewiß all der Namen nicht einmal erinnerte, die ihre Vergangenheit und wohl auch neben dem meinen ihre Gegenwart bedeuteten.

Das neue Jahr setzte fröhlich mit einem Polterabend in unserem Hause ein. Die Vermählung meiner Schwester mit meinem Kollegen Marcus Hajek stand bevor, nach jahrelanger, sozusagen geheimer Brautschaft, der endlich nach schwer besiegtem elterlichen Widerstand erst im Oktober vorigen Jahres die offizielle Verlobung gefolgt war. Denn sosehr mein Vater den jungen Arzt um seines Fleißes und seiner Begabung willen schätzte, – daß der ungarische Judenbub, der als sogenannter »Tägesser« in unser Haus Einlaß gefunden hatte, die Augen zu der Tochter des Professors und Regierungsrates zu erheben wagte, hatte ihm dieser nicht nur zu einer Zeit übelgenommen, da es vielleicht auch andere Väter in ähnlicher Lage getan hätten, sondern hat es ihm auch später niemals ganz verziehen, als sich der Schwiegersohn und Assistent schon auf dem Weg zu Wohlhabenheit und Ruhm befand und von einer Mißheirat nicht mehr die Rede sein konnte. So sehr war meines Vaters Sinn auf äußeren Glanz gestellt, so völlig hatte er der eigenen Jugend, des eigenen Lebenslaufs vergessen, daß er seine Tochter lieber einem ungeliebten, aber reichen Mann aus unseren oder besser noch höheren Kreisen zur Frau gegeben hätte als dem vorzüglichen, wenn auch äußerlich nicht strahlenden Bewerber, den sie liebte. Meine Mutter, bei all ihrer Verständigkeit, hatte niemals eine andere Meinung als die ihres Gatten, und auch wir Brüder, bei aller Sympathie und Hochachtung für Hajek, hatten uns zum mindesten flau verhalten. Am 6. Januar fand die Hochzeit statt, ein einfaches Diner im kleinen Kreise folgte, und weder bei dieser Gelegenheit noch später konnte sich mein Vater entschließen, dem Schwiegersohn das Du anzutragen, den er zwar hochschätzte, doch dessen Umgangsformen, die allerdings mancherlei zu wünschen übrigließen, ihm wie manchen andern, auch uns Schwägern, zuweilen auf die Nerven gingen.

Sowohl auf dem Polterabend wie auf der Hochzeit war es Helene Herz, mit der ich mich fast ausschließlich beschäftigte; und immer wieder erwartete sie das Wort, zu dem ich mich niemals entschließen konnte. Nun, da der Fasching da war, traten zu den mannigfachen abendlichen Zerstreuungen, zum Besuch von Theater, Konzerten, Vergnügungslokalen, zu Kartenspiel und Geselligkeiten lauterer und stillerer Art auch noch Tanzunterhaltungen hinzu, unter denen in diesem Jahr das Kränzchen der Poliklinik einen eigenen Vermerk verdient, nicht etwa um seiner besonderen Pracht oder irgendeines persönlichen Erlebnisses willen, sondern darum, weil ich als Komiteemitglied genötigt war, in einer an sich zwar läppischen, aber durch die darin merkbare Spiegelung der allgemeinen politischen Verhältnisse charakteristischen Komödie mitzuagieren.

Wie üblich war das Kränzchen in den Wiener Zeitungen liberaler Richtung angekündigt worden, doch fand sich, entgegen dem Komiteebeschluß, eine Anzeige auch in dem christlich-sozialen »Deutschen Volksblatt«, was auf die Eigenmächtigkeit eines Ausschußkollegen zurückzuführen war, der dem antisemitischen Flügel der poliklinischen Assistenten angehörte. In der nächsten Sitzung brachte ich die Angelegenheit zur Sprache, wobei ich nicht ermangelte, meiner Abneigung gegen die politische Färbung und den ignobeln Ton des Organs Ausdruck zu geben, als dessen Anhänger sich unser Kollege durch seine Handlungsweise demonstrativ bekannt hatte, und beantragte ein Mißtrauensvotum gegen ihn, das mit Stimmeneinheit angenommen wurde. Als man sich ein paar Tage nach dem Ball zu einer Schlußsitzung in einem Wirtshauszimmer der »Tabakspfeife« versammelte, verlangte nach Erledigung des geschäftlichen Teils mein Gegner von neulich das Wort, um – worauf ich schon durch vertrauliche Mitteilungen vorbereitet war – die folgende Anschuldigung gegen mich vorzubringen: Entgegen der Tanzordnung, ja trotz des Widerspruches eines anderen Komiteemitgliedes, hatte ich dem Kapellmeister, der eben eine Quadrille intonieren wollte, die Weisung erteilt, einen Walzer, der eben starken Beifall gefunden hatte, zu wiederholen (oder vielleicht, da ich hier mein Gedächtnis als nicht ganz verläßlich empfinde, eine Schnellpolka statt eines Walzers zu spielen). Ich mußte zwar lächelnd eingestehen, daß ich tatsächlich so eigenmächtig vorgegangen war, doch entschuldigte ich mich damit, daß es zu einer Einberufung des Komitees nach Lage der Dinge an Zeit gefehlt und daß im übrigen mein Vorgehen die Laune der Tanzenden nicht gestört, ja eher erhöht und auch den Erfolg des Balls materiell kaum geschädigt habe. Ich mochte mich wohl angesichts der Kindlichkeit des Racheplans, der hier gegen mich geschmiedet wurde, in meiner Erwiderung überspöttisch ausgedrückt haben: jedenfalls erklärte sich mein Gegner keineswegs als befriedigt, wurde in seinen Angriffen immer schärfer und unhöflicher und forderte kategorisch, daß ich, wie er sich wörtlich ausdrückte, zu Kreuze kriechen, das heißt, mich dem Komitee gegenüber wegen meines eigenmächtigen Vorgehens in aller Form entschuldigen solle. Dies verweigerte ich natürlich mit Entschiedenheit, worauf mein Gegner nichts anderes tun konnte, als ein Mißtrauensvotum gegen mich zu beantragen. Fünf Herren waren für mich, fünf gegen mich, der Präsident des Komitees, ein etwas opportunistisch angelegter Herr, entschied zu meinen Gunsten, wahrscheinlich nur darum, weil mein Vater Vizedirektor der Poliklinik war. Mein Gegner mit seinen Parteigenossen verließ das Lokal, ich kam jetzt erst dazu, mein Nachtmahl zu verzehren, das indes kalt geworden war, und bekam von zweien der mit mir zurückgebliebenen Kollegen, darunter meinem Freund Louis Mandl, ziemlich deutlich zu verstehen, daß die Angelegenheit ihres Erachtens keineswegs als abgetan gelten konnte. »Zu Kreuze kriechen«, wiederholte mein sonst so milder Freund Louis immer wieder, »ich will nicht hetzen, aber ich möchte mir das nicht gefallen lassen.« Ich aber ließ es mir gefallen, das heißt, ich verzichtete darauf, meinen Gegner zur Rechenschaft zu ziehen. Doch die törichten Reserveoffiziers- und Ritterlichkeitsbegriffe hatten zu jener Zeit sogar unsereinen so sehr verwirrt, daß wir in irgendeinem bestimmten Fall auch das absolut Vernünftige keineswegs aus Vernunft, sondern im Grunde doch nur aus Feigheit taten. Und trotz meiner Überzeugung, daß es die heilloseste Albernheit gewesen wäre, um einer solchen Lappalie willen Leben, Gesundheit oder auch nur den Nagel des kleinen Fingers zu riskieren, – ich wurde doch geraume Zeit das Gefühl nicht los, daß ich eigentlich zu größerer Schneidigkeit verpflichtet und daß insbesondere Freund Kuwazl mit meinem Verhalten kaum zufrieden gewesen wäre. Und vor einem Offiziersehrenrat hätte es mir wohl passieren können, daß ich meine Charge um einige Jahre früher verloren hätte, als es mir im Buch des Schicksals vorgezeichnet stand.

Zu gleicher Zeit ungefähr – und man mag hier einen tieferen Zusammenhang finden –, am 13. März, war dem Meisterfechter unter meinen Freunden, Max Friedmann, das Unglück begegnet, einen guten Freund bei einer Fechtübung mitteils eines Degenstichs, der durch das Drahtgitter der Maske ins Auge drang, auf der Stelle zu töten. Wir verkehrten gerade damals ziemlich viel miteinander, besuchten insbesondere öfters gemeinsam Vergnügungslokale und Maskenbälle (die ich in diesem Jahr bevorzugte), und so erachtete ich es als eine Art Verpflichtung, am Tag nach dem Unfall mich teilnahmsvoll bei ihm einzufinden. Es berührte mich nun sonderbar, wie Max in den Gesprächen nicht nur mit mir, sondern auch mit den anderen Freunden, fast ohne seines unschuldigen Opfers zu gedenken, ausschließlich mit der Frage beschäftigt war, ob ihm die Gerichte etwas anhaben könnten oder nicht. Wir glaubten, ihn beruhigen zu dürfen, – tatsächlich wurde die Untersuchung mangels jedes strafbaren Tatbestandes schon nach wenigen Tagen eingestellt; und früher, als wir es für möglich gehalten, fand sich unser Freund Max wieder auf dem Fechtboden ein, um seine Übungen fortzusetzen.

Auf den Maskenbällen pflegte ich mich übrigens zu langweilen. Vielleicht besuchte ich sie nur, weil ich eine unüberwindliche Abneigung dagegen hatte, mich allzufrüh nach Hause zu begeben. Erst eine Redoute, auf die ich nach einer abendlichen Szene mit Jeanette und nach Erledigung irgendeiner Privatsoiree in später Nachtstunde kam, schien sich aussichtsvoller anzulassen. Gleich nach meinem Eintritt in den Saal, um halb drei Uhr früh, sah ich zu meiner angenehmen Überraschung ein junges, bildhübsches Geschöpf an mir vorüberschweben, das ich ein paar Monate vorher auf der

Straße angesprochen und seither nicht wiedergesehen hatte. Daß es gerade Kuwazl war, in dessen Armen sie an mir vorüberschwebte, minderte zwar ein wenig mein Entzücken, jedenfalls aber war *ich* es, der sie nach einer heiteren, zu dritt verbrachten Kaffeehausstunde im Fiaker bis an ihr Haus geleitete und von ihren zärtlich geküßten Lippen das Versprechen abnahm: »Dienstag komm' ich zu dir.« Sie kam zwar nicht, doch trafen wir in der nächsten Zeit etliche Male, wahrscheinlich nicht ganz zufällig, im Freien zusammen. Im gleichen Haus mit mir, als jüngster Sohn einer reichen Fabrikantenfamilie, wohnte ihr Geliebter, der es aber, wie sie behauptete, eigentlich nicht war, weil er den richtigen Augenblick versäumt hatte, es zu werden. Immerhin schien er sich ihr äußeres Wohlergehen angelegen sein zu lassen, wie man ihrer Kleidung anmerkte, die nicht nur, nach der Art einfacher Wiener Vorstadtmädeln aus bürgerlichem Haus, adrett und geschmackvoll war, sondern die höheren Ansprüche einer jungen Dame verriet, die sich fürs Theater ausbilden ließ. Für ihre anmutig schlanke, nicht allzu große Figur war das blonde Köpfchen fast zu klein geraten; aber das blasse Gesicht mit der Stumpfnase, den wie schmollend aufgeworfenen roten Lippen, den unruhigen, großen, grauen Augen, der blondüberkrausten Stirn war von so sinnlichem Reiz, daß man sich nur wünschte, es auf dem weißen Spitzenpolster zu sehen, für den es geschaffen war. Eines Nachmittags im März fand ich beim Nachhausekommen Kuwazl in meinem Wartezimmer, der mich stets in der Ordinationsstunde aufzusuchen pflegte, wo er ziemlich sicher war, mich allein zu finden, und im angeregten Gespräch mit ihm Fräulein Mizi Rosner, die nicht etwa erschienen war, ihr Redoutenwort einzulösen, sondern um sich an einer Halsentzündung, einer ganz echten, wenn auch recht leichten Halsentzündung behandeln zu lassen. Sie kam noch oft zu gleicher Stunde wieder, als die Halsentzündung schon lange geheilt war, und machte sich ein besonderes Vergnügen daraus, mich gerade in den Augenblicken, wo sie schon bereit schien, ihre Verpflichtungen gegenüber ihrem Geliebten, der es angeblich nicht war, zu vergessen, mich an meine eigene Geliebte zu erinnern und mir zu erklären, daß sie nie und nimmer die Meine werden wolle. War ich zärtlich mit ihr, so schien sie sich beinah hingeben zu wollen, wurde ich nun feuriger, so zeigte sie sich abwehrend feindselig, und je näher ich vor einer Weile meinem Ziel gewesen war, um so bösere Worte gab es beim Abschied. Vielleicht bedeutete für das liebe, blonde Kind der Hauptreiz unseres Beisammenseins das Bewußtsein, daß ihr Liebhaber – ob er es nun war oder nicht – im gleichen Hause mit mir wohnte, daß er um ihre Besuche bei dem jungen Arzt wußte und sich in Eifersucht verzehrte. Zuviel Psychologie übrigens! Sagen wir einfach: er war ein Narr, sie war ein kleines Luder, und ich war ungeschickt.

Ebenso wie Fräulein Mizi, nur mit großartigeren Phrasen, wie es einer dämonischen Frau zukommt, versagte sich Frau Adele meinen nicht allzu ungestümen Werbungen, die übrigens seit einiger Zeit, da ich mit dem Gatten – ich weiß nicht mehr, welchen Vorwand er für seine Eifersucht gefunden hatte – brouilliert war, meistens auf nachmittägigen Spaziergängen und auch sonst nicht unter den günstigsten Umständen stattfanden. Doch gab es hin und wieder auch ein romantischeres Beisammensein, wie etwa an jenem Frühlingsabend, an dem ich, nach einer der süß-abspannenden Stunden mit Fräulein Mizi, in einer abgelegenen Vorstadtgasse in einem geschlossenen Fiaker geduldig wartete, bis der Schlag sich öffnete, eine verschleierte Dame zu mir einstieg und uns der Wagen in eine dunkle Praterallee führte, wo wir hinter den verhängten Schreiben uns an den verwegensten Zärtlichkeiten ergötzten.

Und von ihr, der schönen Frau, die sich selbst so dämonisch erschien, als sie töricht von Geist und gewöhnlich von Seele war, ging's in die Vorstadt zu der einzigen, die mir im oberflächlichen Wortsinne ganz und der ich doch längst gar nicht mehr gehörte. Mitleid, Bequemlichkeit, Gewohnheit, nicht Liebe hielten mich bei Jeanetten fest. Noch gab es zuweilen Stunden, da wir uns in erinnerungsheißer Lust an- und ineinander drängten, doch beide fühlen wir, daß es zu Ende ging; und wie es dem Arzt geziemt, stellte ich in meinem Tagebuch fest, daß die Agonie begonnen habe. Ihre dummen Fragen, die mir einst als die beglückendsten Beweise ihrer Liebe gegolten, ihre Stimme, die mich einst fast körperlich erregt, ihre Berührung, die mich entzückt, – nun hatte dies alles keine andere Wirkung und Macht mehr über mich als die, mich zu enervieren. Sie wurde eifersüchtig oder stellte sich so an, als wenn sie es wäre; es gab Szenen auf Szenen, sie bekam Herzkrämpfe, ich wußte, daß ich eigentlich erschüttert zu sein hätte, und war nur gepeinigt. Dann küßte sie mir die Hand, bat mich um Verzeihung, wir ruhten nebeneinander, ich verging vor Langeweile, aß Orangen und war verärgert, daß ich gleich wieder aufstehen mußte mitten in der Nacht, um nach Hause zu gehen. Und während ich sie in den Armen hielt, gedachte ich irgendeiner andern, sehnte mich nach einer andern, irgendeiner andern, einer Dirne meinethalben, – nur daß ich endlich wieder andere Lippen küssen, andere Seufzer hören durfte als die Jeanettens. Ein kleines Geschichtchen von Catulle Mendés fiel mir ein, »Le troisième oreiller«, – eine sentientale Plauderei von dem dritten Polster, der unsichtbar neben den zwei Polstern jedes Liebespaares liegt; – aber ich zögerte noch, die Geschichte weiterzuträumen und auch des vierten Polsters gewahr zu werden, auf den Jeanette den Kopf eines anderen Liebhabers träumen mochte, wenn sie es notwendig hatte, ihn nur zu träumen. Und so lag ich bis zum grauenden Frühlingsmorgen, erhob mich endlich, blickte in den Irrenhausgarten, der drüben im Dämmer lag, küßte die Schlummernde zum Abschied, eilte die vier Treppen hinab, spazierte nach Hause, begegnete andern Frühaufstehern von Beruf und Laune, – Arbeitern, Bäckern, Mägden, Fleischhauern, Bedienerinnen, befrackten Herren mit hinausgeschlagenem Kragen, kam nach Hause, hatte eben noch Zeit, mich umzukleiden, mein Frühstück zu nehmen und endlich auf die Poliklinik zu eilen, wo die Kranken und wohl auch schon mein Vater warteten, worauf in gewohntem Trott das Leben weiterging.

Und doch, ganz der gewohnte Trott war es nicht mehr. Denn es hatte ja fast den Anschein, als wenn ich langsam, sehr langsam freilich, bald auf diesem, bald auf jenem Wege vorwärtskommen sollte. Ich hatte begonnen, mich mit Hypnotismus zu beschäftigen, für den damals, vor allem durch die Arbeiten von Charcot und Bernheim, das Interesse rege geworden war; es war mir gelungen, einige Fälle von funktioneller Aphonie, das heißt von Stimmlosigkeit ohne nachweisliche organische Veränderung an den stimmbildenden Organen, mittelst Hypnose oder durch Suggestion allein erfolgreich zu behandeln, und ich publizierte die darauf bezüglichen Krankengeschichten in der »Internationalen Klinischen Rundschau«. Da ich einige vortreffliche Medien gefunden, beschränkte ich mich nicht darauf, diese auf meinem laryngologischen Spezialgebiet zu verwenden, sondern versuchte an ihnen, nach dem Muster bekannter Hypnotiseure, allerlei psychologische Experimente, die, an sich nicht uninteressant, doch nichts wirklich Neues boten und von mir zwar aufgezeichnet, aber nicht wissenschaftlich durchgearbeitet wurden. Vom ärztlichen Standpunkt die erfreulichste Leistung war es gewiß, wenn ich zum Beispiel, ohne mein Medium in Schlaf zu versetzen, einfach durch Aufforderung partielle Anästhesie herbeizuführen vermochte, so daß schmerzlose kleine Operationen in Kehlkopf und Nase, in einem Fall sogar schmerzlose Zahnextraktionen, möglich wurden. Anregender, aber ohne erhebliche Bedeutung für die Medizin war es, wenn ich mein Medium im hypnotischen Zustand allerlei Situationen und Empfindungen durchleben ließ, wie es mir eben beliebte, sie zu erfinden, oder gar von einem Tag zum anderen einen Mordversuch gegen mich selbst arrangierte, vor dem ich mich freilich, da ich auf die Minute darauf vorbereitet und er statt mit einem Dolch mit einem stumpfen Papiermesser unternommen ward, erfolgreich zu schützen vermochte. Zu meinen Experimenten fanden sich nicht nur die engeren Abteilungskollegen, sondern gelegentlich auch andere Ärzte der Poliklinik und der übrigen Krankenhäuser ein. Die am häufigsten erschienen, verbreiteten hämisch, daß ich an der Poliklinik »Vorstellungen« veranstalte, was mich vorerst einmal veranlaßte, meine Experimente für die größere Öffentlichkeit einzustellen, wenn ich sie auch noch eine Weile im engeren Kreise fortsetzte. Aber auch diesmal fehlte mir die Konsequenz, auf dem begonnenen Wege fortzuschreiten, und als ich überdies zu merken glaubte, daß gerade meine interessantesten Medien durch die Wiederholung der Versuche nicht nur in ihrer Willenskraft, sondern auch in ihrer körperlichen Gesundheit geschädigt wurden, stand ich von weiteren Experimenten rein psychologischen Charakters ab und wendete die Hypnose nur noch fallweise, fast ausschließlich zu festumrissenen Heilzwecken an.

Indes hatte auch mein letzter Schritt in die literarische Öffentlichkeit, so schüchtern er an sich gewesen, mehr Folge gehabt als alle meine früheren. Ich war der Einladung des Doktor Mamroth zum Besuch in der Redaktion nachgekommen und hatte bei dieser Gelegenheit seinen Vertreter und Neffen, den Schreiber jenes freundlichen Annahmebriefes, kennengelernt, Herrn Doktor Paul Goldmann, einen vierundzwanzigjährigen, liebenswürdigen Herrn in Lodenrock und Nachthemd mit Quasten, untersetzt, beleibt, ein ganz klein wenig bucklig, mit Kraushaar und mit hellen, schönen, blauen Augen. Wir verstanden einander sofort aufs allerbeste, hatten über die meisten Dinge des Lebens und der Kunst die gleichen Ansichten, und fast ebenso warm wie Paul Goldmann kam Fedor Mamroth mir entgegen, ein kluger, wohlwollender, unterrichteter Mann, ein Journalist der vortrefflichsten Sorte, dem das Leben damals durch eine unglückliche Ehe und durch Sorgen schwer genug gemacht war und der sein persönliches Mißgeschick und, obwohl Kritiker, auch seine im Verhältnis zu Talent und Leistung viel zu geringen Erfolge niemanden, auch glücklicheren Autoren niemals entgelten ließ. Der Unterschied der Lebensumstände und des Alters brachte es mit sich, daß ich ihm, trotzdem ich auch ärztlich manchmal in den Kreis seiner Familie Eingang fand, nicht so nahe trat als seinem Neffen, mit dem mich durch viele Jahre eine der stärksten Beziehungen meines Lebens verbunden hat und von dem daher in diesen Blättern, wenn sie fortgesetzt werden sollten, noch öfters die Rede sein wird.

»Der Wahnsinn meines Freundes Y.« erschien am 15. Mai in der »Schönen blauen Donau«, am 1. Juni ein anderer Beitrag, »Amerika« betitelt, – zugleich die einzige meiner Arbeiten, die ich Jeanette hätte widmen können. Beide in der Führung noch dilettantisch genug, mit sentimentalem Einschlag, aber doch einer gewissen Eigenart nicht gänzlich entbehrend. Auch die »Episode« wurde bald darauf in der »Schönen blauen Donau« abgedruckt; schon vorher aber, im Manuskript, hatte ich sie Sonnenthal vorgelegt, der damals das Burgtheater provisorisch leitete und das Stückchen sehr freundlich beurteilte, aber den Schluß für das deutsche Publikum nicht bühnenkräftig genug fand. Auch bei gelegentlicher Vorlesung im Freundeskreis, so im Hause Louis Friedmanns, errang das kleine Stückchen Beifall, und schmeichelhafter als jeder andere Erfolg war für mich, daß Olga das Manuskript, das ich ihr, ebenso wie ich's mit meinen früheren Versuchen getan, übersandt hatte, in einer Nacht eigenhändig kopierte und mir die schöne Abschrift zum Geschenk machte.

In meiner Korrespondenz mit ihr waren in der letzten Zeit wochenlange Pausen eingetreten, in meinen Briefen aber blieb noch immer anspielungshaft ein Ton festgehalten, als wäre das einzig wahre und starke Gefühl meines Herzens meine Liebe zu ihr; und aus den ihren durfte ich nach wie vor herauslesen, daß auch in ihr sich nichts verändert habe, trotz des gelegentlichen, besonders in der Jagdsaison sich steigernden aristokratischen Verkehrs, dessen sie öfters mit einer nicht ganz überzeugenden Selbstironie Erwähnung zu tun pflegte. Nachdem fast ein Jahr seit jenem Reichenauer Besuch zwischen Berlin und London verstrichen war, schrieb sie mir im Frühjahr 89, daß sie mich beim Derby-Rennen zu treffen hoffe. Aber es war keine glückliche Stunde, in der wir einander wiederbegegneten. Nur ein paar Worte wechselte ich mit ihr im Beisein ihres Vaters; – plötzlich entließ sie mich mit einem kühl-gnädigen »Auf Wiedersehen«, und ich wäre für den Rest des Nachmittags kaltgestellt gewesen, wenn nicht von anderswo ein Hauch der Wärme über mich gekommen wäre. Dieser Hauch aber kam nicht von Adele, die zwischen dem Gatten und dem Liebhaber, der es angeblich nicht war, mehr wie ein Typus als wie eine lebendige Gestalt über den Rasen schritt und die ich nur im Vorübergehen begrüßen durfte, – sondern von Helene Herz, die jungmädchenhaft und hold neben mir einherging, gerade als mein Gruß von Adele mit schwimmenden Augen erwidert wurde. »Ihre Freundin?« fragte Helene sanft. – »Wie?« fragte ich, als wüßte ich nicht recht, was denn ein holdes junges Mädchen mit solch einer Frage wohl meinen mochte. »Sie haben mich ganz gut verstanden«, sagte sie und blickte unter dunklen Wimpern vor sich hin. Ich erwiderte nichts. Alle vernünftigen Leute redeten mir zu, ich solle sie heiraten, vor allem ihre intimste Freundin, meine Cousine Else, die Tochter meines Onkels Edmund, ein kluges, herbes, hübsches Wesen, das mich recht gern hatte und mich nebstbei ein wenig verachtete. Und ich selbst gestand mir ein, daß von allen Zukunftsaussichten eine Ehe mit Helene mir im Grunde doch die weitaus sympathischeste wäre. Warum also entschloß ich mich nicht, um sie anzuhalten? Gewiß nicht um Jeanettens willen, obzwar diese mir erst kürzlich geschworen hatte, der Tag meiner Hochzeit werde ihr Todestag sein; und noch weniger waren es die andern, die mich von diesem Schritt zurückhielten, diese andern, um die ich mich ohne rechte Energie bemühte und nach denen mich ohne Leidenschaft verlangte, nicht Olga, das Abenteuer meines Lebens, das mir nun ziemlich verblaßt erschien, nicht Adele, die dämonische Gans, nicht Mizi Rosner, das lüstern-spielerische, trotzig-süße Mädel, – und gewiß nicht jene Malvine, die immer wieder in den Blättern meines Tagebuchs auftaucht, sich bald ein Gratisbillet für das Poliklinikkränzchen abholt und sich durch kleine Zärtlichkeiten während des Tanzes revanchiert, bald als Sängerin in einem Konzert mitwirkt, dem ich wahrscheinlich beigewohnt habe, und die mir so völlig aus dem Gedächtnis entschwunden ist, als wäre ich ihr nie begegnet; – keine von allen diesen, – und am allerwenigsten war der Grund meines Zögerns derjenige, den ich mir selber einbildete, daß Helene nicht reich genug für mich und daß ich auf eine reichere Frau angewiesen sei. Der wahre Grund war der, daß es noch zu früh für mich war, um in den Ehestand zu treten, daß ich noch als Junggeselle allerlei zu erleben hatte, um das zu werden, was ich werden sollte, – so viel oder so wenig es am Ende war.

Das klingt nach Fatalismus und ist doch keiner. Ich glaube nicht an eine Vorsehung, die sich um Einzelschicksale kümmert. Aber ich glaube, es gibt »einzelne«, die um sich *wissen*, auch dann, wenn sie bestenfalls zu *ahnen* vermeinen, und die aus freier Wahl ihre Lebensentscheidungen treffen, auch dort, wo sie denken, nur vom Zufall der Ereignisse und von Stimmungen getrieben worden zu sein, und die stets auf dem rechten Weg sind, auch wo sie sich anklagen, geirrt oder irgend etwas versäumt haben. Mit all dem ist freilich nicht gesagt, daß gerade ich ein Recht habe, mich zu diesen einzelnen zu zählen; aber wie sollte, ja wie könnte man überhaupt leben, schaffen und sich manchmal des Lebens freuen, wenn man sich's nicht einbildete, zu diesen Auserwählten zu gehören?

AUTOBIOGRAPHISCHE NOTIZEN

Vorbemerkungen

Idee eine Autobiographie zu schreiben zuerst lebhaft 1901 in Vahrn während eines Aufenthaltes mit Olga und Liesl. Ich schrieb damals an den »Lebendigen Stunden«.

Als 18jähriger plante ich für mein 50. Jahr eine Naturphilosophie, davon kam ich bald ab, wie mir alles Theoretisieren über das Aphoristische hinaus immer unwichtiger wurde. Mir kam es auf das Gestalten an, ich wollte diesem Ziel näher gekommen sein als es mir gelang.

Nicht nur Wunsch, auch tiefes Bedürfnis in diesen Blättern wahr zu sein.

Schwierigkeiten. Vor allem Gedächtnisfehler.

Erinnerungstäuschungen.

Stilistische Gründe.

Ob irgendeine Sache am 1. März oder 15. August vorgegangen ist, kann unter Umständen völlig gleichgültig sein, man opfert die absolute chronologische Genauigkeit der Klarheit der Darstellung.

Es gehört nicht zur Wahrheit im höheren Sinn, über alles Nebensächliche, insbesondere rein Physische Bericht zu erstatten, doch gibt es Fälle, wo das Verschweigen geradezu Fälschung wäre.

Auch von manchen Erlebnissen meiner Freunde wird die Rede sein, nicht nur, wenn solche Erlebnisse Einfluß auf meine Entwicklung genommen haben, sondern wenn sie zur Charakterisierung der Leute dienen, mit denen ich verkehrt habe. Manchmal auch nur, weil mir die Geschichten an sich interessant scheinen oder zu einer gewissen Periode meiner Existenz interessant schienen, was ja wieder zur eigenen Charakteristik beiträgt.

In meiner Absicht liegt es selbstverständlich, meine Erinnerungen völlig wahrheitsgetreu aufzuzeichnen, soweit die

Wahrheit der Erinnerungen überhaupt in unserer Macht liegt. Ich weiß nicht, ob die Neigung, wahr gegen mich selbst zu sein, von Anfang an in mir lag. Sicher aber ist, daß sie sich im Laufe der Jahre gesteigert hat, ja, daß mir diese Neigung heute die lebhafteste und beständigste Regung meines Innern zu sein scheint.

Innerhalb der Geständnisse, die man in seinen Denkwürdigkeiten zu machen pflegt, gibt es aber zweierlei Arten, wahr zu sein. Die eine: was man mitteilt völlig rückhaltlos und präzis auszusprechen; die andere: überhaupt alles mitzuteilen, dessen man sich zu erinnern vermag. Es ist fraglich, ob dies letztere überhaupt möglich ist. Ferner, ob es nützlich, und endlich, ob eine solche rückhaltlose Aufrichtigkeit nicht eigentlich nur eine neue Art von Eitelkeit vorzustellen anfängt. Keineswegs gehört ein besonderer Mut dazu, alle häßlichen Wallungen oder bösen Taten niederzuschreiben, deren man sich schuldig weiß, wenn man überzeugt ist, daß vor dem Tode des Schreibers keiner von diesen Aufzeichnungen Kenntnis erhalten wird. Ich frage mich auch, ob mein Wahrheitsbedürfnis nicht zum Teil aus einer Eigenschaft entspringt, die im pathologischen Gefühl der Zwangsvorstellungen wurzeln könnte, in der Neigung zu einer gewissen äußerlichen Pedanterie, die sich im Lauf der Jahre vielleicht als ein Corrigens innerer Schlamperei immer entschiedener entwickelt hat. In Epochen oder Stunden böser innerer Verwirrung habe ich mir dadurch zuweilen eine innere Erleichterung verschafft, indem ich die tatsächlichen oder auch nur vermuteten Gründe meiner Seelenstimmung möglichst schematisch aufnotierte. Wie mir auch das Ordnen von Briefen, Schriften, Ausschnitten etc. öfters die bequeme Illusion einer noch dazu verantwortungslosen Tätigkeit bereitete, wenn ich zu nichts anderem aufgelegt war. Daß aber auch dieser scheinbar harmlose Trieb gelegentlich ins Krankhafte ausartete, ersehe ich daraus, daß ich gewisse Tagebücher aus meiner Gymnasialzeit aus keinem anderen Grunde vertilgt habe, als weil sie dem Format nach durchaus nicht zu den Blättern passen wollten, die ich von einem gewissen Moment an für alle meine Aufzeichnungen gewählt hatte.

Wie nun immer sich diese Erinnerungen weiter gestalten sollten, ob ich von allen Niederträchtigkeiten berichten werde, deren ich mich schuldig weiß, oder nur von denjenigen, die ich auf irgendeine Weise zu beschönigen trachten kann, ich werde kein wissentlich unwahres Wort niederschreiben.

Es ist schwer zu sagen, ob in meinen Tagebüchern solche wissentliche Unwahrheiten stehen. Gewiß ist es, daß ich bis zu einer gewissen Epoche meines Lebens häufig bestrebt war, mich zu stilisieren. Nicht ungestraft habe ich meine Kindheit und meine erste Jünglingszeit in einer Atmosphäre verbracht, die durch den sogenannten Liberalismus der 60er und 70er Jahre bestimmt war. Der eigentliche Grundirrtum dieser Weltanschauung scheint mir darin bestanden zu haben, daß gewisse ideelle Werte von vornherein als fix und unbestreitbar angenommen wurden, daß in den jungen Leuten der falsche Glaube erweckt wurde, sie hätten irgendwelchen klar gesetzten Zielen auf einem vorbestimmten Wege zuzustreben, um dann ohneweiters ihr Haus und ihre Welt auf sicherem Grunde aufbauen zu können. Man glaubte damals zu wisen, was das Wahre, Gute und Schöne war, und das ganze Leben lag in großartiger Einfachheit da. So war mir auch in jenen Tagen der Gedanke noch fern, daß jeder von uns gewissermaßen in jedem Augenblick in einer neuen Welt lebt und daß, wie Gott die Welt, sich jeder Mensch sozusagen jeden Tag sein Haus von neuem bauen muß.

Was aber hätten alle individuellen Erfahrungen für einen Sinn, wenn jeder notwendig zu demselben Resultat gelangen müßte. Keinesfalls machen uns Erfahrungen insoferne reicher, als sie uns die Fähigkeiten verleihen, in irgendeinem Fall ein aprioristisches Urteil zu fällen. Sie vermögen nur eines, die Intensität unserer Urteile für späterhin zu steigern.   *1901*

Ich bin mir bewußt, kein Künstler ersten Ranges zu sein. Wenn ich trotzdem manchmal mit unverhältnismäßiger Ausführlichkeit auf frühere unreife Arbeiten eingehe, so bedeutet das keineswegs eine falsche Einschätzung dieser Arbeiten oder meines künstlerischen Schaffens im allgemeinen.

Aber mein Schaffen ist nun einmal das wesentlichste Element meines Daseins und wenn auch die Geschichte mancher meiner Werke nicht in die Literaturgeschichte gehören mag, zur Geschichte meines Lebens gehört sie gewiß, und darauf kommt es hier an.

Freunde, allzugern bereit, die Argumente der Feinde zu den ihrigen zu machen.

Auch wenn sie mich im Recht wußten, fielen sie gern von mir ab, ließen mich gern wenigstens für eine Weile im Stich.

Eklatantestes Beispiel, gerade weil hier der Wahrhaftigste und Klügste in Frage kommt: Als ich von meiner Vorladung durch das Ehrengericht anläßlich »Leutnant Gustl« erzähle und hinzusetze, daß ich seinerzeit vergessen, meine Charge zurückzulegen, also wohl zum Erscheinen verpflichtet sei, läßt dieser Freund ein überlegenes, fast schadenfrohes »Sehen Sie« hören, als wäre es meine Schuld, als hätte er mich gewarnt.

Erziehung charakteristisch für liberales Regime: Guter Wille, Neigung zur Pose, Gerührtheit über sich selbst, Hochachtung vor allem Äußerlichen, kein eigentlicher Sinn für Wahrheit, kein rechtes Verständnis für Diskretion. Minderwertige Eigenschaften werden als Tugenden hingestellt.

Zu Snobismus

Bis in die ersten Universitätsjahre trug ich mich mit einiger nicht ungewollter Nachlässigkeit. Rembrandthut, flatternde Krawatte, lange Haare. Leise Verachtung gegen alles, was man als Eleganz bezeichnete. Diese Abneigung stammte aus verschiedenen Jugendeindrücken (Fräulein Lehmann).

Veränderung im Freiwilligenjahr. Der Snob in mir erwacht und entwickelt sich aufs lächerlichste. Freude, im Fiaker zu fahren und darin gesehen zu werden. Verkehr mit Richard Tausenau und anderen von Einfluß. Ich wechsle meinen Schneider, trage keine weichen Hüte mehr. Gehe zu Stehkrägen über. Begreife nicht, daß man in einem Einspänner fahren kann, bin verwundert, wie Dr. Schiff einmal im offenen Einspänner an mir vorüberfährt. Ehrgeiz, elegant zu werden. Gebe mich im allgemeinen mit der nachlässigen Eleganz zufrieden.

Bis zum Derbytag trug ich den Zylinder. Das Rennen spielt eine bedeutende Rolle in meinem Leben. Sonderbarerweise gerade in dieser Epoche durch gemeinsames Interesse für das Rennen größere Intimität mit meinem Bruder.

Anfangs auf dem Guldenplatz, dann im Sattelraum. Spiel, Verluste.

Eine Zeitlang Glück im Erraten der Sieger von Hürdenrennen und Steeplechase.

Gesellschaft. Ein Feuerwerker von der Artillerie, ein dicker Jude namens Eißler, war oft mit uns. Louis Mandel, Petschek, Hauptperson Tausenau, dessen Abenteurer- und Spielernatur sich in dieser Atmosphäre am besten behagte. Immer elegant mit dem geringsten Aufwand von Mitteln, gut angezogen. Sein Glück bei Frauen.

Das unerreichbare Idealbild Henry Baltazzy, den ich später bei B. kennenlerne und der so das Urbild des Grafen im »Reigen« wird. Im Prater Henry Baltazzy mit einigen Freunden am Nebentisch, sommerlich mit grauem Hut.

Nicht ganz unmöglich, daß meine künstlerischen Ambitionen den mondänen gegenüber fast zurücktraten, bis mein Verstand und meine Selbsterkenntnis mir den richtigen Weg wiesen.

Eigentlich ist der Herzog in der »Beatrice« der stärkste und ins Großartige gewandte Ausdruck jenes Snobismus, und in der Sehnsucht des unzufriedenen Filippo, so einer zu sein wie der Bentivoglio, glüht gewiß ein bißchen von einer kindlich neidischen Bewunderung für die Henry Baltazzys.

Vollkommen wurde dieser Snobismus geheilt durch die Snobs, die ich im Laufe der Zeit kennenlernte.

Wenn man aber den Snobismus im allgemeinen als die Sehnsucht bezeichnen kann, zu einer Art von Menschen gerechnet zu werden, die irgend eine Eigenschaft höher ausgebildet besitzen als wir und von der wir daher nicht als gleichwertig betrachtet werden, so habe ich diese an mir noch in einem anderen Fall beobachtet, und zwar bei der Hochzeit einer meiner Cousinen mit einem gewißen Herrn K., einem ganz minderwertigen Individuum, wobei ich in der Votivkirche als Trauzeuge fungierte. Trotz allem Schauder vor meiner eigenen Dummheit, konnte ich in der weihrauchduftenden Sakristei, als ich den Akt unterschrieb, ein gewisses Gefühl der Befriedigung nicht völlig unterdrücken.   *1901*

Menschen, insbesondere Frauen, haften zuweilen in gewissen Posen in der Erinnerung, die sie in einem bestimmten, merkwürdigen Augenblick eingenommen haben, oder in einer Pose, die gewissermaßen das arithmetische Mittel zwischen allen tatsächlichen und auch nur möglichen Posen bedeutet, in denen man sie gesehen hat oder hätte sehen können.

So sehe ich M.G. den Schirm plötzlich fallen lassend, mit halboffenem Mund, wie sie es in jenem Durchhaus tat, als ich von D. sprach.

Zuweilen auch wie eine Marionette mit locker gewordenen Drähten.

M. R. mit dem Manuskript des »Reigen« im Schoß, den Bleistift an den Lippen, kritisch-milde in jenem kleinen Zimmer der Rue Maubeuge.

M. E., wie sie an einem Sommerabend im Gasthausgarten ihr Nachtmahl verzehrte mit dem besten Appetit, während immerhin die Möglichkeit bestand, daß ich vor einer halben Stunde erschlagen worden war.

In diesen Blättern wird viel von Judentum und Antisemitismus die Rede sein, mehr als manchem geschmackvoll, notwendig und gerecht erscheinen dürfte. Aber zu der Zeit, in der man diese Blätter möglicherweise lesen wird, wird man sich, so hoffe ich wenigstens, kaum mehr einen rechten Begriff zu bilden vermögen, was für eine Bedeutung, seelisch fast noch mehr als politisch und sozial, zur Zeit, da ich diese Zeilen schreibe, der sogenannten Judenfrage zukam. Es war nicht möglich, insbesondere für einen Juden, der in der Öffentlichkeit stand, davon abzusehen, daß er Jude war, da die andern es nicht taten, die Christen nicht und die Juden noch weniger. Man hatte die Wahl, für unempfindlich, zudringlich, frech oder für empfindlich, schüchtern, verfolgungswahnsinnig zu gelten. Und auch wenn man seine innere und äußere Haltung so weit bewahrte, daß man weder das eine noch das andere zeigte, ganz unberührt zu bleiben war so unmöglich, als etwa ein Mensch gleichgültig bleiben könnte, der sich zwar die Haut anaesthesieren ließ, aber mit wachen und offenen Augen zusehen muß, wie unreine Messer sie ritzen, ja schneiden, bis das Blut kommt.   *1912 [?]*

Antisemitismus

Im Gymnasium kaum Spuren. Der erste, der als Antisemit galt, oder, da es das Wort noch nicht gab, als Judenfresser, ein gewisser Deperis, der mit keinem Juden sprach, aber auch den christlichen Kollegen lächerlich erschien. Er war höchst elegant, vom Schulgeld befreit, dumm und ist heute Hofrat. Unter den Professoren Professor Blume noch recht harmlos, mäßig begabter Mensch, Wagnerianer, deutschnational, spricht die jüdischen Vornamen spöttisch aus, begeht aber keinerlei Ungerechtigkeiten, heiratet eine Jüdin.

Auf der Universität Beginn. Im Ausschuß des medizinischen Unterstützungsvereines. Hetze gegen die ungarischen Juden. Ein Hauptmacher der junge Bamberger, später verunglückt. Wortführer der Antisemitenpartei der damals noch nicht einmal getaufte Karl August Herzfeld. Spätere Auflösung des Vereines.

Die deutschnationalen Couleurs entfernen die Juden (Herzl).

Momente des Kriegs

Kriegserklärung Englands angeschlagen im Hotel von Celerina.

Die geschlossene Bank in Pontresina.

Der Kadett in Hellbrunn mit seiner Familie, der sich photographieren läßt.

Das Haus auf dem Solenweg, die einsame Bäuerin mit ihrem Kind, das seinen Vater nie gesehen hat.

Der Innsbrucker Bahnhof.

NACHWORT

Von Friedrich Torberg

Arthur Schnitzler, 1862 in Wien geboren und nicht ganze 70 Jahre später in Wien gestorben, teilt in einer entscheidenden Hinsicht das Schicksal der Stadt, mit der er durch Leben und Werk verbunden ist: Immer wieder muß er sich auf allerlei klischierte Formeln bringen lassen, die um eines gefälligen Vordergrundes willen das Vorhandensein einer höchst ungefälligen Hintergründigkeit übersehen oder gar leugnen. Was Wien betrifft, so reicht dieses Klischee vom Dulliöh des Heurigen über Walzer- und Operettenseligkeit bis zur Melancholie und Untergangsstimmung – nun eben: der Werke Arthur Schnitzlers. Er ist selbst miteinbezogen ins vordergründige Klischee, obschon ihn weitaus mehr mit den Hintergründen verbindet, mit jenem Wien, das so ungemütliche Erscheinungen hervorgebracht hat wie Karl Kraus und Robert Musil in der Literatur, Gustav Mahler und Arnold Schönberg in der Musik, Oskar Kokoschka in der Malerei, Adolf Loos in der Architektur, Sigmund Freud in der Psychologie.

Von ihnen allen hat Schnitzler sich freilich dadurch unterschieden, daß er kein Rebell war. Um so viel stand er ihnen nach, so viel hatte er ihnen voraus. Und folgerichtig ist Sigmund Freud von ihnen allen der einzige, der sich mit Schnitzler in Vergleich setzen läßt: weil auch er den Beruf des Arztes ins Weltanschaulich-Humanistische ausgeweitet hat. Denn mit den seelenforscherischen Affinitäten, die zwischen beiden bestanden und die von Freud ausdrücklich festgestellt wurden, ist der Vergleich noch nicht erschöpft. »Die Seele ist ein weites Land«, heißt es in Schnitzlers wahrscheinlich bedeutendstem Schauspiel, das von eben dieser Sentenz seinen Titel bezieht: »Das weite Land«; und im Land der Seele hat man sich als Dichter auch ohne jede ärztliche Schulung auszukennen. (Übrigens gibt es gerade in der österreichischen Literatur markante Beispiele für solche Kennerschaft: Raimund etwa und Grillparzer, desgleichen keine gemütlichen

Typen, waren über die psychologischen Erkenntnisse ihrer Zeit weit hinausgedrungen.) Wo der Arzt bei Schnitzler richtig – und im ursprünglichen Sinn dieser Wendung – »ins Spiel kommt«, geschieht das also nicht nur im psychologischen Bereich, sondern mehr noch in einem latenten Todesbewußtsein, einem nahezu freundnachbarlichen Gefühl für den Tod, in einer milden Skepsis, die sich mit der Fragwürdigkeit des solcherart überschatteten Daseins abzufinden versucht und die in den berühmten Schlußworten des »Paracelsus« ihren schönsten Ausdruck gefunden hat:

Es fließen ineinander Traum und Wachen,
Wahrheit und Lüge. Sicherheit ist nirgends.
Wir wissen nichts von andern, nichts von uns.
Wir spielen immer; wer es weiß, ist klug.

Unklug hingegen wäre, wer das »Spiel«, von dem hier gesprochen wird, zur Verspieltheit degradierte – in der Tat eines der beliebtesten Mißverständnisse, denen Schnitzler sich ausgesetzt findet. Ein anderes besteht darin, das erotische Element in seinem Œuvre lediglich als gesellschaftlichen Zeitvertreib zu begreifen – und nicht zu merken, daß Eros hier weniger die Zeit als den Tod vertreiben will. Und ein weiteres: ihn von der tiefen Toleranz seines Menschenverständnisses her auf einen großbürgerlichen, areligiösen Liberalismus festzulegen – der sich indessen nur schwer mit Maximen wie der folgenden (aus dem »Buch der Sprüche und Bedenken«) vereinbaren ließe: »Daß wir einen Gott ahnen, ist nur ein unzulänglicher Beweis für sein Dasein. Ein stärkerer ist, daß wir fähig sind, an ihm zu zweifeln.«

Tiefgang und Reichweite Schnitzlers auf diese Weise wenigstens anzudeuten dürfte im jetzigen Zeitpunkt immer noch wichtiger sein, als ihn literarhistorisch zu würdigen. Sicherlich hat Alfred Kerr, als er ihn vor einem halben Jahrhundert den »österreichischen Maupassant« nannte, ihm ein artiges Kompliment machen wollen. Er konnte damals nicht wissen, daß Schnitzler mit der 1900 erschienenen Novelle »Leutnant Gustl« den späterhin von James Joyce zu höchster Entfaltung gebrachten »inneren Monolog« vorweggenommen hatte, daß in Theaterstücken wie dem erwähnten »Paracelsus« oder im »Grünen Kakadu« schon der ganze Pirandello enthalten war. Und für einen Vergleich mit Tsche-

chow – der mir persönlich als der haltbarste von allen Verglei-
chen erscheinen will – bestand noch keine Basis. Damals
begann man ja erst zu überlegen, was Tschechow bedeuten
und sagen wollte und ob er damit wohl recht hätte. Daß und
wie sehr und in wie bezwingender Parallele auch Arthur
Schnitzler recht hatte, wissen wir erst heute.

Aber da erhebt sich die Frage: wissen wir's wirklich?
Verhält sich's nicht vielmehr so, daß selbst hier in Österreich,
wo die Schnitzler-Renaissance seit Jahren im Gange ist und
wo neben der längst zum klassischen Volksstück avancierten
»Liebelei« nun auch »Das weite Land«, der »Anatol«-Zyklus,
»Professor Bernhardi« und eine ganze Reihe seiner meister-
haften Einakter zum ständigen Bühnenrepertoire gehören –
daß selbst hier sich immer wieder Zweifel melden, ob
Schnitzler nicht vielleicht »überholt« sei?

Natürlich ist er das. Er ist es nur noch nicht weit genug. Er
befindet sich in jenem (mutmaßlich letzten) Wellental, in
jener unvermeidbaren Zwischenphase zwischen »nicht
mehr« und »noch nicht«, die er erst dann überwunden haben
wird, wenn niemand mehr lebt, der die Charaktere und
Konflikte seiner Dramen und Novellen noch in natura gekannt hat. Es wird noch einige Zeit brauchen, ehe Schnitzler
uns auf dem Umweg über die Zeitlosigkeit wieder erreicht
und ehe uns die gesellschaftlichen Voraussetzungen seiner
Probleme so gleichgültig werden, daß wir die Gültigkeit der
Probleme selbst erkennen. Und dann wird auch Arthur
Schnitzler erkannt sein, in seiner ganzen Größe und Weisheit,
im kunstvollen con sordino seiner dichterischen Instrumen-
tation, ein Diagnostiker der Seele und ein Therapeutiker des
Lebens, der bescheidenste im erlauchten Kreis der Meister,
einer der bedeutendsten Untertreiber der Weltliteratur.

Es wäre zu untersuchen, inwieweit das vorliegende autobiographische Fragment dazu beitragen kann. Und das macht
einen kleinen Umweg erforderlich.

In der Erstausgabe des Romans »Paludes« von André Gide
findet sich zum Abschluß ein Blatt mit der Überschrift:
»Verzeichnis der bemerkenswertesten Sätze aus den ›Paludes‹«. Das Blatt ist leer, bis auf eine Fußnote, die den Leser
auffordert, die seiner Meinung nach bemerkenswertesten

Sätze selbst einzutragen (und bis auf den Satz, den Gide seinerseits für den bemerkenswertesten hält: »Sieh da, du arbeitest!«). Ich weiß noch ganz genau, welche Sätze ich nach der ersten Lektüre des Buches, als Zwanzigjähriger, auf das leere Blatt geschrieben habe (sie tun hier nichts zur Sache) und daß ich's mir von da an zur Gewohnheit machte, jede Buchlektüre mit einem solchen »Verzeichnis der bemerkenswertesten Sätze« abzuschließen. Für die Jugenderinnerungen Arthur Schnitzlers hat ein einziges Blatt nicht ausgereicht. Ich benötigte ihrer drei.

Das alles ließe sich gewiß auch ohne Bezug auf André Gide sagen. Ich hatte ja auch schon längst nicht mehr daran gedacht, daß er der eigentliche Urheber dieser Gewohnheit war. Warum fällt es mir gerade nach der Lektüre eines Schnitzler wieder ein? Was wäre der gemeinsame Nenner, auf den sich diese beiden bringen ließen? Was, außer daß ich sie beide schon als sehr junger Mensch verehrt habe und daß ich damals, als ich Romane zu schreiben begann, in jugendlich hochgemuter Ambition »unter ihrem Einfluß« zu stehen glaubte oder wünschte – was verbände diese beiden durchaus gegensätzlichen Erscheinungen, die meines Wissens noch nie in einem Atem genannt wurden?

Nun, am Ende ist es nicht gar so abwegig, das zu tun, und nicht gar so unbegründet, wenn der Anstoß gerade aus Autobiographischem erfolgt – einer Form der literarischen Mitteilung, die Gide mit großer Vorliebe gebraucht hat und Schnitzler überhaupt nicht. Der erstmals möglich gewordene Vergleich ergibt tatsächlich eine gemeinsame Basis: die völlig rückhaltlose Ehrlichkeit, mit der so Gide wie Schitzler in ihrer Selbstdarstellung zu Werke gehen.

Aber diese Ehrlichkeit – und das habe ich erst bei Schnitzler unweigerlich zu merken bekommen, bis dahin hatte ich's trotz manchem Verdacht nicht wahrhaben wollen – ist bei Gide eine besonders raffinierte Abart der Koketterie. Gide entscheidet sich unter den vielen Möglichkeiten der Selbstbespiegelung für die Ehrlichkeit. Schnitzler *kann* gar nicht anders, als ehrlich sein. Gides »Voilà comme je suis« hat immer etwas Demonstratives an sich. Schnitzler ist von jeglichem »So bin ich nun einmal« denkbar weit entfernt, es scheint ihn immer ein wenig Überwindung zu kosten, von sich selbst zu reden, und wenn's ihm nicht länger glücken will, hinter den Menschen und Dingen, mit denen er's zu tun bekommt, zurückzutreten, wenn er selbst hervortreten muß, dann tut er's mit einer nüchternen Bescheidenheit, die keiner getarnten Arroganz entspringt, sondern einer echten Demut (ein viel zu pompöser Begriff, den Schnitzler nie für sich mobilisieren würde). Diese Aufzeichnungen wurden ja nicht zu jener Zeit niedergeschrieben, von der sie handeln, sondern Jahrzehnte hernach, als ihr Schreiber schon wußte, was aus dem seiner selbst so unsicheren jungen Mann von damals geworden war. Das muß man sich vor Augen halten, um die Souveränität zu ermessen, die hier sowohl in psychologischer wie in literarischer Hinsicht wirksam geworden ist. Ein Mann um die Mitte der Fünfzig, auf der Höhe seines Lebens, auf der Höhe seines Ruhms, hält Rückschau auf seine Anfänge. Aber er tut es nicht mit jener billigen Ironie, mit der sich das Alter der Jugend gegenüber (zumal der eigenen) so gerne behilft. Es ist eine im doppelten Sinn reflektierte Ironie, fast als wäre der Fünfundzwanzigjährige ironisch gegen den Fünfundfünfzigjährigen, fast als wollte der unfertig Tastende dem großartig Gereiften zu verstehen geben, daß es mit einer Reife, die auf solchen Ursprung zurückgeht, vielleicht gar nicht so weit her sei. Fast scheinen sie einander über die Jahrzehnte hinweg zuzuzwinkern, die beiden Schnitzler, die eben darum so ganz und gar eins sind.

Zwei Sätze von den vielen »bemerkenswerten« scheinen mir besonders illustrativ und aufschlußreich. Der eine beschließt den Bericht über eine Liebesbeziehung, in dem ausführlich von den Schwierigkeiten die Rede ist, die sich aus dem Vorhandensein eines anderen Liebhabers ergeben, von den seelischen Komplikationen, die dem geliebten Mädchen daraus erwachsen, und von dem unentschiedenen Schwanken aller drei Beteiligten. Und dann also heißt es: »Zu viel Psychologie übrigens! Sagen wir einfach: er war ein Narr, sie war ein kleines Luder und ich war ungeschickt.« An einer andern Stelle aber steht folgendes: »Wir müssen immer einen Dolch blitzen sehen, um zu begreifen, daß ein Mord geschehen sei.«

Zwischen diesen beiden Sätzen liegt die ganze Bewußtseinsspanne, die das Werk – und wahrscheinlich auch das Leben – Arthur Schnitzlers bestimmt hat: einerseits die Abneigung gegen große Worte, gegen allzu wichtigtuerische Deutungen, das Bestreben, nur ja nicht pathetisch zu werden – andererseits die nicht minder wache Besorgnis, aus Leichtfertigkeit und Phantasielosigkeit die tragischen Keime zu übersehen, die dem Humus jeder menschlichen Beziehung eingepflanzt sind und die, wenn sie erst einmal hervorbrechen, sich unversehens zur Katastrophe auswachsen können. Es ist keine einfache Aufgabe, zwischen den Extrempositionen solcher Erkenntnisse die Balance zu halten, sich von den Verlogenheiten der Pathetik nicht den Blick für die Wahrhaftigkeit der Tragik verstellen zu lassen und umgekehrt. Arthur Schnitzler hat in dieser Balance gelebt und aus diese Balance gewirkt. Daß er aus ihr gewirkt hat, bekundet sein Œuvre. Daß er in ihr gelebt hat, bekunden seine autobiographischen Aufzeichnungen.

Ihre Überzeugungskraft ist desto erstaunlicher, als es sich ja um deutlich und eindeutig fragmentarische Aufzeichnungen handelt, die nur bis zum ungefähr 27. Lebensjahr des Verfassers reichen, also bis vor den eigentlichen Beginn seiner literarischen Laufbahn. Man darf getrost behaupten, daß die Entwicklung des Dichters Arthur Schnitzler begann, als die Entwicklung des Menschen Arthur Schnitzler beendet war, und man darf vermuten, daß er das so gewollt hat, daß er sich zuerst seiner menschlichen Substanz vergewissert haben wollte, ehe er es für zulässig hielt, mit ihrer literarischen Manifestation die öffentliche Aufmerksamkeit in Anspruch zu nehmen. Da sickert nichts von der selbstüberschätzerischen Egozentrizität früher Eindrücke und früher Eindrucksfähigkeit durch, nichts von der sei's wehleidigen, sei's überschwenglichen Hingabe an die Intimsphäre pubertärer Erfahrung. Nie stellt der ungute Verdacht sich ein, daß Schnitzler ein Erlebnis um der literarischen »Verwertung« willen gesucht hätte, nie läßt er den eigenen Gefühlsanteil zum Antrieb künstlerischen Schaffens werden. Seine Produktion vollzieht sich jenseits des späterhin so beliebt gewordenen »Abreagierens« – obwohl und weil er um die Bewandtnisse, die es damit hat, besser Bescheid wußte als die meisten seiner Zeitgenossen. Wie sich's im großen Ganzen mit der Wechselbeziehung zwischen dem Menschen und dem Dichter Arthur Schnitzler verhielt, verhielt sich's im besonderen mit seinem dichterischen Produktionsprozeß: er setzte erst ein, wenn das, woraus er bei manchen anderen überhaupt bestand, nämlich die »Erlebnis-Verarbeitung«, sauber und in sich selbst abgeschlossen war.

Eben daraus mag sich die unbekümmerte, fast schon naive Direktheit ergeben, mit der er die Anregungen, die er von der Wirklichkeit empfing, einbekennt und verbucht, mit der er Schlüsselfiguren namhaft macht und Schlüsselgeschehnisse als solche kennzeichnet. Er darf sich das ruhig erlauben. Er war, wenn er zu dichten begann, der Wirklichkeit nichts mehr schuldig. Und in der andern Waagschale lag immer und jederzeit die Bereitschaft zur Selbstkritik, lag die Fähigkeit, zu sich selbst eine nahezu klinische Distanz zu halten. Geschieht es schon einmal, daß er an seinen eigenen Bemühungen ein gutes Haar läßt, gesteht er einem frühen Dramenentwurf »bei aller Unreifheit stellenweise Zeichen dichterischer und theatralischer Begabung« zu, so folgt wenige Zeilen später die Einschränkung, man könne »in diesem Jugendwerk geradezu gewisse Schwächen meiner Begabung vorgebildet finden, die auch in matteren Produkten aus meiner späteren Zeit an den Tag treten«.

Daß er auch sonst, im Persönlichsten und Privatesten, nicht eben zimperlich mit sich umging, wird der Leser der vorliegenden Aufzeichnungen gemerkt haben. Auch braucht es keinen ausdrücklichen Hinweis auf des jungen Arthur Schnitzler zeitkritischen Scharfblick, auf seine außergewöhnliche Beobachtungsgabe und auf den unbeirrbaren Spürsinn, der ihn in die Lage setzt, aus peripheren Wahrnehmungen zentrale Schlüsse zu ziehen, und der somit weniger den künftigen Schriftsteller als den künftigen Mediziner vorwegnimmt. Wie er da aus scheinbar nebensächlichen Symptomen das Hochkommen eines politischen Antisemitismus diagnostiziert (dessen fürchterlichste Erscheinungsformen ihm dann noch ganz knapp erspart blieben); wie er aus der Schilderung eines Theaterbesuchs, eines Rennens in der Freudenau, einer Auslandsreise oder eines Ferienaufenthalts beinahe selbsttätig das Panorama der dazugehörigen Gesellschaft erstehen läßt (jener gehobenen, manchmal bis in aristokratische Bezirke hineingehobenen Mittelschicht, deren sozialer und kultureller Aufstieg sehr wesentlich vom emanzipationsfreudigen Tatendrang ihres jüdischen Teils mitbestimmt wurde); wie in die wein- und tanzseligen Vergnügungen und Abenteuer, an denen der junge Student im Kreis der gleichgesinnten Freunde teilnimmt, immer wieder die Furcht vor »galanten Erkrankungen« hineinspielt; wie eine junge Generation, deren Blickfeld von Klavierunterricht und Hausbällen, von eifrigem Liebesgetändel und minder eifrigem Studium abgegrenzt ist, über diese Grenzen nicht hinauszusehen vermag –: in alledem ist mehr über die letzte Epoche bürgerlicher Sorglosigkeit ausgesagt als in manch einem dickleibigen Werk, das eigens auf solche Aussage abzielt. Und welche Noblesse in der Beurteilung seiner engeren Umgebung, welch untadeliges Einverständnis mit seiner jüdischen Herkunft, welch nachsichtige und dennoch niemals korrupte Erkenntnis der kleinen Defekte und Anfechtbarkeiten, die ihm von hier aus begegnen. Eine längst anachronistisch gewordene Redlichkeit atmet aus diesen autobiographischen Blättern und steht in stilvollem Einklang mit allerlei altmodischen Schreibweisen und Wendungen ihrer ersten Niederschrift: da heißt es noch »allmälig« und »gescheidt«, noch »Numero« und »Coulisse«, da erwähnt man »einiger Bücher«, genießt »des Rufs« und pflegt »der Geselligkeit«. Zwischendurch jedoch bestaunt auch der ganz und gar heutige Leser den Zugriff ironisch verknappter Formulierungen, nimmt vergnügte Kenntnis von den »absichtsvoll glühenden Augen« einer »dämonischen Gans«, von »schnödem Protoplasma« und von einer »langen, gelben Arztenstochter«, vom kosenden Rufnamen »Moni«, den man seinem Träger statt des »saftigeren Salomon« gewährt, und von manch einer andern zugespitzten Köstlichkeit, für die manch ein andrer einen ganzen Absatz gebraucht hätte.

Kein Zweifel: dieses autobiographische Fragment wird erheblich zum besseren Verständnis des Schnitzlerschen Wesens und des Schnitzlerschen Werks beitragen. Man wird nun besser wissen, wo er sich den »Professor Bernhardi« hergeholt hat, wer ihm zum »Anatol« und zum Friedrich Hofreiter im »Weiten Land« Modell gestanden ist, was ihm den Anlaß gab, das »süße Mädel« in die Literatur einzuführen und die Christine, die Schlager Mizi und die lediglich durch das zz von ihr unterschiedene Komtesse. Aber die Anlässe zählen nicht gar so viel. Es zählt, was Arthur Schnitzler aus ihnen gemacht, zu welcher Gültigkeit er sie umgestaltet hat. Und das wüßte man heute auch ohne sie zu kennen. Schnitzler selbst, der Bescheidene und Behutsame, der gläubige Skeptiker und weise Zweifler, hat es noch nicht gewußt. Ich nannte ihn eingangs einen der bedeutendsten Untertreiber der Weltliteratur. In diesen Aufzeichnungen zeigt sich, wie und warum er's geworden ist.

DETAILLIERTE INHALTSÜBERSICHT
SÄMTLICHER BÜCHER

Geburt – Familie des Vaters 11, Familie der Mutter 15, Erste theatralische Erlebnisse – Kopie Knaacks – Erster Mißerfolg 19, Neue Wohnung Schottenbastei – Neue Wohnung Giselastraße 21, Wartezimmer des Vaters – Spielkameraden 21, Familie Lehmann – Reclambändchen – Erste Lektüre 23, Herzensangelegenheit des Fräulein Lehmann 25, Felix von Sonnenthal – Reichenau – Welteroberungspläne 26, Erste Theaterbesuche – »Spiel und Ernst« 27, Des Vaters Studium und Weg nach Wien – Der Vater als Laryngologe 28, Seine Dichtungen – Seine ärztliche und publizistische Tätigkeit 30, Sein äußeres Verhältnis zu Kunst und Natur – Landfahrten 31, Sommeraufenthalte – Reisen – Schweiz 34, Neue Wohnung Burgring 36, Die ersten Lehrer 36, Akademisches Gymnasium 36, Kollegen – Aufklärung 37, Einblick ins Theaterleben 38, Reinheit – Eifersucht wegen der Cousine – Affektationen – Monologe im Vöslauer Wald 39, Erste Gedichte – Vorlesung in der Schule – Spottverse – Traum- und Punktierbücher, die der Vater findet 40, Professoren – Hauslehrer 41, Faulheit – Klavierunterricht 43, Verhältnis zum Bruder – Zu den Eltern – Ihre Wesensart 44, Gedichte – Reisebeschreibungen 45, Theaterstücke – Schulzeitung 46, Frühreife und Frühbildung – Der Deutsch-Französische Krieg – Der »große Krach« – Weltausstellung 49, Geselligkeit – Schulkameraden 50, Geschwister der Mutter und deren Familien 52, Der Bruder der Großmutter, Anton Schey – Andere Verwandte 56, Besuch bei Makart 58, Angst vor dem Sterben – Mondsucht 60.

»Fännchen«, die erste Liebe 63, Freunde – Dichtungen – Kritiken 64, Allgemeines über die Freundschaftsbeziehungen 68, Romantik 69, Musik – Dilettantismus und Kunst 71, Urteile von Oppenheim, Nordmann, Vincenti, Hamerling u. a. über Frühwerke 72, Das verlorene Stück »Der ewige Jude« 73, Kein Ehrgeiz – Die Professoren Mik und Dvořák 74, Die Professoren Zitkovszky und Blume – Antisemitismus 75, Andere Professoren 77, Religionsunterricht 80, Illusionslosigkeit – Die »griechischen Göttinnen«: Venus, Hebe und Juno 84, Tagebuch – Entdeckung durch den Vater – Atlanten von Kaposi 85, Aufhellung der häuslichen Atmosphäre – Matura – Wiederholung der schriftlichen Matura – Auszeichnung 87.

Vertreter des Vaters – Lebensführung 200, Louis Friedmann – Seine Familie – Sein Kreis 200, Benvenisti und Heli 206, Helene Herz – Anni Holitscher und Peter Altenberg 205, Poeterei – Festspiel zum Jubiläum des Vaters 210, Erkrankung und Abreise nach Meran 214, Die Thalhofwirtin Olga Waissnix 215, Abschied – Heimreise 221.

Sechstes Buch: April 1886 bis August 1887 222

Siebentes Buch: September 1887 bis Juni 1889 273

ANMERKUNGEN

11

Praterstraße, damals Jägerzeile: Hauptstraße des zweiten Wiener Gemeindebezirks, Leopoldstadt. Zu Beginn des 19. Jahrhunderts hieß der gegen den Prater zu gelegene Teil der Jägerzeile Praterstraße, seit 1862 wird der ganze Straßenzug so benannt. Der Prater, ein ehemaliges kaiserliches Jagdrevier, wurde 1766 der Öffentlichkeit als Naturpark übergeben.

des an das Hotel Europe grenzenden Hauses: Hotel de l'Europe. Das Haus: Nr. 16.

mein Vater: Regierungsrat Universitätsprofessor Dr. Johann Schnitzler, 1835 bis 1893. Laryngologe, von 1880 bis zu seinem Tode Direktor der Allgemeinen Wiener Poliklinik, war Mitarbeiter an der »Wiener Medizinischen Presse«, gründete 1887 die »Internationale Klinische Rundschau«.

Groß-Kanizsa: ungarisch Nagykanizsa, Stadt im Südwesten Ungarns.

meines Großvaters: Josef Schnitzler, ? bis 1863 (nicht wie im Text 1864).

Zalaer Komitat: im Gebiet des Plattensees.

13

Vaters jüngere Schwester: Johanna Wilheim, geb. Schnitzler, etwa 1839 bis 1925.

ihres... Sohnes: Arthur Wilheim.

15

meiner Mutter: Luise Schnitzler, geb. Markbreiter, 1838 bis 1911.

Philipp Markbreiter: Dr. med. et phil., 1810 bis 1892. Gründete 1860 die »Wiener Medizinal-Halle, Zeitschrift für praktische Ärzte«, die von 1865 bis 1906 den Titel »Wiener Medizinische Presse, Organ für praktische Ärzte« führte.

von dem Gatten seiner ältesten Tochter: Arthur Schnitzlers Vater, Professor Dr. Johann Schnitzler.

Gattin: Amalie Markbreiter, geb. Schey, gestorben 1884 im neunundsechzigsten Lebensjahr.

16

Mödling: Stadt südlich von Wien.

Güns: ungarisch Köszeg.

17

der jüngere, Philipp: Philipp Schey Freiherr von Koromla, 1798 bis 1880.

18

Versöhnungstag: hebräisch Jom Kippur, auch »langer Tag« genannt. Der höchste jüdische Feiertag.

des Laubhüttenfestes: hebräisch Sukkot, das jüdische Erntedankfest.

19

Carltheatergebäude: in der Praterstraße, an der Stelle des demolierten Leopoldstädter Theaters 1847 erbaut und im selben Jahr als »Carltheater« von Carl v. Bernbrunn eröffnet, 1951 demoliert.

des Theaters an der Wien: 1801 von Emanuel Schikaneder eröffnet. Hier fanden die Uraufführungen des »Fidelio« und des Violinkonzerts von Beethoven statt; Kleist verfaßte sein »Käthchen von Heilbronn« für diese Bühne; hier auch die Uraufführung von Grillparzers »Ahnfrau«. Später Stätte der »klassischen« Wiener Operette (u. a. Uraufführungen von »Die lustige Witwe« und »Ein Walzertraum«).

Komiker Scholz: Wenzel, 1787 bis 1857. Nestroys Partner in vielen seiner Stücke.

Komiker Knaack: Wilhelm, 1829 bis 1894.

20

und Fiakern: vom französischen fiacre übernommene, in Österreich übliche Bezeichnung für eine zweispännige Lohnkutsche.

Schottenbastei: im ersten Wiener Gemeindebezirk. Das Haus: Nr. 3.

Grafen Kalman: über ihn ist nichts Näheres festzustellen.

21

Paradeis- oder Paradiesgartel: auf der Löwelbastei; nach der Kongreßzeit bis zur Demolierung (1872) beliebte Erholungs- und Vergnügungsstätte der Wiener.

Giselastraße: im ersten Wiener Gemeindebezirk, heute Bösendorferstraße.

meinen um drei Jahre jüngeren Bruder: Julius, 1865 bis 1939. Später Professor der Chirurgie, Primararzt des Wiedner Krankenhauses im vierten Wiener Gemeindebezirk.

des vertriebenen rumänischen Fürsten Couza: Alexandru Ioan I., 1820 bis 1873. Erster gewählter Fürst Rumäniens (1859).

Milan Obrenović: Milan I. Obrenović, 1854 bis 1901. 1868 zum Fürsten gewählt, 1882 bis 1889 König von Serbien.

mit seiner Mutter: Maria, geb. Katardži.

Döblinger Hauptstraße: im neunzehnten Wiener Gemeindebezirk (Döbling).

22

mit den Kindern des berühmten Schauspielers Sonnenthal: Adolf Edler v. Sonnenthal, 1832 bis 1909. Mitglied des Burgtheaters von 1856 bis zu seinem Tode. Seine Kinder: Felix, Siegmund, Paul, Hermine.

von Rosenberg: Friedrich, gest. 1888. Königl.-Niederländischer Generalkonsul.

23

meine Schwester Gisela: 1867 bis 1953. Sie heiratete am 6. Januar 1889 den Laryngologen Universitätsprofessor Dr. Marcus Hajek.

Freihaus: ursprünglich Freigut in Graf Starhembergschem Besitz. Nach wiederholten Bränden 1769 neu errichteter Gebäudekomplex mit nahezu tausend Bewohnern. 1787 wurde hier ein kleines Theater eröffnet, das später unter Leitung Emanuel Schikaneders stand. Mozarts »Zauberflöte« wurde hier 1791 uraufgeführt. Später teilweise demoliert, durch Bomben 1945 zur Gänze zerstört.

Wieden: der vierte Wiener Gemeindebezirk.

Heinrich Laube: 1806 bis 1884. Von 1849 bis 1867 Direktor des Burgtheaters.

Oppolzer: Johann Ritter v. Oppolzer, 1808 bis 1871.

die jüngere Tochter: Adele Lehmann. Von 1866 bis 1869 Mitglied des Burgtheaters.

der ältere Bruder: Julius Lehmann. Nicht, wie im Text angegeben, Statist, sondern Souffleur am Burgtheater.

24

merkwürdiger war mir der jüngere: Hugo Lehmann. War seit 1873 Statist am Burgtheater.

»Aristokrat und Demokrat«: diese und fast alle der im folgenden erwähnten Jugendarbeiten befinden sich im Nachlaß.

25

einem Infanterieleutnant: Ignaz Sanét.

Hernalser Hauptstraße: im siebzehnten Wiener Gemeindebezirk (Hernals).

26

bei ihrem Neffen: Hermann Gehrs (eigentlich Gehraus), 1878 bis 1921. Von 1903 bis zu seinem Tode Mitglied des Burgtheaters.

Thalhof: Hotel, auch jetzt noch als solches in Betrieb.

Reichenau: Sommerfrische etwa eine Bahnstunde südlich von Wien.

27

ein geliebtes Frauenbild: Olga Waissnix, geb. Schneider, gestorben 1897 im Alter von 34 Jahren.

Kärntnertortheater: 1763 ungefähr an der Stelle des heutigen Hotels Sacher als »Kaiserliches Hoftheater« eröffnet, 1868 demoliert.

Gustav Walter: 1834 bis 1910. Von 1856 bis 1887 Tenor an der Wiener Hofoper.

Dr. Schmid: Karl, 1825 bis 1873. Von 1855 bis 1868 Bassist an der Wiener Hofoper.

28

Wiedner Theater: Theater an der Wien, vgl: Anm. zu Seite 19.

Szika: Jani, 1844 bis 1924 nachweisbar. Sänger und Schauspieler. Die Aufführung der »Liebelei« am Frankfurter Schauspielhaus fand am 11. Januar 1896 statt.

eines sehr bekannten Buchhändlers: Horowitz.

glücklicher Ehemann: Professor Johann Schnitzler heiratete am 2. Juni 1861.

Dornbacher Park: öffentlicher Park im Besitz des Fürsten Schwarzenberg. Dornbach: Teil des siebzehnten Wiener Gemeindebezirks (Hernals).

von einem Freund: Raoul Auernheimer, 1876 bis 1948. Novellist, Dramatiker, Feuilletonist, Theaterkritiker.

dessen Mutter: Jenny Auernheimer, gest. 1919.

nach Erlangung des Doktorats: 1860.

30

Schrötter: Leopold, v. Kristelli, 1837 bis 1908. Laryngologe.

Stoerck: Karl, 1832 bis 1899. Laryngologe, machte zusammen mit Professor Ludwig v. Türck die ersten Versuche der Anwendung des Laryngoskops.

Schüler Türcks: Ludwig v. Türck, 1810 bis 1868. Neurologe und Laryngologe, hatte wesentlichen Einfluß auf die praktische Verwendung des Kehlkopfspiegels für diagnostische und operative Zwecke.

»Bar Kochba«: (aramäisch »Sohn des Sterns«), messianischer Beiname des jüdischen Freiheitshelden Simon, der den Aufstand der Juden gegen die Römer 132 bis 135 n. Chr. leitete.

nach der Lektüre der Hyrtlschen Anatomie: Joseph Hyrtl, 1810 bis 1894. Anatom. »Lehrbuch der Anatomie des Menschen«, 1846. »Handbuch der topographischen Anatomie«, 1847.

31

»Medizinal-Halle«: siehe Anm. zu Seite 15.

durch Verlegerrancune aus dieser Stellung verdrängt: siehe Seite 263f.

Poliklinik: gegründet 1871, eröffnet am 1. Januar 1872. Noch heute in Betrieb.

Concordia: 1859 in Wien gegründet.

Mosenthal: Salomon (Pseudonym Friedrich Lechner), 1821 bis 1877. Seit 1871 Ritter v. »Deborah«, Volksschauspiel, 1850. »Lambertine von Méricourt«, Trauerspiel, 1853.

32

»Neue Freie Presse«: unter ihrem Chefredakteur Moriz Benedikt (1849 bis 1920) war sie die führende Zeitung der österreichischen Monarchie. Mußte am 1. Februar 1939 ihr Erscheinen einstellen und wurde ebenso wie das »Neue Wiener Journal« mit dem »Neuen Wiener Tagblatt« vereinigt. Nachfolgerin wurde nach 1945 die Tageszeitung »Die Presse«.

33

Schönbrunn: ehemaliges kaiserliches Schloß in Wien.

Hietzing: der dreizehnte Wiener Gemeindebezirk.

Kaltenleutgeben: Ort am Stadtrand südwestlich von Wien.

Charlotte Wolter: 1834 bis 1897. Von 1862 bis zu ihrem Tode Mitglied des Burgtheaters.

Strache: die Familie des Direktors der Bodencreditanstalt Eduard Strache.

Pötzleinsdorf: Teil des achtzehnten Wiener Gemeindebezirks (Währing).

Rabatz: Filipp. K. k. Hofzahnarzt, Kaiserlicher Rat.

Doktor Winternitz: Wilhelm, 1834 bis 1917. Gründete 1865 nach dem Prießnitzverfahren die Kaltwasserheilanstalt und wurde 1896 Professor und Leiter der ersten hydrotherapeutischen Klinik in Wien.

34

an der Linie: volkstümliche Bezeichnung für den alten Linienwall, der die Stadt Wien teilweise umgab.

Mariahilf: der sechste Wiener Gemeindebezirk.

nach dem »Roten Stadl«: beliebtes Gasthaus bei der Ortschaft Rodaun, südlich von Wien.

die »Brühl«: Sommerfrische südlich von Wien.

Vöslau: Bad Vöslau, etwa eine halbe Stunde Bahnfahrt südlich von Wien.

Alt-Aussee: Ort im steirischen Salzkammergut.

35

zwischen Hütteldorf und Neuwaldegg: beides damals Vororte im Westen Wiens, die 1892 eingemeindet wurden und heute zum vierzehnten bzw. siebzehnten Wiener Gemeindebezirk gehören.

der Moser'schen Posse »Das Stiftungsfest«: Gustav v. Moser, 1825 bis 1903. Bühnenschriftsteller. »Stiftungsfest«, Schwank in drei Aufzügen (1873).

Münchener Residenztheater: 1751 bis 1753 von François de Cuvilliés erbaut, am 18. März 1944 durch Bomben zerstört, 1949 bis 1951 unweit seines früheren Standorts, und zwar innerhalb der »Residenz«, wieder aufgebaut und am 28. Januar 1951 wiedereröffnet.

36

Burgring: im ersten Wiener Gemeindebezirk.

Kaisergarten: der heutige Burggarten. Der größte Teil dieses seinerzeitigen Hofgartens wurde 1894 beseitigt und auf seinen Gründen ein Trakt der Neuen Hofburg erbaut. Seit 1919 öffentlich zugänglich.

ins Akademische Gymnasium: hervorgegangen aus dem 1553 gegründeten ersten Jesuitengymnasium auf österreichischem Boden; 1852 Staatsgymnasium, bezog es 1866 den noch unverändert bestehenden Neubau am Beethovenplatz. Außer Arthur Schnitzler waren Peter Altenberg, Richard Beer-Hofmann und Hugo v. Hofmannsthal Schüler dieser Anstalt.

Maximilian Lang: gest. 1921 in Beluša; früher Ungarn, jetzt zur Tschechoslowakei gehörig.

37

in einem romantischen Trauerspiel: »Aegidius«.
im Ibsen'schen Sinne:
    Leben heißt – dunkler Gewalten
    Spuk bekämpfen in sich.
    Dichten – Gerichtstag halten
    über sein eigenes Ich.
    (Gedichte »Ein Vers«.)
Machanek: Josef, war Chorsänger an der Wiener Hofoper.

38

ein Schüler: Näheres über ihn ist nicht festzustellen.
ein gewisser Thomas: Heinrich Thomas.
Villa Rademacher: gehörte dem Getreidehändler Ludwig Mandl.
    (Siehe Seite 52 f.).
Ludwig Mandl: der spätere Gynäkologe Universitätsprofessor Dr.
    Ludwig (Louis) Mandl.
ein junges Paar: es dürfte sich um Kathie Thaller (1856 bis 1925)
    handeln, die allerdings nicht unvermählt blieb, sondern den Ka-
    pellmeister Hugo Schenk heiratete. Der Schauspieler war Josef
    Sprinz, gest. 1909.

39

»*Mönch und Soldat*«, Drama (1850) von Friedrich Kaiser, 1814 bis
    1874. Volkstümlicher Bühnenschriftsteller und Schauspieler.
    Gründete 1840 die ältere »Concordia« als Ersatz für die aufgelöste
    »Ludlamshöhle«, der Franz Grillparzer, Nikolaus Lenau und
    andere bedeutende Künstler angehört hatten.
aus einem ganz persönlichen Grunde: Die Schauspielerin Marie
    Glümer, 1873 bis 1925, mit der Arthur Schnitzler später eine
    leidenschaftliche Beziehung verband, war mehrere Jahre in Salz-
    burg engagiert.

40

»*Sardanapal*«: griechische Form für Assurbanipal, Assyrerkönig,
    669 bis 626 v. Chr.

41

ein ägyptisches Traumbüchel: Sammlungen von abergläubischen
    Traumdeutungen.
Punktierbuch: Anleitung zum Wahrsagen aus willkürlich hingewor-
    fenen Punkten und Strichen.

43

Tezner: (eigentlich Tänzerles) Friedrich, gestorben 1925.
Hermann Riedel: 1847 bis 1913 (nicht wie im Text 1914).
    1878 bis 1882 Hofmusikdirektor in Wien. »Der Ritterschlag«
    (1880).
der Scheffel'schen Trompeterlieder: »Der Trompeter von Säckin-
    gen«, Versepos (1854) von Joseph Victor v. Scheffel.

46
Heiligenblut: in Kärnten an der jetzigen Großglocknerstraße gelegen.

48
Zitkovszky: Ludwig, v. Semessova und Szochorad.
Wechsel: Josef Moritz (in späteren Jahren Hofrat Josef Wexel), geboren 1860, bis 1931 in Hollabrunn, N.-Ö., nachweisbar. Redakteur des »Illustrierten Wiener Extrablattes«; später Chefredakteurstellvertreter beim »Neuen Wiener Journal«.

49
vor dem schwarzen Freitag: der 9. Mai 1873.
Rotunde: für die Weltausstellung erbautes Gebäude im Prater. 1892 fand dort die Internationale Musik- und Theaterausstellung, 1898 die Kaiserjubiläums-Gewerbeausstellung und nach dem Ersten Weltkrieg alljährlich ein Teil der Wiener Internationalen Messe statt. Am 17. September 1937 durch Brand zerstört.

50
Zschokke: Heinrich, 1771 bis 1848. Schweizer Schriftsteller und Politiker.
Hackländer: Friedrich Wilhelm (seit 1861 Ritter v.), 1816 bis 1877. Erzähler, Bühnenschriftsteller.
des rühmlich bekannten Kupferstechers: Karl Radnitzky, 1818 bis 1901. Medailleur und Bildhauer.

51
Alfred Rie: er wurde später Rechtsanwalt.

52
Ribisel: in Österreich übliche Bezeichnung der Johannisbeere.
als Bisenzer Gymnasialprofessor: Bisenz, tschechisch Bzenec; Stadt im damaligen Kronland Mähren.
Emma, die Nächstälteste: Emma Fried, geb. Markbreiter; gest. 1903.
Debreczin: ungarisch Debrecen.
Irene: Mandl, geb. Markbreiter; gest. 1918.

53
Alfred: Mandl, gest. 1926 (Selbstmord).
Grethe: Mandl, später verehelichte Manassewitsch.
Pauline: v. Suppé, geb. Markbreiter; gest. 1923.
g'schnappig: schnippisch.
des Operettenkomponisten Suppé: Franz v., 1819 bis 1895.
bis zu seinem frühen Tode: 1894.

54
in den Schicksalen der anderen drei: es sollte nicht, wie im Text angegeben, drei, sondern vier heißen: Melanie war später kinderlos verheiratet, Elsas und Claras Ehen wurden geschieden, und Anna beging 1923 Selbstmord.

Ein Sohn: Franz, gest. 1908 im Alter von 17 Jahren nach einer Blinddarmoperation.

Meiner Mutter ältester Bruder: Edmund Markbreiter, gest. 1909 in New York. Rechtsanwalt.

Mädchen aus Lemberg: Marie Braun.

Else: gest. 1902 an Lungentuberkulose.

Raoul: wurde Rechtsanwaltsanwärter und mußte 1908 wegen Unterschlagungen nach Amerika auswandern. Er starb 1933 als Hoteldirektor in Chikago.

Richard Horn: später Rechtsanwalt.

Seine zwei Knaben: Paul (später Inspektor der Österreichischen Bundesbahnen) und Hans Markbreiter.

Felix: Markbreiter, gest. 1914.

55

in einem großen Pariser Bankhause: Dreyfus.

kluge Verwandte als Frau zu holen: Julie Jellinek.

Schachendorf bei Rechnitz: im jetzigen Burgenland. Damals Ungarn.

Preßburg: tschechisch Bratislava; Stadt im damaligen Kronland Mähren.

eine seiner Töchter: Bertha Iritzer.

Nanette Rosenberg: gest. 1890. Der Sohn hieß Moriz.

einen einzigen Sohn, Anton: gest. 1890.

56

eine Cousine Karoline Jellinek: geb. etwa 1829.

57

Seine Gattin: Marie Schey, gest. 1899 im Alter von 79 Jahren.

60

»Barmitzwe«: Bar Mizwa (aus aramäisch bar = Sohn und hebräisch mizwa = Gebot), religiös volljähriger Jude sowie die mit Erreichung der Volljährigkeit verbundene Feier.

63

Fanny: (»Fännchen« genannt), Franziska Reich, 1862 bis 1930.

»Fräulein«: Erzieherin.

64

Kortum: Karl Arnold, 1745 bis 1824. Arzt, Verfasser grotesk-komischer Heldengedichte in Knittelversen, die er selbst mit Holzschnitten illustrierte. (»Die Jobsiade«, 1799.)

Winterfeld: Adolf v., 1824 bis 1888. Erzähler und Übersetzer.

66

des »Neuen Wiener Journals«: Untertitel »Unparteiisches Tagblatt«. 1893 von Jakob Lippowitz gegründet und bis 1939 eine der führenden österreichischen Tageszeitungen.

Maximilian Harden: (Pseudonym für Witkowski), 1861 bis 1927. Publizist, bekannt als Begründer der Wochenschrift »Die Zukunft«.

67

»Uriel Acosta«: Trauerspiel (1847) von Karl Gutzkow.

68

Wurstelprater: Teil des Praters, in dem sich auch heute noch zahlreiche Gaststätten und volkstümliche Vergnügungsetablissements befinden.

Alexander Strakosch: 1845 bis 1909.

69

»Kater Murr«: »Lebens-Ansichten des Katers Murr nebst fragmentarischer Biographie des Kapellmeisters Johannes Kreisler in zufälligen Makulaturblättern«, 1820 bis 1822.

»Sternbalds Wanderungen«: »Franz Sternbalds Wanderungen«, 1798.

»William Lovell«: »Geschichte des Herrn William Lovell«, 1795.

70

»Katzenbergers Badereise«: »Dr. Katzenbergers Badereise«, 1809.

»Quintus Fixlein«: »Leben des Quintus Fixlein, aus 15 Zettelkästen gezogen«, 1796.

71

Ignaz Brüll: 1846 bis 1907.

des Hellmesberger-Quartetts: Joseph Hellmesberger, 1828 bis 1893. Dirigent, Violinist.

Anton Rückauf: 1855 bis 1903. Pianist und Komponist.

Moritz Rosenthal: 1862 bis 1946. Klaviervirtuose und Komponist.

72

Oppenheim: Josef, 1839 bis 1900.

Johannes Nordmann: (ursprünglich Rumpelmayer), 1820 bis 1887.

Vincenti: Karl v. (Pseudonym C. v. Werden), 1835 bis 1917.

73

Siegmey: (Pseudonym für Siegbert Meyer). Schriftsteller.

»Salonblatt«: »Wiener Salonblatt«, 1870 bis 1938, gegründet von Otto v. Hentl und Victor Silberer.

Robert Hamerling: (eigentlich Rupert Johann Hammerling), 1830 bis 1889.

die mir in späteren Jahren bedeutungsvoll werden sollte: in seinem Tagebuch vom 4. Februar 1895 erwähnt Arthur Schnitzler die alte Kirche in der Lerchenfelder Straße anläßlich eines Spaziergangs mit Marie Reinhard, die von 1894 bis zu ihrem Tode, 1899, in Schnitzlers Leben eine entscheidende Rolle spielte.

75

Gautsch: Paul Gautsch Freiherr v. Frankenthurn, 1851 bis 1918. Im Jahre 1911 Ministerpräsident.

Professor Dvořaks Tochter: Olga, gestorben 1898 im Alter von 31 Jahren. Von 1889 bis zu ihrem Tode Schauspielerin am Deutschen Volkstheater. Bühnenname: Dvorzak.

»Viertes Gebot«: »Das vierte Gebot«, Volksstück in vier Akten von Ludwig Anzengruber (1877).

Anastasius Grün: (eigentlich Anton Alexander Graf v. Auersperg), 1806 bis 1876.

77

Deperis: Karl, seit 1906 richtig: de Pers v. San Elisio und Grabiz.

Karl Leth: 1861 bis 1930. Im Jahre 1915 Finanzminister.

78

Zwei Wiener Literaten: Egon Friedell, 1878 bis 1938, und Alfred Polgar, 1875 bis 1955: »Goethe«. Eine Szene (1908).

79

Weidlingau: Ortschaft in der unmittelbaren Nähe Wiens.

Richard Tausenau: 1861 bis 1893 (Selbstmord).

80

Doktor David Weiss: im Klassenbuch des Gymnasiums lautet die Unterschrift allerdings Dr. A. Weiss. Es dürfte sich wohl um Dr. Adolf Weiss handeln.

Das Buch Hiob: (Job) Kapitel 3, Vers 1-6.

81

zum Direktor begab: Dr. Karl Schmidt.

84

unserer französischen Bonne: Elisa Pache.

85

auf dem Stock-im-Eisen-Platz: in unmittelbarer Nähe des Stephansdoms im Zentrum von Wien.

Gindely: Anton, 1829 bis 1892. Schrieb u. a.: »Lehrbuch der allgemeinen Geschichte für Obergymnasien«, drei Bände (1861).

der jugendlichen Tochter unseres Zahnarztes: Hermine Rabatz, später verehelichte Delia.

86

Kaposischen Atlanten: Moritz Kaposi, 1837 bis 1902. Begründer der modernen Dermatologie. Schrieb u. a. »Pathologie und Therapie der Hautkrankheiten« (1860) und »Pathologie und Therapie der Syphilis« (1891).

88

Sohn des Direktors: Rudolf Schmidt.

Richard Horns Herzensfreund Otto: wohl Otto Singer. (Siehe Seite 48.)

90

im Konservatorium für Musik: aus dem 1817 gegründeten »Konservatorium der Gesellschaft der Musikfreunde in Wien« entstand 1909 die heutige »Staatsakademie für Musik und darstellende Kunst«. Professor Johann Schnitzler hielt dort 1874 bis 1877 Vorträge über Physiologie und Pathologie der Stimme.

91

Professor Donders: Frans Cornelis, 1818 bis 1889.

92

Langer: Karl, v. Edenburg, 1819 bis 1887.
Brücke: Ernst Wilhelm v., 1819 bis 1892.
Ludwig: Ernst, 1842 bis 1915.
Lang: Victor v., 1838 bis 1921.
Schrauf: Albrecht, 1837 bis 1897.
Claus: Karl Friedrich Wilhelm, 1835 bis 1899.
Wiesner: Julius, 1838 bis 1916.
des deutsch-österreichischen Lesevereins: »Deutsch-Österreichischer Leseverein der Wiener Hochschulen«, gegründet 1877.

93

Akademische Lesehalle: gegründet 1870, aufgelöst 1881 »wegen Überschreitens ihres statutenmäßigen Wirkungskreises«.
einem Studenten der Philosophie: der spätere Universitätsprofessor Dr. Richard Wahle.
Fritz Wahle: war später Musiker.
die liebenswürdige Cousine meines blonden Fännchens: Fanny Mütter. (Siehe Anm. zu Seite 106.)

94

Renan: Ernest, 1823 bis 1892. »La Vie de Jésus« (1862).

97

Prinz Heinz: Figur aus »König Heinrich IV.« von Shakespeare.
Ernst Hartmann: 1844 bis 1911. Von 1864 bis zu seinem Tode Schauspieler und Regisseur am Wiener Burgtheater.
Alexander Girardi: 1850 bis 1918. Berühmter Volksschauspieler. Wurde 1918, zwei Monate vor seinem Tode, ans Burgtheater engagiert, wo seine letzte Rolle die des Hans Weiring in Schnitzlers »Liebelei« war.

99

das »Central«: berühmt als Literatencafé, im ersten Wiener Gemeindebezirk. Existiert seit dem Zweiten Weltkrieg nicht mehr.
namens Tambour: Näheres über ihn ist nicht festzustellen.
zur Erwerbung des Freiwilligenrechtes: Maturanten stand das Recht zu, sich durch die Meldung zum Einjährig-Freiwilligen-Jahr die dreijährige Militärdienstpflicht zu ersparen.
Ölmütz: tschechisch Olomouc, im damaligen Kronland Mähren.

101

Eugen Deimel: 1861 bis 1920.
Sein Vater: Eugen Deimel. Er ging nicht, wie im Text angegeben, als Finanzrat, sondern als Oberfinanzrat in Pension.
des Ringtheaters: 1874 am Schottenring als Komische Oper eröffnet, erhielt das Theater später den Namen Ringtheater. 1881 fing der Vorhang unmittelbar vor Beginn einer Aufführung von »Hoff-

manns Erzählungen« Feuer, und das Theater brannte in kurzer Zeit vollkommen aus, wobei es 386 Todesopfer gab. Diese Katastrophe führte zur allgemeinen Einführung von eisernen Vorhängen und anderen Feuerschutzmaßnahmen in den Theatern der ganzen Welt.

102

Rossi: Ernesto, 1829 bis 1896.

am Matzleinsdorfer, dem einstigen Fürstlich Sulkowsky'schen Privattheater: in der jetzigen Wiedner Hauptstraße, damals Matzleinsdorfer Straße.

»Marie-Anne, ein Weib aus dem Volke«: Gemälde aus dem Volksleben in fünf Aufzügen (1845) von Adolphe Philippe Dennery (1811 bis 1890) und Julien de Mallian (1805 bis 1851).

Direktor Niclas: Valentin, 1806 bis 1883.

Beisel: in Wien übliche Bezeichnung für ein einfaches Wirtshaus.

Richard Schulz: auch Schultz, 1863 bis 1928. Schauspieler und Theaterdirektor.

Serveladiwurst: Dialekt für Zervelatwurst.

Fräulein Schubert: Näheres über sie ist nicht festzustellen.

Wiener Stadttheater: 1872 unter der Direktion Heinrich Laubes eröffnet. 1887/88 zu einem Varietétheater umgebaut und »Etablissement Ronacher« benannt. Nach der teilweisen Zerstörung des eigenen Hauses im Zweiten Weltkrieg spielte das Burgtheater dort von 1945 bis 1955.

103

des »Freien Landesboten«: »Der Freie Landesbote, Volksblatt und Vorstadtzeitung aus München«, 1870 bis 1910.

Sigl: Dr. Johann Baptiste, 1839 bis 1902.

Bösl: Th. Bösl. Näheres über ihn ist nicht festzustellen.

Flotow: Friedrich Freiherr v., 1856 bis 1917.

Café »Laferl«: (auch Café Lafferl) befand sich an der Ecke der Rotenturmstraße und des Franz-Josefs-Kais in einem Gebäude, das 1889 demoliert wurde.

Adolf Paul: 1863 bis 1943. Dramatiker und Erzähler.

Goethe-Spruch: aus dem »Epilog zum Trauerspiel Essex«, später in »Sprichwörtlich« aufgenommen:
Der Mensch erfährt, er sei auch, wer er mag,
Ein letztes Glück und einen letzten Tag.

104

Tod seines dritten Bruders: Marino Deimel.

106

Gärtchen des Offiziersspitals: das Militärgarnisonshauptspital befand sich hinter der »k.k. medizinisch-chirurgischen Josefsakademie« (Josefinum) im neunten Wiener Gemeindebezirk.

Fanny Mütter: gest. 1918.

107

Marchesi: Mathilde, de Castrone, 1821 bis 1913. Deutsche Opernsängerin.

Fanny Mütters Bruder: Pepi (Josef) Mütter.

ihr Vetter: Eduard Mütter.

dem Bankier Jakob Lawner: Franziska Reich heiratete jedoch 1888 den Generalrepräsentanten der französischen Lebensversicherungsgesellschaft »Le Phénix«, Simon Lawner.

Wirtstochter aus Purkersdorf: Ortschaft in der unmittelbaren Nähe von Wien. Nach einer von Arthur Schnitzler niedergeschriebenen Inhaltsangabe zur Autobiographie hieß die Wirtstochter Marie J.; Näheres über sie ist nicht festzustellen.

Weghuberpark: an der Stelle des 1887 bis 1889 erbauten Deutschen Volkstheaters im siebenten Wiener Gemeindebezirk. Die heute noch bestehende Grünanlage neben dem Theater ist sein kleiner Rest.

ein aus Czernowitz gebürtiger Studiosus juris: Leo Ebermann, 1863 bis 1914. Verfasser des naturalistischen Trauerspiels »Zwei Welten« (1891), das die »Judenfrage« zum Gegenstand hat, sowie der am Burgtheater aufgeführten Tragödie »Die Athenerin« (1896). Czernowitz: frühere Hauptstadt des Kronlandes Bukowina; heute Cernauti, Gebietshauptstadt in der ukrainischen SSR.

Siegmund Schneider: Schriftsteller und Publizist. Miteigentümer und Chefredakteur der »Oesterreichischen Illustrierten Zeitung«.

eine erkenntnistheoretische Arbeit: vermutlich »Grundzüge der Psychomechanik« (I. Teil »Die Autonomie der Seele«), Wien 1912, Verlag Georg Szelinski.

leider bisher versäumt habe: hier fügte Arthur Schnitzler nach dem Diktat der Autobiographie als Fußnote hinzu: »wurde nachgeholt«.

Lorm: Hieronymus (eigentlich Heinrich Landesmann), 1821 bis 1902. Österreichischer Lyriker, Erzähler, Essayist. Sein Sohn war der Arzt Dr. Ernst Landesmann.

Otto Zuckerkandl: 1861 bis 1921. Professor der Urologie. Sein Bruder: Emil Zuckerkandl, 1849 bis 1910. Professor der Anatomie.

Café Ruthmayr: im neunten Wiener Gemeindebezirk. Liechtensteinstraße 4.

des Redakteurs Gans v. Ludassy: Moritz, 1829 bis 1885. Journalist, Romanschriftsteller, Herausgeber der »Wiener Debatte« und der »Tagespresse«. Sein Sohn Julius, 1858 bis 1922, später Chefredakteur der »Wiener Allgemeinen Zeitung«, heiratete 1887 Arthur Schnitzlers Cousine Olga Mandl.

die Geschichte eines jungen Dichters: Maurice Rollinat, 1846 bis 1903. Lyriker.

116

»Die Dioscuren«: »Literarisches Jahrbuch des ersten allgemeinen Beamten-Vereines der österreichisch-ungarischen Monarchie«; 1872 bis 1896.

»Der Floh«: Satirisches Volksblatt, 1869 bis 1920, herausgegeben von Josef Frisch und Moriz Deutsch jun.

Bisamberg: nordwestlich von Wien gelegen.

117

Gustav Frieberger: 1858 bis 1933. Redakteur des »Neuen Wiener Tagblattes«.

Schik: Friedrich, 1857 bis ?. Theaterkritiker, Redakteur der »Montags-Revue«.

119

Baron Berger: Alfred Freiherr v. Berger, 1853 bis 1912. Von 1887 bis 1890 artistischer Sekretär des Burgtheaters, 1894 a. o. Professor der Ästhetik an der Universität Wien; übernahm 1900 die Leitung des neugegründeten Deutschen Schauspielhauses in Hamburg; von 1910 bis 1912 Direktor des Burgtheaters.

Winter: Josef v., 1857 bis 1916. Verheiratet mit Josefine Auspitz.

120

von der Wiener »Deutschen Zeitung«: »Deutsche Zeitung«, 1871 bis 1907. Herausgegeben von Carl Pickert.

Kralik: Richard, v. Meyrswalden (Pseudonym Roman), 1852 bis 1934. Österreichischer Dramatiker, Erzähler, Lyriker. »Deutsche Puppenspiele« (1884).

in Baumbach'scher Manier: Rudolf Baumbach (Pseudonym Paul Bach), 1840 bis 1905. Deutscher Lyriker und Erzähler.

in der »Heimat«: »Die Heimat«. Illustriertes Familienblatt. 1876 in Wien herausgegeben von Carl v. Vincenti, 1889 eingestellt.

meine erste Ferienreise: laut Tagebuch vom 11. bis 22. Juli 1881. Die Reise führte noch weiter nach Heiligenblut, Kals, Lienz, Toblach, Millstatt und über den Wörther See zurück nach Wien.

123

eines gewissen Herrn Bachmann: Näheres über ihn ist nicht festzustellen.

»Aus dem Tagebuch eines Verbummelten«: Untertitel der Novelle »Auf schwankem Grunde« von Maximilian Bern, 1849 bis 1923.

124

Gerichtstag über mich zu halten: siehe Anm. zu Seite 37.

125

»Frühlingsnacht im Seziersaal«: Phantasie (1880), veröffentlicht im

Fischer-Almanach »Das sechsundsiebzigste Jahr« (1962), aufgenommen in den Band ›Entworfenes und Verworfenes‹, Frankfurt am Main, S. Fischer Verlag 1977. Im Nachlaß befindet sich auch ein Gedicht desselben Titels, datiert »18.VII.1880«.

127
Dillmann: Näheres über ihn ist nicht festzustellen.
Max Waldau: (eigentlich Richard Georg Spiller v. Hauenschild), 1825 bis 1855. »Nach der Natur«, Roman, drei Bände (1850).
Halb-Zwölf: ein Kartenglücksspiel.

131
Max Kalbeck: (Pseudonym Jeremias Deutlich), 1850 bis 1921. Musik- und Kunstkritiker.

132
Zell am See: im Land Salzburg.
Raff: Joachim, 1822 bis 1882.

135
sogenannte »Gewehrfabrik«: im neunten Wiener Gemeindebezirk, Ecke Währinger Straße und Schwarzspanierstraße. Ein Teil der medizinischen Fakultät befand sich damals im Gebäude der früheren staatlichen Waffenfabrik.

140
Irma: laut Tagebuch »Irma H.«

141
Dr. Ferdinand Mandl: gest. 1912.
mit einer blennorrhoeischen Bindehautentzündung: eitrige Bindehautentzündung.
der berühmte Okulist Arlt: Ferdinand v., 1812 bis 1887. »Der Vater der modernen Augenheilkunde«.

142
Dr. Lueger: Karl, 1844 bis 1910. Rechtsanwalt, 1895 bis 1897 Bürgermeister von Wien.

143
»Als hätt' ich deinen Nacken nie geküßt«: Schlußzeile des Gedichtes »Wie wir so still an einem Tische saßen«, datiert »Mitte April 83«. Im Nachlaß.

144
mit einem Gedicht quittierte: »Else«, datiert »April 83«. Im Nachlaß.
Drei-Engel-Säle: befanden sich im vierten Wiener Gemeindebezirk.

149
Therese: laut Tagebuch »Therese D.«
in einem jener heinesierenden Gedichte: im Nachlaß befinden sich zwei Gedichte: »An Therese«, datiert »14.4.83«, und »Therese«, datiert »April 1883«.

150
Professor Chvostek: Franz, 1835 bis 1884. Internist.
Bamberger: Heinrich v., 1822 bis 1888.
Nothnagel: Hermann, 1841 bis 1905.

151
Späth: Joseph, 1823 bis 1896.
Riedhof: nach seinem Erbauer, Josef Ried, benanntes kleines Gast-
haus, das 1850 von dem Restaurateur Benedikter übernommen
und zu einem vornehmen Betrieb umgestaltet wurde.
Theodor Friedmann: 1860 bis 1914. Später Arzt, Kaiserlicher Rat.
sein Vater: Sigismund Friedmann, gest. 1893. Arzt, Kaiserlicher Rat.
Gainfarn: südlich von Wien.

152
des famosen Waidhofener Beschlusses: die Quelle des im Text zitierten Wortlautes ließ sich nicht feststellen. Die endgültige Formulie-
rung des von dem »Waidhofener Verband der Wehrhaften Vereine
Deutscher Studenten in der Ostmark« am 11. März 1896 aufgestellten Grundsatzes lautet folgendermaßen: »In vollster Würdi-
gung der Tatsache, daß zwischen Ariern und Juden ein so tiefer
moralischer und psychischer Unterschied besteht und daß durch
jüdisches Unwesen unsere Eigenart schon so viel gelitten, in
Anbetracht der vielen Beweise, die auch der jüdische Student von
seiner Ehrlosigkeit und Charakterlosigkeit gegeben und da er der
Ehre nach unseren deutschen Begriffen völlig bar ist, faßt die
heutige Versammlung deutscher wehrhafter Studentenverbindungen den Beschluß: ›Dem Juden auf keine Waffe mehr
Genugtuung zu geben, da er deren unwürdig ist!‹«

153
Theodor Herzl: 1860 bis 1904. Begründer der zionistischen Bewegung. Erzähler, Dramatiker und Journalist.

154
in einer solchen Generalversammlung: sie fand am 9. Dezember 1884
statt.
Mäusetschläger: richtig Johann Meisetschläger.
an der Standthartner'schen Abteilung: Josef Standthartner, 1818 bis
1892. Internist.

156
Stabsarzt Matzal: Theodor, gest. 1900 im siebzigsten Lebensjahr.
Guido von Török: gest. 1902 im zweiundfünfzigsten Lebensjahr.
Chirurg, Universitätsdozent, Primararzt des Sofienspitals.

160
Leidinger: war ein Restaurant in der Kärntnerstraße, im ersten Wiener
Gemeindebezirk.
Hermann Bahr: 1863 bis 1934.
den Helden meines ersten Buches: könnte sich auf Anatol beziehen.

161
sein Groß- oder Urgroßvater oder Großoheim: Dr. Karl Tausenau,
  Schriftsteller.

162
Cerevis: Käppchen der Couleurstudenten.

164
Mölkerhof: ein heute noch bestehender Gebäudekomplex im ersten
  Wiener Gemeindebezirk, Schottengasse 3, dessen Kern bereits im
  15. Jahrhundert im Besitz des an der Donau gelegenen Benedikti-
  nerstiftes Melk war.

166
Tökes: Vergnügungsetablissement bei der Hernalser Linie; es verschwand mit der Demolierung der Linienwälle.

167
Mollinary: Koloman, v. Monte-Pastello, 1846 bis 1918. Feldmar-
  schalleutnant.

168
Galizinberg: auch Gallitzinberg. Im sechzehnten Wiener Gemeindebezirk gelegener Teil des Predigtstuhls, erhielt diese Bezeichnung, nachdem er 1870 vom russischen Botschafter, Fürst Demeter v. Gallitzin, angekauft worden war, der sich dort 1785 ein
  Sommerschloß erbaute.
Aspern: in Niederösterreich, wo im Jahre 1809 Napoleon I. zum
  erstenmal eine Schlacht verlor.

169
Casino Zögernitz: im neunzehnten Wiener Gemeindebezirk, nach
  seinem Erbauer benanntes, heute noch bestehendes Gasthaus mit
  großem Festsaal, in dem seinerzeit Josef Lanner und Johann
  Strauß konzertierten.
Kuzel Leopoldine: 1860 bis 1935.
der feschen Mirzl: geb. Moßbrunner, war mit dem Volkssänger
  Ferdinand Dreher (eigentlich Koblasa) verheiratet.
Seidl: Wenzel, 1842 bis 1921. Der »rote Seidl« genannt.
Wiesberg: (eigentlich Bergamenter), Wilhelm, 1850 bis 1896.
Gulden kost ham: Dialekt für: Gulden gekostet haben.

170
Pittel: Heinrich Freiherr v., 1833 bis 1895. Später Feldmarschalleut-
  nant.

175
Leopold Rosenberg: Näheres über ihn ist nicht festzustellen.
bei ihren kleinbürgerlichen Eltern: der Börsenagent Adolf Freistadt
  und dessen Frau, Cäcilie, geb. Tauber.
noch hübschere, erst sechzehnjährige Tochter: Mela Freistadt, später
  verehelichte Soudek.
eines Leobner Weinhändlers: Ignaz (recte Isak) Mayer.

177
einer gewissen Charlotte: Pflaumenbaum.

178
Sofien- oder Blumensäle: Sophiensäle, das heute noch existierende
Ballokal im dritten Wiener Gemeindebezirk. – Blumensäle, drei
Säle im Gartenbaugebäude auf dem späteren Parkring. 1959 demo-
liert.
Der Vater: Samuel Heit, Wirkwarenfabrikant.

179
»Ehrgeiz in der Küche«: Lustspiel von Eugène Scribe.
»Eine Tasse Thee«: Lustspiel in einem Akt von Charles Nuitter
(Pseudonym für Truinet) und Joseph Derley.
»Zwei Taube«: oder auch »Er muß taub sein!«, nach dem Einakter
»Les deux sourds« von Jules Moinaux, 1815 bis 1895.

180
Arco: damals Südtirol, jetzt zu Italien gehörig.

183
meine gute Großmutter: Amalie Markbreiter, geb. Schey, starb am
24. September 1884.

184
einem hübschen... Fabrikanten: Karl Heller.

187
einiger Gedichte an die »Fliegenden Blätter«: Illustriertes humoristi-
sches Wochenblatt, gegründet 1844 von Caspar Braun und Fried-
rich Schneider, zu dessen Mitarbeitern u. a. Wilhelm Busch gehör-
te. Im Tagebuch vom 17. September 1883 findet sich folgende
Eintragung: »Eben erhalte ich von den Fl.Bl. fünf Gedichte, die
ich eingesandt, dankend zurück. ›Süßes Kind du liebst mich nicht‹,
›Wie wir so still an einem Tische saßen‹, ›Orchester jedes Lebens‹,
›Aennchen‹, ›Liaison‹.«
Albert: Eduard, 1841 bis 1900.
Billroth: Theodor, 1829 bis 1894.
Okulist Stellwag: Karl, v. Carion, 1823 bis 1905.

188
Kundrat: Hans, 1845 bis 1893.
Stricker: Salomon, 1834 bis 1898.
Hofmann: Eduard (seit 1884 Ritter v.), 1837 bis 1899.
Hajek: Marcus, 1861 bis 1941. Universitätsprofessor, Laryngologe,
heiratete 1889 Arthur Schnitzlers Schwester Gisela.
Temesvar: jetzt Timisoara, Stadt im damaligen Banat, heute Rumä-
nien.

192
eine hübsche, kokette Witwe: laut Tagebuch war Frau Betty Meyer-
hof keine Witwe, sondern eine geschiedene Frau.

193
Max Weinberg war der Sohn eines reichen Rumänen: er war später
  Gymnasialprofessor in Frankreich und Österreich. Sein Vater:
  Isak L. Weinberg.

194
des sogenannten Kalakaux: nach der Originalhandschrift wahrscheinlich: Kalakaua. Möglicherweise wurde eine besondere Kegelpartie auf dem Billard nach dem im August des Jahres 1881 in
  Wien weilenden König der Sandwichinseln, David Kalakaua (1836
  bis 1891), benannt.
Professor Benedikt: Moriz, 1835 bis 1920.
Prof. Reuss: August v., 1841 bis 1924. Vorstand der Ophtalmolo-
  gischen Abteilung an der Allgemeinen Wiener Poliklinik.
Wipplingerstraße: Nr. 29, im ersten Wiener Gemeindebezirk.

195
Rainer: Erzherzog von Österreich, 1827 bis 1913. Enkel Kaiser
  Leopolds II.
Professor Monti: Alois, 1839 bis 1909. Nach Professor Johann
  Schnitzlers Tod wurde er 1893 Direktor der Allgemeinen Wiener
  Poliklinik.
Schwarzspanierstraße: Nr. 12, im neunten Wiener Gemeindebezirk.

197
der Geist Rokitanskys: Karl Freiherr v. Rokitansky, 1804 bis 1878.

200
Friedmann: Louis Philipp, 1861 bis 1939.
mit seinem jüngeren Bruder Max: 1864 bis 1936. Ingenieur, später
  Reichsratsabgeordneter und Nationalrat.
der jüngste Bruder Emil: gest. 1937.

201
am Tabor: Teil des zweiten Wiener Gemeindebezirks.

202
in einem humoristischen Gedicht: »Elephant«, 1884. Im Nachlaß.
Geyer: Georg, 1857 bis 1936. 1914 Hofrat, 1920 Direktor der
  Geologischen Staatsanstalt in Wien.

203
Karl Diener: 1862 bis 1928.

204
der junge Diamantidi: Alexander, Sohn des Gemeinderats Demeter
  Diamantidi.
Kavallerieleutnant Milanich: (richtig Millanich), Erich.
Fräulein Valeska: heiratete später den Kavallerieleutnant Millanich.

206
ein gewisser Benvenisti: Alfred, gest. 1904 im fünfzigsten Lebensjahr.
bei Sacher: Hotel Sacher.

Heli: Näheres über sie ist nicht festzustellen.
die »Wurzen« abzugeben: sich ausnützen lassen.

207
Lodz: polnisch Lódź, damals im Kronland Galizien, jetzt Polen.

209
Helene Herz: später verehelichte Binder. Eine ihrer beiden Töchter
    war die Schauspielerin Sibylle Binder, 1898 bis 1962.

210
Peter Altenberg: (eigentlich Richard Engländer), 1859 bis 1919.
P.A.: diese Initialen gebrauchte Peter Altenberg mit Vorliebe in
    seiner Korrespondenz.
die sieben zyklischen Klavierabende Rubinsteins: Anton Rubinstein,
    1830 bis 1894. Gründete 1862 das Petersburger Konservatorium.
eine Novelle: »Die Belasteten«.

212
Fürst Ferdinand von Koburg: Ferdinand von Sachsen-Coburg-Ko-
    háry, 1861 bis 1948. Wurde 1908 als Ferdinand I. König von
    Bulgarien.
Mensdorff: Graf Albert Mensdorf-Pouilly-Dietrichstein, 1861 bis
    1945. 1904 bis 1914 österreichisch-ungarischer Botschafter in
    London.
Dompropst Marschall: Dr. Gottfried, 1840 bis 1911. Später Weihbi-
    schof von Wien.
Fürstin Metternich: Pauline, geb. Gräfin Sándor, 1836 bis 1921.

213
Fritz Fürst: Näheres über ihn ist nicht festzustellen.
Urbantschitsch: Victor, 1847 bis 1921. Laryngologe, 1882 Abtei-
    lungsvorstand an der Allgemeinen Wiener Poliklinik, 1907 bis
    1918 Leiter der Universitätsohrenklinik.
Wiener Strizi: Wienerischer Dialektausdruck, aus dem Italienischen
    stammend, für Strolch.

214
Emil Brüll: (Pseudonym Emil Limé), 1861 bis 1930. Bankier, Libret-
    tist. Vetter von Ignaz Brüll.

215
die junge Wirtin: Olga Waissnix, geb. Schneider; gest. 1897 im Alter
    von 34 Jahren.
ihres ... noch jungen Gatten: Karl (Charles) Waissnix, 1851 bis 1943.
des ... Stefanskeller- und Südbahnwirtes: Ludwig Schneider, gest.
    1913.

216
Mutter von drei Söhnen: Karl, Ludwig, Rudolf.
der öfters mit Eltern: der Großkaufmann Moriz und dessen Frau
    Pauline Engländer.
und Geschwistern: Marie, Georg, Grete.

217
Robert Fuchs: 1847 bis 1927. Österreichischer Komponist.

220
Herrn Basin: Näheres über ihn ist nicht festzustellen.

223
mit ihrer jüngeren Schwester: Gabriele Schneider, 1865 bis 1939. Später verheiratet mit Georg Graf Haugwitz. Ihr jüngster Sohn Kurt Graf Haugwitz heiratete in erster Ehe 1935 Barbara Prinzessin Mdivani, geb. Hutton-Woolworth, in zweiter Ehe 1947 Margaret Astor Drayton.

224
in einem meiner blasierten Gedichte: das unbetitelte sechsstrophige Gedicht, datiert »Januar 1884«, befindet sich im Nachlaß. Die letzte Strophe lautet:

Fast dünkt mich, daß mein Fühlen gerne säumt.
Wohl hätt' ich Seligkeit empfinden *können,*
Jetzt will's verspätet in der Asche brennen –
Und den Moment des Glücks hab' ich versäumt.

225
»nicht unhübsche Schwester Dora: Kohnberger, geb. Braun.
mit ihrem Mann: Innocenz Kohnberger.

226
ein junges Mädchen namens Clara: im Tagebuch als »Clara K.« verzeichnet. Näheres über sie ist nicht festzustellen.
Rudi Pick: Rudolf Pick, 1865 bis 1915. Jagdmaler und Karikaturist.
des berühmten Gustav: Pick (Pseudonym Th. Aurach), 1832 bis 1921. Kaufmann, Komponist und Textdichter.

230
einer Cousine Richard Engländers: Mizi Engländer, auch Mitzka genannt.

233
mit dem Grafen Wilczek: Hans Graf Wilczek, 1837 bis 1922. Gründer der Wiener Freiwilligen Rettungsgesellschaft und des Rudolfinerhaus genannten Spitals.

234
Paul Heyses »Meraner Novellen«: Paul Heyse, 1830 bis 1914. Er erhielt als erster deutscher Dichter 1910 den Nobelpreis. »Meraner Novellen« (1864).

235
schon damals ein weites Land: Anspielung auf Arthur Schnitzlers Tragikomödie »Das weite Land«, 3. Akt, Dramatische Werke II, Seite 281, wo der Hoteldirektor Dr. v. Aigner die folgenden Worte spricht: »Sollt' es Ihnen noch nicht aufgefallen sein, was für komplizierte Subjekte wir Menschen im Grunde sind? So vieles hat zugleich Raum in uns –! Liebe und Trug... Treue und

Treulosigkeit ... Anbetung für die eine und Verlangen nach einer andern oder nach mehreren. Wir versuchen wohl Ordnung in uns zu schaffen, so gut es geht, aber diese Ordnung ist doch nur etwas Künstliches ... Das Natürliche ... ist das Chaos. Ja – mein guter Hofreiter, die Seele ... ist ein weites Land, wie ein Dichter es einmal ausdrückte ... Es kann übrigens auch ein Hoteldirektor gewesen sein.«

237
in Wolfgang: Sankt Wolfgang im Salzkammergut.

die Schrammeln: das Schrammelquartett, 1877 von den Brüdern Schrammel gegründet, spielte volkstümliche Wiener Musik und gab anderen ähnlichen Gruppen den bis zum heutigen Tage gebräuchlichen Namen.

Somlauer: nach dem Schomlauer Berg (ungar. Sumló), einer Weingegend in Ungarn, benannt.

238
Kammer: am Attersee im Salzkammergut.

Villeggiatur: Sommerfrische.

Kaisers Geburtstag: Kaiser Franz Josef I. hatte am 18. August Geburtstag.

Schneedörfl: Ort bei Reichenau.

239
Minnie: Hermine Benedict, 1871 bis 1928. Später verehelichte Gräfin Schaffgotsch.

240
Marianne Benedict: gest. 1930 im Alter von 82 Jahren.

ihre ältere Schwester: Emmy Benedict, später verehelichte Sachs.

Payerbacher Bahnhof: Payerbach. Nachbarort von Reichenau.

241
dem alten Baron Erlanger: Viktor, 1840 bis 1894.

der jüngsten Schwester Fanny: Schneider, später verehelichte Kneiß.

242
Charles' wortkarger Vater: Kaiserlicher Rat Alois Waissnix, 1818 bis 1913.

245
Evelinens Mann: Hermann Brandeis-Weikersheim. Kaufmann.

246
des alten Baron Erlanger Sohn: Ludwig, 1862 bis 1923.

247
»G'speanzel«: österreichischer Dialektausdruck für kokettieren.

248
ein Gelegenheitsstück: datiert »4. Sept. 1886«. Im Nachlaß.

250
Gloggnitz: an der Eisenbahnstrecke Wien–Reichenau gelegen.

Meidling: damals Vorort, heute der zwölfte Wiener Gemeindebezirk.
Lolotte: Näheres über sie ist nicht festzustellen.

251
Nun hob unser Briefwechsel an: der Briefwechsel befindet sich im
Nachlaß und wurde 1970 unter dem Titel »Liebe, die starb vor der
Zeit« von Therese Nickl und Heinrich Schnitzler herausgegeben,
(Molden Verlag, Wien–München–Zürich). Bei dem hier folgenden
im Wortlaut zitierten Brief vom 23. September 1886 handelt es sich
um einen der ersten Briefe, nicht um den ersten Brief, wie Arthur
Schnitzler schreibt.

256
Heugasse: die heutige Prinz-Eugen-Straße im vierten Wiener Gemeindebezirk.
eines ungarischen Judenmädchens: Helene Kanitz.

257
Gödöllö: Ort nördlich von Budapest.
Jauner: Franz v., 1832 bis 1900.

259
Rosa Sternlicht: sie heiratete 1888 Dr. Carl Hochsinger, den Direktor des I. Wiener Kinderkrankeninstituts.

260
eine Mazur unter dem Titel »Onkel Minnie«: im Nachlaß befindet
sich eine Mazurka, jedoch ohne Titel, datiert »Januar 1884«.
ein Walzer, »Die Reichenauer«: datiert »1886«. Im Nachlaß.
Professor Meynert: Theodor, 1833 bis 1892.

261
Pfungen: Dr. Robert Steiner Freiherr v. Pfungen, 1850 bis 1917.
Später Primararzt der II. Internen Abteilung des Wiedner Kran-
kenhauses, Privatdozent für Neuropathologie und Psychiatrie an
der Universität Wien.
Peristaltik: die wurmartige (peristaltische), dem Befördern des In-
halts dienende Bewegung von Magen, Darm und Harnleiter.
Professor Isidor Neumann: 1832 bis 1906.

262
Ehrmann: Salomon, 1854 bis 1926. Dermatologe.
in einem Atlas: »Klinischer Atlas der Laryngologie und Rhinologie,
nebst Anleitung zur Diagnose und Therapie der Krankheiten des
Kehlkopfes und der Luftröhre.« Herausgegeben von Dr. Joh.
Schnitzler unter Mitwirkung von Dr. M. Hajek und Dr. A.
Schnitzler. Wien & Leipzig, Wilhelm Braumüller, 1891 bis 1895.

263
Urban & Schwarzenberg: Verlagsbuchhandlung für Medizin und
Naturwissenschaften; München, Berlin, Wien. Ernst Urban (1838
bis 1923) und dessen Schwager Eugen Schwarzenberg, gest. 1908.

einen Bericht über den Amsterdamer medizinischen Kongreß: »Von Amsterdam nach Ymuiden: Reiseeindrücke.« Wiener Medizinische Presse, XX. Jahrgang, Nr. 38, 21. September 1879. Unsigniert.

264

Szeps: Moriz, 1834 bis 1902. Er gründete 1867 das »Neue Wiener Tagblatt«, verließ es 1886 und gründete das »Wiener Tagblatt«.

»Deutsche Wochenschrift«: »Organ für die gemeinsamen Interessen Österreichs und Deutschlands«, 1883 bis 1886 herausgegeben von Heinrich Friedjung, dann bis zum letzten Erscheinen der Zeitschrift (1888) herausgegeben von Joseph Eugen Russell.

ein paar Aphorismen: »Deutsche Wochenschrift« (Wien), IV. Jahrgang, 49. Heft, 5. Dezember 1886. Jetzt in »Aphorismen und Betrachtungen« (S. Fischer Verlag, Frankfurt am Main 1967).

»Er wartet auf den vazierenden Gott«: »Deutsche Wochenschrift« (Wien), IV. Jahrgang, 50. Heft, 12. Dezember 1886. Jetzt in »Erzählende Schriften I«.

Dr. Neisser: Karl, 1859 bis 1935. Publizist. Er war von 1886 bis 1888 nicht, wie Arthur Schnitzler schreibt, Mitherausgeber, sondern verantwortlicher Redakteur der »Deutschen Wochenschrift«.

265

»Rohrerhütte«: noch bestehendes Gasthaus im Wienerwald.

Fräulein Amy: Näheres über sie ist nicht festzustellen.

270

Vilma Parlaghy: 1863 bis 1923 oder 1924. Später verehelichte Fürstin Lwow. Porträtmalerin.

Tunell: damals im süddeutschen Sprachraum gebräuchlich für Tunnel.

Fräulein Nelly: laut Tagebuch »Nelly G.« Näheres über sie ist nicht festzustellen.

Frau R.: Näheres über sie ist nicht festzustellen.

271

Judith: Gestalt aus »Komödie der Verführung« (1923). Jetzt in »Dramatische Werke II«.

Herr Cz.: Näheres über ihn ist nicht festzustellen.

272

sehr geeigneten Felleisens: Tornister.

273

eine hübsche junge Dame: Jeanette Heeger.

276

Rudolf Spitzer: (Pseudonym Rudolf Lothar), 1865 bis nach 1933 (in der Emigration).

277

Fuchs-Talab: Otto Fuchs (Pseudonym Talab), 1852 bis 1930. Schriftsteller, Feuilletonredakteur b. d. »Österreichischen Volkszeitung«.

David: Jakob Julius, 1859 bis 1906. Schriftsteller.

Herr von Varndal: Jacques, 1860 bis ?

278

»Menschenliebe«: hieß später »Belastet«. Im Nachlaß.

»Erbschaft«: Jetzt in »Erzählende Schriften I«.

»Der Wahnsinn meines Freundes Y.«: »Mein Freund Ypsilon. Aus den Papieren eines Arztes«, Novelle. Jetzt in »Erzählende Schriften I«.

»Das Abenteuer seines Lebens«: »Das Abenteuer seines Lebens. Lustspiel in einem Aufzuge.« Erstdruck: Gedrucktes Bühnenmanuskript bei O. F. Eirich; Wien 1888. – Jetzt in: »Anatol«, herausgegeben von Ernst L. Offermanns in der Reihe »Komedia« (Band 6) bei Walter de Gruyter & Co., Berlin 1964.

279

Eirich: Oskar Friedrich, 1845 bis 1921. Hof- und Gerichtsadvokat, Herausgeber, Bühnenschriftsteller, Übersetzer. Vertreter der deutschen Genossenschaft dramatischer Autoren und Komponisten für Österreich-Ungarn.

Wie sich das ein paar Jahre später... mit dem »Abenteuer seines Lebens« ...zutrug: im Februar 1891 brachte Prof. Friedrich, Leiter einer Schauspielschule, den Einakter »Das Abenteuer seines Lebens« im Rudolfsheimer Theater – zusammen mit zwei Einaktern anderer Autoren – zur Aufführung. Er hatte das Stück in der Meinung, daß sein Verfasser Professor Johann Schnitzler sei, angenommen und war, wie Arthur Schnitzler in späteren Aufzeichnungen zur Geschichte des »Anatol«-Zyklus notierte, »etwas enttäuscht«, als nicht der berühmte Arzt, sondern dessen unbekannter Sohn bei der Probe erschien. Es war dies die erste öffentliche Aufführung eines Schnitzlerschen Werkes.

280

Abteilung Professor Weinlechners: Joseph Weinlechner, 1829 bis 1906.

282

Senator: Hermann, 1834 bis 1911. Internist, 1881 leitender Arzt an der Charité.

Lazarus: Julius, 1847 bis 1916 Leiter des Pneumatischen Instituts und der Poliklinik für innere sowie für Hals- und Nasenkrankheiten, 1890 Titularprofessor.

Fränkel: Bernhard, 1836 bis 1911. Laryngologe, 1884 Titularprofessor.

Tobold: Adalbert, 1827 bis 1907. Laryngologe.

Kainz: Josef, 1858 bis 1910.

Siegwart Friedmann: 1842 bis 1916.

Sommerstorff: (eigentlich Müller), Otto, 1859 bis 1934.

Sorma: Agnes, 1865 bis 1927. »Die deutsche Duse« genannt.

Geßner: Theresina, 1865 bis 1921 nachweisbar. Verheiratet mit Otto
  Sommerstorff.
Julius Rodenberg: (eigentlich Levy), 1831 bis 1914. Schriftsteller,
  gründete 1874 die »Deutsche Rundschau«.
Karl Emil Franzos: 1848 bis 1904. Schriftsteller.
Komiker Tewele: Franz, 1843 bis 1914. 1878 Direktor des Wiener
  Carltheaters.

283

Lautenburg: Sigmund, 1851 bis 1918. Damals Direktor des Resi-
  denz- und Neuen Theaters in Berlin.
des Kaisers Friedrich: Friedrich III., 1831 bis 1888.
Mackenzie: Sir Morell, 1837 bis 1892. Laryngologe.
der deutschen Ärzteschaft: unter Führung des Chirurgen Professor
  Ernst v. Bergmann, 1836 bis 1907.

284

Ernst von Rosenberg: der Sohn von Friedrich v. R. (siehe Anm. zu
  Seite 22).
»Correspondance de l'Est«: gegründet 1887 von Michael v. Newlin-
  ski, 1899 eingestellt.

285

Lizzi: Näheres über sie ist nicht festzustellen.

286

mit einer... jungen Dame: Vally Sauté.
rastaquère: Hochstapler, Schwindler.

288

den »Bureaukraten«: »Der Bureaukrat«, Lustspiel in vier Akten von
  Gustav v. Moser.
Elvira: Näheres über sie ist nicht festzustellen.

289

wenige Jahre später: Arthur Schnitzler hielt sich vom 12. April bis
  zum 24. Mai 1897 in Paris auf.

290

Crystal Palace: 1851 errichtetes Ausstellungsgebäude. 1936 durch
  Brand total vernichtet.

291

Felix Semon: 1849 bis 1921. Laryngologe, 1897 geadelt.
Lennox Browne: 1841 bis 1902. Laryngologe.

292

Perichondritis: Knorpelhautentzündung.
von nekrotischen Knorpelteilen: abgestorbene Knorpelteile.
Butlin: Näheres über ihn ist nicht festzustellen.

293

Alma-Tadema: Sir Lawrence, 1836 bis 1912. Niederländisch-eng-
  lischer Maler.
die drei Londoner Briefe: »Londoner Briefe.« In: »Internationale

Klinische Rundschau«, 2. Jahrgang, Nr. 27, 29, 31 (1888).
Operette »Dorothy«, in drei Akten von Alfred Collier, 1844 bis 1891.

294

»Monsieur et Madame Cardinal«: Dialognovellen von Ludovic Halévy, 1834 bis 1908.

früher in Paris als in Deutschland: Näheres über diese Aufführung ist nicht festzustellen.

unter Woods Leitung: Henry Joseph Wood, 1869 bis 1944. Im Jahre 1911 geadelt.

Hans-Richter-Konzert: Hans Richter, 1843 bis 1916. War von 1875 bis 1900 Hofopernkapellmeister in Wien, leitete 1877 zusammen mit Richard Wagner die Wagner-Konzerte in London.

297

Claire: Näheres über sie ist nicht festzustellen.

to come in trouble: richtig: to get into trouble = wörtlich »in Schwierigkeiten geraten«, in diesem Zusammenhang sinngemäß »schwanger werden«.

298

Die eine war Berlinerin: laut Tagebuch hieß sie Marie. Näheres über sie ist nicht festzustellen.

299

eines reichen Wiener Börsenmannes: Wilhelm Zierer. Bankier, Börsenrat.

mit einer jungen Frau: Adele Spitzer.

301

Prossnitz: Stadt im damaligen Südmähren, das heutige Prostějov in der Tschechoslowakei.

Haberfellner: nicht festzustellen, um welche Firma es sich handeln mag.

303

aus der »Beatrice«: aus dem Schauspiel »Der Schleier der Beatrice«, 1. Akt, jetzt in »Dramatische Werke I«, Seite 578.

304

Fischer: Samuel, 1859 bis 1934. Gründete 1886 den S. Fischer Verlag in Berlin, in dem fast alle Werke von Arthur Schnitzler erschienen.

Beilage der »Presse«: »Neue Freie Presse«.

Fedor Mamroth: 1851 bis 1907. Kritiker und Feuilletonist, gründete 1886 in Wien die Zeitschrift »An der schönen blauen Donau«.

305

Simon Lawner: gest. 1896. (Siehe Anm. zu Seite 109.)

307

in dem christlich-sozialen »Deutschen Volksblatt«: »Deutsches Volksblatt«, 1888 gegründet von Ernst Vergani, 1922 eingestellt.

»Tabakspfeife«: »Zur Tabakspfeife«; Bierhaus, das sich am Graben 29-29a im ersten Wiener Gemeindebezirk befand.

309
daß ich meine Charge um einige Jahre früher verloren hätte: wegen
Veröffentlichung der Novelle »Leutnant Gustl« wurde Arthur
Schnitzler aufgefordert, sich vor einem »Ehrenrätlichen Ausschuß« zu verantworten, leistete jedoch nicht Folge, da er diesem
keine Kompetenz in literarischen Fragen zugestand, und erhielt
am 14. Juni 1901 den Bescheid: »Das k. k. Landwehroberkom-
mando in Wien hat Sie mit dem Erlasse vom 1. Juni l. J. Präs. 646
auf Grund des vom hiesigen Ehrenrate am 26.4.1901 gefaßten
Beschlusses, mit welchem Sie der Verletzung der Standesehre
schuldig erkannt wurden, Sie gemäß den §§ 30 und 33 der Vor-
schrift für das ehrenrätliche Verfahren in der k. k. Landwehr Ihres
Offizierscharakters für verlustig erklärt.« Er verlor also seine
Charge als Oberarzt. (Siehe auch: »Die Wahrheit über ›Leutnant
Gustl‹« in »Die Presse«, Wien, 25. Dezember 1959, wo Arthur
Schnitzlers auf diese Affäre bezüglichen Aufzeichnungen sowie
die einschlägigen Dokumente veröffentlicht wurden.)
einen guten Freund: Arthur Schnitzler notierte darüber folgendes in
seinem Tagebuch 1889: »Am 13. 3. passirte meinem Freund Max
Friedmann das Unglück, Richard Schneider auf dem Fechtboden
beim Assautiren todtzustechen.«

310
als jüngster Sohn: Dr. Eugen Boschan.
Mizi Rosner: war im Jahre 1889 kurze Zeit am Deutschen Volkstheater engagiert. Näheres über sie läßt sich nicht feststellen.

312
Catulle Mendès: 1841 bis 1909, französischer Schriftsteller.
Charcot: Jean Martin, 1825 bis 1893. Französischer Neurologe.
Bernheim: Hippolyte, 1837 bis 1919. Professor für innere Medizin in
Straßburg, praktizierte in Nancy.
ich publizierte: »Über funktionelle Aphonie und deren Behandlung
durch Hypnose und Suggestion.« In: »Internationale Klinische
Rundschau«, III. Jahrgang, Nr. 10, 11, 12, 14. (10. März bis 7. April
1889.) Sonderabdruck: Wien, Wilhelm Braumüller, 1889.

314
Doktor Paul Goldmann: 1865 bis 1935. Journalist, Kritiker, Berliner
und Pariser Korrespondent der »Neuen Freien Presse«; Redakteur der Zeitschrift »An der schönen blauen Donau«, in der von
1889 an Arthur Schnitzlers früheste Arbeiten (unter dem Pseudonym »Anatol«) erschienen.
»Amerika«: (1887). Jetzt in »Erzählende Schriften I«.

316
jene Malvine: im Tagebuch als »Malvine Dr.« bezeichnet. Näheres
über sie ist nicht festzustellen.

317
Vahrn: italienisch Varna; damals Südtirol.

Olga: Arthur Schnitzlers spätere Frau, Olga Gussmann, geb. 1882.

Liesl: Olga Gussmanns Schwester, Elisabeth, 1885 bis 1920. Später mit dem Schauspieler Albert Steinrück (1872 bis 1929) verheiratet.

an den »Lebendigen Stunden«: »Lebendige Stunden«, Einakter aus dem gleichnamigen Einakterzyklus, jetzt in »Dramatische Werke I«.

320

Dr. Schiff: Näheres über ihn ist nicht festzustellen.

321

ein dicker Jude namens Eißler: nicht festzustellen, um wen es sich handeln mag.

Louis Mandel: richtig Mandl. (Siehe Anm. zu Seite 38.)

Henry Baltazzy: richtig Baltazzi, entstammte einer aus Smyrna gebürtigen Großkaufmannsfamilie. Seine drei älteren Brüder, Alexander, Hektor und Aristides, waren berühmte Herrenreiter und Rennstallbesitzer. Seine Schwester Helene, verehelichte Baronin Vetsera, war die Mutter der Mary Baronin Vetsera, die 1889 gemeinsam mit dem Kronprinzen Rudolf in den Tod ging.

Hochzeit einer meiner Cousinen: Elsa, geb. v. Suppé, heiratete 1896 den Journalisten und Musikkritiker Dr. Otto Keller. (Siehe Anm. zu Seite 54.)

322

M.G.: Marie Glümer. (Siehe Anm. zu Seite 39.)

als ich von D. sprach: wahrscheinlich Dilly. So wurde Adele Sandrock, die berühmte Schauspielerin (1864 bis 1937), von ihren Freunden genannt.

M. R.: Marie Reinhard. (Siehe Lebensdaten, 12. Juli 1894.)

Rue Maubeuge: Arthur Schnitzler hatte dort während seines Pariser Aufenthaltes mit Marie Reinhard April bis Mai 1897 gewohnt. (Siehe Anm. zu Seite 289.)

M. E.: Marie Elsinger, 1874 bis ?. Schauspielerin.

323

Celerina: bei Ausbruch des Ersten Weltkriegs weilte Schnitzler mit seiner Familie zum Sommerurlaub im Engadin.

auf dem Solenweg: der Fußweg auf der Solenleitung von Bad Ischl nach Laufen und weiter über Goisern und Steeg nach Hallstatt.

LEBENSDATEN UND WERKVERZEICHNIS

1862	15. Mai: Arthur Schnitzler in Wien geboren.
1865	13. Juli: Geburt des Bruders Julius.
1867	20. Dezember: Geburt der Schwester Gisela.
1871-1879	Besuch des Akademischen Gymnasiums in Wien.
1879	8. Juli: Reifeprüfung mit Auszeichnung bestanden. Herbst: Inskription an der medizinischen Fakultät der Universität Wien.
1880	13. November: das Gedicht »Liebeslied der Ballerine« erscheint in der Zeitschrift »Der Freie Landesbote«, München. 15. November: der Aufsatz »Über den Patriotismus« erscheint ebendort.
1882	1. Oktober: Dienstantritt im Garnisonsspital Nr. 1 in Wien als Einjährig-Freiwilliger.
1885	30. Mai: Promotion zum Dr. med.
1885-1888	Aspirant und Sekundararzt am Wiener Allgemeinen Krankenhaus.
1886-1888	Veröffentlichung von Gedichten und Aphorismen in den Zeitschriften »Deutsche Wochenschrift« und »An der schönen blauen Donau«. Veröffentlichung medizinischer Beiträge in der »Wiener Medizinischen Presse« und in der »Internationalen Klinischen Rundschau«.
1888	5. April bis 13. Mai: Studienreise nach Berlin. 23. Mai bis 31. Juli: Studienreise nach London. »Das Abenteuer seines Lebens. Lustspiel in einem Aufzuge«, wird vom Verlag O. F. Eirich, Wien, als Bühnenmanuskript gedruckt.
1888-1893	Assistent seines Vaters an der Allgemeinen Wiener Poliklinik.
1890	Das dramatische Gedicht in einem Aufzug »Alkandi's Lied« erscheint in der Zeitschrift »An der schönen blauen Donau«, V. Jahrgang, Heft 17/18.
1893	2. Mai: Tod des Vaters. Ausscheiden aus der Poliklinik. Beginn der Privatpraxis. 14. Juli: Uraufführung des Einakters »Abschiedssouper« aus dem Zyklus »Anatol« am Stadttheater Bad Ischl. 1. Dezember: Uraufführung des Schauspiels »Das Märchen« am Deutschen Volkstheater, Wien.

1894	12. Juli: Erste Begegnung mit Marie Reinhard, die bis zu ihrem Tode in Arthur Schnitzlers Leben eine entscheidende Rolle spielte.
	Oktober bis Dezember: die Novelle »Sterben« erscheint in der »Neuen Rundschau«, V. Jahrgang, 10. bis 12. Heft.
1895	9. Oktober: Uraufführung des Schauspiels »Liebelei« am Burgtheater, Wien, zusammen mit dem Einakter »Rechte der Seele« von Giuseppe Giacosa.
1896	26. Januar: Uraufführung des Einakters »Die Frage an das Schicksal« aus dem Zyklus »Anatol« am Carola-Theater, Leipzig (8. Matinee der Literarischen Gesellschaft Leipzig).
	8. Juli bis 25. August: Nordlandreise. Besuch bei Ibsen.
	1. November: Uraufführung des Schauspiels »Freiwild« am Deutschen Theater, Berlin.
1898	13. Januar: Uraufführung des Einakters »Weihnachtseinkäufe« aus dem Zyklus »Anatol« in den Sofiensälen, Wien.
	26. Juni: Uraufführung des Einakters »Episode« aus dem Zyklus »Anatol« am Ibsentheater, Leipzig.
	8. Oktober: Uraufführung des Schauspiels »Das Vermächtnis« am Deutschen Theater, Berlin.
	Die Novellensammlung »Die Frau des Weisen« (»Blumen«; »Ein Abschied«; »Die Frau des Weisen«; »Der Ehrentag«; »Die Toten schweigen«) erscheint im S. Fischer Verlag, Berlin.
1899	1. März: Uraufführung der Groteske in einem Akt »Der grüne Kakadu« zusammen mit dem Versspiel in einem Akt »Paracelsus« und dem Schauspiel in einem Akt »Die Gefährtin« am Burgtheater, Wien.
	18. März: Marie Reinhard stirbt nach nur zweitägiger Krankheit an Sepsis nach einem Blinddarmdurchbruch.
	27. März: Verleihung des Bauernfeldpreises »für Ihre Novellen und dramatischen Arbeiten«.
1900	Arthur Schnitzler läßt den »Reigen« auf eigene Kosten in 200 Exemplaren »Als unverkäufliches Manuskript gedruckt« an Freunde verteilen.
	1. Dezember: Uraufführung des Schauspiels »Der Schleier der Beatrice« am Lobe-Theater, Breslau.
	25. Dezember: die Novelle »Leutnant Gustl« erscheint in der Weihnachtsnummer der »Neuen Freien Presse«, Wien.
1901	Januar bis März: die Erzählung »Frau Berta Garlan« erscheint in der »Neuen Deutschen Rundschau«, XII. Jahrgang, 1. bis 3. Heft.
	14. Juni: Arthur Schnitzler wird wegen Veröffentli-

chung der Novelle »Leutnant Gustl« seiner Offiziers-charge als Oberarzt verlustig erklärt, weil er durch die Figur des Leutnant Gustl das Ansehen der österrei-chisch-ungarischen Armee beleidigt habe.

13. Oktober: Uraufführung des Einakters »Anatols Hochzeitsmorgen« aus dem Zyklus »Anatol«, Langen-beck-Haus, Berlin (Literarischer Abend der gesellig-wissenschaftlichen Vereinigung »Herold«).

1902 4. Januar: Uraufführung des Einakterzyklus »Lebendi-ge Stunden« (»Die Frau mit dem Dolche«; »Die letzten Masken«; »Literatur«) am Deutschen Theater, Berlin.
9. August: Geburt des Sohnes Heinrich.

1903 17. März: Verleihung des Bauernfeldpreises für den Zyklus »Lebendige Stunden«.
April: die erste für den Buchhandel bestimmte Ausgabe des »Reigen« erscheint im Wiener Verlag.
26. August: Arthur Schnitzler heiratet die Mutter seines Sohnes, Olga Gussmann.
12. September: Uraufführung der Studie in einem Auf-zug »Der Puppenspieler« aus dem Zyklus »Marionet-ten« am Deutschen Theater, Berlin.

1904 13. Februar: Uraufführung des Schauspiels »Der ein-same Weg« am Deutschen Theater, Berlin.
16. März: Verbot der Buchausgabe des »Reigen« in Deutschland auf Antrag der Berliner Staatsanwalt-schaft.
22. November: Uraufführung des Puppenspiels in einem Akt »Der tapfere Kassian« aus dem Zyklus »Marionetten« am Kleinen Theater, Berlin, zusammen mit dem Einakter »Der grüne Kakadu«. Ein weiterer Einakter, »Haus Delorme«, der am selben Abend seine Uraufführung erleben sollte, wird wenige Tage vor der Premiere von der Zensur verboten.

1905 Die Novellensammlung »Die griechische Tänzerin« (»Der blinde Geronimo und sein Bruder«; »Andreas Thameyers letzter Brief«; »Exzentrik«; »Die griechi-sche Tänzerin«) erscheint im S. Fischer Verlag, Berlin.
12. Oktober: Uraufführung der Komödie »Zwischen-spiel« am Burgtheater, Wien.

1906 24. April: Uraufführung des Schauspiels »Der Ruf des Lebens« am Lessingtheater, Berlin.
16. März: Uraufführung der Burleske in einem Akt »Zum großen Wurstel« aus dem Zyklus »Marionetten« am Lustspieltheater, Wien.

1907 Die Novellensammlung »Dämmerseelen« (»Das Schicksal des Freiherrn von Leisenbohg«; »Die Weissa-gung«; »Das neue Lied«; »Die Fremde«; »Andreas

Thameyers letzter Brief«) erscheint im S. Fischer Verlag, Berlin.

1908   15. Januar: Verleihung des Grillparzerpreises für die Komödie »Zwischenspiel«.

Januar bis Juni: der Roman »Der Weg ins Freie« erscheint in der »Neuen Rundschau«, XIX. Jahrgang, 1. bis 6. Heft.

1909   5. Januar: Uraufführung der Komödie in einem Akt »Komtesse Mizzi oder Der Familientag« am Deutschen Volkstheater, Wien.

13. September: Geburt der Tochter Lili.

30. Oktober: Uraufführung des Singspiels »Der tapfere Kassian«, Musik von Oscar Straus, am Neuen Stadttheater, Leipzig.

1910   22. Januar: Uraufführung der Pantomime »Der Schleier der Pierrette«, Musik von Ernst von Dohnányi, im Königlichen Opernhaus, Dresden.

Sommer: Kauf des Hauses Wien XVIII, Sternwartestraße 71, wo Arthur Schnitzler bis zu seinem Tode wohnte und starb.

18. September: Uraufführung der Oper »Liebelei«, Musik von Franz Neumann, in Frankfurt am Main.

24. November: Uraufführung der dramatischen Historie »Der junge Medardus« am Burgtheater, Wien.

3. Dezember: Uraufführung des Zyklus »Anatol« (ohne »Denksteine« und »Agonie«) zugleich am Lessingtheater, Berlin, und am Deutschen Volkstheater, Wien.

1911   9. September: Tod der Mutter.

14. Oktober: Uraufführung der Tragikomödie »Das weite Land« gleichzeitig an den Theatern: Lessingtheater, Berlin; Lobe-Theater, Breslau; Residenztheater, München; Deutsches Schauspielhaus, Hamburg; Deutsches Landestheater, Prag; Altes Stadttheater, Leipzig; Schauburg, Hannover; Stadttheater, Bochum; Burgtheater, Wien.

1912   Zum 50. Geburtstag erscheinen »Gesammelte Werke in zwei Abteilungen« im S. Fischer Verlag, Berlin. (»Die erzählenden Schriften« in 3 Bänden; »Die Theaterstücke« in 4 Bänden.) Die Novellensammlung »Masken und Wunder« (»Die Hirtenflöte«; »Der Tod des Junggesellen«; »Der Mörder«; »Der tote Gabriel«; »Das Tagebuch der Redegonda«; »Die dreifache Warnung«) erscheint im S. Fischer Verlag, Berlin.

28. November: Uraufführung der Komödie »Professor Bernhardi« am Kleinen Theater, Berlin. In Österreich wird das Stück von der Zensur verboten und kann erst

nach dem Zusammenbruch der Habsburgermonarchie aufgeführt werden.

13. Oktober: Uraufführung des »Reigen« in Budapest in ungarischer Sprache.

1913   Februar bis April: die Novelle »Frau Beate und ihr Sohn« erscheint in der »Neuen Rundschau«, XXIV. Jahrgang, 2. bis 4. Heft.

1914   22. Januar: Premiere des ersten Films nach einer Vorlage Arthur Schnitzlers in Kopenhagen: »Elskovsleg« (»Liebelei«).

27. März: Verleihung des Raimundpreises für »Der junge Medardus«.

13. bis 23. Mai: Mittelmeerreise mit Olga Schnitzler.

1915   12. Oktober: Uraufführung des Einakterzyklus »Komödie der Worte« (»Stunde des Erkennens«; »Große Szene«; »Das Bacchusfest«) zugleich am Burgtheater, Wien; Hoftheater, Darmstadt; Neuen Theater, Frankfurt am Main.

1916   15. Mai: Uraufführung des Einakters »Denksteine« aus dem Zyklus »Anatol« im Volksbildungshaus Wiener Urania bei einem Wohltätigkeitsabend zugunsten der Kriegsfürsorge.

1917   10. bis 17. März: die Novelle »Doktor Gräsler, Badearzt« erscheint im »Berliner Tagblatt«.

14. November: Uraufführung der Komödie »Fink und Fliederbusch« am Deutschen Volkstheater, Wien.

1918   Juli bis September: die Novelle »Casanovas Heimfahrt« erscheint in der »Neuen Rundschau«, XXIX. Jahrgang, 7. bis 9. Heft.

1920   26. März: Uraufführung des Lustspiels in Versen »Die Schwester oder Casanova in Spa« am Burgtheater, Wien.

8. Oktober: Verleihung des Volkstheaterpreises für »Professor Bernhardi«.

23. Dezember: Uraufführung des »Reigen« am Kleinen Schauspielhaus, Berlin.

1921   1. Februar: erste Wiener Aufführung des »Reigen« an den Kammerspielen des Deutschen Volkstheaters.

17. Februar: nach organisierten Skandalen verbietet die Wiener Polizei weitere Aufführungen »aus Gründen der öffentlichen Ruhe und Ordnung«.

22. Februar: organisierter Tumult anläßlich einer »Reigen«-Aufführung im Kleinen Schauspielhaus, Berlin.

26. Juni: Scheidung der Ehe.

September: die Berliner Staatsanwaltschaft erhebt die Anklage gegen die Direktion des Kleinen Schauspielhauses, den Regisseur und die Darsteller des »Reigen« wegen Erregung öffentlichen Ärgernisses.

8. November: nach fünf Verhandlungstagen wird durch die 6. Strafkammer des Landgerichts III, Berlin, der Freispruch aller Angeklagten verkündet.

1922   März: das am 17. Februar 1921 in Wien verhängte Aufführungsverbot des »Reigen« wird wieder aufgehoben.

1924   11. Oktober: Uraufführung der »Komödie der Verführung« am Burgtheater, Wien.

Oktober: die Novelle »Fräulein Else« erscheint in der »Neuen Rundschau«, XXXV. Jahrgang, 10. Heft.

1925   August: die Novelle »Die Frau des Richters« erscheint in der »Vossischen Zeitung«, Berlin.

1925-1926   Die »Traumnovelle« erscheint in der Zeitschrift »Die Dame«, LIII. Jahrgang, 6. bis 12. Heft, Berlin.

1926   23. April: Verleihung des Burgtheaterringes, gestiftet vom Journalisten- und Schriftstellerverein »Concordia«.

1926–1927   5. Dezember 1926 bis 9. Januar 1927: die Novelle »Spiel im Morgengrauen« erscheint in der Berliner Illustrirten Zeitung«, XXXV. und XXXVI. Jahrgang.

1927   »Buch der Sprüche und Bedenken, Aphorismen und Fragmente« erscheint im Phaidon-Verlag, Wien.

»Der Geist im Wort und Der Geist in der Tat. Vorläufige Bemerkungen zu zwei Diagrammen« erscheint im S. Fischer Verlag, Berlin.

1928   16. April bis 11. Mai: Schiffsreise nach Mallorca mit der Tochter Lili und dem Schwiegersohn Arnoldo Cappellini.

26. Juli: Tod der Tochter Lili in Venedig (Selbstmord). Der Roman »Therese. Chronik eines Frauenlebens« erscheint im S. Fischer Verlag, Berlin.

1929   21. Dezember: Uraufführung von »Im Spiel der Sommerlüfte« am Deutschen Volkstheater, Wien.

1931   14. Februar: Uraufführung von »Der Gang zum Weiher« am Burgtheater, Wien.

13. bis 30. Mai: die Novelle »Flucht in die Finsternis« erscheint in der »Vossischen Zeitung«, Berlin.

21. Oktober: Arthur Schnitzler in Wien gestorben.

Seit 1931: Veröffentlichung zahlreicher Werke und Briefe aus dem Nachlaß in Zeitschriften und Almanachen.

1932   29. März: Uraufführung der Einakter »Anatols Größenwahn« (aus dem Nachlaß), »Halbzwei«, »Die überspannte Person«, »Die Gleitenden« (aus dem Nachlaß) und »Die Mörderin« (aus dem Nachlaß) am Deutschen Volkstheater, Wien.

Der Novellenband »Die kleine Komödie« (»Amerika«; »Er wartet auf den vazierenden Gott«; »Der Witwer«; »Der Andere«; »Welch eine Melodie«; »Der Empfindsame«; »Ein Erfolg«; »Geschichte eines Genies«; »Legende«, Fragment; »Um eine Stunde«; »Wohltaten, still und rein gegeben«; »Die Braut«; »Die grüne Krawatte«; »Exzentrik«; »Mein Freund Ypsilon«; »Die drei Elixiere«; »Der Fürst ist im Hause«; »Erbschaft«; »Der Sohn«; Komödiantinnen: Helene – Fritzi«; »Reichtum«; »Die Nächste«; »Die kleine Komödie«) erscheint im S. Fischer Verlag, Berlin.

1953	Der Briefwechsel zwischen Arthur Schnitzler und Otto Brahm, herausgegeben von Professor Oskar Seidlin, erscheint als Band 57 der »Schriften der Gesellschaft für Theatergeschichte«, Berlin.
1955	Die Briefe von Sigmund Freud an Arthur Schnitzler, herausgegeben von Heinrich Schnitzler, erscheinen in der »Neuen Rundschau«, LXVI. Jahr, Heft 1.
1956	Der Briefwechsel zwischen Arthur Schnitzler und Georg Brandes, herausgegeben von Professor Kurt Bergel, erscheint im Verlag Francke, Bern.
1958	Der Briefwechsel zwischen Arthur Schnitzler und Rainer Maria Rilke, herausgegeben von Heinrich Schnitzler, erscheint in der Zeitschrift »Wort und Wahrheit«, XIII. Jahrgang, Heft 4, April 1958.
1961-1962	Die Neuausgabe der »Gesammelten Werke« erscheint im S. Fischer Verlag, Frankfurt am Main. »Die Erzählenden Schriften« in 2 Bänden; »Die Dramatischen Werke« ebenfalls in 2 Bänden.
1964	Der Briefwechsel zwischen Arthur Schnitzler und Hugo von Hofmannsthal, herausgegeben von Therese Nickl und Heinrich Schnitzler, erscheint im S. Fischer Verlag, Frankfurt am Main.
1967	Als vorletzter Band der »Gesammelten Werke« erscheinen »Aphorismen und Betrachtungen«, herausgegeben von Professor Robert O. Weiss, im S. Fischer Verlag, Frankfurt am Main.
1968	Die Autobiographie »Jugend in Wien« erscheint im Verlag Fritz Molden, Wien – München – Zürich.
1969	Herbert Lederer gibt die »Frühen Gedichte« im Propyläen-Verlag, Berlin, heraus.
1970	»Liebe, die starb vor der Zeit. Arthur Schnitzler – Olga

Waissnix. Briefwechsel«, herausgegeben von Therese Nickl und Heinrich Schnitzler, erscheint mit einem Vorwort von Hans Weigl im Verlag Fritz Molden, Wien – München – Zürich.

1971 »Briefwechsel Arthur Schnitzler mit Max Reinhardt und dessen Mitarbeitern« erscheint, herausgegeben von Renate Wagner, im Otto Müller Verlag, Salzburg.

1972 »The correspondence of Arthur Schnitzler and Raoul Auernheimer with Raoul Auernheimer's aphorisms«, herausgegeben von Donald D. Davian und Jorun B. Johns, erscheint in der University of North Carolina Press, Chapel Hill.

1974 Der Briefwechsel zwischen Arthur Schnitzler und Thomas Mann wird von Hertha Krotkoff herausgegeben und kommentiert. Er erscheint in der Zeitschrift »Modern Austrian Literature, Journal of the International Arthur Schnitzler Research Association«, Binghampton, Vol. 7, Nrs. 1 + 2.

1977 »Entworfenes und Verworfenes«. Aus dem Nachlaß herausgegeben und eingeleitet von Reinhard Urbach.

NAMENREGISTER

Die kursiv gesetzten Seitenzahlen beziehen sich auf die Anmerkungen

376

378

ARTHUR SCHNITZLER

Das dramatische Werk

Taschenbuchausgabe in acht Bänden

FISCHER TASCHENBUCH VERLAG

fi 199/1

ARTHUR SCHNITZLER

Das erzählerische Werk

Taschenbuchausgabe in sieben Bänden

FISCHER TASCHENBUCH VERLAG

Arthur Schnitzler
Sein Leben · Sein Werk · Seine Zeit

Herausgegeben von Heinrich Schnitzler,
Christian Brandstätter und Reinhard Urbach
368 Seiten. Mit 324 Abbildungen. Leinen im Schuber

Kaum ein Autor der Wiener Jahrhundertwende stand so
sehr im Brennpunkt von Polemik, Kritik und Verleumdung, war in so viele Skandale und Prozesse verwickelt
wie Arthur Schnitzler. Gegen antisemitische Hetze hatte
er sich ebenso zu wehren wie gegen mißverständliche
Verehrung und böswillige Klischee-Urteile, die ihn zum
leichtsinnigen Erotiker und oberflächlichen Causeur
machen wollten. Doch am schwersten hatte er es mit sich
selbst, wie eine Tagebucheintragung aus dem Jahre 1909
deutlich macht: »Hypochondrie, in jedem Sinne, der
schwerste Mangel meines Wesens; sie verstört mir
Lebensglück und Arbeitsfähigkeit – dabei gibt es keinen,
der so geschaffen wäre, sich an allem zu freuen und der
mehr zu thun hätte. –«
Leben, Werk und Umkreis des Dichters werden in
diesem Band in Beziehung zu seiner Zeit gesetzt. Autobiographische Aufzeichnungen, zumeist unveröffent-
lichte Briefe und Tagebuchnotizen und zahlreiche bisher
nicht bekannte Bilder fügen sich zu seiner authentischen
Biographie zusammen.

S. Fischer

E 77-